宇田川武久著

東アジア兵器交流史の研究

―十五〜十七世紀における兵器の受容と伝播―

吉川弘文館

序にかえて—本書の構成と内容—

（一）

本書の目的は十五世紀から十七世紀における日本をふくめた東アジア諸国間の兵器交流の歴史の解明にある。本書の一編と三編は、朝鮮王朝前期の兵器に関する諸問題を、二編では日本の鉄炮伝来と火器の普及の問題を取扱った。この時期の朝鮮王朝は南方に倭寇、北方に女直野人の侵寇をしばしばうけ、さらに前後七年におよんだ豊臣秀吉の文禄・慶長の役に遭遇している。朝鮮王朝はこうした対外勢力との抗争のなかで、防衛体制の整備のために自国の兵器を研究開発したが、この際、隣国の日本と中国の兵器をも熱心に研究して実用化をはかった。このように朝鮮王朝の兵器は日本と中国の影響を少なからず受けているのである。この事実は東アジア諸国の兵器が互いに交流していることを明示している。

東アジア諸国間における兵器交流の問題は、現在の歴史分野にしたがえば、東洋史と日本史に跨がるが、あえて本書では、そうした領域主義に拘泥せず、とにかく交流の前提となる個々の兵器の実相を明らかにすることに専念した。すなわち、朝鮮王朝の弓矢、刀剣類、火器などの製作技術、材料の確保、新兵器の開発、周辺民族との抗争における兵器の使用状況、さらに日本と中国の兵器受容の実体などについて考察を加えたのである。

本書の第二編では、日本の兵器、すなわち、鉄炮に代表される火器の伝来と国内における普及の問題を解明した。

鉄炮伝来を東アジア世界との関連で考察すれば、まさに東アジアにおける兵器交流の顕著な一例と指摘できる。

（二）

第一編　朝鮮王朝前期の兵器の特色

本編では朝鮮王朝の伝統的な兵器である弓矢の諸問題と日本と中国の兵器が朝鮮王朝にあたえた影響を考えた。朝鮮王朝の弓は中国に起源をもつ角弓が多用された。角弓は角・膠・漆・筋・糸などの諸材を用いて製作されたが、諸材の確保は難行した。王朝は牧場を整備して牛馬を放養して角と筋の確保をはかったが、それでも牛角の多くを中国からの移入に依存せざるをえなかった。その他、弓材、弓幹桑や樺皮、接着材の魚膠などは、朝鮮八道の諸地域に分散して産出したが、王朝は弓材を産出しない地方の営・鎮には、海陸からそうした弓材を輸送して良弓多造策を推進した。本編第一章では「弓の製作と弓材の確保」と題してこうした問題を解明した。

朝鮮王朝の貢物は国家の財源をえるために太祖の初世に定められ一定不動が固く守られた。施行当初は実施も円滑であったが、時代をへるにしたがって多量な貢物の負担は、欠陥軍器が製造される問題を生じた。兵器としての堅利さよりも、ただ貢納だけを目的に製造されたためである。朝鮮半島の北方、咸鏡道五鎮の地の貢物に貂鼠皮があったが、この小動物は時と共に減少した。五鎮の居民は貢納制の原則を貫徹するために、角・牛馬・鉄物を女直野人と交易して貂鼠皮を入手しなければならなかった。この結果、野人の土地へ朝鮮王朝の兵器が流入したのである。朝鮮王朝が貢納制を遵守すればするほど王朝の兵器は敵対する女直の地へ流出した。第二章はこうした「貢納制の矛盾と兵器の流出」の実情を解明した。

朝鮮王朝の角弓は牛角を他国に依存するため、つねに材料の確保に苦慮しなければならなかったが、複合弓の角弓自体にも問題があった。すなわち、角弓は多くの材料を用いるために暑雨などに弱い欠点があったのである。そこで朝鮮王朝は朝鮮半島の風土に適合した各種の弓を開発した。鹿角弓、竹弓、残角と木を貼付した新様の弓などがそれである。朝鮮王朝は中国に起源をもつ角弓を製作しながら、それとは別に風土に適合した独自の弓を製作したのである。第三章では、こうした「角弓の欠点と弓の開発」の問題を解明した。

第四章では「武科の設置と武芸の訓練」と題して、武芸の弓射が整備される過程を解明した。太祖の初世に講武の法が、さらに太宗の治世に武官登用試験の武科法が設けられた。兵書の講読と騎槍、歩騎の弓射が課せられたが、弓射の内容は騎射と歩射、遠射、中射、近射の別があり、さらに時をへて弓射は整備され、実戦に即応した実技が訓練された。

弓矢がそうであるように朝鮮王朝の兵器は中国の影響を強く受けていたが、刀剣の場合は日本の影響が濃厚である。当時の戦法は弓矢や槍が主体であったが、接近戦が多くなると、それまで二次的であった刀剣の使用に注意が向けられた。王朝は日本との貿易によって鋭利な日本刀を移入し、日本人の刀工を招聘し、さらに日本刀の製造技術を取得させるために自国の刀工を日本に派遣している。鋭利な日本刀は女直との国境警備にあたる将士に分給されて実戦に使用されている。日本刀の製造法および用法は壬辰・丁酉の倭乱の時にも朝鮮王朝に伝流している。第五章ではこうした「倭刀の移入とその影響」を解明した。

朝鮮王朝は倭寇と女直野人の侵寇を防禦するために中国の兵器を熱心に研究したが、実用化するまでには試行錯誤の連続であった。第六章では弩・鉄蒺藜・車戦の具の朝鮮王朝への移入の事例から「中国兵器受容の実態」を解明した。王朝は中国の弩を研究して製造に努めたが、この間およそ一世紀におよんでいる。繰返して製造されること自体、常用兵器になったか疑問が残る。また結陣・守城の具を欠く王朝は中国の鉄蒺藜を移入して、倭寇や女直野人の侵入を阻止する防具としたが、材料の鉄の備蓄が少ないために鉄蒺藜の活用は消極的である。車戦は古代中国で盛行した戦法である。中国の古例にならって王朝は女直野人との戦闘に車戦を活用しようとしたが、中国と異なる朝鮮半島の地勢では役に立たなかったのである。

（三）

第二編　鉄炮伝来と火器の普及

本編の目的は鉄炮伝来から説き起こし、戦国大名や織田・豊臣の両氏、さらに強固な幕府を成立させた徳川家康と鉄炮を含めた火器の関係を鉄炮の普及という観点から考察した。まずはじめにでは「鉄炮史研究の整理と本編の意図」を述べた。第一章では「鉄炮伝来の再検討」と題して鉄炮伝来の新説を提示した。鉄炮伝来については諸説があって、いまだに結論がでていない。根拠にたる確かな史料が存在しないためである。唯一の記録とみなされ、盛んに活用される『鉄砲記』があるものの、史料的価値に疑問がある。筆者はこの『鉄砲記』の引用を控え、いままで鉄炮伝来と関連して、紹介されたことのない新史料ともいうべき朝鮮王朝の「中宗実録」の記事と、日本や東南アジアに現存する火縄銃の実物資料の検討から、またこの時期、東アジアを舞台に活躍した倭寇の足跡から、日本に鉄炮を伝えたのはポルトガル人ではなく、倭寇であると結論した。

日本に伝来した鉄炮は新兵器として戦国大名の合戦に活用されたが、その使用は薩摩の島津氏がいちはやく、ついで豊後大友氏、安芸毛利氏の順になる。なかでも大友氏は分国の支配権である守護職を確保する手段として鉄炮や大砲を用いている。つまり伝来の当初、鉄炮は戦争のためだけの道具ではなかったのである。本編の第二章「西国地方への伝播」では、西国の戦国大名の間で鉄炮が使用される経緯を解明した。そして次の第三章では、鉄炮が東国地方に普及する経緯を考察した。戦国大名は新兵器の鉄炮の威力に注目して、支配領域の土豪に軍役を課して確保に努めた。甲斐武田氏の軍役に鉄炮の記載がみられるのは永禄初年頃からである。この武田氏が長篠合戦で織田信長に敗退したのは、信長の新戦術の結果ではなく、武田氏保有の鉄炮の数量が少なかったからである。つまり火力の装備の欠如が武田氏を敗北に追込んだのである。長篠惨敗後、武田氏は鉄炮確保の施策を積極的に進めている。かくして甲信地方にいっそう鉄炮が普及することになった。ところで一説に相模後北条氏は種子島に鉄炮が伝来する以前、すでに鉄炮を所持していたとあるが、これは誤りである。後北条氏の鉄炮使用の時期は、隣国の武田氏はいうまでもなく、西国の戦国大名よりもはるかに遅れている。第三章の題は「東国地方への波及」とした。

鉄炮は兵士が携帯する小銃であるが、永禄末年頃から城砦や軍船に敷設した大口径の大鉄炮、さらに時を経て大筒・仏郎機（仏朗機・仏狼機とも書く）などの大型砲が戦場に登場し、とくに織田信長の天正年間の木津河口の戦い、豊臣秀吉の文禄・慶長の戦い、徳川家康の大坂の両陣などにおける大砲の使用は顕著である。こうした大型砲の使用も鉄炮の普及を意味している。第四章では「小銃から大砲へ」と題して、そうした問題を明らかにした。

鉄炮は弾丸を発射させる火薬が必須である。鉄炮伝来直後、日本では火薬が製造されていないから、火薬の供給は外国に仰いでいたとみなければならない。しかしその後、日本でも火薬が製造されるようになったことは火薬調合次第、つまり火薬製造法の相伝の事実に明らかである。鉄炮保有の多寡が合戦の勝敗を左右するまでに普及すると、それまで鉄炮秘伝書の内容といえば、火薬調合法が中心であったものが、それにくわえて射撃の技術が盛り込まれ、明らかに鉄炮秘伝書の内容に変化がみられる。

大きな合戦を体験するにつれて鉄炮の射撃法はひとつの体系ができ、ここに砲術が成立した。砲術成立の経緯は、まさに鉄炮普及の度合いを反映している。当初の砲術の稽古は実戦を旨としていたが、江戸時代になると、実戦から遊離した。最後の五章では「火薬調合次第から砲術秘伝書へ」と題して、砲術の成立過程をとおして鉄炮の普及を考えた。

(四)

第三編　壬辰・丁酉の倭乱と朝鮮王朝の兵器の変容

本編の目的はこの戦乱における兵器の問題を軍事史の視点からではなく、日本・明国・朝鮮王朝の三国間の造兵技術の交流に限定して、文献史料はもとより、現存する実物資料をも駆使して、具体的に解明することにある。

第一章では「鉄丸銃筒の製造と訓練」と題して、朝鮮王朝の対日防禦策の実態を考えた。天文十年代、倭寇によって西南日本にもたらされた新兵器の鉄炮は、その後、戦国大名と織豊政権の幾多の合戦に活用されて、やがて日本の常用兵器となった。鉄炮は文禄・慶長の役（壬辰・丁酉の倭乱）において日本刀とともに明国と王朝の両軍を所々で圧倒して、両国の兵士を大いに畏怖せしめた。豊臣秀吉の侵略を受けた朝鮮王朝は、開戦前後から鉄炮と日本刀の防禦策を考えていた。

壬辰倭乱以前、南方倭寇と北方女直の侵寇に悩まされ続けていた朝鮮王朝は、こうした宿命的な外敵との武力抗争の過程で、最近は宣祖年間の前期に中国の兵器製造の技術を研究して、在来の放箭銃筒より威力の優れた鉄丸銃筒の製造に成功した。それでも、その後、引続いて王朝は旧式の放箭銃筒を使用しなければならなかったが、ともかく新兵器の鉄丸銃筒は壬辰・丁酉の倭乱における王朝側の主要兵器として用意されたのである。しかし銃筒を含めた火器の製造には基本的な難問があった。すなわち、鉄丸銃筒の材料である銅鉄の確保と訓練の実施である。本編の第一章では、壬辰倭乱直前、倭寇と女直の侵犯に苦慮しながら、朝鮮王朝が自主防衛の体制確立をめざして他国の兵器を研究して新兵器を開発する経緯と訓練に専念する実情を解明した。

朝鮮王朝は中国の造兵知識をえて新兵器鉄丸銃筒の製造に成功し訓練の実施に踏切ったが、射程が遠く、命中確率が高い上に、操作の簡単な日本の鉄炮には対抗できなかった。そこで朝鮮王朝は倭乱直後、王朝の要請に応えて明国が派遣してきた将兵から明国の兵器と武技を積極的に学習し、さらに倭寇の防禦に功績をあげた戚継光の著した兵書「紀效新書」の徹底的活用に励んだ。このようにして朝鮮王朝が学んだ明国の兵器と武技は多岐にわたり、当面する日本の侵攻を阻止するのに効果をあげたばかりではなく、その後の朝鮮王朝の兵制にも多大な影響をあたえた。つまり豊臣秀吉の朝鮮半島への侵略が、朝鮮王朝の兵器の変容を促したのである。本編の第二章では、明国の火器などが朝鮮王朝に移入される経緯と受容に懸命な王朝の対応を明らかにし、さらに兵書「紀效新書」がどのように活用されたのか、兵書移入の問題を次の第三章において解明した。

朝鮮王朝は壬辰・丁酉の倭乱が勃発すると間もなく、伝統的な降倭懐柔策を実施した。王朝軍を苦境に追込む鉄炮と日本刀の製造法と用法を降倭から取得して、日本の侵略を阻止するためである。この戦乱における降倭の総数は数千人に達したといわれているが、戦況の推移や懐柔方針の内容の周知を欠いて、必ずしも降倭懐柔策は順調に進展したわけではない。王朝は投降倭人のなかで、とくに武技や造兵技術に熟練した者を選抜して、兵士を訓練する訓錬都監や兵器を製造する軍器寺に配属し、さらに地方の鉄の産地に派遣して、鉄炮と刀剣類の用法と製造法の取得をはかった。朝鮮王朝は明国の兵器を学習しながら、当時の日本の兵器の取得にも専念したのである。本編の四章では、日本の兵器と武技が降倭の手を通じて、王朝に伝播する経緯を解明した。

壬辰・丁酉の倭乱の時、朝鮮王朝は豊臣秀吉の侵略を阻止するために、降倭から日本の、また来援の明将からは明国の兵器と武技と兵書を学習しながら、独自の兵器を開発して、着実に成果をあげていったが、戦乱末期ころから、それまで燻っていた北方女直との抗争が激化し、さらにその後、内乱や外寇に遭遇して、兵器と武技の強化は依然として重要課題として残った。朝鮮王朝は、引続いて日明の兵器と武技を研究しなければならなかったのである。本編の第五章では日明両国の武技と兵器が内憂外患に見まわれる朝鮮王朝に定着するそうした過程を解明した。

目次

第三編　壬辰・丁酉の倭乱と朝鮮王朝の兵器の変容

図版目次

表目次

第一編　朝鮮王朝前期の兵器の特色

はじめに――「兵器図説」の内容と研究の現状――

朝鮮王朝初期の世宗・世祖・成宗の三代（一四一八～一四九四）にわたって編纂が続けられた「国朝五礼儀」と「国朝五礼儀序例」の両書は、成宗五年（一四七三）五月に完成した。長崎県対馬の厳原町にある宗家文庫には、成宗五年の夏に印行された「国朝五礼儀序例」の一本が所蔵されている。(1)そして本書の巻四の「兵器図説」によってこの時期の王朝の兵器を知ることができる。そこに記載された兵器類とは、次のようなものである。

干・槍・長剣・弓・矢・弓袋（矢箙用）・水銀甲・柳葉甲・皮甲・紙甲・鎖子甲・鏡幡甲・頭釘甲・黄銅頭釘甲・頭頭味甲・冑

車輻・矛・戟・鉞

銃筒碗口・将軍火筒・一銃筒・二銃筒・次大箭・四箭・小箭・細長箭・次細箭・三銃筒・次中箭・八箭銃筒・細箭・四箭銃筒・四箭長銃筒・細銃筒・鉄信砲・大発火筒・地火筒・大蒺藜砲筒・大神機箭発火筒・大神機箭・火箭・新製銃筒・火車

「兵器図説」は「世宗実録」（巻百三十三）にも所収されているが、内容を宗家文庫本と比較すると著しい相違がある。すなわち、「世宗実録」の矢の説明は、ただ矢とだけ書き図も稚拙だが、(2)宗家文庫本のそれは図上に「鉄箭・撲頭・大箭・片箭・筒」と名称をつけ（図2）、「世宗実録」にみえない頭頭味甲・黄銅頭釘甲・頭釘甲などの甲の諸図を載せている。つまり宗家文庫本は図と説明が詳細であり、なおかつ物によっては構造から細部の法量にいたるまで入念なのである。

こうした相違は両書の性格、すなわち「世宗実録」は国王の事蹟の記録が眼目であって、兵器のことは付録にすぎないからとする見方もできるが、次の「成宗実録」の成宗九年（一四七七）十月四日の条にその理由が明らかである。(3)

近日、伏見五礼儀、火砲造作之式、尺寸分釐悉書、無隠印頒中外、遍于一国、万一奸細以為奇貨、売与賊倭、則其為東南之禍、不勝言哉、乞命礼曹、内外官私所有五礼儀、并令収取、所謂兵器図説尽削而頒之、又其銃筒制度、只留一件蔵于御所、其余外三史庫東文楼実録閣、皆以諺字書写、各蔵一件称臣堅封承伝開閉軍器寺一件亦書諺字提調親封、其前日漢字書写者、悉令焚毀以万世之計幸甚、（傍点筆者）

すなわち、王朝は火砲製作の次第を詳しく書いた「国朝五礼儀序例」所載の「兵器図説」が内外に広まり、それが賊倭の手中に帰したら東南の禍になることを憂慮して、官私所有の「五礼儀」を回収して、秘事の部分を削除して、改めて頒布したのである。

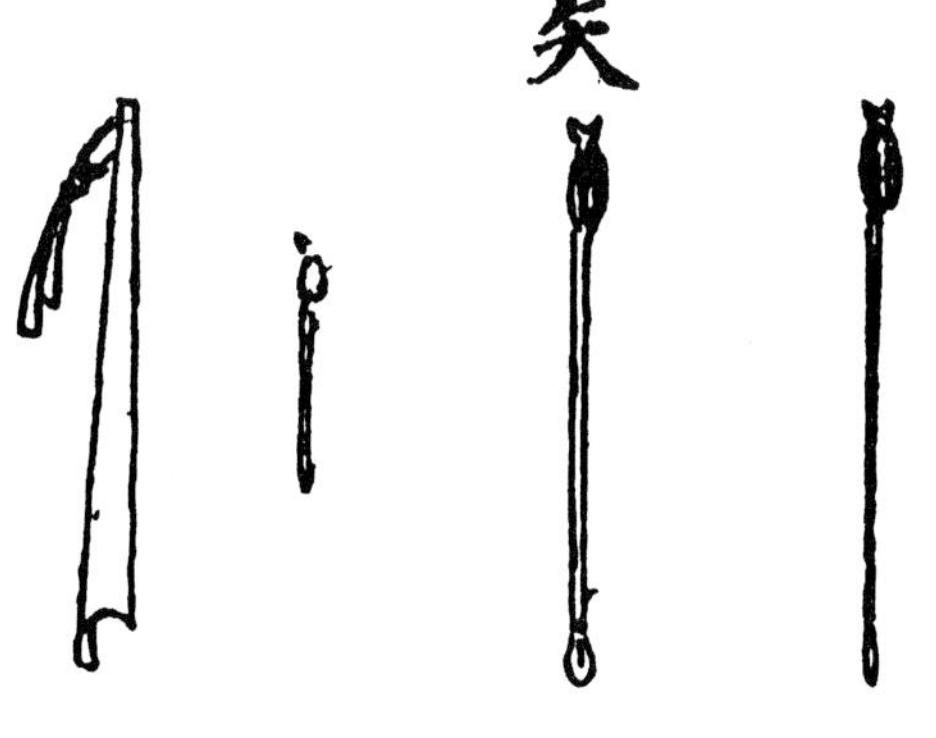

図1　矢「世宗実録」朝鮮王朝実録（国史編纂委員会編）所収

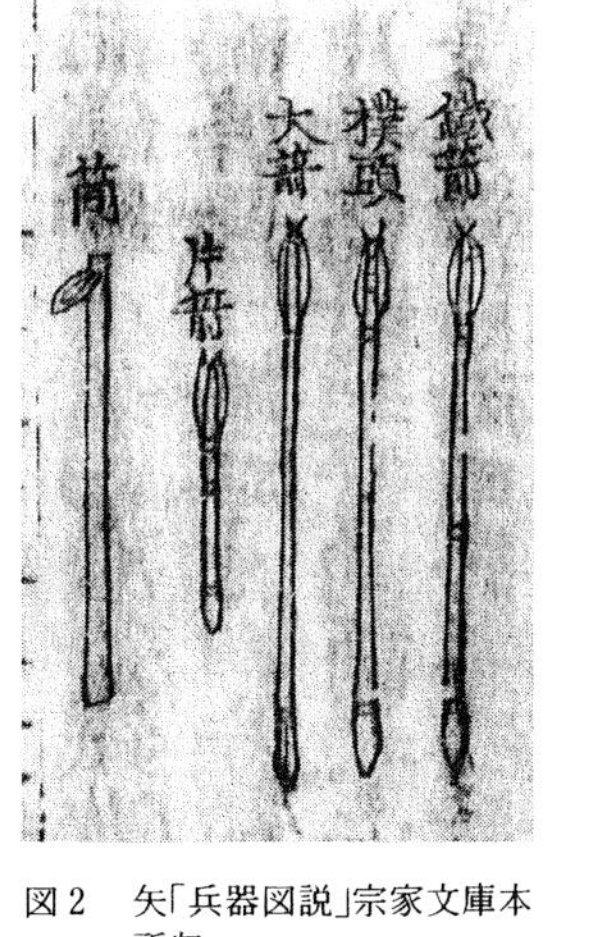
図2　矢「兵器図説」宗家文庫本所収

朝鮮王朝がこのように兵器の秘密保持につとめたことは、世宗三年（一四二〇）九月、諸道節制使に「銃筒謄録」を賜わった時の通達にも明らかである。(4)

賜銃筒謄録于諸道節制使・処置使諭曰、今送謄録一冊、鋳造之法、用薬之術、備悉載録、軍国秘器所係至重、宜常秘密以蔵、毎於考閲、卿独開見、勿委吏手、日加謹慎及其逓代交相授受、又命蔵于春秋館、前此軍器監所蔵銃筒制造、匪精鉄重薬多、雖放之、乏力而、矢之所及、遠不過五百歩、近不過二百歩、

朝鮮王朝は「銃筒謄録」を諸道の節制使と処置使に配布したが、この書冊は銃筒の鋳造法や火薬の用法が詳しく書かれている軍国の秘密であるから、厳重に保管し、考閲に当っては卿（節制使・処置使）だけが開見して、吏の手に委ねてはいけない、と指示している。

朝鮮王朝第四代の世宗王の事蹟を記した「世宗実録」が撰修されたのは、燕山君五年（一四九八）である。したがって「火砲は軍国の秘宝也」とする王朝の方針に基づいて「世宗実録」所収の「兵器図説」は内容が簡略にされたのである。それに対して宗家文庫本は「成宗実録」の成宗九年十月四日条の記事のとおり、官に回収されて、秘事の部分が削除されるはずであったが、何らかの事情があって削除を免れた一本であろう。したがって宗家文庫所蔵の「国朝五礼儀序例」の「兵器図説」は「世宗実録」の原本とみなせ、かつ本書の成立が成宗五年だから、前掲の兵器類は、まさに朝鮮王朝初期の常用兵器とみて誤りはないのである。

ところで、朝鮮王朝の兵器に関する研究の状況だが、我が国では、有馬成甫、吉岡新一の両氏が火砲について考察されたくらいで活発とはいえない。(5)それにたいして韓国では、一九六七、七七年に韓国の陸軍本部から刊行された『韓国軍制史』（近世朝鮮前期・後期）をはじめとする成果がある。『韓国軍制史』は、高麗王朝から朝鮮王朝の純宗大王頃

までの軍制の変遷推移を「三国史記」「高麗史」「高麗史節要」「朝鮮王朝実録」「国朝宝鑑」「国朝五礼儀序例」「経国大典」等の諸文献に依拠して考察したもので、とくに近世朝鮮前期篇の第三章近世朝鮮前期の軍事装備と施設の第一節では、火薬兵器の沿革が、また附録では朝鮮王朝の火砲が詳述されている。

個別研究としては許善道氏の「麗末鮮初火器の伝来と発達」「李朝中期火器の発達」「嘉靖乙卯銘天字銃筒について」の一連の研究があり[6]、また蔡連錫氏が科学技術史の視点から朝鮮王朝の火砲を研究した『韓国初期火器研究』（一志社、一九八一年）がある。また一九七五年、韓国文化財管理局と趙仁福氏の編著にかかる『韓国古火器図鑑』は多種多様な火器の写真と計測データーが収められ火器の具体相を知る上で有益である。このように朝鮮王朝の兵器に関するいままでの研究は、日韓共に火器を主題としているが、「兵器図説」には弓矢・槍・剣などが記載されており、戦いはそれぞれの兵器が有効に駆使されるから、これらの兵器の研究も等閑視はできない。

そこで本編では、日韓共に研究の手薄な火器以外の朝鮮王朝の兵器、弓矢と刀剣について以下の視点から考えたい。朝鮮王朝の前期は、北方に女直、南方に倭寇の脅威を受け続けていた。王朝と中国との外交関係は概して穏やかであったが、朝鮮王朝は女直と倭寇の侵攻にはつねに悩まされた。こうした外敵を防禦するために王朝は自国の兵器を研究する過程で、中国や日本の兵器の研究に努めた。本編では朝鮮王朝の兵器がこうした外敵との抗争のなかで、日本や中国の兵器の影響を受けながら、どのように変容を遂げていくのかその過程、つまり東アジア諸国間における兵器交流の歴史の解明を意図している。

注

（1）岡村繁「対馬宗家文庫漢籍（朝鮮本）提要」『九州文化史研究所紀要』第二七号、昭和五十七年三月。

（2）「朝鮮王朝実録」五－三五六、三六一頁。以下「世宗実録」と略記する。なお本書で使用した「朝鮮王朝実録」は韓国国史編纂委員会編纂のものによる。

（3）「成宗実録」九－六五六頁。

（4）「世宗実録」五－九九頁。

（5）有馬成甫『火砲の起源とその伝流』吉川弘文館、昭和三十七年。吉岡新一「文禄・慶長の役における火器についての研究」『朝鮮学報』第一〇八輯、昭和五十八年。

（6）順に『歴史学報』二四・二五・二六、一九六四－一九六五年、『歴史学報』三〇・三一、一九六六年、『美術資料』一〇、一九六五年。

第一章　弓の製作と弓材の確保

第一節　角弓の製作

朝鮮王朝前期の主要兵器は火器と弓矢にあったが、「兵器図説」は図（図3）を附して弓を次のように説明している。

書図弓長六尺有六寸、謂之上制、六尺有三寸、謂之中制、六尺、謂之下制、取以幹角以膠漆筋絲為之、朱漆曰、彤弓、黒漆曰、盧弓、或塗以樺皮、

すなわち、この時期、弓は長さによって上・中・下の制があること、弓の幹の材料は角であり、筋や膠を用いて接合すること、そして朱漆の弓を彤弓といい、黒漆のそれを盧弓、樺の樹皮を被せた弓もあるとある。

弓を弓長で三等に分けたことは「長編」に「煕寧六年、詔諸造入陣、弓箭度材料、上・中・下分三等、上等弓四尺八寸五分、箭八寸五分、中等・下等弓第減一寸」とみえ、すでに北宋時代にその制度がみられ、戦国時代の「荀子」には「天子彫弓、諸侯彤弓、大夫黒弓」とある。(1)

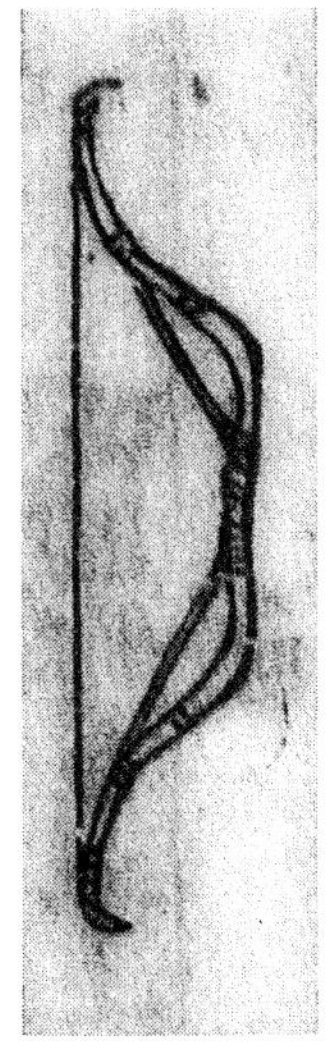

図3　弓「兵器図説」宗家文庫本所収

中国古代の弓矢の制度と朝鮮王朝前期のそれが同一とは考えられないが、王朝に朱漆の弓が存在したことは、太祖が胡人と戦った時、「公（太祖）一身致不唯命是従、於是回軍到鴨緑江、乗馬御彤弓、白羽箭立岸上」とあり、(2)

また世宗二年（一四一九）十一月、朝鮮王朝が「命諸道所進弓矢、禁用朱漆」と朱漆の弓矢を禁止した事実(3)、それに成宗八年（一四七六）十一月、平安道巡察使の許綜が彤弓を賜わっている事実に明白である(4)。

ところで、「兵器図説」の彤弓・盧弓・樺弓の名称は外装から附されたもので、説明によれば、何れも幹に角を用いるとあるからみな角弓である。角弓は中国で古代から使用されていた伝統的な武器で「考工記」は角弓の造法を次のように伝えている(5)。

弓人為弓、取六材、必以其時、六材既聚、巧者和之、幹也者以為遠也、角也者以為疾也、筋也者以為深也、膠也者以為和也、絲也者以為固也、漆也者以為受霜露也、

また明末の宋応星の「天工開物」にも角弓の造法が詳しい。角弓の構造を知るためにその一部を引用したい(6)。

凡造弓、以竹与牛角為正幹質、東北夷無竹、桑木為之、桑枝木為両弭、弛則竹為内体、角護其外、張則角内向、内而竹居外、竹一条而角両接、桑弭則其末刻契、以受弦彄其本、則貫揷接荀于竹丫、而光削一面以貼角、

凡造弓、先削竹一片、竹宜秋冬伐、春夏則巧蛙、中腰微亞小、両頭差大、約長二尺許、一面粘膠靠角、一面鋪置牛筋与膠而固之、牛角当中牙接、北虜無修長牛角、則以羊角、則以羊角四接、而束之、広弓則黄牛明角亦用、不独水牛也

すなわち、弓を造るには竹と牛角を幹の材とし、桑木で両弭を造る。一片の竹を削って弓身を造り、片面に膠を塗って牛角を貼りつけ、他方の面には牛筋と膠をあてて固め、牛角は真中でかみ合わせて接合するとしている。

また弓の六材は「考工記」註に「取幹以冬、取角以秋、絲、漆以夏、六材既具、必有巧者、然後、能調適而用之也」とあり、それぞれの時期が一定していた(7)。譚且冏氏の成都（四川省）の製弓調査によれば、一年目は十二月に竹木の材料を入手して下拵えをはじめ、二年目は諸材料の工作を開始し、ついで接着工作に移り、弓の木質部分の貼り合わせが行なわれて冬に仕上げる。この作業は三年目の春迄継続し、六月頃迄に角の接着が完了し、秋に仕上と整理がな

され、十月に筋の接着を施して三年目が終る。ほぼこの段階で弓の主要部分が完成する。そして弓身の矯正や部品の取付け、角面の研磨、魚皮の貼り合わせが、最後の四年目に行なわれて弓が完成すると造法を記しているのである。(8)

一九七二年十月、韓国の李重華氏上梓の『朝鮮의弓術』（学文閣刊）には、現代の角弓の製作過程が、諸図を付して以下のように説明されている(9)（筆者訳）。

角は俗語で黒角といい、温帯の地に生息する大牛のものである。角の内曲面を陰片、外曲のそれを陽片という。角は鋸でふたつに開くが、角の善悪は黒質のなかにある様々な紋のあり様で評定する。無紋ならば下材であり、白紋で紅黄色を帯びている角は上材である。角は造弓の材料のなかで第一に重要なものである。長弓の場合、黒角は長さ一尺七寸五分、広さ二寸、厚さ三分とするが、角片の広薄厚狭は弓身の強軟に従って造られる。

筋は長くて厚いものが最良である。筋はよく叩いて解し、外側に付着している肉や膏を取除いて糸状にする。叩いて解した後、さらに竹梳や刷梳を用いて細かに残る肉や膏を梳き取る。精選した筋は両三に束ねられる。

ついで束ねられた筋は魚膠に浸した後、平たい板の上に置き、鉄梳でよく梳き、竹製の小刀で油を削り、爪で磨いて膏や肉の付着を除去する。

把幹は橡木を用い、長さは一尺、広さ一寸五分、直形に削った後、水に浸して烹る。木目が融解したら、火に焙って鋤形とし、反りをつけて半月に成形し、両端を鸞の尾形に作る。

竹心に繋ぐ弭の材は桑木で、長さ一尺四寸八分、広さ一寸一分に削り、両端が向かい合うように索を渡し結んで楕円形に作る。乾いて固まった後、弭を竹心の鸞尾の両端に接合する。

その後、内側に角、外側に筋を貼着するが、その前に魚膠を十五回程、薄く塗付する。外側の筋は大きさを替えて四回程付ける。

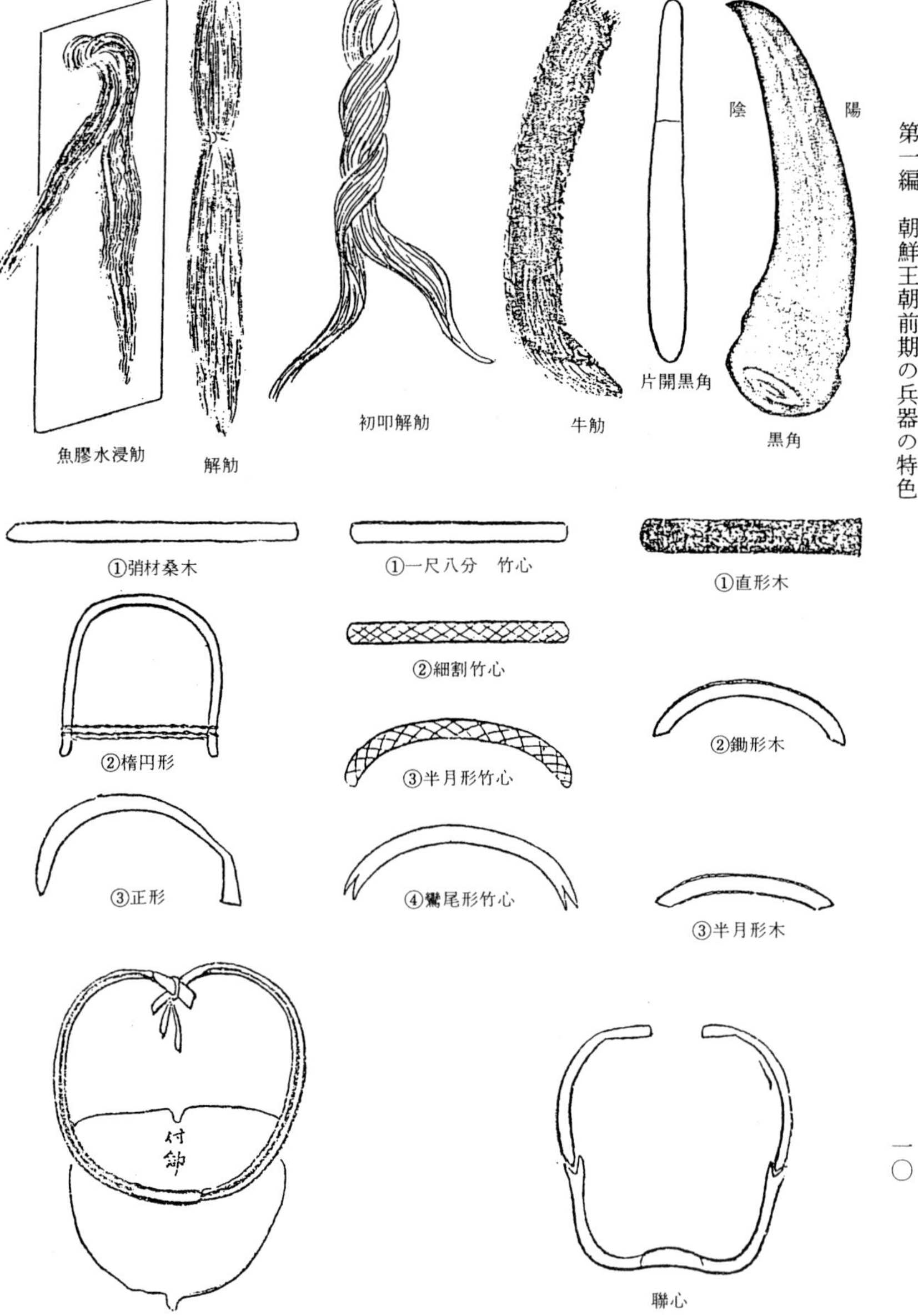

図4　角弓の製作過程（李重華編「朝鮮의弓術」所収）

「周礼考工記」と「天工開物」の造弓記事から、角弓が多くの工程を経て製作されることが判るが、李重華氏の諸図は、それを裏付けている。

太宗十七年（一四一七）正月、国王の命を受けた賀聖使の鄭矩が、洪武年間に建康が製作した角弓を中国に買い求めている事実があり、[10]朝鮮王朝が明国の角弓を知らなかったとはいえない。ましてこれ以前の太宗六年四月、明使黄儼の献上諸品のなかに建康作の角弓二張が含まれているから、すでにこの時、建康作の弓が優れていることを朝鮮王朝は理解していたと推測される。[11]建康の角弓を王朝が明国に求めている事実は、角弓に対する朝鮮王朝の関心の深さを示しているが、成宗九年（一四七七）八月の姜希孟の啓は、明国の弓制を王朝が積極的に学んだ事実を知らせている。[12]

姜希孟啓曰、臣見周礼弓人為弓制度、詳密有難解処、令弘文館諸儒、尋釈其制、一依周礼、験之何如、上曰、可、右承旨洪貴達曰、去丁亥年征討李施愛時、臣以評事従軍閲視軍器寺所送之弓、其数甚多、而可上絃者、僅四十余張、弓箭固宜以時点視、久蔵則終不可用、希孟曰、今臣監造之弓、意皆可用、

姜希孟は「周礼考工記」の弓の制度を見たが、詳密難解であるために弘文館の儒者に解釈を求めている。そして彼は「周礼」の弓を試すべきと述べ、国王はそれを可とした。文意からこの弓が「周礼考工記」、つまり角弓に倣って造られたことは間違いあるまい。

第二節　国宝牛角の確保

王朝前期の兵器のなかで弓矢は火器とならんで大きな役割を担っていたから弓材の確保は重要であった。「兵器図

説」は「取以幹角以膠漆筋絲為」と弓の製作を書いているが、世祖六年（一四六〇）五月、議政府が弓材の角について次のように述べている。(13)

伝旨、議政府曰、国宝有三、馬也、牛也、黒角也、馬不可載累牛、不可授盗黒角、不可習射、自今以後、雖予不復用黒角弓射侯、其令兵曹諭中外将士効則焉、取才不在此限、又令憲府禁黒角帯等一切弓外之物、又令兵曹載累務用車子、又令刑曹盗牛馬者初犯処絞、

すなわち、国には三つの宝があり、それは馬であり、牛であり、黒角だとし、黒角は弓以外の用途、官吏の品帯に用いることを厳禁し、たとえ初犯であろうと、筋をえる牛馬を盗んだ者は絞に処すとある。この記事は兵器としての弓矢の位置を示している。

なお、黒角が朝服の品帯に用いられていることは「経国大典」の礼典（儀章）の朝服の規定に明らかである。(14)

三品　　朝服正銀従素銀祭服同〇公服正茘枝金従黒角

四品　　朝服素銀祭服常服同〇公服黒角

五・六品　　朝服黒角祭服公服常服同

七・八・九品　朝服黒角祭服公服常服同

こうした黒角使用の朝官の品帯が厳禁されたのであるが、弓材の牛角はよほど貴重であったとみえ、端宗三年（一四五四）六月にも黒角使用の制限が実施されている。(15)

議政府拠兵曹呈啓、弓為長兵其用最重、唯水牛角合於造弓、而非本国所産、未易多得、五品以下朝官用、以造品帯不可請、自今、禁用水牛角帯、其已造者、令該司烙標以給、従之、

ただしこの時の制限は緩やかで、五品以下の朝官の水牛角帯の使用禁止に止まっている。黒角使用の規制は、さら

に同年同月の工曹の啓に「議政府拠工曹啓、水牛角於造帯、已令禁之、請並禁飾鞍橋」とあり、馬具の鞍橋に水牛角を使用しないことを請うている。(16) 水牛角の朝官品帯と鞍橋への使用制限と禁止は、まさに弓材の牛角が王朝にとってかけがいのない国の宝であることを明示しているが、いいかえれば、常に朝鮮王朝にあっては牛角が不足していたとみなければなるまい。牛角が貴重であったのは兵器の材料だからであり、またその需要を明国に仰いでいたからでもある。

朝鮮王朝が明国に牛角を請うている事実は、成宗十一年（一四七九）十二月、奏聞使上黨府尹君韓明澮・同知中枢府事李季仝の奏本の三条目に明らかである。(17)

三日、臣窃惟、弓材所需水牛角、本非小邦所産、専仰上国、頃因禁約不許収買、於成化十三年八月二十六日、具由陳請、欽蒙聖恩許、於毎歳一次収買弓角伍拾副、臣不勝感激第念、本国三方受敵、近日、又与野人構釁辺圉数被侵擾、兵備尤不可疎虞、矧惟国人不慣槍剣、専業弓矢以為禦敵、只縁弓張製造、雖多堪用者尠少、兼又易致折毀、所有伍拾副、不裕於用、臣窃悶焉、敢此籲呼、伏望聖恩憐憫、於収買時分特許、照依先年事例、不拘額数収買、以広軍需、其進献礼物黄細苧布弐拾匹、白細苧布弐拾匹、黒細麻布五十匹、竜文簾席四張、黄花席一拾張、満花席一拾張、満花方席一拾張、雑彩花席一十張、人参一百斤、雑色馬二十匹、

朝鮮王朝は成宗八年［明・成化十三］八月、一回に牛角五十副の収買を明国から許されていた。成宗十一年十二月頃、野人の侵擾により兵備の整備が急務となった。王朝の国人は槍剣が不慣れであるために、敵の侵寇を防ぐ武器として弓矢を専用した。ところが、保有する弓矢は数が少ないうえに、弓は毀損し易い兵器である。したがって牛角五十副の交易では、なお不足がちである。そこで今回は、先例によらずに牛角を貿易して軍需を広めたいと奏本はいい、以下、明皇帝への進物を列挙している。

この牛角貿易の奏請は、翌年に明国の承認をえた。(18)朝鮮王朝は大量の進物を明皇帝に贈って、水牛角を入手したのであり、まさに牛角は王朝の国の宝であったのである。

第三節　牛角確保の施策

ところが明国との貿易でえられる牛角の数量には限度があり、朝鮮王朝の牛角不足は慢性化していた。端宗即位年（一四五二）七月、兵曹が議政府に呈した啓には、平安道における牛角確保の施策が次のように述べられている。(19)

平安道、去年専失農業、頼国家賑恤不至餓殍、平壌・成川・寧辺・定州・義州・江界・閭延七都会官所造軍器平壌・寧辺・定州三都会官所造銃筒箭、平壌・寧辺両都会官所造別例弓、若一時并挙、則民不堪役、請依咸吉道例、一年銃筒、一年軍器輪次造作、以休民力、且本道所有牛角用之、已尽、今年則勿造別例弓、将道内所産綿・紬・人参・皮物付赴京師使臣買遼東水牛角造作、

平安道所有の牛角をすべて使い果たしたので、例年通りの造弓ができない。そこで道内所産の綿・紬・人参を京師に送り、遼東の水牛角を買い付けて造作したいとある。

また世宗十年（一四二七）十一月、兵曹判書崔閏徳・左議政黄喜等が牛角確保の施策を述べている。(20)

上曰、造弓無如水牛角、予欲請於上国置之、全羅道不寒之地、兵曹判書崔閏徳対曰、臣近日都試武士見弓之脱弦数矣、而不折皆水牛角也、左議政黄喜曰、水牛毛薄畏寒、方冬築宇善養之、則可生、然買来難、若請之、則帝豈不許、　上曰、予亦以為請之、必得買来則難矣、

世宗王は中国に水牛角を求めているが、全羅道は不寒の地だから、ここに水牛を飼育したいと述べ、兵曹判書の崔

閏徳は都試の武士の弦は外れているが、水牛角の弓は皆折れないと角弓の利点を、左議政黄喜は、水牛は毛が薄いので寒い土地では生息できないが、冬に宇を築けば養えるとした。さらにこの後、文宗即位年（一四五〇）八月、李季甸なる人物が、やはり水牛確保の施策を意見している。(21)

本国防禦最緊、須以水牛角造弓、毎使通事求買、未易多得、且今勅諭曰、有能捕賊一体論賞、願奏請水牛雌雄二十頭放養海島、以資造弓、只在大人指揮、使臣答曰、吾等前日聞此言、已審、殿下之意、回還奏聞、可得蒙允、

すなわち、李季甸は、造弓のために通事をして水牛角を買求めているが、その量は多くない。したがって水牛の雌雄二十頭を温暖な海島に放養して造弓の資としたいと意見を述べたのである。

遼東との貿易による牛角の確保は現実的だが、ほかの意見はそれに欠けるようである。成宗十一年（一四七九）二月に実施された六畜調査の結果によると「諸邑分養水牛、壬午年、孳息、僅七十余頭、自今守令有能蕃息者、請加資勧励」とある。(22)ここでいう壬午の年とは、世祖八年（一四六二）六月の家畜調査を指しているが、約十年間でえられた牛の頭数は七十余頭である。朝鮮王朝が成宗十年十二月に改めて勧励したのは、このように成果が上がらないからである。

第四節　牛馬の確保と生息状況

世祖六年五月の議政府の文言に馬と牛が黒角と並んで国の宝とあった。牛角も弓材であるから国の宝なのである。成宗元年（一四六九）正月、大王大妃は弓材の筋を自ら裂いて、次のように述べた。(23)

大王大妃伝曰、予侍　世祖潜邸見造弓時、令女奴裂筋、予亦親自為之、所裂筋意可造弓二十而、僅造六七張、造

弓之難、予備知之、諸邑所貢弓数甚多、今禁宰牛馬甚厳、民間何従得筋乎、是必苦之頃、下求言之教欲聞如此弊事也、今陳言者有幾、承政院啓曰、時無陳言人、申叔舟啓曰、一弓之入幾至三四牛馬之筋、今貢弓之数多故、弓価甚重、而軍士亦難備之権除何如、伝曰、如其有弊雖永除可也、院相其議啓、

牛馬の筋は弓の弾力を強化するために弓体の外側に貼るが、大妃が造弓の困難を実感したのは、牛馬の筋二十条でできる弓の数が、わずか六、七張に過ぎないからであった。記事によれば申叔舟も造弓には大量の牛馬の筋が入用と述べている。

ところが、朝鮮半島には牛の生息が少ない。成宗十三年八月、野人が牛馬の互市を王朝に求めてきた時、「我地牛畜尠少、民不肯売大抵買売、従其情願何以強之、如此」と答え[24]、また世祖六年五月、王朝が全羅・慶尚・忠清諸道の観察使に造弓用の筋角の確保を諭した文書の内容からもそれが指摘できる[25]。

論全羅・慶尚・忠清道観察使曰、筋角切於造弓、故毎節季、令具録道内自斃牛馬筋角数上送、然守令視為常事、慢不挙行故厥数不多、更加検挙、且如済州及沿海州県牛角、必異於常品須多得上送、

すなわち筋角は造弓に入用であるから、道内死亡の牛馬の筋角数を時節ごとに録して上送せよ、さらに調査を加え、とくに済州と沿海州県の牛角は常品と異なるから多く上送せよと、より多くの筋角の確保に王朝は意を注いでいるのである。

次表は成宗元年正月の諸道牛馬籍調査の結果であるが、朝鮮半島の風土は牛馬が極めて生息しにくい環境にあったことをうかがわせている[26]。

まず馬の分布は京畿・忠清・全羅・慶尚・咸鏡・黄海・平安の諸道に及ぶが、牛の場合は京畿・忠清・全羅・咸鏡の諸道に過ぎない。表中の故失は死亡した牛馬を指すが、その数は一六九二頭、遺失は行方不明と思うが、平安道鉄

表1　成宗元年正月「諸道牛馬籍調査一覧」

道		馬	牛	故失	遺失	虎攬
京畿道	陽城，槐台，吉串		101	23		
	長湍，壺串	340		30	8	
	江華，北一串	331		49	6	
	鎮江場	1032		122		
		1973	101	224	14	
忠清道	泰安，大小山	458		117		19
	薪串		77	9		14
	知霊山	300		24		7
	梨山串	322		25		44
	瑞山，安眠串	352		39		8
	洪州，元山島	122			10	
		1554	77	214	10	92
全羅道	霊光，珍下山	214		40		
	古耳島	219		53		
	康津，新智島	299		49		
	興陽，道陽串	666		163	5	
	折爾島	364		72		
	長興，来徳島		188	26		
	海南，黄原串	1449		152		
	珍島，智歴山	1312		131		
		4039	188	646	5	
慶尚道	固城，未己上串	284		59		
	海平串	742		101		
	東萊，吾海，也項	793		78		38
	蔚山，方魚津	360		57	11	67
		2179		295	11	105
咸鏡道	端川，豆彦台	103		50		
	北青，羅万北	389		119		
	文川，反山，四訥島		121	26		
		492	121	195		
黄海道	瓮津，昌比島	167		26		
	康翎，登山串	551		102		49
	黄州，鉄島	78				20
	豊川，席島	122			5	
		918		128	5	69
平安道	鉄山，大串	1293		420		
	椵島	145		42		
	宣川，身弥島	280		49		
	宣州，都致串	240		52		
		1958		563		
		13383	487	1,692	45	266

山が断然多い。その後、こうした状況に変化がないことは、成宗二十年七月、司僕寺提調尹壕と李鉄堅の啓に「鉄山牧場馬匹遺失、尤多」とあって肯首できる。(27)

太宗十六年（一四一六）一月、漢城府尹安騰は表中の慶尚道吾海、也項の牧場の拡張を「築馬放馬七百余匹、其馬豊肥、此地可四時放牧最宜牧場、若於勝岳山築七、八里、則牧孳息」と進言した。(28)太宗王は「上曰、然則須築牧場」と賛意を表した。太宗十六年は成宗元年の約五十年前にあたる。この時、牧場を拡張したのだから、牛馬の頭数が増えてもよいはずだが、成宗元年は東萊の牧場と合わせても馬が七九三匹であって成果があがっていない。

世祖六年（一四六〇）五月、朝鮮王朝が諸道の観察使に筋角の確保を諭した下書のなかで済州の牛角に言及していたが、同地は国内随一の馬産地であった。世宗二十六年（一四四三）十月の世宗王の言に「済州産馬之地、我国良馬皆出於此」とある。(29)済州の牧は太祖七年（一三九八）三月の畜馬点考使呂自新・監察朴安義らが調査した結果、馬が四四一四匹、牛が一九一四頭を数え、盛況の様がうかがえるが、(30)世宗三年六月、兵曹が済州牧の現状を次のように伝えている。(31)

済州牧場馬日就矮小、原究其由、州人及商賈之徒、於往来之際、輒将体小馬放于牧場、縁此孳息之馬並矮小、請令過渉時、所在守令厳加覈察、若有違者、並罪守令、従之、

さらに世宗三十一年（一四四八）八月、済州牧使の李鳴謙は「済州重地也、今聞馬匹多死、且貢馬体格甚矮小」と牧場の様子を述べている。(32)かつて国内随一を誇った済州の牧場は、時と共に荒廃したのである。恐らく他の牧場の場合も同様の経緯を辿ったと考えられる。たとえば、成宗十五年（一四八三）七月、司僕提調李鉄堅の啓は、表中の黄海道鉄島の牧場の実情を次のように記している。(33)

啓曰、黄海道鉄島、馬本数一百四十四、臣於去春承命点検、則馬之見在者、但二十四而、皆分養於民間、問諸牧

子、則答曰、此島馬不茂、故分養民間、問其孳息、則児馬二匹耳、挙此一処、則可知其余、馬政国之大事而、虚耗如此、誠為可慮、此無他、近因年険不遺点馬故耳、今年農事稍稔、請於各道分遣点馬、

すなわち、牧場に馬草が茂らないので、民間に馬を分養させたが、児馬二匹をえたに過ぎないとある。李鉄堅は鉄島の牧場から、他の牧場の実情が知られると、悲観的な状況を伝えている。

翌成宗十六年三月、司僕提調尹壕と李鉄堅は牛場は牛角の確保に必要であり、馬政は国の大事であるが、往古に比較して牧場が減少していると啓している(34)。

牛隻、則国用不緊、牛場可革也、待秋遣暗練朝士、点視施行何如、但馬政国之大事、牧場比古減少、且其水草未敷処、則点馬遂年往審推移放牧、固不可廃也、居民利於耕墾如提堰、牧場皆欲廃之、不可開端也、則伝曰、牛場其依所啓施行、

なお、表中の虎攬は虎に害された牛馬であるが、こうした損失は少なくなかった。世祖十四年（一四六八）二月、行僉知事呉子慶は軍官十人・捉虎軍二百人を率いて、京畿道諸邑の虎退治を行ない(35)、同月禹貢なる人物が大虎を捉えて馬一匹を賜わり、怪我を負った軍士に医薬が給されている(36)。

成宗十年八月、左承旨金升卿は緑陽の馬場について「楊州・緑陽・衿川馬場之類、皆見而未知何時復廃也、伝聞、緑陽以多虎害廃之、然未知其詳」と述べている(37)。緑陽の馬場は余りにも多い虎害によって廃止されたらしいというのである。

成宗十六年三月、沈澮は緑陽の馬場について「緑陽場還陳無益於国家、世祖朝牧場頗多、未経一年為虎所害居半、未久而罷、不可永為牧場也」と述べている(38)。すなわち、牧場は世祖朝の頃に数多く設けられたが、虎害によって居半が廃止された。捉虎軍を組織して虎退治をしても効果があがらなかったのである

第五節　弓材の分布と栽培
―弓幹木・樺皮・弓幹桑・竹箭・魚膠・鹿角膠―

次のふたつの地図は「世宗地理志」[39]と、成宗十二年（一四八〇）に編纂された「東国輿地志」、それと中宗二十五年（一五三〇）増訂の「東国輿地勝覧」に見える弓矢の材料、すなわち弓幹木・樺皮・弓幹桑・竹箭・魚膠・鹿角膠等を土産する諸地方を表示したものである。[40]「天工開物」は造弓にあたって、中国では幹に竹を用いるが、東北の夷は竹がないので、桑木を幹とし、両弭にも桑木を使うと述べている。[41]王朝の地誌にある弓幹桑は「天工開物」のいう東北の夷が用いる桑木を指している。

朝鮮王朝の桑木の栽培法は「経済六典」にみえるが、太宗は各道に桑の栽植を奨励し、同王十七年（一四一七）には、開城守留後司・京畿道加平・忠清道清風・慶尚道義城・黄海道遂安・全羅道泰仁等に蚕室を設け、世宗王は桑の栽植に関して地方守令の責任を厳しくする政策を実施した。[42]これらの桑木は蚕室と関連して説かれているから、弓とは無関係と思われるが、世祖十三年（一四六七）十月、弓人南宮義らが世祖王の命をうけて「往京畿楊根・加平・砥平、江原道洪川等邑、取弓幹材」っており、[43]また同年同月、弓人韓維之等が「于京畿楊根・加平、江原道洪川等邑、取弓幹木」っている。[44]前者は弓幹材、後者は弓幹木としている。土産の地図によると弓幹木は風土の異なる北部の慈江・平安両道・黄海道に集中し、他方の弓幹桑は南部の江原道の沿岸部に分布している。したがって南宮義と韓維之が採取した弓幹材と弓幹木は桑木に相違あるまい。そして太宗十七年に国王が蚕室を設けた土地の一つに京畿道加平があるから、弓弭の桑木も同時に栽植されていたとみてよい。桑木の大量使用は、次の世祖十四年一月の中枢院府領

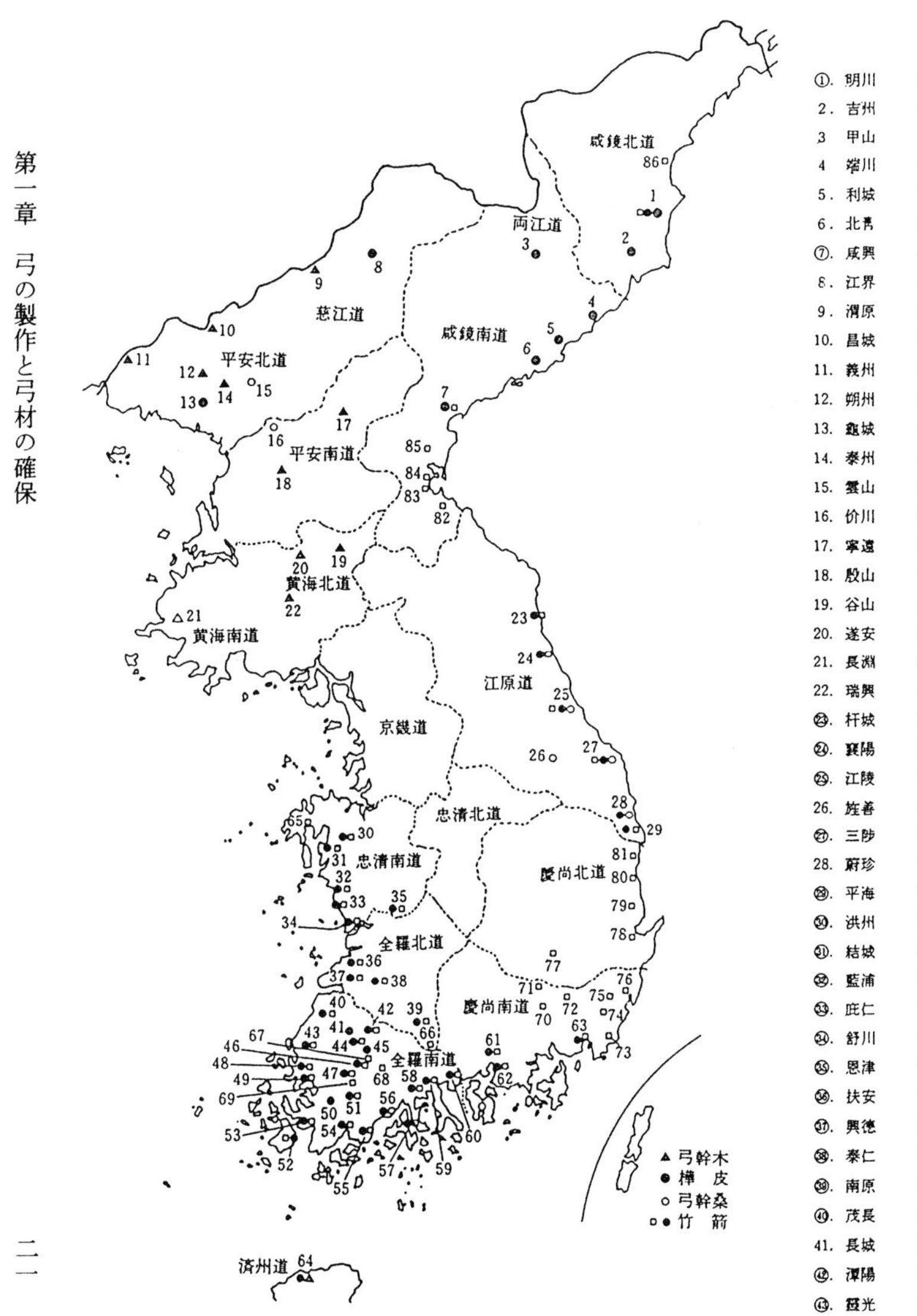

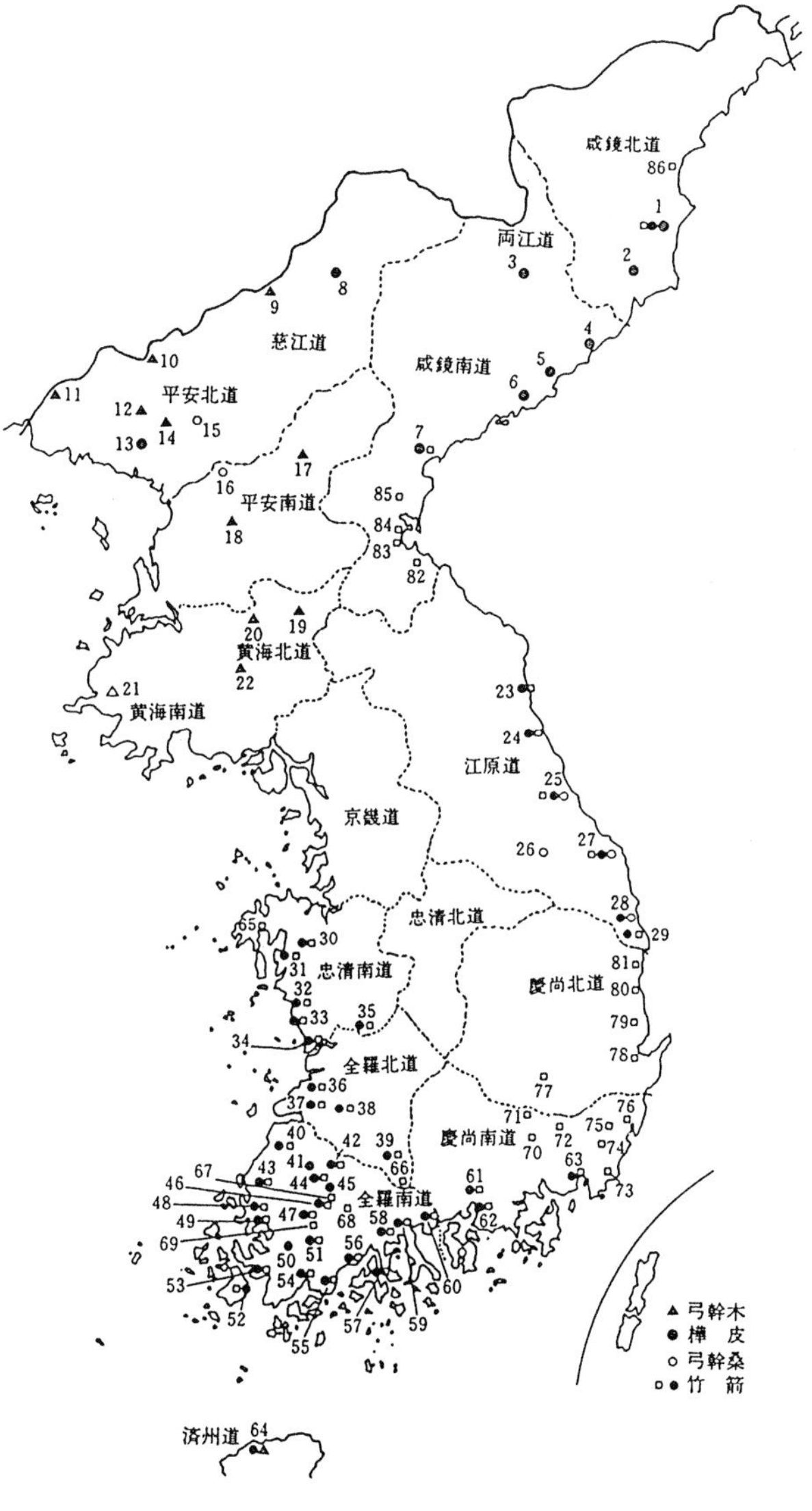
咸鏡北道
両江道
慈江道
咸鏡南道
平安北道
平安南道
黄海北道
黄海南道
江原道
京畿道
忠清北道
忠清南道
慶尚北道
全羅北道
慶尚南道
全羅南道
済州道
▲弓幹木
●樺皮
○弓幹桑
□●竹箭

①. 明川
2. 吉州
3 甲山
4 端川
5. 利城
6. 北青
⑦. 咸興
8. 江界
9. 渭原
10. 昌城
11. 義州
12. 朔州
13. 亀城
14. 泰州
15. 雲山
16. 价川
17. 寧遠
18. 殷山
19. 谷山
20. 遂安
21. 長淵
22. 瑞興
㉓. 杆城
㉔. 襄陽
㉕. 江陵
26. 旌善
㉗. 三陟
28. 蔚珍
㉙. 平海
㉚. 洪州
㉛. 結城
㉜. 藍浦
㉝. 庇仁
㉞. 舒川
㉟. 恩津
㊱. 扶安
㊲. 興徳
㊳. 泰仁
㊴. 南原
㊵. 茂長
41. 長城
㊷. 潭陽
㊸. 霊光
㊹. 珍原
45. 光州
㊻. 綾城
㊼. 羅州
㊽. 咸平
㊾. 務安
50. 霊巌
(51). 南平
(52). 珍島
(53). 海南
(54). 康津
(55). 長興
(56). 宝城
(57). 興陽
(58). 楽安
(59). 順天
(60). 光陽
(61). 晋州
(62). 泗川
(63). 金海
64. 済州道
65. 泰安
66. 求礼
67. 和順
68. 同福
69. 光山
70. 霊山
71. 昌寧
72. 密陽
73. 東莱
74. 梁山
75. 彦陽
76. 蔚山
77. 大丘
78. 迎日
79. 興海
80. 盈徳
81. 寧海
82. 安辺
83. 徳源
84. 文川
85. 永興
86. 鏡城

図5　弓材土産分布図(一)

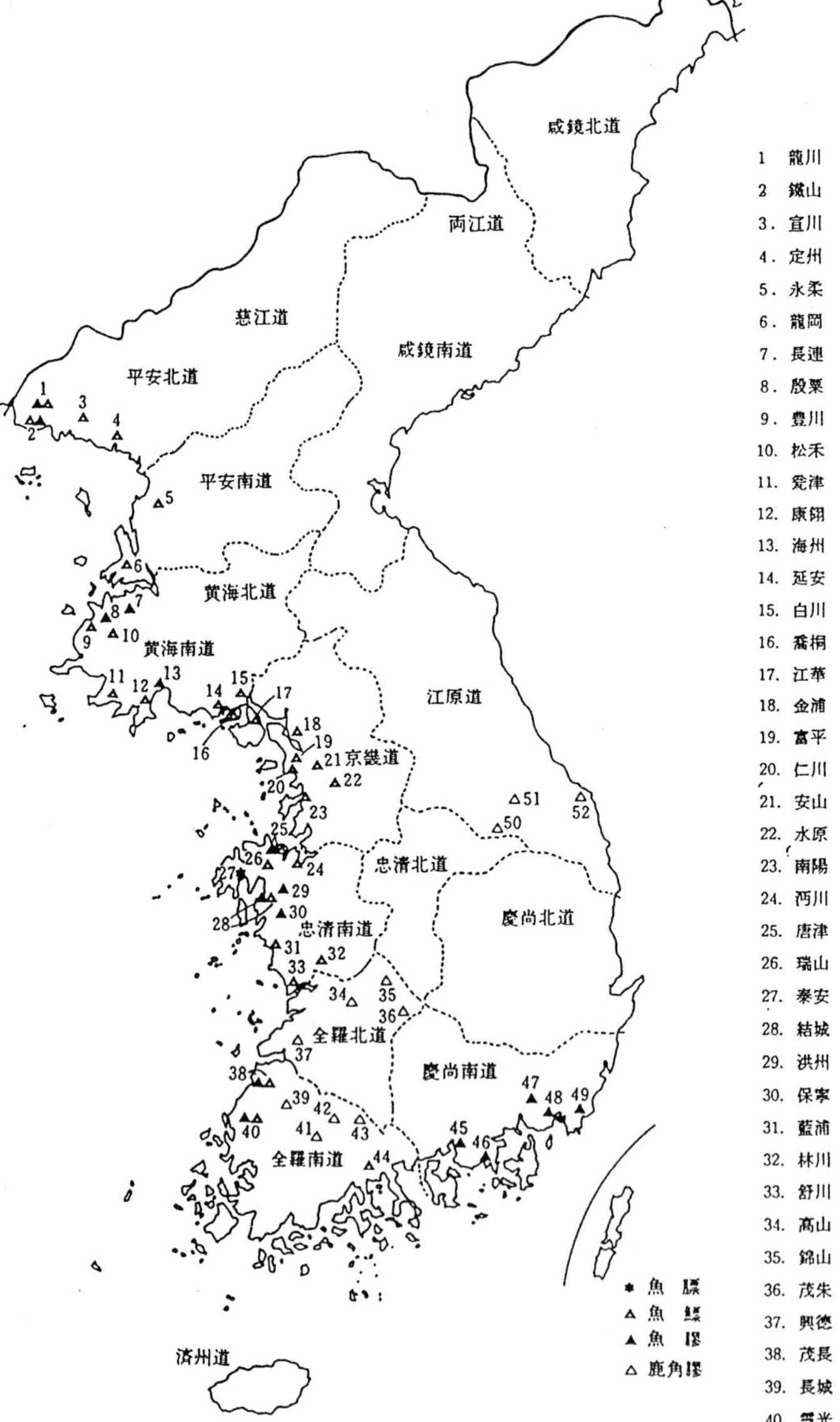

1　龍川
2　鐵山
3．宜川
4．定州
5．永柔
6．龍岡
7．長連
8．殷栗
9．豊川
10．松禾
11．瓮津
12．康翎
13．海州
14．延安
15．白川
16．喬桐
17．江華
18．金浦
19．富平
20．仁川
21．安山
22．水原
23．南陽
24．沔川
25．唐津
26．瑞山
27．泰安
28．結城
29．洪州
30．保寧
31．藍浦
32．林川
33．舒川
34．高山
35．錦山
36．茂朱
37．興德
38．茂長
39．長城
40．靈光
41．和順
42．玉果
43．谷城
44．樂安
45．泗川
46．固城
47．昌原
48．金海
49．東萊
50．寧越
51．旌善
52．三陟

図6　弓材土産分布図(二)

事沈澮の啓に見える。(45)

中枢府領事沈澮啓、竹山県監李崇寿・竜仁県監李寛植、軍器不依数造作、其造作者亦不牢緻、聞慶県監陳延平・咸平県監尹涵軍器折毀、而不即修補、尚州判官金言慎所造軍器紕薄不実而、其中折毀者、亦不修補、且桑木二万二百五十九条虚録会計、黄澗県監丁明応桑木一百八十条虚録会計、　上令承政院馳書、于守令等日、今見領事沈澮啓、本尓等法当重論、然事已経赦、姑置勿論尓等知之、

啓は軍器と書いているが、桑木は弓弭に用いるから、修補された軍器は弓とみなければなるまい。このように軍器の弓には大量の桑木が入用だから、桑の栽植は、当然弓材の確保も考慮されていたに相違あるまい。

樺皮は地図によると、朝鮮半島の最北端咸鏡両道・両江道・慈江道に土産している。樺皮は弓身の把に使用されるが、成宗二十二年（一四九〇）四月、兵曹判書李崇元・参判呂自新らが北征の事を議論した時、樺皮の利点が述べられている。(46)

弓則須用樺皮着衣、乃可用之於霧雨之日也、箭亦加倍於弓、然後有裕矣、本道不用弓箭多在、亦可修補用之、然量宜加数入送、何如、

すなわち、弓は樺皮を着衣して用いると、霧雨の日に強いというのである。

接着材の魚膠は黄海に面した全羅南道・忠清南道・黄海南道・平安北道・慶尚道などの南部地方に広く分布し、日本海側の慶尚北道を北上する地域には産出がない。

「天工開物」は膠を次のように述べている。(47)

凡、膠乃魚膠雑腸所為、煎治多属寧国郡、其東海石首魚、浙中以造白鯗者、取其脬為膠、堅固過千金鉄、北虜取海魚脬煎成、堅固与中華無異、種性則別也、

世祖六年（一四六〇）六月、承政院奉旨の馳書に「咸吉道都節制使曰、今送箭竹三万箇・魚膠三百斤分、諸本営及諸鎮以脩兵用」とあり、[48]翌七年二月、鍾城節制使金嶠等が制敵の策を論議した時、楊汀が「咸吉道魚膠稀少、難以多造」と答え、軍器監から魚膠三百斤を給されている。[49]金嶠が節制使を勤める鍾城は、半島最北端の咸鏡北道の地である。同地は魚膠の産出が稀少なために造弓が難しいので、軍器監から弓材の接着用に魚膠三百斤が支給されたのである。

さらに世祖八年正月、咸吉道観察使康孝文が都鎮撫梁敬老を派遣して意見した書目に「前此本国造弓、皆用阿膠、本道箭用木、其来已久、近来崇用魚膠而好」とある。[50]造弓には魚膠ではなく牛皮を煮詰めて作った阿膠を用いたが、最近、つまり世祖八年頃から、魚膠が珍重され始めたとしている。

世祖六年七月、朝鮮王朝は魚膠の産地、京畿・黄海・忠清・全羅道の観察使に石首魚の魚膠は造弓に最適だから、今後は魚体の大小に関係なく納入せよ、と命じている。[51]

　魚膠出於石首魚者、最宜造弓、以其体小棄而不用、然積小成多、自今公私船所得魚膠、悉令収納以進、

「天工開物」が魚膠にふれて「其東海石首魚」と書いているが、東海で石首魚の魚膠が弓の接着に活用され始めたのは、このように朝鮮王朝初期からである。

魚膠が希少で造弓が困難と述べた咸吉道観察使の要請に対して、王朝は次のように答えた。[52]

　於観察使以為常法、用阿膠造弓不如魚膠、近以黄海道歳貢輸、平安道諸依此例量送魚膠、且弓房及軍器監諸道歳貢甚多、請除京中所用外、量数入送、以為常法、

すなわち、黄海道から弓房・軍器監に歳貢される多量の魚膠を京中で使用した後、余剰分を咸鏡道に送ることを常法にすると、同道観察使の要請に王朝は応えたのであるが、その後も魚膠不足の状況に変化がない。すなわち、それ

は明宗即位年（一五四五）十月、南道兵使曹光遠の上疏に明らかである。(53)

陳本道軍卒羸弱、且無弓矢赴防、点閲則畏罪、逃避恵山・越辺、胡人占居日盛、此他日門庭之患也、箭竹・魚膠本非所産、牛角亦貴、請多持此等物、造弁弓箭巡試其才賞、其能者為禦辺之助伝曰、如啓、

明宗は朝鮮王朝十五代の国王で、世祖から八十有余年を経過しているから、朝鮮半島北方の咸鏡両道・両江道では、鍾城節制使金嶠と咸吉道観察使康孝文が王朝に願いでたように魚膠が常に不足していたのである。

第六節　箭竹の産地

「天工開物」は箭の材料と製作を次のように書いている。(54)

凡箭笴、中国南方竹質、北方萑柳質、北虜樺質、随方不一、竿長二尺、鏃長一寸、其大端也、凡竹箭削竹四条、或三条、以膠粘合、過刀光削而円成之、漆絲纏約両頭、名曰、三不斎箭桿、浙与広南有生成箭不破合者、柳与樺桿、則取彼円直枝条而為之、微費刮削而成也、凡竹箭、其体自直、不用矯揉、木桿則燥時、必曲、削造時、以数寸之刻槽一条、名曰、箭端、将木桿逐寸戞扡而過、其身乃直、即首尾軽重、

すなわち、矢柄は中国南方が竹材、北方が萑柳の材、北方の蛮人は樺を用い、地方によって一定しない。矢柄は長さが二尺、鏃の長さ一寸が標準である。製作については竹矢は竹四本ないし三本に削り、膠で接合した後、小刀で磨きをかけ、円く合わせ、漆と糸で両端を巻止める。これは三不斉箭幹と呼ばれている。

浙江と広東では矢竹を産するので、割って張合わせる必要がない。柳と樺の矢柄は、円くて真直な枝から作れるから、ほんの少し削るだけでよい。竹矢は始めから真直だから、撓める必要がないが、木の場合は乾燥したら必ず曲る

から、あらかじめ数寸の木に筋端の溝を刻み、その溝に木の矢柄を扱いて通すと、矢は真直になる。この記事は矢が弓と同様、土産の影響を強く受けていることを示している。

また明の茅元儀の「武備志」にも同様の記事が見られる。(55)

若南方小弓而発北方大箭、則不能過三十歩、用北方大弓而発南方竹箭、則摧折矣、而南方所用之箭、不過五銭夾衣五層、則不能透、又安足以称利器也、

南方の小弓で北方の大箭を射ると、僅か三十歩、北方の大弓で南方の箭を射ると折れ、さらに重ねた衣も射透せない、と北と南の相違を指摘している。

さきに朝鮮王朝国内の弓材土産の分布図を示したが、それによると以下の諸地域が竹箭を産出している。

江原道　杆城・襄城・江陵・旌善・三陟・蔚珍・平海
忠清南道　洪州・結城・藍浦・庇仁・舒川・恩津
全羅北道　扶安・興徳・素仁・南原
全羅南道　茂長・長城・潭陽・霊光・珍宝・光州・綾城・羅州・咸平・務安・霊巌・南平・珍島・海南・唐津・長興・宝城・興陽・楽安・順天・光陽
慶尚南道　晋州・泗川・金海

ここには京畿・黄海両道・平安両道・慈江道・咸鏡両道の地名がないから、これらの諸地域では竹箭が産出しない。

世宗二十二年（一四三九）三月、知中枢院事成達生の上疏の一節に黄海道の竹産にふれて「本道不産竹、旗竿・箭幹並皆用木、請令傍近忠清道産竹、各官乃以旗竿・箭竹送」とある。すなわち、記事は黄海道は竹産がないので、忠清道から竹を送るとあるのである。(56)

また世祖八年（一四六二）正月、咸吉道観察使が左議政申叔舟に宛た上書の中で次のように述べている。[57]

木箭用工甚難、且南道木亦難得、前此江原道箭竹産処、皆已置簿、禁私用、令由水路歳輸、咸吉道兵使営分送、五鎮以用之、於観察使営、則無輸送之法、故南道無箭竹、請今令江原道量送箭竹、於観察使以為常法、

「天工開物」は矢を製作する場合、木よりも竹の方が、削ったり、撓めたりする必要がないので、細工が容易だと書いていた。朝鮮王朝の場合も同様であったことは、記事の冒頭に明白である。上書は、この後、弓材の魚膠に言及しているが、木箭の細工は難しく、また南道では木箭にする木が得難いこと、江原道内では箭竹を産出する所々に簿を置いて管理し、箭竹の私用を禁じている。そして王朝では、毎歳、箭竹不産の地、咸吉道に水路をもって運漕し、兵使営から五鎮に分送することを常法としたとある。

こうした箭竹の輸送が定期的に実施されたことは、世宗十五年六月の兵曹の啓に明らかである。[58]

平安・咸吉道辺沿各官人民習戦箭竹、咸吉道則江原道一万箇・慶尚道二万箇・平安道則忠清道一万箇・全羅道二万箇、毎年輸送、従之、

また成宗十七年（一四八五）二月の条目には「第十二条、両界箭竹、毎年伝遞陸転、已有定法、下諭節度使、均分各鎮水運之策、則海陸路険遠舟楫不通、不可挙行」とある。[59] 本条目によると、すでに箭竹の陸路輸送に定法があると明記されている。したがって箭竹は海陸から咸吉道と平安道に輸送されたのである。ただしこの時は海路が険遠で船が航行できなければ、実行すべきではないと、海上運漕を規制している。

このように箭竹が産出しない咸吉道と平安道に箭竹が輸送されたが、それは両道が鴨緑江を挟んで女直野人との係争地にあたり、同地の営鎮が防禦のために大量の箭竹を必要としたからである。世宗十年六月、野人と一触即発の時期の兵曹の啓に次のようにみえる。[60]

兵曹啓、平安道閭延郡留営鎮撫等状告、本郡極辺要害、初面受敵之地、防禦之緊非他郡比、縁此雖有才幹者未得従仕、于京偵候戍禦、暫不得息、咸吉道慶源・鏡城・吉州・甲山等官鎮撫、則以初面防禦之功、於咸興府土官一年一人輪次、除授臣等、独未蒙恩、各自缺望、今者兵曹受教、留営鎮撫内従所在官、薦望安州道三人、義州・朔州・江界道各一人、於平壌府土官四年一次叙用而、本郡則不与、請本郡鎮撫、亦依各処鎮撫例、許令遷転以勧後人、従之、

すなわち、平安道閭延郡の留営と鎮撫は極辺の地であり、最初に敵の攻撃に遭遇する。したがって防禦は他郡に比較して重要である。これが平安道の閭延で箭竹が必要とされる理由である。この後、世宗十四年（一四三二）十二月、平安道監司は野人の閭延侵入を次のように伝えている。(61)

平安道監司馳報、野人四百余騎、突入閭延之境、標掠人物、江界節制使朴礎、卒兵追之、還奪被擄人二十五口・馬三十四・牛五十隻、我国人戦死者十三・中箭者二十五、日暮未得窮追、

平安道の箭竹不産と朝鮮王朝からの輸送は、その後、成宗六年（一四七四）四月の事目に明らかである。(62)

一、理山・昌州・碧団・碧潼鎮・曾与賊戦、公私矢尽、須以両営箭竹分送、理山六千箇・昌州二千箇・碧団・碧潼各一千箇分与軍卒、一、江辺諸鎮無鉄、不得鋳箭鏃、其以諸邑鉄造箭鏃、送于理山等鎮、以給軍卒、一、今聞賊中方虞、我入攻前諭柵設疑兵等事、須急措置使賊不得耕農、

理山・昌州・碧団・碧潼は鴨緑江沿岸の地で、謂原と遡州の間に並んだ諸鎮である。事目によると、諸鎮は野人と戦闘を交えたために、公私の矢が尽きた。そこで諸鎮所属の両営に箭竹が送られた。理山六千箇・昌州二千箇・碧団と碧潼が各千箇、総計一万箇に数量は達した。

さらに三十八年後、中宗七年（一五一二）正月の右議政成希顔の啓が、平安道の箭竹不産を伝えている。(63)

希顔又啓曰、近来習陣常行、於平地只試坐作進退而已、不習馳馬之事、此甚未便、今方有事、宜及民之不耕、命将講武可也、馳馬射戦近於戦場事故啓之、且平安道弓幹則有之故、弓子可易備也、箭竹不産武庫之箭、雖或下送、若臨事変而載送、則駅路有弊、今可令全羅・忠清両道箭竹六千部栽断入送、伝曰、可、

平安道には弓幹があり、造弓は容易だが、箭竹が産出しない。武庫に箭があるが、事変の時に急に、箭竹を輸送すれば、駅路に弊害が生じる。したがって今、全羅・忠清両道の箭竹六千個を裁断して、平安道に輸送すべきと、成希顔が述べ、その通り実施されている。成宗と中宗の両記事は平安・咸吉の両道に、なぜ大量の箭竹が輸送されなければならないのかを語っている。

第七節　箭竹栽培地の拡大

世祖八年（一四六二）正月、左議政申叔舟宛の咸吉道観察使の上書中に朝鮮王朝が江原道で箭竹を栽培している事実が見えた。文宗即位年（一四五〇）十月、江原道観察使李師元の上書には、同道における箭竹栽培の実情と彼の意見が、次のように述べられている。(64)

箭竹所以禦敵之具、不可不備、故我国家、其於各浦船泊近処、悉令種養、其法可謂美矣、然各邑銃筒衛、及長片箭、各道各官、無処不造、箭竹之出有限、所用甚多、以本道観之、則種養各浦五、六処、造箭各官二十有六州、且咸吉道、全是不産之地、所用之竹実資本道、臣於各浦、皆已種竹、此即内降諭書之意也、又於沿辺各官、入番之吏、已令種養、此臣所以曲為之処、而国家所不知、臣所培養之竹、若或茂盛数十年之後、本道及咸吉道所用、庶将有余而、不患其不足也、請於下三道箭竹可養之、官遍令栽種監司、毎於歳抄考、其培養多少、益加点検、毎

年加種、又於交代之際、解由伝掌本道、臣所種箭竹、亦依此例施行、

箭竹は禦敵の具であるから備える必要がある。我が国では各浦の船泊の近くに箭竹を栽培しているが、需要が甚だ多い。江原道は各浦の五、六か所で栽培し、造箭は各官二十六州に及んでいる。咸吉道では箭竹が産出しないので、江原道から箭竹を輸送している。現在、箭竹の培養は沿辺の各官が交代の時に実施するが、茂盛までに数十年かかる。これでは到底、需要に応じることができない。以下が李師元の意見である。すなわち、下三道に箭竹を栽培すべきで、王朝が栽種監司をして、毎年箭竹の数量を調査点検して培養を行なえというのである。この記事から箭竹栽培の実情と培養の方針が知られるが、特に咸吉道等への海上輸送を考慮して、沿海の船泊りの近辺に箭竹を栽培している点は注目すべきである。

成宗十二年（一四八〇）編纂の「東国輿地志」の竹箭土産の地は、おもに南鮮地方に限定されている。ところが、中宗二十五年（一五三〇）増訂の「新増訂東国輿地勝覧」をみると、箭竹土産の地が確実に増加しており、このなかにはかつて箭竹が土産しなかった北鮮の咸吉道の地が七ヶ所も記載されている。

忠清道　泰安
慶尚道　蔚山・梁山・興海・東莱・迎日・彦陽・寧海・盈徳・大丘・密陽・霊山・昌寧
全羅道　求礼・同福・和順
咸鏡道　咸興・求興・安辺・徳源・文川・鏡城・明川

箭竹栽培地の増加は、朝鮮王朝が文宗即位年（一四五〇）十月の江原道観察使李師元の意見を採用した結果であるが、その後、世祖七年（一四六一）九月、咸吉道観察使の啓に箭竹栽培の策が次のように説かれている。(65)

兵曹拠咸吉道観察使啓、本啓、本道防禦最緊、而箭竹不産、毎年輸他道箭竹不足、於用軍士病之、道内北青以南、

風気与江原道無異、已令採竹根植栽、竹果蕃茂、請令江原道観察使、毎年五月初、多栽竹根載船泊安辺・浪城浦交割、於諸邑土厚可植処計数分給、依前送方書及事目栽植録、其栽植生長之数、以啓、平安・黄海道箭竹亦不産、依咸吉道例、先於風土宜竹処一、二邑、栽植試験、従之、

すなわち、咸吉道は防禦が最も必要な地にも関わらず箭竹が産出しない。毎年、他道から箭竹を輸送しているが、なお不足であり軍士は心配している。本道内でも北青以南の風気は江原道と異ならなく、すでに竹根は蕃茂している。江原道観察使をして毎年五月初旬竹根を大量に採取して、安辺と浪城の浦に配り、諸邑の土厚の地に植栽することを要請し、また平安・黄海両道は箭竹が産出しないから、咸吉道の例に倣って、風土の宜しき処に竹を栽培してはどうかというのである。

ところが、こうした箭竹栽培策は順調には進展していない。というのは燕山君六年（一四九九）正月の議政府の啓に次の記事があるからである。(66)

全羅道船運箭竹叢一年三次、毎次以五十叢為数、其意必欲封植、於此以験、其枯将培養也、然土性風気与南方殊異、必不得生、但有弊而已、又命江原道採進、当帰根三十碩、江原土瘠民稀採取之弊、必多、請皆停之、

大意は全羅道には箭竹叢が一年に三度、毎回五十叢ずつ輸送されるが、江原道とは土性が異なって弊害がある。また江原道に三十碩の竹根を命じても、江原道は土が痩せており採取は難しいから、種子の輸送は停止すべきというのである。

さらに同年五月の李克均上書の二条目も箭竹のことにふれている。(67)

第二条、箭竹輸送之事、果如所啓、但世祖朝、移栽江原道箭竹種于咸鏡道咸興以南各官海島、臣為監司、見其有茂盛之勢、而為耕田者、所侵未至蕃茂、啓定守竹人禁耕、想今已茂盛矣、平安道沿海各官、亦依右例忠清・全羅

道竹種載船移栽、或至茂盛、則実為永世利其下、

後者、李克均のいう世祖朝云云は、世祖七年九月、咸吉道観察使の啓の箭竹移植を指している。李克均は竹藪を耕田の者が侵しているので蓄茂が妨げられている。守竹人を定めて耕の竹藪を侵すことを禁止すべきである。すでに今、茂盛しているから、これは必ず永世の利と述べた。

李克均上書の三十五年前が世祖七年にあたる。その後、箭竹栽培が確実に成果を上げていることは、この上書に明瞭である。したがって「新増訂東国輿地勝覧」の箭竹栽培地の増加は、この政策の反映とみなせるのである。

注

(1) 陳元竜「格致鏡原」巻四十一、武備類、中華民国六十一年七月。
(2) 「太宗実録」一－一二頁。
(3) 「世宗実録」三－四七一頁。
(4) 「成宗実録」九－五二三頁。
(5) 陳元竜「格致鏡原」(前掲)。
(6) 『天工開物の研究』藪内清編　恒星社、昭和二十八年。
(7) 陳元竜「格致鏡原」(前掲)。
(8) 吉田光邦「明代の兵器」『天工開物の研究』藪内清編(前掲)。
(9) 李重華『朝鮮의弓術』学文閣　一九七二年十月。
(10) 「太宗実録」二－一四四頁。
(11) 「太宗実録」一－三五五頁。
(12) 「成宗実録」九－六四〇頁。

(13)「世祖実録」七―三九五頁。
(14)「経国大典」学東叢書第六、学習院東洋文化研究所、昭和四十六年。
(15)「端宗実録」七―四一頁。
(16)「端宗実録」七―四一頁。
(17)「成宗実録」一〇―一七八頁。
(18)『朝鮮史』第四編五巻、朝鮮史編修会編　東京大学出版会、昭和五十年。
(19)「端宗実録」六―五一八・九頁。
(20)「世宗実録」三―一五四頁。
(21)「文宗実録」六―二七〇・二七一頁。
(22)「成宗実録」九―六九六頁。
(23)「成宗実録」八―四五二頁。
(24)「成宗実録」一〇―三七五頁。
(25)「世祖実録」七―三九五頁。
(26)「成宗実録」八―四五一頁。
(27)「成宗実録」一一―五〇四頁。
(28)「太宗実録」二―一〇一頁。
(29)「世宗実録」四―五八八頁。
(30)「太祖実録」一―一一八頁。
(31)「世宗実録」二―四三五頁。
(32)「世宗実録」五―一四三頁。
(33)「成宗実録」一〇―六〇四頁。
(34)「成宗実録」一〇―六九五頁。

(35)「世祖実録」八－一六四頁。
(36)「世祖実録」八－一六四頁。
(37)「成宗実録」一〇－四六頁。
(38)「成宗実録」一〇－六九四頁。
(39)世宗六年甲辰及七年乙巳各道に命し道内各邑の沿革、府州郷所部曲の離合、山川界域の険阻関防、山城邑城の周回広狭、温泉氷穴風穴塩盆塩井牧場及良馬の所産、土地肥痩、水泉深浅、風気寒暖、風俗所尚、戸口土産の数、租税歳貢転運の程途、営鎮梁浦の建設、軍丁戦艦の数額、海中諸島の距離、島中農民の有無、煙台烽火の所在、歴代陵寝、各人墳墓及土姓傑出の人、古昔霊異の跡等を調査し以て地理誌を編纂せしむ本書は河演が慶尚道監司たりし時編したる慶尚道の地理誌（以下略）、朝鮮総督府編『朝鮮図書解題』大正八年。
(40)成宗宣城君盧思慎等をして大明一統志に倣ひ東国輿地勝覧を撰せしめ中宗の二十五年庚寅に李等に命し増補訂正したるものなり巻首に略図を掲け京畿以下諸道の沿革、風俗、廟社、陵寝、宮闕、官府、学校、土産の類及孝子烈婦の行状、城郭、山川、楼亭、寺社、駅院、橋梁の位置、名賢の事蹟、詩人の題詠に至るまで備載せざるはなし、朝鮮総督府編『朝鮮図書解題』大正八年。
(41)『天工開物の研究』藪内清編（前掲）。
(42)田川孝三『李朝貢納制の研究』東洋文庫論叢第四十七、東洋文庫、昭和三十九年。
(43)「世祖実録」八－一二七頁。
(44)「世祖実録」八－一三四（前掲）。
(45)「世祖実録」八－一五五頁。
(46)「成宗実録」一二－一二頁。
(47)『天工開物の研究』藪内清編（前掲）。
(48)「世祖実録」七－四〇一頁。
(49)「世祖実録」七－四四七頁。

(50)「世祖実録」七−五一〇頁。
(51)「世祖実録」七−四〇六頁。
(52)「世祖実録」七−五一〇頁。
(53)「明宗実録」一九−三四六頁。
(54)『天工開物の研究』藪内清編（前掲）。
(55)「武備志」巻一百二軍資乗戦七　器械一、華世出版社、一九八四年五月。
(56)「世宗実録」四−二七四頁。
(57)「世祖実録」七−五一〇頁。
(58)「世宗実録」三−四八四頁。
(59)「成宗実録」一一−九九頁。
(60)「世宗実録」三−一三二頁。
(61)「世宗実録」三−四二九頁。
(62)「成宗実録」九−二一三頁。
(63)「中宗実録」一五−五五四頁。
(64)「文宗実録」六−三〇一頁。
(65)「世祖実録」七−四八七頁。
(66)「燕山君実録」一三−三九六頁。
(67)「燕山君実録」一三−四一二頁。

第二章　貢納制の矛盾と兵器の流出

第一節　貢納制の原則

朝鮮王朝の貢物は太祖の初世（一三九二）、国家の財源を得るために制定された。貢物の額数は土地の産物を見て、田結の広狭を基準に決められ、他方邑の各官を単位に分定された。王室・政府の各官衙に上納される貢物は、貢案が作成されて、貢案には額数・上納者の名が記載され、関係機関に備えられた。そして貢物は一定不動が遵守されたが、しかし実際には民戸の増減などによって負担が著しく、貢物制はつねに矛盾を含んでいた。貢物だけでは国家の経費が不足するので、王朝政府は時に不産の貢物の制を施行して、財政の補塡を計った。[1]

朝鮮王朝は世祖六年（一四六〇）から成宗六年（一四七四）の間、それまで諸道の兵営と営鎮に月課していた軍器の貢を「兵器軍国先務、須令諸邑分定造作、以為歳、庶合備戎之策」と王朝全土の諸邑に歳貢として分定した。[2]

世祖十二年七月、兵曹が諸邑に造成すべき軍器数を評定した時の施行範囲は、王朝全土の三百数十有余邑におよんだ。この時、貢納の規定は「已上軍器一年一造」とされ、「上貢数外、皆蔵巨鎮」して、朝鮮王朝は備戎の策を立てたのである。この軍器評定は、世祖が端宗元年（一四五二）十月、クーデターを断行して軍政の権を掌握してから、十年代にかけて実施した貢物の減除、貢案の改正査定の反映であろう。[3]

ところが、軍器貢物造成の施行は、世祖十四年六月、司憲梁誠之等の上疏によると、多くの問題があった。(4)

加設貢弓、大官数百、小官数十、歳以為常慮甚遠也、然以数考之、五、六之家、応貢一弓、一弓所入、必用数獣之筋、而角尤為家家難得之物也、守令挙案徴督、急於星火、民不能備、代以布貨、家抽戸斂、尚不能償、鞭撻随之、若民無他賦、専以弓為貢、則猶之可也、彼租税、貢賦、公私負債、秋成所得、什不償一、又何暇備難備之弓、以為毎歳之常貢哉、

すなわち、梁誠之等は五、六戸で一弓を負担し、一弓には数獣の筋が入用であり、とくに角は家々で入手することは極めて難しい。守令が徴督しても民は弓を備えられない。布貨を代用しても償えないと、貢弓の困難を説いている。成宗元年（一四六九）正月、朝鮮王朝は新貢案を作成して貢物数を改定した。ところが、新貢案の実施に対しても、なお消極的な意見が出された。(5)

其数甚多行之、数年民頗苦之至、是　命議于院相申叔舟等議曰、初定軍器之数、録于貢案後、以其数不多、更為造弓矢之法行之、其数太多、官不能弁収価、於民貿販輸納其弊不貲、請依旧例、令営鎮官造納待事歇行、新法為便、伝曰、可、

また戸曹の言にも同じような意見がみられる。(6)

伝旨、戸曹曰、前此諸邑貢物軍器分残盛差等定数、其数頗多、近年国家多事、匠人未及充定、因此、守令責令民間、買納、誠為有弊、待匠人充定錬習間、勿行新法、姑令諸営鎮、依前数造作上納、

後者の戸曹の言には、軍器の貢物数が頗る多く、近年国家は多事であって、匠人が充分に確保できないこと、無理に施行すれば、買納が起り弊害が生ずると問題点を指摘している。戸曹は新法の施行は時間をおくべきで、それまでは旧来の規定によって、上納させるべきであると主張した。

この頃、工曹判書の地位にあった梁誠之は、睿宗元年（一四六八）六月、弓矢の貢賦は停止すべき旨を上書した。(7)

一、罷貢弓、臣窃惟、貢賦之定不可不量民力而為之、各道貢弓、令官中備納、則各官如順天・羅州有所産処外、雖薄有所産利、皆入官、況取民有定制、徴贖有禁、安能備貢弓、如其数乎、不得已、皆徴於民、則大抵農民竭三時之力而、豊凶既又不等年雖豊登、常税之外、征斂不一、一家口食尚未能充、明年糧種全仰義倉、亦安能備貢弓、如其数乎、一之謂甚、況毎年乎、若国家兵民富貴、則人可自備、且蔵之、之久則当有腐敗之患、必欲速成、則如前日皮甲之造家、家尽殺農牛幾至絶種、其為錯可勝言哉、

すなわち、梁誠之は貢賦の定は弓材の所産と不産、農民の豊凶など民力が考慮されていないから停止すべきである。一家の食糧が満足になく、義倉に仰でいる状況下では、毎年の貢弓は果たせない。速成に貢弓を進めれば、弓材の牛が絶種するといい、続けて次のような意見を述べている。

乞自今後、弓矢皆令人自為備軍士如内禁衛、兼司僕甲士、別侍衛備三張、正兵備二張、船軍一張、朝官如一・二品三張、三・四・五・六品二張、七品以下一張、烟戸如大戸三張、中戸二張、小戸一張、各鎮進上及軍器寺日課、皆造鹿角弓、仍限三年、使得自備筋角以為之、弓且貢金貢絲、亦議其弊而量減之生民幸甚、国家幸甚、

第二節　兵器の流出

明国は成宗十二年（一四八〇）四月、朝鮮王朝の牛角貿易の奏請を許可したが、奏聞使書状官権健の言によると、新たな問題が発生している。(8)

本国三面受敵、近日又再勅本国夾攻野人、因此構寡不浅、兵備不可踈虞、而弓材所需水牛角非本国所産、専仰

表２　世宗十五年五月対女直戦、戦利品一覧（園田一亀『明代建州女直史研究』続編所収）

	生擒男女数	殺死賊数	中箭賊死数	甲	角弓	箭数	環刀	矢筩	羅鞱	弓袋	槍刃	小鼓	馬	牛	鞍子
崔閏徳軍	62	98			21	420	3	8	3	3	28	1	25	27	
李順蒙軍	56														
崔海山軍	1	3			6	104	1	6	2						
李恪軍	14	43											11	17	
李澄石軍	68	5		3	15	330	1	7			2		25	33	1
金孝誠軍	16	13	7		2	14							6	12	
洪師錫軍	31	21	28		8	112	1							21	
総計	248	183	35	3	52	980	6	21	5	3	30	1	67	110	1

上国頃縁建議者、以為本国人収買弓角転売野人、始立禁妨、我国与野人構釁既久、何敢販売弓材以資敵人、

すなわち、中国より得た貴重な牛角を敵対する野人に転売する者が王朝国内にいるというのである。野人の土地でも、やはり牛角は貴重品であったのである。

上表は世宗十五年（一四三二）五月、女直野人との戦闘における朝鮮王朝側の戦利品一覧である。(9) 捕虜・戦死者・甲・箭・環刀・矢甬・羅鞱・弓袋・槍刃に混ざって五二張の角弓がある。野人の土地へ牛角が転売されているから、野人が角弓を所持していても何等不思議はないが、その間の事情を考えてみよう。

すでに世祖八年（一四六二）五月、都承旨洪応の言に「野人等中朝買水牛角・火砲所入物事」とあり、野人が中国から水牛角を買入れている事実があり、(10) また朝鮮王朝では「倭・野人来朝者、賜以弓馬」とか、(11)「薫興請弓、是雖兵器不可私贈、然野人及明人之到本国者、皆贈之」ことを習いとしており、(12) 世祖初年は、野人への角弓贈与がとりわけ頻繁である。したがって野人の土地へは、弓材の牛角と角弓が中国と王朝の両方から流入したに相違ない。さきの戦利品一覧の角弓のなかに、そうした履歴の角弓があっても不自然ではない。

世祖二年正月、侍講官梁誠之らは、弓と馬は禦敵の具であるから敵対する倭人と野人に賜うべきでないと主張した。[13]

弓馬乃禦敵之具、不可軽以与之也、彼人等見我国弓矢之制、以為軽利而効之、亦不可也、講武所以習兵事也、前朝恭愍王、平時不閑武事、卒聞紅賊入境、与後宮歩馬於後苑、是誠可笑、大小講武、皆定日時、使疏数得宜、則上之挙動有節而軍士労逸均矣、

その後、成宗十四年三月、野人との対立が再燃すると、野人への弓矢の贈答の可否が、王朝で再度問題となった。諸臣が述べた意見の内容は次のようなものであった。[14]

李巨右等賜給之物、　命考前例有賜鞍具馬及弓子等例議于領敦寧以上、　伝曰、弓則決不可給也、鞍馬当如何也、其議之、鄭昌孫議、李満住建州衛巨酋、且強盛優待可也、今李巨右等再来作賊、以至出師往征其罪大矣、然今帰順来朝、則不可不厚待、但不可以李満住童倉之例待之、鞍馬弓箭、皆重賜也、不可賜給視他野人、稍優賜給、為便、尹弼商議、鞍馬・角弓誠如、　上教不給為便、洪応議、李巨右等初来效順、不可不厚賜以感動其心、特給馬匹衣襲等物、以寵待之何如、李克培議、李巨右・沈汝弄可等受酋長達罕都督書契而来接待、当加常例、然弓子不当賜給、何可拘於別賜之例、尹壕議、鞍馬及角弓、皆資敵之物、不可給也、以他物量宜加賜何如、

議論は鄭昌孫・尹弼商・洪応・李克培・尹壕等が互に賛否両論を主張して結論は出ていない。

野人が鴨緑江を渡河して朝鮮王朝国内に侵入する目的は糧食の獲得にあった。成宗十五年（一四八三）十一月の平安道節度使鄭蘭宗の馳啓によると、野人が飢饉のために満浦に出てきて、彼らの馬を穀物と交換したいと懇願したとある。馳啓を受けた王朝は、この直後に諸臣の意見を聞いている。[15]

平安道節度使鄭蘭宗馳啓曰、野人等、因飢饉出来満浦、請以其馬貿穀、節度制使李暹答以年歉無売穀買馬者、兵曹拠此啓曰、辺将応答不至失中後、若有如此事、亦以此答之何如、命議、于領敦寧以上鄭昌孫・韓明澮・尹弼商・

洪応・尹壕議依所啓施行、李克培議、平安一道牧場不多、民間馬小、国家往往以下三道牧場馬入送、分給軍戸、然得之者十分中一分耳、野人如有売馬者許民貿易似亦無妨、但民間有布者不多、姑以官布買売何如、盧思慎議、依所啓為便、但軍国之用、馬為最緊、彼人因年凶乏食欲売救荒、其価不甚騰貴、軍人欲買聴之、於我有利矣、伝于承政院曰、広陵宣城議、是矣、胡馬馴良多買則有益、於用奚、其議便否以啓、承旨等啓曰、馬者軍国所需至緊、許令買売為便、伝于兵曹曰、胡馬収買事、依広陵議、施行、判書孫舜孝来啓曰、買馬事、臣意以謂未便、節度使所啓、本意則謂野人因飢饉欲馬匹貿穀而議之者、則欲以官布買之、本道官布有無未可知也、若以民間米穀輸之、満浦而買之、則亦有転輸之弊、又野人因買売久留于辺、亦有支待之弊、伝曰、予則以為此事、皆無弊也、視其馬之可用与否及満浦穀之有無可買、則買之耳、有何弊焉、至於民間買売欲則為之、不欲則否、亦豈有害、若其久留支待之弊、則在辺将処買得宜耳、未必無弊、

冒頭の文言から野人が穀物を請うている事実と朝鮮王朝が野人の馬と穀物を交易する是非を議論したことが明らかである。たとえば、李克培は、平安道には牧場が多くなく、民間の馬は小型である。我が王朝では三道以下の牧場の馬を送っているが、十分一程度しか得られない。したがって野人の売馬を民に許しても妨げはない。また盧思慎は馬は軍用の大事である。野人は飢饉で馬を売るのだから高値ではあるまい。軍人に馬を買うことを許せば、我が方に利がある。

以下、多くの馬を購入して訓練すれば益がある。馬を買う場合、官布をもってするが、官布の有無、民間が穀物を満浦に輸して買えば、輸送に弊害があり、野人が売買のために国内に久しく留まるのも弊害がある、など賛否両論があったが、馬は軍国の必需品であるにも拘らず、朝鮮王朝国内には少ないから購入すべきとするのが、大方の意見であった。

朝鮮半島には牛馬が少なく、弓や甲等の軍器の製造に支障を来している経緯は、すでに述べた。ところが、馬と穀物を交換する交易によって、野人の土地に朝鮮王朝の兵器が流入しているのである。それは成宗十五年十二月、平安道節度使鄭蘭宗の下書に明らかである。(16)

下書平安道節度使鄭蘭宗曰、前者野人出来有売馬者、令満浦及近境人民従願買之、然慮或辺将不識大体、検察陵夷使無知貪利之民、並将弓・剣・鉄物買売以資敵人、今後、一禁買売毋生辺釁、

この前後、野人から馬を買うことの是非が議論されているが、その結果、兵器が野人の土地へ流入する危惧は、殆ど言及されていない。この時期、兵曹参知権侹の時弊策をみると、次のようにある。(17)

兵曹参知権侹陳時弊略曰、日者以胡馬非我国之産、許令与野人買売、実有利益、然凡人貪利、則軽生忘死盗賊是也、且唐人・倭人・野人之貿易、於館中、皆令禁府糾検非違赴京之行、又有検察官、然間有犯禁者買売之際、雖令辺将検察、辺将之不識大体、辺氓之無知貪利者、若以弓・剣・鉄物并買、則適以資敵兵而利不償害也、

さきの平安道節度使鄭蘭宗の下書の文末に「以此意諭節度使」とあって、この下書が権侹の時弊策を受けて出されたことは間違いあるまい。

第三節　貢納制の矛盾と兵器の変容

確かに朝鮮王朝の兵器が野人の土地に流入した事実は、成宗五年（一四七三）十二月、大司諫鄭括の啓にも明瞭である。(18)

啓曰、野人之地、本無鉄、以骨為箭鏃、今所虜野人之矢、鉄鏃居半、臣訝而問之、則云、六鎮所貢貂鼠皮、卒皆

貿于彼人、故以牛・馬・鉄易之、辺将亦受彼人毛皮而不以為恠、請須厳立法、以禁之、

また、翌成宗六年二月の李克培の啓にも同様の記述がある。[19]

克培啓曰、往時野人屈木為鐙、削鹿角為鏃、今聞鐙鏃皆用鉄、是無他、国家責貢、貂皮、於五鎮守今托以進上、誅求於民、而貂皮産於野人之地、故或以農器、或以農牛換之、実是資敵、請除五鎮貂皮之貢、　上曰、前日有陳此弊者、而洪允成以為野人処、亦有鑪冶匠、克培曰、野人不解錬鉄、但得正鉄改造耳、

前者鄭括の啓によれば、野人の土地では鉄の産出がないために骨を箭鏃に用いていたが、最近、捕虜にした野人の所持する鏃の半分は鉄鏃である。野人に事情を聞くと、果たして六鎮が貢物の貂鼠皮をえるために牛・馬・鉄を交換するとある。貂鼠皮は女直と境を接した咸吉道の会寧・鍾城・高寧・慶興・甲山・三水の地に貢物として分定されていた。貢物分定の当初ならともかく、成宗初年頃になると、咸吉道五鎮とその周辺地域では、貂鼠が減少し、居民はその需要を女直野人との交易に依存しなければならなかった。こうした交易行為が、日常的であったことは「辺将亦受彼人毛皮而不以為恠」の文言がそれを語っている。

後者李克培の啓にも、往時、野人は屈木を用いて鐙を作り、鹿角を削って鏃としたが、今では鐙も鏃も皆、鉄を用いると、鄭括と同じ事実を述べている。さらに、成宗五年十月、司憲府大司憲李恕長等の上疏は次のように述べている。[20]

五鎮会寧・鍾城・穏城・慶源・慶興、人物阜盛、田地窄狭、耕犂所及、至於山頂、未有蒙翳之地、安有如貂鼠・土豹之類哉、然於貢物、歳有常数、此則専用貿、得於野人也、常貢不可闕而野人乗時、以激善価、此兵鉄与牡畜之、所以流出塞外也、

李恕長等は五鎮の地勢を述べ、同所には貂鼠・土豹の小動物が生息するが、毎歳貢物の常数を確保するには、野人

との交易に依存せざるをえない。常貢は不可欠であるために、兵鉄と牡畜が塞外、すなわち、野人の土地に流出すると概嘆しているのである。

その後、こうした貢物の不自然な状態は喚起を呼びながらも、一向に改善されず、矛盾を持ち続けたことは、成宗二十年（一四八八）四月、呂自新の言や韓致礼の啓に明瞭である。(21)

永安道五鎮之民、以牛馬・鉄物収売皮物、於野人不自靳惜、請一切禁之、且減進上皮物、特進官韓致礼啓曰、臣聞北征時、兀狄哈家多有我国農器、是必以物収売也、上曰、買売之禁、考前例重罪之可矣、柱曰、雖禁鉄物我国人赴京者、多持火燧与㺚子相販、此雖小物積之、既多則鎧甲矢鏃皆可造、且銀価重利倍、故冒禁賫去售重貨而来、請申明禁止、

すなわち、右の啓によれば、牛馬鉄物が皮物と売買されており、それを禁止すべきこと、あるいは進上すべき皮物の貢物の数を減少させるべきことなどの改善策が述べられている。また韓致礼は北征の時の見聞として、野人の家をみると、我が国の農器を多く所持していたと記し、これらは間違いなく皮物と交換してえた物だと、入手の経路にも言及している。とくに文末の「鎧甲・矢鏃皆可造」の文言は、野人の兵器が朝鮮王朝との接触によって変容する様態を明示して意義深い。

この三十年後、中宗十一年（一五一六）五月、刑曹判書李長坤が次のように述べている。(22)

近聞、六鎮人民逃散漸多、此辺将不能撫恤故也、麤暴武人為辺方守令、酷用刑杖人多残傷、不得蘇復矣、（中略）如牛馬・鉄物、転貿于彼人者甚多而禁止不能止、此非細故、古則胡人箭鏃、皆用鹿角、今則皆鉄鏃、甲亦用鉄、此由我国人、用以貿易毛物也、宜厳加禁断、

以前と変らず鉄物が野人女直の地に流入することの禁止を訴えているが、このなかで「古則胡人箭鏃、皆用鹿角、

今則皆鉄鏃、甲亦用鉄」とある記述は、女直野人の兵器の変容を証言していよう。

成宗二十年十二月、会寧囚鍛冶韓軍実・金克連等は官胡の甲剣を盗んで絞の判決を受けた(23)。彼らは胡人と潜売するために盗みを犯したのである。やや特殊な例ではあるが、この事件は、野人との密貿易が盛んだったことを推測させる。

朝鮮王朝は防禦上から女直野人の地へ鉄物が流入することをたびたび禁止したが、実際には多くの鉄物が女直の地に流入した。

なお、李長坤の啓には、胡人の箭鏃は皆鹿角を用いるとあるが、成宗五年(一四七三)十二月の允成の啓では「所謂骨箭者、以熊脚骨、久沈於血、則其堅如鉄、故用以為鏃耳、野人之地、亦産鉄非尽無鉄鏃也」とあって、熊の脚骨が鏃に活用されている事実が知られる(24)。

野人が鉄鏃を造っている様子は、成宗二十二年(一四九〇)七月、かつて野人の地に抑留されていた達生らが、国王から胡人の生活の有様を問われたが、とくに「弓箭何如」と武器にも言及している。達生等は「弓矢皆強勁、設風爐造箭鉄鏃淬之」と答えている。野人は鉄を鍛えて鉄鏃、甲冑を製造していた。とくに鉄は火刺温の地に産出し、冶工が多数いると述べている(25)。

朝鮮王朝が土産貢物を不可欠の原則としたため、敵対する相手に兵器を供給するという矛盾した現象がここに現出したのである。すでに鉄物が野人の地に流れているにも関わらず、王朝は制敵の利器である片箭が女直に知れることを強く警戒している。すなわち、世宗十三年(一四三〇)三月の咸吉道監司の啓に次のようにある(26)。

兵曹拠咸吉道監司関啓、鏡城郡境連彼土、野人来往、故前此欲令軍士習射、片箭慮彼人伝習而寝、請自今本郡及慶源郡人、勿片箭、従之、

咸吉道鏡城郡は野人と境を接しているため、野人の来往がある。最近、本郡では片箭が野人に伝わるのを慮って、軍士の片箭習箭を中止した。今後、本郡及び慶源郡でも同様の処置を講ずべきと、啓は述べている。

次の世宗十九年（一四三六）三月の咸吉道都節制使への伝旨は片箭中止を命じている。(27)

伝旨、咸吉道都節制使、片箭制敵之利器、為軍士者不可不習、曾有議者云、夷狄習知中国之技芸、以害中国者、如晋・五胡之類、是已当片箭肄習之時、毋使野人得以慣見、預防狗鼠之計策之上也、倘知其術、以伝本土、則為害不浅、然吉州以北、居民雑処、野人諸種久矣、強欲使彼不既見知、則彼必生疑、専心窺覘、或得其術矣、卿与観察使熟議、常令士卒、勿習片箭於野人所見之処、使野人毋得慣見、且使毋知隠秘之意、

伝旨の大要は、片箭は制敵の利器であり、軍士たる者は、必ず習うべきであるが、夷狄が中国の技芸を習知して、中国に害をなしたように朝鮮王朝の片箭を野人が知れば、その害は決して浅くはない。したがってわが国の士卒は野人の見ている所で片箭を練習してはならないというのである。

同年同月、議政府は礼曹から次の啓を受けた。(28)

議政府拠礼曹呈啓、有一倭客用杻木作弓、以松木作桶児、以大針為鏃、削竹二寸為、片箭戯射、館人詰問其学処、答云、前到冨山浦学於其浦軍人、以此観之、其漸伝習可慮、今後、各浦軍人客人一処、毋得習射片箭、従之、

すなわち、啓によると、倭客が竹を削って二寸許りの片箭を作り射戯をしたので、館人が何処でそれを学んだかを詰問すると、冨山浦の軍人からと答えた。片箭が倭人に伝わることを心配した朝鮮王朝は、今後、各浦の軍人が倭客と一緒の場所で片箭を練習してはならないとした。野人だけではなく制敵の片箭が倭人に伝わることをも朝鮮王朝は強く警戒したのである。

こうした朝鮮王朝の片箭習射の対策は、すでに野人の土地に朝鮮王朝と中国から牛角が、また野人と倭人の来朝使

が朝鮮王朝から角弓を賜わり、さらには鉄鏃の流入があり、片箭の予防策は有効だとは思えないが、こうした事実は朝鮮王朝の外敵防禦の態度を示している。

注

(1) 田川孝三『李朝貢納制の研究』東洋文庫論叢第四十七、東洋文庫、昭和三十九年。
(2) 「成宗実録」八―四六一頁。田川孝三『李朝貢納制の研究』(前掲)。
(3) 田川孝三『李朝貢納制の研究』(前掲)二九八、四一七頁。
(4) 「世祖実録」八―一九六頁。
(5) 「成宗実録」八―四六一頁。
(6) 「成宗実録」八―四六一頁。
(7) 「成宗実録」八―三九五頁。
(8) 「成宗実録」一〇―一三八頁。
(9) 園田一亀『明代建州女直史研究』国立書院、昭和二十三年。
(10) 「世祖実録」七―五三八頁。
(11) 「世祖実録」七―一一二頁。
(12) 「世祖実録」七―一一〇頁。
(13) 「世祖実録」七―一一二頁。
(14) 「成宗実録」一〇―四三九・四四〇頁。
(15) 「成宗実録」一〇―六四〇頁。
(16) 「成宗実録」一〇―六五一頁。
(17) 「成宗実録」一〇―六五〇頁。

(18)「成宗実録」九－一七五頁。
(19)「成宗実録」九－一九〇頁。
(20)「成宗実録」九－一六一頁。
(21)「成宗実録」一二－二九七頁。
(22)「中宗実録」一五－一八四・一八五頁。
(23)「成宗実録」一一－五五〇頁。
(24)「成宗実録」九－一七五頁。
(25)園田一亀『明代建州女直史の研究』（続編）三九九頁、東洋文庫論叢第三十一の二、東洋文庫、昭和二十八年。
(26)「世宗実録」三－三〇〇頁。
(27)「世宗実録」四－六一頁。
(28)「世宗実録」四－五七頁。

第三章　角弓の欠点と弓の開発

第一節　角弓の欠点

竹・木・角・筋を貼り合わせて製造された角弓は複合弓であるため、それ相応の保管設備が必要であった。「天工開物」は弓の性質と保管方法を次のように書いている。(1)

凡成弓蔵時、最嫌霉湿（霉気先南後北、嶺南穀雨時、江南小満、江北六月、燕斎七月、然准揚霉気独座）将士家或置烘厨烘箱、日以炭火置其下、（春秋霧雨皆然、不但霉気、）小卒無烘厨、則安頓竈空之上、稍怠不勤、立受解之患也、（近歳命南方請省造弓解北、紛紛駁回、不知離火即壊之故、亦無人陳説本章者、）

すなわち、弓は湿気を嫌い、常に火気を与える必要があり、そうしないと、すぐに解れると保管の難しさを説いている。そして南方で製造された弓が北方に送られるやいなや、すぐに返送されるのは、火気を離れるためと実例を挙げている。複合弓の角弓は繊細であったのである。

朝鮮王朝でも角弓が破損して、実戦に支障を来している様子は、次の成宗十年（一四七八）九月の兵曹参判呂自新の啓に明らかである。(2)

兵曹参判呂自新来啓曰、今者以弓千余張、環刀百余把、頒給軍士之能才者、臣観両界諸鎮所蔵之弓、卒皆郷角易致折破脱、有緩急、其将何用、請以此弓移置両界諸鎮、以備不虞、以軍器寺郷角弓給軍士、亦足感奮　伝曰、卿言甚善、然已命頒給不宜更収其以軍器寺黒角弓移置両界諸鎮、

また、これ以前、「世祖実録」の同王七年（一四六一）八月の条にも「角弓自京来者、或易折或過弱」とあり、[3]さらに「成宗実録」の同王十七年（一四八五）二月の条に「各鎮堡軍器、如角弓折毀、不用者多、請択其可用者而修補、其余破折者、減録会計、勿使虚張其数」とある。[4]

朝鮮王朝は毎年、春秋に兵器を点検して管理に万全を期したが、とりわけ繊細な弓箭の蔵置には神経を遣った。次の「中宗実録」の同王九年（一五一四）十月の条が弓箭の保管設備を伝えている。[5]

其制、則軍器庫通作長堗、毎間各置大櫝、其体量准間閣大小焉、其高下隋箭之長短焉、低其足欲其近堗煖也、穴本板如列星、所以通火気也、兵器蔵置之際、弓則必弛而卧之、箭則以全部、比次植立而鏃当本板、其他戎器又量宜而蔵之、加火於竈長堗煖焉、則気輒直上、無所宣泄、雖霾雨経時櫝中常温、以故所貯如新也、願下諭諸鎮、責令依此施行、

すなわち、設備は軍器庫内に長い煙出しを作り、各間に大小の櫃を置き、高下は箭の長短に応じ、足は煙出しの近くとする。火気の通りに便利なように本板には、列星に穴をあけ、必ず弓は弛めて臥し、箭は本板に鏃をはめる。その他の兵器類は量を考えて蔵すべきである。こうして竈に火を加えて煙出しを暖めれば、気は真っ直ぐ上がって洩れないし、雨の時でも櫃中は常に常温が保てる。この弓矢の保管記事は「天工開物」の内容によく符合している。

ところが、こうした命令が不徹底なのか、両界諸鎮所有の角弓は毀損が多く、軍器寺から弓卒に角弓を支給して欲しいと要請している。角弓は造弓法を丁寧にし、かつ保管に注意を払わないと、たちまち毀損する面倒な兵器であった。

第二節　造弓の弊害

世宗二十二年（一四三九）三月、咸吉道都節制使金宗端の備辺策の一条に、この時期における朝鮮王朝の造弓の現状が述べられている。(6)

一、角弓比之、於剣其用尤緊、出処不可不慮、本道北青以南、造弓者鮮少、端川以北稍多、是故北青以北軍士、皆持角弓、而不良者不多、洪原以南軍士所持、率皆不良、乞於咸興・永興・吉州・鏡城四界首官置造弓所、於所属各官例収民間、故失牛馬角筋堅緻造作、只売於軍士収其価利、願修折弓者、聴随其所補多少、亦収功利並資造弓之費、永為恒式、則庶幾良弓多矣、

すなわち、金宗端は角弓は剣より重要な武器にも関わらず、本道（咸鏡道）の北青以南の地には造弓者が少ないが、端川以北には多い。したがって北青以北の軍士所持の角弓は不良品が少ない。ところが、洪原以南の軍士の弓はおおむね皆不良品である。今後、咸興・永興・吉州・鏡城の四界の首官に造弓所を設置して、造弓策を進めるように意見したのである。そして以下の記述では、今まで各官が民間から弓を納入させていたために角弓は堅緻さを失った。軍士に売る利だけを追って製作したからと、角弓製作の欠点を批判している。

この五十年後、成宗二十一年（一四八九）五月、特進官李克均が永安道の造弓の実情を伝えている。(7)

特進官李克均啓曰、臣年少時、往永安道見軍器精錬能者多、近臣又往観之、能射者少、軍器防禦等事、多不如旧弓槊木・筋角皆乏、又無弓匠、由是軍士不得勁弓射、不能及遠、緩急無可用此非細事也、上顧左右領事李克培対曰、克均親見其事而言之、弓匠及槊木下送為便、但弓角則我国所不産、難以備送、若送弓匠伝業、則民間可備鄉

角造弓矣、上曰、送弓匠使之伝習、槊木依箭竹例下送、為可、

李克均が年少の頃、永安道の軍器は精練であり、皆能射したが、最近は能射する者が少なく、防禦は昔日の面影がない。弓材の弓槊木と筋角が乏しいばかりか、弓匠もいない。このために軍士は強弓を遠くに射ることができない。李克培は箭の例によって槊木・筋角を永安道に送る必要を力説した。とりわけ弓匠を派遣すれば、造弓の技術が民間に伝わるとしている点は、造弓技術の普及に関連して意義深い。弓匠・弓槊木・筋が永安道に送られている事実は、同年同月の特進官李克墩の啓に明白である。(8)

特進官李克墩啓曰、今　命遣弓匠・弓子両界、又送弓槊木及筋、臣意両界弓匠本不乏、遣之徒費国廩、請勿遣弓槊木両界本多有之、牛馬筋則無処無之請勿下送、上曰、両界弓匠有無、可問監司・節度使而処之、

ただし李克墩は永安道には弓匠がいるとしている。そこで朝鮮王朝は監司・節度使に弓匠の有無を調査させている。翌年五月、李克均は西北面都元帥に任命されているから彼の見聞による意見の方が説得的である。だからこそ王朝も実施に踏切ったのである。金宗端の指摘通り、軍器が利を追って造られた事実は、世宗二十年（一四三七）十一月の兵曹の啓にうかがえる。(9)

兵曹啓、軍器軽重長短、各有定制、今因点検、諸道烟戸軍器、凡鉄冶・竹木工匠浮薄之徒、争欲乗時射利、如環刀・片箭之類、製造不精列置市肆、誑誘愚民、収甚高、今後、上項軍器、毋令買売市肆、令漢城府京市署痛禁違者重論、従之、

すなわち、軍器にはそれぞれ定制があるのに、鉄冶・竹木匠は浮薄の徒で、互いに利欲に走り、環刀・片箭は正しく製造されないまま、市場に並べられて、民に高値で売られている。今後、市場では軍器を売買してはならない。違犯者は罪に処すと、ある。売買される軍器のなかに弓があったことは相違あるまい。

朝鮮王朝初期の太宗頃、貢物の弓がきちんと製造されていることは、太宗七年（一四〇六）四月の兵曹判書尹柢の言に明らかである。[10]

邇来各道貢献弓矢、比軍器監所造、其堅利有倍、故輒下兵曹欲其蔵、以待用也、

貢物の弓は軍器監で造られる弓矢よりも出来が良いと記事は書いているが、その後、貢物の改定があり、貢弓の額数が増大すると、一弓を丁寧に造ることより、弓を官に納入することだけが問題とされ、精度は二次的となった。軍器が市場に並べられるのは、民が貢物の軍器を市場で入手するからである。

ここでさきの咸吉道都節制使金宗端の上書の内容に関連して、弓材土産分布図の弓幹木と樺皮の分布に注意したい。この両品の産出地は、馬息嶺山脈の西、黄海に面した黄海北道、鴨緑江と西朝鮮湾に面した平安道、如香山脈を越えて北上した慈江道、日本海側の咸鏡両道の北鮮に限定されている。

平安道の地が造弓に最適であったことは、次の中宗七年（一五一二）正月の右議政成希願の啓に明らかである。[11]

平安道弓幹則有之、故弓子可易備也、箭竹不産武庫之箭、雖或下送、若臨事変而栽送、則駅路有弊、今可令全羅・忠清両道箭竹六千部栽断入送、伝曰、可、

鏡城と吉州は北青以南に位置するが、弓幹木と樺皮が産出し、咸興・永興を含めて、平安道の例から考えて金宗端の良弓多造策は当を得たものといえよう。

第三節　新様の弓の開発

「天工開物」は牛角の使用について北方の蛮人は長い牛角がないので、羊角四個を束ねるといい、また広州の弓は

黄牛の明角を用いており、どこでも水牛角を用いるとは限らないと書いている。つまり水牛角が産しない地方では、その土地に生息する他の動物の角を活用すると、地方による材料の差異を指摘している。

また幹の材は牛角と竹を用いるが、竹がない東北地方では桑木を代用すると書いている。前掲の地図によると、桑木は南方の慶尚北道に多く、慶尚南道・江原道・平安道を北上するにつれて産出が少なくなる。

鹿角弓は牛角の替りに鹿の角を用いた弓だが、次にあげる文宗即位年（一四五〇）七月[12]と、同王元年八月の兵曹の両啓[13]が、鹿角弓の構造を記している。

議政府拠兵曹呈啓、侍衛軍士、当夏月霪雨、皆佩木弓、甚為未便、自今令軍士佩鹿角弓、甚不能備者、以節長片竹及堅韌柔木、倣角弓様制造、束而漆之、以佩毋用木弓、各道侍衛牌・営鎮属船軍・射軍・射官、及両界正軍亦、令徐徐漸次備造、従之、

兵曹啓、夏節角弓点火時、侍衛及入直軍士、皆今佩鹿角弓、若未得備此弓、則以節長厚片竹及沮加里乙木、一如角弓体制製造、絞結而佩毋木弓事、已會立法、今観各道番上侍衛牌所持絞木弓、皆軟弱無用、自今除片竹沮里加乙木弓、夏節、則皆以鹿角弓、及槊厚両稍堅実、角弓絞結著漆、其中、内禁衛家本有実、誰無鹿角弓、其三軍甲士・別侍衛・忠順衛・忠義衛、則鹿角弓限三年自備、各道侍衛牌与営鎮属翼属正軍限六年自備、其不能自備者、許令佩上項槊厚堅実角弓、船軍内射官、亦依正軍例、自備不能者、姑用堅韌木弓布筋着漆、弦用皮、従之、

野人と険悪な状況にあった世宗十五年六月、右議政崔閏徳は臨機の処置をもって平安道に派遣されたが、この時、「馬五十・鹿角弓三十以備軍用」を支給された。[14]したがって前出の両啓以前、鹿角弓は対女直戦に活用されていたのである。

また文宗元年六月の兵曹の啓には「鹿角弓用於暑雨之時、為最緊、且鹿角本道所産、亦令量宜並造」とみえ、鹿角弓が角弓に較べて暑雨に強いこと、国内の咸吉道で土産すると、利点を記している。[15]さきの兵曹の両啓によると、前者では侍衛の軍士が佩く木弓は、夏月の暑雨に弱く不便であること、したがって自今、軍士は鹿角弓を佩き、自備できなければ、節の長い片竹と弾力のある木を材料にして、角弓の体制に倣って製造し、漆で結束した弓を佩くこと、木弓を使用している各道の侍衛牌、営鎮所属の船軍の射軍・射官、それに両界の正軍にも、次第に製造して鹿角弓を常備させるとしている。

後者の記事は前者と同様だが、弾力のある木は沮里加乙木といい、木弓の使用禁止の法を設けたこと、各道上番侍衛所持の絞子弓は、皆軟弱で実戦に役立たないこと、三軍甲士・別侍衛・忠順衛・忠義衛は三年間で、各道侍衛牌と営鎮・翼所属の正軍は六年間で鹿角弓を備えることを述べている。

ところが、文宗元年六月の啓に「当暑月侍衛軍士、請令佩鹿角弓、上曰、鹿角弓軍士、未能卒辦、予備之前、始令佩木弓可也」とあり、[16]また世宗二十九年(一四四六)七月、議政府右賛成金宗端の上書中に「下三道地、大民稠、宜其土、馬精強也、而健馬常少、甲冑不堅緻、弓矢不強利、執木弓者十常八九、臣所目撃、以如此之」とある。[17]予定では三年から六年の猶予をもって、木弓を利点の多い鹿角弓に替える政策を朝鮮王朝は揚言したものの、進捗していないようである。

このように朝鮮王朝は角弓の欠点を補う弓の開発に意を注いだが、次の中宗十一年(一五一六)五月、兵曹判書高荊山の竹弓献上の事実は、さらにそれをうかがわせている。[18]

兵曹判書高荊山来献竹弓、啓曰、此弓勁視木弓為倍、射矢可過八十余歩、請姑試用、若可用、則凡軍士所持及軍器寺之弓、倣此造作何如、臣久在辺陲見之、若角弓則霪雨時、易至破損、竹則雖当霪雨、亦不破毀、臣已試之、

故未献耳、伝曰、見此弓果好矣、今角弓亦稀貢、其下軍器寺、使倣此精造試用、若可用、則多造、蔵諸武庫、亦令軍士興用、

すなわち、高荊山献上の竹弓は強弓で、威力は木弓に倍し、矢は八十余歩を過ぎるといい、試用の上、軍士と軍器寺所属の弓は、この竹弓に倣って製造すべきと意見した。高荊山がこの竹弓を献上したのは、彼が辺陲に駐留していた時、角弓が雨に当って破損するのを見たが、竹弓はそうならなかったからである。高荊山は竹弓を軍器寺に下して多造させて武庫に蔵し、軍士に使用させるべきを力説したのである。

なお、高荊山は木弓にふれているが、観察使李克増が成宗九年（一四七七）七月、軍器寺所蔵の角弓の支給を朝鮮王朝に切望した時、木弓で鉄箭を射ると数十歩程度と、木弓の威力を述べている。

軍器寺提調柳聃年は中宗十二年（一五一七）十一月、平安道居前内禁衛孟亨孫が製造した新様の弓を兵曹が採用すべきを申請している。[19]

軍器寺提調柳聃年以新様弓、啓曰、此弓内付残角、外付以木、霔雨亦不破折、乃平安道居前内禁衛孟亨孫所造也、請令兵曹依様製造、伝曰、可、

柳聃年のいう新様の弓の構造は、片面に残角を貼り付け、もう片面に木を付けたものである。採用されるほどだから、威力があったに相違ない。新様の弓は角弓に多いいたんで解れることがなかったという。

世祖十二年（一四六六）七月、軍器寺は鹿角弓五百張を製造した。世祖は文宗の後の国王であるから、鹿角弓造作の政策は、その後も進められている。常に「水牛角非本土所産、而造弓為重不可不備也、然若勢難、則亦当停之」の不安が絶えない牛角に依存した造弓は問題が多い。問題解消のため李季甸は、水牛の放養による牛角確保の施策を提案したが、朝鮮半島の風土では、どれだけ水牛が生息できたか疑問である。

そうした点からすれば、木弓や角弓より丈夫であり、なおかつ朝鮮王朝の国内でえられる鹿角を活用した新しい鹿角弓の開発が当を得た施策であったかは多言を要すまい。高荊山が中宗十一年に献上した竹弓、翌十二年十一月、孟亨孫が製造した新様の弓は角弓の欠点を補い、国内の土産の材料で製造できる利点を備えていた。もともと角弓の起源は中国にあるが、その後、角弓は朝鮮王朝に渡来し、国内で盛んに製造され常用兵器となった。ところが、角弓は朝鮮王朝の風土に適合しない面もあった。そこで朝鮮王朝は角弓を使用するいっぽうで風土に合致した鹿角弓・竹弓、木と残角による新様の弓を創出したのである。

注

(1)『天工開物の研究』藪内清編　恒星社、昭和二十八年。
(2)「成宗実録」一〇―五五頁。
(3)「世祖実録」七―四九七頁。
(4)「成宗実録」一一―九頁。
(5)「中宗実録」一五―三五頁。
(6)「世宗実録」四―二七三頁。
(7)「成宗実録」一一―五九八頁。
(8)「成宗実録」一一―六〇一頁。
(9)「世宗実録」四―一七五頁。
(10)「太宗実録」一―三八九頁。
(11)「中宗実録」一四―五五四頁。
(12)「文宗実録」六―二六四頁。

(13)「文宗実録」六－四一八頁。
(14)「世宗実録」三－四八五頁。
(15)「文宗実録」六－四〇三頁。
(16)「文宗実録」六－四〇三頁。
(17)「世宗実録」五－三〇頁。
(18)「中宗実録」一五－一七四頁。
(19)「中宗実録」一五－三五七頁。

第四章　武科の設置と武芸の訓練

第一節　弓射の整備

司宰少監宋得師は太祖三年（一三九四）四月、武芸講習の必要を説いている。[1]

司宰少監宋得師上書曰、武芸不可不講、願令中外、毎年春秋講習、依文科郷試例取才、上訓錬観都試一等超等、二等次第録、用則兵備之計得矣、唐李抱真為沢潞節度使給民弓矢、使農隙習射、至歳暮都試行賞罰、由是沢潞之兵、為諸道最、　上命施行、

講武は毎年春と秋の二度、文科の郷試の例に倣って中外で取才し、さらに訓錬観の都試の成績を録して、兵備の計とすべきと宋得師は主張したのである。唐の李抱真が沢潞節度使になって民に弓矢を支給して農隙期に習射させ、歳暮に賞罰を行なった。これにより沢潞の兵は諸道で最強になった。そこで国王はこの政策の施行を命令した。訓錬院の講武の制と宋得師の習射の上書は弓の射技が整備される経緯を示している。朝鮮王朝が弓矢の研究や習射に熱心であったのは、「成宗実録」の成宗十一年（一四七九）六月の記事に「本国三方受敵、近日又与構釁辺圉、若被侵擾、兵備不可踈虞、矧惟国人不慣槍剣、専業弓矢為禦敵之備」とあり、[2]また「燕山君実録」の燕山君九年（一五〇二）四月の記事に「我国壌土褊少、人心易怮、所恃者、唯弓矢、精利耳」とあることで理解できよう。[3]朝鮮王朝は常に倭寇と野人の侵攻に悩まされ続けていた。前者は三面に敵を受けた国人は槍剣が不得手なので、専ら弓矢を禦敵の

備えにするといい、後者は武器は弓矢を恃とある。すなわち、弓矢は王朝の主要兵器であったのである。

やがて太宗二年（一四〇二）正月、弓矢の射技を含めた武科の法が正式に設けられた。(4)

一、同試取、武経七書、馬歩武芸無不精熟者為一等、通三家兵書、馬歩武芸者為二等、只通馬歩武芸者為三等、

一等三名、二等五名、三等二十名、通取二十八名為定額、

一等は「武経七書」と馬歩の武芸に精通した者、二等は三家の兵書と馬歩の武芸に通じた者、三等は馬歩の武芸のみ良くする者が入格の基準であり、定員は一から三等まで二十八名であった。武科法の弓射には歩射と騎射があった。

太宗十六年（一四一六）正月の武科の親試の規式に「礼曹上武科規式、初場歩射片箭並限二百歩、中場騎射背五発、騎槍揮着奪避、終場講武経七書」とある。(5)本規式によれば、武科の試は歩騎射、歩騎槍の武芸と孫子以下の「武経七書」が課題とされ、初場では歩射、中場では騎射がある。世宗七年（一四二四）二月、三軍・都鎮撫・本監提調の使用する百五十歩の射帿の木矢の長短が決められた。(6)

兵曹拠訓錬観牒啓、射帿木矢長短、三軍・都鎮撫及本観提調一周詳定、射一百五十歩、矢長者以歩数尺三尺八寸、其次三尺六寸、短者三尺四寸、射二百四十歩、矢長者三尺五寸、其次三尺四寸三分、短者三尺四寸、上項木矢禁其短者、従之、

これ以前の射帿の木矢は長短が区々であった。今後、百五十歩の射帿の木矢は、歩数尺によって三尺八寸、三尺四寸三分、三尺四寸を規定とし、これより短い木矢の使用を禁止したのである。

第二節　歩騎射の改正

「兵器図説」によると武科の試や教習用の矢は㨨頭箭と書いているが、㨨頭箭の習射には批判があった。兵曹は世宗八年（一四二五）八月、甲士試才の歩騎射の欠点を述べて取才法の改正を求めている。(7)

兵曹啓、在前旧甲士取才歩射、則用木矢射一百八十歩、不問斜枉過則取之、其未入歩射者、又再試、騎射不分馬手鈍快、三発一中、二発二中、則亦取之、其於試取之法、未便、請今後、歩射張侯左右、各五歩立標将三矢標内過一矢、及騎射二次三発一中以上、馬手倶快、両才倶入者取之、従之、

すなわち、兵曹は甲士取才の歩射は木矢が斜枉しようが、百八十歩をえれば可とし、また騎射は馬走の勢に関係なく、三発一中、二発二中ならば可としているが、何れも適切ではない。今後は的の左右各五歩の位置に標を立て、矢がその間を通過すること、また騎射は二次三発一中以上、馬は快走させるべきとしたのである。この改正は実施に移された。

兵曹は的確な射技を意図して改正に踏切ったが、世宗十二年三月、世宗王は戦場では強弓が役立から射技に強弓を加えるべきと述べている。(8)

受朝参視事、上謂左右、今之射者力不能強弓、不待彀而発矢有違、古人満而後発之法、雖戦場有何益哉、自今宜分矢之長短為上中以強弓而、能彀能者加給分数、雖非強弓能彀而、遠過二百歩者、亦加分数、則武芸可精而、於戦場亦有益矣、

前総制朴礎は世宗十二年（一四二九）十二月、㨨頭箭の習射について意見を述べた。(9)

前捴制朴礎上書曰、今之習射、俱用木矢、又不被甲持兵而、衣冠軽狹、願自今申、厳戦陣教習之、令中外習射、悉遵上国之制、尺量・度数、篥侯塗白而、騎歩射、皆令被甲冑佩弓剣、箭用金鏃、騎槍亦然、選武科中可為師範者、称戦陣訓導官、分遣各営・各鎮・各浦、循環教之、

すなわち、朴礎は現行の習射は木矢を用い、出立は環甲佩剣をせず、ただ衣冠の軽装である。今後は甲冑帯剣、鉄箭を用い、戦陣の武装で教習と習射をすべきである。そして武科から師範を選んで、戦陣訓導官となして、営鎮、各浦を循環して、戦陣の習射と教習を徹底させるべきと主張したのである。強弓を射技に加えるとした国王の意見と符節があっている。

朝鮮王朝は世宗七年七月、北辺に出没して糧食を要求する女直に対して強行な態度にでた。その後、両者は膠着状態を続けたが、世宗十五年（一四三三）四月、ついに王朝は、第一次女直征伐を敢行した。したがってさきの強弓の奨励は、戦備の強化の表われである。まさに「戦場有益哉」の文言は、対女直戦を意識しているだけに実感が込められている。

この間、世宗十四年十二月、朴礎は野人四百余騎が平安道閭延地方を襲撃した時、江界節制使の任にあって野人の追撃にあたった(10)。彼の意見の骨子は現実から遊離しつつある習射と教習に喚起を促したのである。

世宗十八年（一四三五）、世宗王は四品以上の文武の官員に女直制禦策の進言を求めた。同年六月、李蔵が平安道節制使、李宗考が知閭延郡事に任命され、越年した十九年九月七日、ここに女直野人の第二次征伐が敢行された。世宗王は野人の征討には積極的な態度で臨んだが、野人再征を揚言した前年、すなわち、世宗十七年四月、議政黄喜・孟思誠・崔潤徳等を召して彎弓のことを議した(11)。

召議政黄喜・孟思誠・崔潤徳議曰、武夫気力強壮、而後能被堅執鋭彎弓発矢、亦無不力、若非壮健、雖能遠射、

亦奚用哉、古者彎弓三百斤者、今依此法、以彎弓斤数多寡為等第、以取武士何如、僉曰、　上教允当、

右が議論の内容であるが、すなわち、武夫の気力が強壮であれば、彎弓で矢を発せるし、壮健でなくても遠射する者を用いるべきであろう。古は三百斤の弓を引く者もいたが、今この方法を武士取才の等第にしてはと、諸臣は意見を述べている。

世宗王の召に応じた崔潤徳は世宗十五年の第一次女直野人戦の時に平安道節制使となり、一五九九名の将兵を率いて、林合刺の寨を攻撃した人物である。彎弓取才の議論は、第二次女直野人征討に対する施策である。

この結果と推測されるが、世宗二十三年（一四四〇）十月の兵曹の啓に次のような記事がある。(12)

兵曹啓、錬習武芸、将欲禦敵也、今大小武士、公私習射時、全尚木鏃矢至、於臨敵雖老将宿卒、能射鉄矢者鮮少、是亦、平時不錬之故也、自今、京外取才及常時習射二百四十歩之的、依旧用木鏃矢、但其制宜改、用重八銭之矢、百八十歩以下之的、並用鉄矢、百八十歩矢重一両、一百歩重一両二銭、八十歩重一両四銭、如二百八十歩之的、自願用八銭鉄矢者、亦聴、其給分数之法、及者給十四分、過者毎五歩加二分、常時取才、及武挙騎歩射、撃毬、弄槍、才力有余、自願着甲試者、亦聴、馬手俱快者、亦各倍分数、従之、

これまでの武士の習射の矢はすべて木矢であり、老将宿卒でさえ鉄矢を射る者は少ない。これは日常、鉄矢を習射しないためで、今後は京外取才と日常の習射は鉄矢に改正するとした。すなわち、二百四十歩の遠射は八銭の重さ、百八十歩の中射は一両、百歩は一両二銭、近射の八十歩は一両四銭と定め、特に着甲習射の者は得分を倍給としたのである。

ただしこの時、問題とされたのは鉄箭の軽重だけで寸法には言及していない。端宗元年（一四五二）三月、王朝は鉄箭の近射・中射・遠射の鉄鏃の寸法を定めた。(13)

然鉄箭、但論軽重、初無長短之制、故今之取才者、先用堅木挿箭幹之端、次挿鉄鏃小如米豆、以為鉄箭倍数給分、有違立法本意、請今後、令軍器監用周尺造鉄鏃、二百四十歩則一寸五分、百八十歩則二寸、単八十歩則二寸五分、送于訓錬観、凡取才及武挙時用之、以杜僥幸、従之、

本条の冒頭には中国年号の正統六年とある。王朝年号では世宗二十三年（一四四〇）にあたるから、これは前述の鉄箭の軽重の制を指している。この年、朝鮮王朝は鉄鏃の長短を二百四十歩は一寸五分、百八十歩は二寸、八十歩は二寸五分と定めたのである。ここにいう鉄箭は「兵器図説」の「其羽挟鏃円以無刃曰鉄箭、射於一百八十歩或八十歩」のそれである。

第三節　筒射と片箭

次表は成宗六年（一四七四）六月、右承旨柳驣往が成宗王の命により実施した新造弓矢の試射の成績一覧である。(14)射手十名のなかで弓力が強いのは姜自成の九十九斤、弱いのは金鎮と宋恭孫の四十一斤である。一覧によると、弓の強弱、矢の重さ、片箭、中箭、長箭など、箭の種類で距離に差異がある。鉄矢の改正にあてると、李卜仲の八銭は二百四十歩の遠射、田未生の一両は百八十歩の中射になる。李卜仲は八十一斤の弓で長箭と片箭を射て、片箭が二百四十歩と記録されている。

一覧中の沈孝孫は五十斤八両の弓で八銭の矢を射ているが、三矢の一矢は一歩とある。この一歩は射た途端に落下したに相違ない。「兵器図説」は各種の矢を説明した後、射芸の器具、筒箭を次のように説明している。

（上略）片箭筒射之箭、剖筒之半長与常弓所用箭等納箭筒中、注箭絃上筒端為竅穿小縄、腕穀弓既発豁筒向手激、

表3　成宗六年六月新造弓弩試射成績一覧

人物	李卜仲	田末生	鄭仲石	姜自成	宋恭孫	金　鎮	具仲孫	沈孝孫	金章山	李　末
弓　（力）	81斤	59斤 4両	60斤	99斤	41斤	41斤	50斤 8両	50斤 8両	70斤	70斤
箭　（重）	8銭	1両	8銭	1両	1両	9銭	1両	8銭	1両	7銭
長箭（歩）	157 180 116	106 77 74	94 60 62	104 49 88	78 58	73 36 38	66 49 48	1 77 50	138 103 98	120 105 100
中箭（歩）										160 134 122
片箭（歩）	62 81 240									153 110 130

矢射敵中者洞貫、皆用戦陣、

朝鮮王朝は壬辰倭乱の時、自国の軍隊が武芸の不慣れから、苦戦した体験に懲りて「武芸図譜通志」を編纂して、武芸の充実を計った[15]。図8は同書の「馬上雙剣譜」からの引用だが、箭羽と鞍の後輪の上方に、紐を付した二本の棒が見える。これが箭筒である。

「兵器図説」の説明によれば、箭筒は筒の上部の小縄を腕にはめて使用し、矢を真直に飛ばす器具であった。騎馬武士の腰には大小二本の箭筒がみえるから、矢の長短に応じて使い分けたらしい。

次の記事は世祖十四年（一四六八）五月、王と中宮が諸臣を慶会楼下に招いて宴を催した時、世子の射技を述べたものである[16]。

命世子与叔舟為耦射、世子毎発矢道平直、不出於鵠、　上笑曰、卿等観之、其武才予亦不知也、

ここでは筒箭ではなく矢道と称している。

箭筒が朝鮮王朝において何時ごろから使用されたか定かではないが、太宗十三年（一四一三）七月、国王と臣下は片箭筒射の起源を論じている[17]。

命中外習射片箭、　上謂金汝知等曰、向者令近侍人習射片箭、至微難見中、則必傷物、且遠及二百歩、攻敵之具、莫如此也、　太

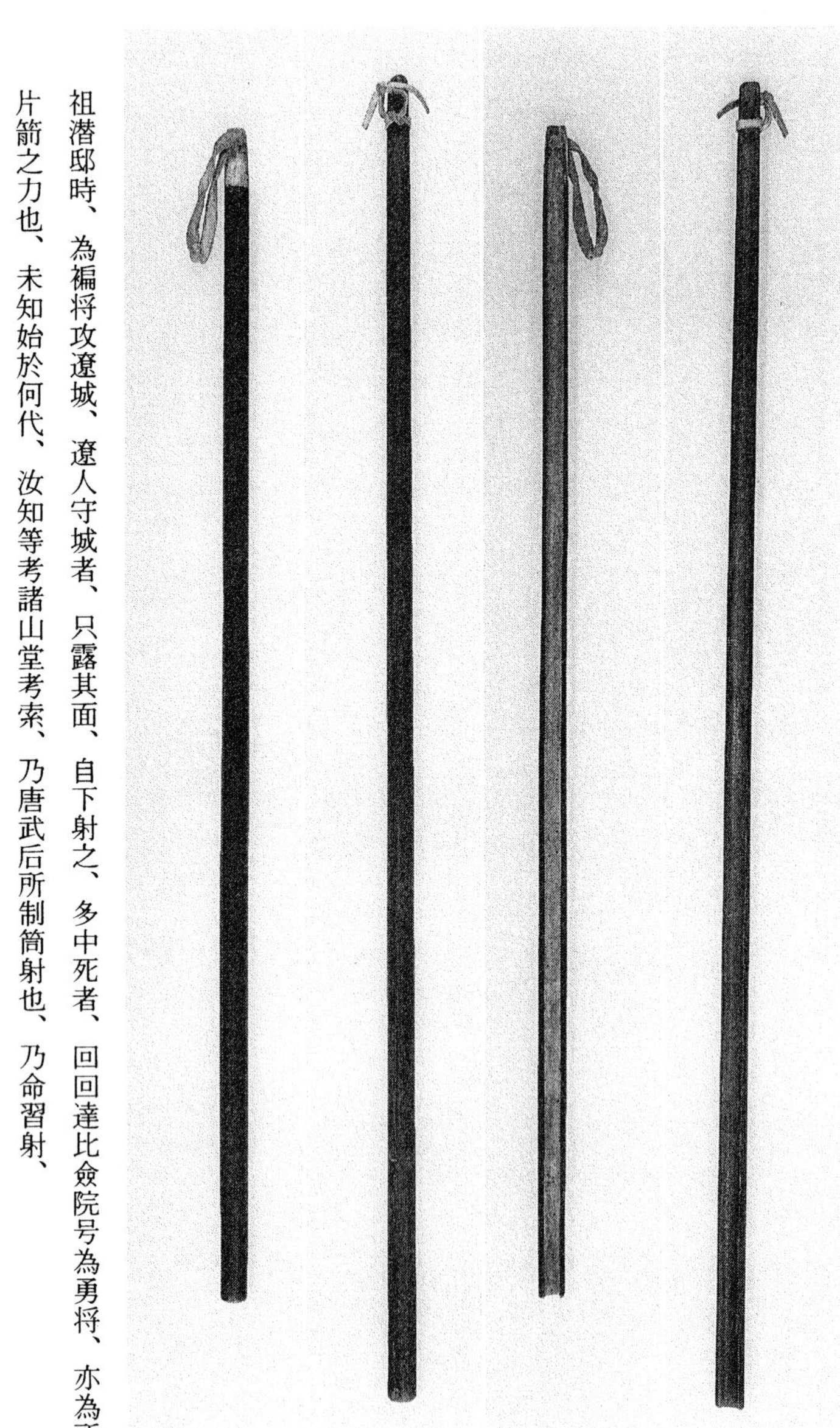

図7　矢道(東京国立博物館所蔵)

祖潜邸時、為褊将攻遼城、遼人守城者、只露其面、自下射之、多中死者、回回達比僉院号為勇将、亦為所擒、皆片箭之力也、未知始於何代、汝知等考諸山堂考索、乃唐武后所制筒射也、乃命習射、

すなわち、太宗王は片箭は命中すれば必ず負傷し、二百歩に及ぶ攻敵の具である。太祖が褊将として遼城を攻撃した時、守城の者は、ただ顔だけを露わしていたが、下から射と多数の兵士が矢にあたって死亡した、と片箭の威力を

語っている。しかしこうした片箭の起源は知らないとも述べている。金汝知は宋の章如愚が選した類書山堂考索を調べて唐の武后が筒射を制したと答えている。

新造弓矢の成績一覧表の沈孝孫の一歩はおそらく筒箭の操作を誤った結果であろう。

新造弓矢成績一覧のすべての人物の消息は不明だが、金鎮は成宗十一年（一四七九）正月「金鎮不学無術、只以能造弓矢、寅縁得職」とあり、造弓に優れた人物である。[18] また宋恭孫の場合は成宗五年八月に「幸慕華館閲武、仍試武士騎射・毛毬、能射者宋恭孫・権仲碩・呉益師寛賜弓各一張」とあり、武芸に秀でた人物であった。[19] そして李末は成宗二十一年（一四八九）二月、弓弩と「水戦図」を献上した人物である。[20]

兵曹判書韓致礼等来啓、臣等試験李末所献弓弩、必有力者及能引満、若発矢不知其要、則必不能及遠、且其造作所入之需甚多、徒費無用、伝于承政院曰、此弓弩各一送于慶尚・全羅水軍節度使、於兵船可用与試験以啓、

その他の人物の消息は知りえないが、何れも射技や造弓に優れた人物であることは疑いを入れない。

太宗十六年（一四一六）正月の武科の親試と既述の訓錬院の新造弓矢の試射に片箭の名称があった。片箭のことは「太宗実録」の同王十八年正月条にも見える。[21]

片箭我国之長技、其機括至為精巧、雖使庸人射之、猶可及遐摧鋒陥

図8　馬上双剣図「武芸図譜通志」所収

> 陣、莫此若者也、其制作只在官府而、於私蔵百無一、二間、或有習射者且無所施矣、

また「世宗実録」の世宗十九年（一四三六）三月条の伝旨にも「咸吉道都節制使片箭制敵之利器、為軍士者不可不習曽有議者」とある。[22] さらに次の「文宗実録」の同王即位年（一四五〇）三月の議政府の啓にも注意したい。[23]

> 軍士又磨箭・片箭禦敵之利器、於平壌・義州・安州・定州・寧辺・江界・朔州等官定為都会所、令其道節制使考察多造、随其防禦緩急、量宜分給、令常時習射、其勤慢糾察、依曽受教申明挙行並移咸吉道、従之、

これら太宗・世宗・文宗の記事は、何れも片箭が我が国の長技であり、制敵及び禦敵の利器と述べている。とくに太宗のそれでは機括も精巧であり、常人でさえ遠方に射ることができ、威力は摧鋒韜陣の箭と長所をあげている。

世宗八年（一四二五）五月、武科の試で片箭の使用が問題になった。[24]

> 兵曹啓、武科専尚武芸、考其近年試取給分之数、初場片箭二百四十歩、比長箭差易、故長箭不能者、於片箭得分中場弄槍以蓺人三分立左右試、二次毎一中面者、給七分六中者、得分四十二給分過多終場武経七書（中略）、自今初場毋試片箭、中場弄槍、毎一中面者給三分終場講経毎一書一問試之、従之、

すなわち、兵曹は武科は武芸を専尚とするが、近年の武芸の試の初場の歩射には、距離と得分が得られるので片箭を使用している。今後は初場で片箭を用いることを禁止するとした。兵曹は武科の弓射が実戦から遊離して競技に走る傾向を憂慮したのである。

しかし世宗十年（一四二七）五月、上・大護軍・護軍・内禁衛の褒貶取才法では、初場に片箭歩射が実施されている。[25]

> 兵曹啓、上・大護軍・護軍・内禁衛褒貶取才法、歩射一百八十歩、左右各五歩立標、礼曹上武科親試規式、初場歩射片箭並限二百歩、中場騎射直背五発、騎槍揮着奪避、終場講武経七書、

したがって兵曹の啓した片箭禁止は徹底を欠いたとみなければなるまい。

その後、成宗十四年（一四八二）三月、兵曹は甲士錬才の片箭習射の実情を次のように述べて諸臣に意見を求めた。(26)

兵曹啓、片箭最是禦敵長技、而軍士全不錬習、非惟不中、猶不発矢、前此曹受　教軍士錬才時、而片箭一矢中者、給十分、貫則倍給、以勧励之、而今甲軍士等、能射片箭者少、当錬才時、或呼不応、或自不窺避不試、甚違立法之意、請今移、錬才片箭、雖不中、先射三矢後、許試他才如何、

すなわち、兵曹は片箭が禦敵の長技にも関わらず、軍士は練習をしない。軍士錬才の時、片箭一矢をあてた者は十分、貫けば倍給して勧励してきが、現在では、軍士で片箭を能射する者は少ない。錬才の召集にも応じないだけではなく、自らも試を受けない。これは立法の意に違うことである。今後、錬才の片箭は命中に関係なく三矢を射た後、他才の試を許可するとするが、どうかというのである。

これに対する諸臣の意見は様々あった。たとえば取才の片箭は試法であるのに応じないのは甚だ不当である。今後、片箭は五矢を射ることとし、呼出に応じない者は罪を論ずべきである。また軍士錬才の時、片箭の射技があることは大典に明記されており、窺避する者は処置すべきである。

その後、燕山君九年（一五〇二）四月、軍器寺提調成俊・朴楗・申浚等の啓に片箭は他国にはなく王朝の兵器と書いている。(27)

軍器寺提調成俊・朴楗・申浚啓、臣等観天使所求弓矢、皆極精造、臣観中国及㺚子所造、皆不精巧、質量而無力、我国壌地褊少、人心易㤼、所恃者唯弓矢、精利耳、況片箭他国所無、不可使他人知也、中国人与外夷語無諱辞、若使西北野人得其術、則是我国長技、潜移於彼敵矣、今既賜精造弓矢、又与片箭、必知所以射之之法矣、

世宗十九年三月、咸吉道都節制使の伝旨に片箭は制敵の利器だから野人の見える場所で練習してはならないとあっ

た。燕山君九年四月の軍器寺提調等の啓は、その後も片箭習射の方針に変化がないことを示している。

成宗十八年（一四八六）五月、特進官鄭蘭宗は軍器寺で造られる箭鏃を次のように批判している。(28)

特進官鄭蘭宗啓曰、軍器寺所造箭鏃、皆短射不穿札、惟鑿箭之鏃差長、故必傷人、請自今箭鏃、毋令短小、上曰、非特此也、箭括狭小、不得容大弦、須令濶大、

特進官鄭蘭宗は軍器寺所造の箭鏃は、皆短小で甲の札を穿てないと述べている。そして成宗二十三年（一四九一）六月には李克均が片箭の改造を意見した。(29)

克均又将片箭一枚、其鏃長而末端如鑿者、以啓曰、此箭試之甚好、請依此様造之、伝于承政院曰、都元帥精於軍器、可兼差軍器寺提調、京外片箭、皆依此様為之、

前者では軍器寺所造の箭鏃は皆短いとある。後者李克均の啓の内容から考えて、このなかに片箭が含まれていると見て疑いあるまい。ともあれ、特進官鄭蘭宗と李克均の両者は現行の箭鏃を長大にし、なおかつ先端を鑿のように鋭利にすべきと力説したのである。改造の片箭か定かではないが、成宗二十一年（一四九〇）一月、野人と王朝軍の戦闘を報じた平安道節度使李朝陽の一節に実戦で片箭が威力を発揮している状況を伝えている。(30)

我人初以長箭射之、則彼環甲者踊躍而麾之、或拾而反射之、以片箭射之、則彼人無以避之而畏惧、但近邑所蔵片箭数少可慮

長箭を射ると、すぐに野人が拾って射返して来るとある。朝鮮王朝の長箭は野人の弓でも射ることができるが、過短の片箭は野人の弓では射返せなかったのである。この短い箭は他国にはなく王朝独自のものであった。

注

(1)「太祖実録」一―六一頁。

(2)「成宗実録」一〇―一三八頁。

(3)「燕山君実録」一三―五五八頁。

(4)「太宗実録」一―二二頁。

(5)「太宗実録」二―一〇四頁。

(6)「世宗実録」二―六五三頁。

(7)「世宗実録」三―三八頁。

(8)「世宗実録」三―二二六頁。

(9)「世宗実録」三―二七九頁。

(10)「世宗実録」三―四二九頁。

(11)「世宗実録」三―六二四頁。

(12)「世宗実録」四―三六五頁。

(13)「端宗実録」六―五七〇頁。

(14)「成宗実録」九―一三五頁。

(15)「武芸図譜通志」学文閣、一九七〇年十月。『朝鮮図書解題』には四巻四冊、正祖命撰、印本、朝鮮当初の武芸は射の一技に止りしか宣祖の時壬の事ありてより更に各種武芸の必要を感するに至れり偶ま明人戚継光の紀効新書を購ひ得て始めて棍棒を加へて十八般と為し正祖に至り騎芸を加へて二十四般と為す本書は此等の武芸を図に描きて説明せるものなり収むる所長鎗、竹長鎗、旗槍、鐺巴、騎槍、狼筅、双手刀、鋭刀、倭剣、提督剣、本国剣、双剣、馬上双剣、月刀、馬上月刀、挟刀、藤牌、挙法、、棍棒、鞭棍、撃毬、馬上才の二十三技射を加へて即ち二十四般なり、とある。

(16)「世祖実録」八―一八六頁。

(17)「太宗実録」一―六七九・六八〇頁。

(18)「成宗実録」一〇―一〇七頁。
(19)「成宗実録」九―一三五頁。
(20)「成宗実録」一一―五七三頁。
(21)「太宗実録」二―二〇一頁。
(22)「世宗実録」四―六一頁。
(23)「文宗実録」六―二二七頁。
(24)「世宗実録」三―二五頁。
(25)「世宗実録」三―一三一頁。
(26)「成宗実録」一〇―四四〇頁。
(27)「燕山君実録」一三―五五八頁。
(28)「成宗実録」一一―二一二頁。
(29)「成宗実録」一二―一八九頁。
(30)「成宗実録」一一―六八七頁。

第五章　倭刀の移入とその影響

第一節　環刀防身の物

「兵器図説」はこの時期の朝鮮王朝の剣と長剣を図示して次のように説明している。

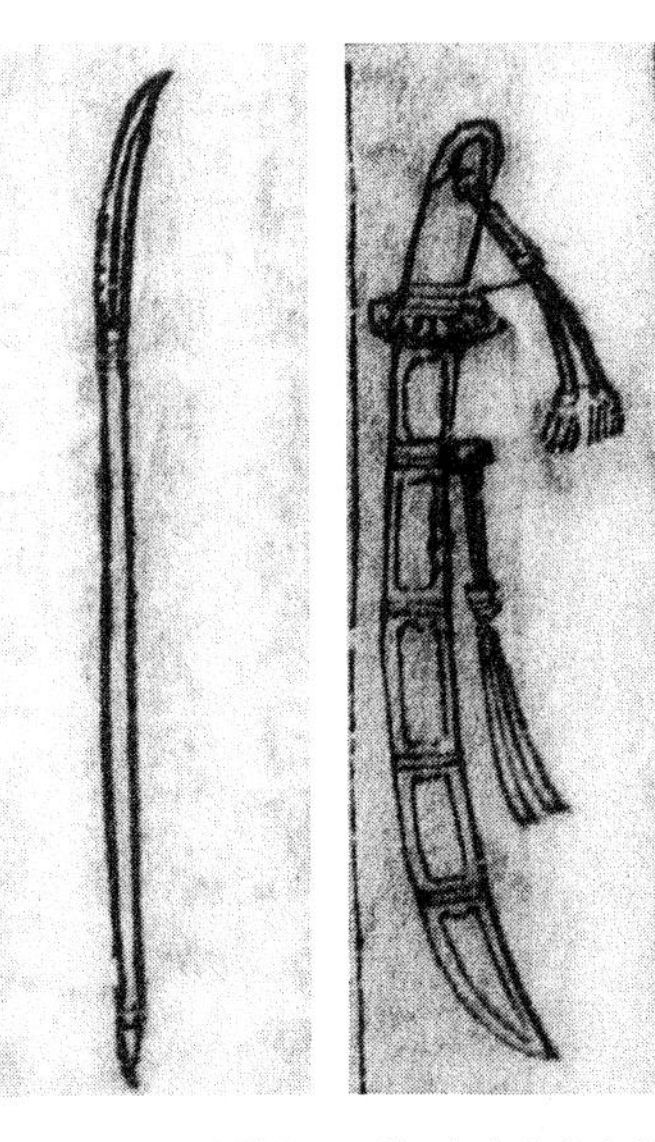

図９　剣・長剣「兵器図説」宗家文庫本所収

剣

説文、剣人所帯兵也、今制有二、一曰、雲剣、其鞘裹以魚皮漆、以朱紅粧、用白銀䤩以紅条穗児帯用末韋、二曰、佩剣、郷言環刀、制如雲剣黒漆粧、用黄銅䤩、以紅条穗児帯用鹿皮、

長剣

今制、柄木、長五尺九寸、漆用黒或朱、刃長二尺五寸、下有冒鉄円鋭

すなわち、王朝の剣には雲剣と佩剣があり、雲剣は鞘を魚皮で包んで朱紅で粧い、白銀覆輪懸で、鞘口の下方に紅条穂を垂らし、手貫に韋緒を用い、佩剣は黒漆で粧い、黄銅覆輪懸の装具とある。そして長剣は柄が木製で、長さが五尺九寸、黒漆或いは朱漆を塗り、刃長が二尺九寸、下端には鉄の鐏が装置されているとある。

剣と長剣の差異は長短だけではなく構造にもある。長剣は柄の長さが五尺九寸、刃長が二尺五寸で下端に鐏が装着されている。

「兵器図説」は佩剣を郷では環刀と云うとある。ほんらい刀は単刀であり、剣は諸刃であるが、ここでも区別が曖昧なように後世、その区別を失った。

朝鮮王朝前期の環刀の名称は「朝鮮王朝実録」に多出するが、次に二、三の記事をあげよう。

兵曹詳定軍器以啓、軍器寺郷角弓七百四十張・鹿角弓五百張・錯箭八百八十部・磨箭一千五百部・筒箭毎一部筒児一五百部（中略）。[1]各郷角弓五十七張・磨箭二十九部・筒箭二十八部・長槍二十二柄・中槍三十三柄・環刀五十七把・弓弦一百十四筒（以下略）。

兵曹与軍器監提調議、工匠激励及加教条件以啓、（中略）環刀匠二加四（以下略）。[2]

最初の記事は世祖十二年（一四六六）七月、軍器寺と諸邑が製造すべき兵器の額数を定めたもので、弓矢・槍に混って、環刀五十七把の文言がある。次の記事は世宗十六年（一四三三）六月、兵曹と軍器監提調が工匠を激励したときの啓で、環刀匠が弓匠・矢筒匠・弓弦匠・箭鏃匠・造刀匠と連名している。

また、李朝最古の地理志「慶尚道地理志」の「道卜常貢物是如、備悉施行事」の条に常貢物名として「環刀」がある。[3]あげた史料は少ないが、環刀が常貢として民に義務づけられていたこと、軍器寺と諸邑では定った数量の環刀を製造していること、環刀製造の専門工人が存在したこと、などが知れる。

「兵器図説」は雲剣と佩剣の装具を詳しく説明するが、長さには言及していない。文宗元年（一四五〇）三月、朝鮮王朝は環刀の長短を論じたが、この時、咸吉道節制使李澄玉は環刀の寸法を次のように書いている。[4]

環刀体制、其刃直而短者、急遽之間用之、為便、今軍器監環刀体制、長短不斉、其議便否、以啓、僉議曰、馬用所用環刀、長一尺六寸、広七分、歩卒則長一尺七寸三分、広七分、為便、洪約・韓瑞竜曰、長広体制臣亦同僉議、但柄長、馬兵則一挙三指、歩卒則二挙為便、金孝誠曰、人力強弱不同、故体制不可一様鋳之、必須長短不一、使強弱随力用之為便、上曰、自今軍器監造環刀、長一尺七寸三分、広七分、又長一尺六寸、広七分以為恒式、

諸臣は環刀は直で短い方が使い易いにも関わらず、最近、軍器寺で製造される環刀は長短が区々である。今後、騎兵の環刀は刃長一尺六寸、広さ七分、柄長一挙三指となし、歩兵の場合は刃長一尺七寸五分、柄長一挙二指とするのが便利である。あるいは人の体力には強弱があるから、長短を一様にすべきではなく、力の強弱を基準にすべきともある。ともかくこの時、環刀は長さ一尺七寸三分、広さ七分、また一尺六寸七分をそれぞれ恒式とした。

文宗元年は「兵器図説」編纂の二十三年前に当たる。文宗元年の恒式寸法が遵守されていれば、この寸法が「兵器図説」に明記されていいはずである。それにも関わらず明記されていないのは、軍器寺製造の刀剣は長短が様々であり、金孝誠が主張する人の力は強弱が一様ではないから、長短の体制は決定できないとする現実があって実施が難行したと推測される。

軍器監提調は世宗十九年（一四三六）正月、軍器寺所蔵の剣は標識がないため私換の弊が起こる。今後は私蔵の剣と区別するため刃上に軍器の二字を篆刻したいと申請して施行されている。私換の弊が起るのは多くの民間人が護身用に環刀を所持していた反映に他なるまい。(5) そして「燕山君実録」の元年七月の記事に「環刀防身之物」の文言がある。(6) 環刀は武器であると同時に護身用でもあった。この事実は成宗九年（一四七七）三月、昌原君晟が殺害事件を起こして家宅捜索を受けた際、室内には環刀が見当らないとある。環刀が凶器に使用されたためだが、この事件はまさに環刀が民間に行きわたっていたことを示している。(7)

なお成宗十六年（一四八四）編纂の「経国大典」の巻四（軍器）の項には次のようにある。(8)

京軍器寺外各鎮、依横看精緻製造、前造者、亦常修整、軍士私賫軍器、京則兵曹外則守令及節度使常加検察、毋得濫悪、各官各鎮篆烙州鎮号、

環刀に限らず各鎮所蔵の軍器には所属州鎮の名を篆烙するのが原則であったのである。

第二節　刀剣の位置と倭刀の製造

「兵器図説」が環刀の寸法を明記しないのは、すでに様々な環刀が存在しているからだが、この時期の戦闘における刀剣の位置の反映でもある。次の「成宗実録」の成宗十一年（一四七九）六月の記事がそれを明示している。(9)

本国三方受敵、近日又与野人構釁辺圉、若被侵擾、兵備不可疎虚、矧惟国人不慣槍剣、専業弓矢為禦敵之備、

すなわち、王朝の主要兵器は弓矢にあって、刀剣は補助兵器と受取れるのである。こうした状況が、その後も変容していないことは、次の宣祖二十七年（一五九三）七月の降倭活用の伝に伺える。(10)

伝曰、砲手殺手諸哨中、其哨官勤為教訓、成才者多欲知哨官之名、而賞之間、閭閻之間、小児之輩、多習用剣能為者、全五部抄呈、訓錬都監試才入啓論賞、今此投順倭人有能用剣者、有能用槍者、我国自古剣術不伝、近日粗為伝習、此万世之益也、今宜定一将、別立一隊、伝習倭人剣槍之法、（傍点筆者）

この伝は王朝が最近の投順倭人のなかには剣を善くするものがいるから、一将を定めて一隊を立てて、倭人の剣と槍を伝習すべきを述べたものだが、とくに傍点の部分に注意したい。つまり王朝では古来から剣術が未発達というのである。この記事は成宗十一年六月の「矧惟国人不慣槍剣」の事実に符合している。

「兵器図説」が環刀の寸法を明記しえない理由は、この点に求められなければならない。すなわち、環刀が戦闘に

必須の武器であれば、弓矢のように細かな規定が設けられていいはずである。

朝鮮王朝の倭刀への執心は、壬辰・丁酉の倭乱の時の領議政柳成竜の日記にさらに具体的である。[11]

提督所領皆北騎、無火器、只持短剣鈍劣、賊用歩兵刃、皆三・四尺精利無比、与之突闘左右揮撃、人馬皆靡、無敢当其鋒者、提督見勢危急徴後軍、未至而先軍已敗、死傷甚多、

柳成竜は賊、つまり日本の歩兵の持つ三・四尺の刀は精利無比といい、当たるべからざる威力があることを力説している。こうした長所を持つ倭刀は、早くから朝鮮王朝の注目するところであった。

成宗十三年（一四八一）九月、対馬の宗茂勝の家臣で刀剣の造法に通暁していた豆老可文の除職の問題は、王朝の倭刀に対する関心の深さを明示している。[12]

命議、宗茂勝使送豆老可文造剣及除職可否、于領敦寧以上、鄭昌孫・尹弼・商洪応・盧思慎・尹壕議、豆老可文雖云工、於造刀剣我国亦不乏良工、不須使之造作、況外人除職皆待有功、此人別無功労、而以磨刀細瑣之事、遽爾授職後、必援例希望者多矣、韓明澮・沈澮・尹士昕・李克培議、我国工人所造刀剣不如彼精錬、令彼試鋳、若異於常器授以小職許、其連続住来使我工人伝習可也、又問于礼曹、礼曹啓曰、試令倣造無妨、伝曰、依甲午年例使之倣造、

記事によると、除職の問題は紛糾した。すなわち、鄭昌孫らは、豆老可文は工匠というが、我国にも刀工がいるのだから彼等に造剣されせばよいのであり、そのために外国人に職を授ける必要はあるまい。特に豆老可文に功労があるわけではない。磨刀など細瑣な事で職を授ければ、これを先例として多数の者が職を希望するに違いない、と反対した。

それに対して豆老可文の除職を支持する韓明澮等の主張は、王朝の工人は刀剣を造るが、彼ほど巧みではない。彼

に試させて、その出来が普通ならば、小職を与えればよい。とにかく我国人は刀剣の造法を彼から伝習すべきとしたのである。

五年後、韓明澮らと沈澮は倭刀について「軍器寺蔵倭刀、雖下品、甚鋭利、実軍国重器、軽易和売未便」と啓している。(13)沈澮は軍器寺所蔵の倭刀は下品だが、甚だ鋭利であり、軍国の重器だから軽々に売るべきではないと述べている。甚だ鋭利である点が倭刀の長所である。

軍器寺に所蔵された倭刀は、中宗二十三年（一五二八）十月の平安道観察使の啓に「諸将及将士分給倭環刀、若都授一人、則輪転布弊、分授各人用後還納如何」とあり、北辺警備の将士に分給され、実用に供されている。(14)

世宗十二年（一四二九）六月、宜寧居住の水軍の将士沈乙嘗は「衣一襲・米豆並十石」を賜わり軍役を免除された。沈乙嘗が日本に渡海して造剣法を取得して、一剣を王朝に献上した恩賞によるものであった。彼の献上した剣は倭剣に異ならなかったと伝えている。(15)

世宗二十七年（一四四四）二月、対馬の宗貞盛が鋳剣匠也馬沙其の帰還を朝鮮王朝に申請している。(16)

領議政黄喜・右議政河演・右賛成権踶・礼曹判書金宗端・右参賛鄭麟趾議曰、今対馬宗貞盛請還也馬沙其、右人初到乃而浦、乞食而生、尹仁紹承命招諭而来、非貞盛為国出送者也、且此人之技、止鋳剣一事耳、我国人尽伝其術、去留無関於国、若拒而不送、則恐将生怨、且以此人久居本国漏説、国事為疑、則前後遣還者非一、何独於此人疑之、莫如、従其請而還之、左議政申槩・左参賛李叔時・礼曹参判尹烱議、此人投化已七年、与軍器監匠人相処日久、密習火薬之法可疑也、姑留之待貞盛更請、観其情偽遣還如何、上従槩等議、

諸臣は宗貞盛の申請と也馬沙其帰還の可否を議論しているが、彼は最初乃而浦にきて、乞食をしていたところを尹仁紹が命を承けて招諭したもので、貞盛の出送者ではない。彼は鋳剣の特技を持った人物であるが、すでに王朝では

彼から鋳剣の術のすべてを取得したから去留は無関係である。貞盛の要求を拒めば怨を生ずるであろう。また彼は在国が長いから国事の漏洩を疑うむきもあるが、前後に帰還したのは一人ではないから、彼にのみ疑いはかけられない。だから貞盛の要請のとおり帰還させたらよいという意見や、彼は投化してすでに七年を経過し、この間、軍器監匠人と知合っており、火薬の法を密習した疑がある。しばらく留め、更に貞盛の請があったら、帰還させるべきとする意見がほかにあった。議論のなかに也馬沙其が鋳剣の術の特技を持つ人物であること、王朝では彼から鋳剣の術をすべて取得した事実に注目したい。

豆老可文・沈乙嘗・也馬沙其ら三名の造剣に関する事実は朝鮮王朝の倭刀に対する関心の深さを明示しているとみてよい。

第三節　日本刀剣類の輸出

朝鮮王朝の前期、半島沿岸部は倭寇の襲撃に見まわれたが、こうした倭寇に対して王朝は懐柔策をもって臨んだ。懐柔に応じて投降した倭寇が降倭であるが、太祖・定宗（一三九二〜一四〇一）の頃、降倭の兵器献上があり、また倭寇討伐による捕獲兵器の献上があった。太祖年間（一三九二〜一三九八）における倭寇捕獲の軍器衣甲の献上例を次に示そう。(17)

慶尚道水軍僉節制安処善斬倭十二級并所獲兵器以献（太祖三・二）

慶尚道水軍万戸車俊倭一船斬首十三級并所獲兵器以献（太祖三・二）

全羅道昌平県令愼原節率軍官斬倭七級、擒一名、收兵器衣服以献（太祖三・三）

全羅道水軍僉節使金贇吉獲倭一艘、収兵器以献（太祖三・三）

慶尚道東萊万戸尹衡石、浦千戸李義敬捕倭船一艘献軍器衣甲（太祖五・五）

全羅道観察使報、水軍万戸崔原忠捕倭船一隻、乃献所奪軍器衣甲（太祖六・六）

倭寇藍浦鎮僉節制使姜思徳斬倭八級献所獲兵器（太祖六・七）

太祖六年（一三九七）六月に全羅道観察使が報告した水軍万戸崔原忠の捕倭所奪の兵器は「上曰、原忠全船捕獲何無一生擒者」と国王に不信をもたれ、護軍の金瞻が真相を調査してみると、はたして崔原忠が殺した賊は倭寇ではなく、交易のために来鮮した日本の使者の国物であった。原忠は倭寇所獲の兵器と偽って献上したのである。国王が一人も生擒がいないことに不審を抱いたが、もし生残りがいれば、悪計が暴露するから皆殺しにしたのであろう。崔原忠の事件から倭寇と貿易が表裏の関係にあることがわかる。

周知のように日鮮貿易では、数多くの日本の刀剣類が朝鮮王朝に輸出された。日本刀が武器として優れていたから輸出品目となりえたのであるが、次表は太祖二年から世宗三十二年（一三九三〜一四四九）までの五十六年間、日本から朝鮮王朝に輸出された刀剣類の年表である。(18)

太祖二・九　日本国の使、剣二十柄を献ずる。

太祖五・一二　降倭疚六、長剣一・環刀一を献ずる。

定宗一・六　大内義弘、鎧子一・長剣一を献ずる。

定宗一・一二　降倭一七名、槍・甲各六部を献ずる。

太宗五・六　日本国志佐殿、大刀等を献ずる。

太宗六・一二　日本国丹州守・肥州守、槍・剣を献ずる。

太宗一一・一〇　大内徳雄、兵器を献ずる。
世宗即位・一〇　日本国肥前州沙弥吉見昌清、剣六把を献ずる。
世宗元・一一　日本武蔵原元臣濃州大守平宗寿、細藤・石硫黄・環刀二柄を献ずる。
世宗三・一二　日本国防長豊三州都護大内殿姪多々良満世、剣四把を献ずる。
世宗五・正　日向・大隅・薩摩三州大守源朝臣久豊、大刀十筒を献ずる。
世宗五・二　肥州大守源昌清、太刀二把を献ずる。
世宗五・五　九州都元帥源義俊、太刀二把を献ずる。
世宗五・六　平満景、大刀十把・剣十五腰を献ずる。
世宗五・六　源義俊、大刀十五把・長刀五柄を献ずる。
世宗五・六　源俊信、大刀十把を献ずる。
世宗五・六　常嘉、鎧一両・大刀子十柄を献ずる。
世宗五・七　平満景、大刀二柄を献ずる。
世宗五・七　日本筑前州大守護源満貞及其幕下、備州刺史砥上大蔵氏種左衛門太郎等佩刀五腰を献ずる。
世宗五・一〇　日向・大隅・薩摩大守修理大夫匠作源久光及子源貴久、朱長槍二筒・長刀二・大刀五を献ずる。
世宗五・一一　日本国源義俊、太刀二腰を献ずる。
世宗五・一二　九州前都元帥源義鎮、大刀二十把を献ずる。
世宗六・八　筑州刺史藤源満貞、大刀十把を献ずる。
世宗八・正　日本国愁温都老藤原頼久・源朝臣貴久、刀槍を献ずる。

世宗八・一一　日本筑州石城管事宗金、大刀十柄を献ずる。
世宗八・一一　筑前州大宰小弐藤原満貞、大刀五柄・穿山甲一張を献ずる。
世宗八・一二　九州前都元帥源道鎮、大刀五柄を献ずる。
世宗九・一　日本国一岐州知主源朝臣重、大刀五腰を献ずる。
世宗九・一　日本国関西道薩摩州伊集院富鎮藤原頼久、大刀三柄・長槍二柄を献ずる。
世宗九・一　薩摩州大守源久貴、大刀五柄を献ずる。
世宗九・四　対馬島宗右馬彦六貞盛、環刀二柄・箭鏃三十箇を献ずる。
世宗九・六　対馬島守護宗彦六、環刀を献ずる。
世宗九・六　宗貞澄、環刀・甲・箭鏃・長剣を進上する。
世宗一〇・二　西海道筑州府内城県藤宗金大刀を献ずる。
世宗二二・五　日本国王、金銅粧飾太刀十一把、日本国管理京兆大夫、太刀一腰を献ずる。
世宗二二・八　大内多々良持世、大刀二十振
世宗二五・一二　大内多々良持世、鎧一領・鑓一十挺・大刀二十振を献ずる。
世宗三二・二　日本国源義政、鎧一領・黒漆鞘柄大刀十柄を献ずる。

太祖初年の降倭による一、二の例を除けば、朝鮮王朝にもたらされた刀剣の殆どは商倭と使者の献上によっている。ここでいう一把の数量の内訳は不明だが、剣・環刀・槍・大刀・太刀・長刀・佩刀の種別にまとめると以下のようになる。

剣（長剣）一〇把三七振、環刀五柄、槍三三挺、大刀八五把九一柄、太刀一一把一振、長刀七柄、佩刀五腰、

ここで次の世宗十七年（一四三四）七月、兵曹と議政府と諸曹の啓を刀剣年表と関連して注目したい。(19)

兵曹与議政府・諸曹同議啓、慶尚道来泊商倭、有冒禁私蔵兵器、事覚者宜収兵器、開諭遣還其余倭人私蔵兵器者、並令随即収取遣還、以殺興利之盛、従之、

すなわち、三者の意見は慶尚道に来泊する商倭が禁を冒して、兵器を私蔵しているから発見しだい兵器を没収して与利の盛を殺せというのである。この記事は商倭が窃かに兵器を朝鮮王朝国内に持込んでいる事実を伝えている。

さらにこの五年後、世宗二十二年五月、兵器の密貿易が、問題にされており、商倭だけではなく使者も王朝側の国禁を犯していたことが明らかである。(20)

一、商倭及使者賚持兵器而来、或潜蔵近島、或密托恒居倭人、請自今乃於各浦、若倭船到泊、則令巡綽船窮極捜索監考鎮撫、通事陵夷検察者、依私出外境及違禁下海律治罪、各浦主将不用心考察者並罪之、

右の記事によれば商倭と使者は、浦所近くの島々に兵器を隠したり、あるいは恒居倭人と密托して兵器を持込むから、倭船が来泊したら、すぐに巡綽船を出して捜索せよとあって、兵器の密貿易の取り締まりを伝えている。

さきの年表の世宗八年（一四二五）十一月の「日本筑州石城管事宗金」と同十年五月の「西海道筑州府内城県藤宗金」は同一人物であり、この時期、日鮮貿易に活躍した博多商人の宗金である。宗金は世宗七年ごろから受図書人となり、その後、世宗二十一年ごろまで連年使を朝鮮王朝に送っている。(21)おそらく「商倭」のなかには、この博多の有力商人の宗金がいたと推測される。こうした商倭や使者は朝鮮王朝と正式な貿易取引を行なったが、裏面では恒居倭人と結托して兵器の密貿易を働いていたのである。

世宗元年九月、許調の奏上に「初日本使臣尚久、此年以来献一刀者、亦称使臣」とある。(22)当初日本の使者は少なかったが、世宗元年ころになると、わずか一刀を献じて使臣と称する者が増大したとある。日鮮貿易に従事した人々は

既述のように王朝が鋭利な倭刀の入手に強い関心を抱いていたことを熟知していたに相違ない。そうでなければわずか一刀を献じての話は不自然といわざるをえない。

第四節　日本刀の影響

この時期、多くの日本の刀剣類が朝鮮王朝に移入されたが、その影響は王朝の刀剣や戦法を変革させるほど強いものではなかった。「兵器図説」の刀剣の説明に日本刀の影響が全くみられないのはその反映である。

壬辰・丁酉倭乱の時、豊臣秀吉の軍勢は「倭奴只用鉄丸、長剣無他技也」といわれるように鉄炮と日本刀を主体に戦ったが、[23]猛威を振るう日本の武器に対して、朝鮮王朝は投降した日本人を優遇して、製造技術と用法の取得に努めた。王朝が降倭懐柔策を積極的に進めるのは、宣祖二十六年（一五九二）ごろからで、降倭のなかで、武術に優れた者を訓錬都監に配属して、朝鮮王朝の将兵に剣術や鉄炮の指南をさせたり、造兵技術をもつ者を軍器寺に配属して鉄炮や火薬の製造に従事させた。

宣祖二十五年十月、宣祖王は生擒倭俘事を議した。[24]

答曰、生擒倭献俘事、卒倭殺之無益、献俘亦無益、予意則銃筒製造、放砲等事、及賊情詳加誘問、或解剣術者則問而伝習何如、

すなわち、国王は生擒倭を殺すことは無益であるから、銃筒の製造や放炮の技術、および剣術を解する者から、それらを伝習すべきとしたのである。国王の意見が実施に移されたことは、その後の降倭の活用に明らかであるが、この間の刀剣に関連する記事を列挙してその状況をみたい。

伝曰、倭既来投不可不辱撫外方可送者、則斯速下送、其中可留置京中除以軍職、或鋳剣銃、或教剣術、或煮焔焇、苟能尽得其妙、敵国之技、即我之技也、莫謂倭賊而厭其術慢、於習着実為之言于備辺司、（宣祖二十七年七月）[25]

備辺司啓曰、先来降倭三十八人名、令趙儆試才、則鳥銃得中者平仇老・山如文等二人、而其余皆不中、其得中者亦不及於我　国砲手、此倭等当分運入送于北道、但前去平安道倭人皆給司勇告身、其得中鳥銃者給司正告身、今亦依前例以慰其心、其中要時之老、信蘇足、音于又三倭、稍解煮焔焇之法、此倭則姑留京中、厚其衣食、使之煮焔焇以試其能如何、答曰、其中沙古愁戒幹乃飛運所幹老、愁戒照音妙牛能於用剣、我　国殺手有同児戯云、古沙老文解鋳剣銃之法、此等倭何不留置、依前教伝習耶、抑不欲伝習耶、然則已矣、且其所持刀剣何不厚価而尽買之、以去其爪牙乎、（宣祖二十七年八月）[26]

訓錬都監議処倭人剣術学習事、近因多事、未得挙行、然於降倭中如有能解用剣者、令都監別為伝習（中略）倭人剣術並不可不学斯速抄出可学人着実挙行（以下略）、（宣祖二十七年八月）[27]

備忘記曰、我国之習不喜学他国之技、或反撓之倭人剣術所向無敵、前日降倭多数出来時、其中多有用剣極妙者、抄択可人定将学習別為一隊事（中略）、倭人剣術日夜勧奨尽得其妙、是敵国之技為我所有豈無其益乎、（宣祖二十七年十二月）[28]

伝于政院曰、倭人用剣児童抄出伝習事、前日伝教矣、慶尚監司処有倭将称号倭来降者、其倭能於用剣非卒倭之比、此倭斯速上京除職、厚撫使之教誨如何、（宣祖二十八年正月）[29]

これらの記事の要点を記すと、次のようになろう。すなわち、降倭のなかで剣術に優れた者は遠方に送らず、京中に留置いて軍職を授けること、また訓錬都監に配属して剣術を伝習させていること、朝鮮王朝が倭の剣術を盛んに伝習するのは、倭剣が向かう所敵なしの威力があるからであり、その練習は、時に日夜にわたったことがなどがそれである。

正祖朝（一七七六～一八〇〇）の治世に編纂された「武芸図譜通志」の序文は、いままで王朝では武技といえば、ただ弓矢の一技だけを重視して槍や剣などの諸技には力を尽くさなかったといった意味の記述がみられる。刀剣の用法が未発達なために壬辰・丁酉の倭乱で苦戦した体験が本書を編纂する動機でもあった(30)。

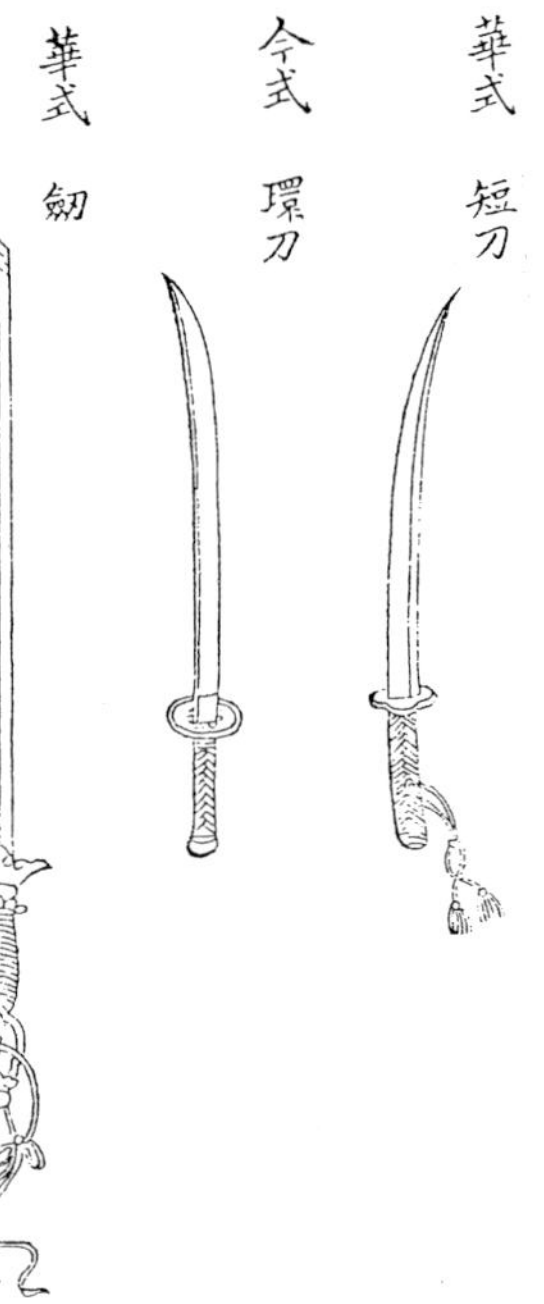

図10　鋭刀「武芸図譜通志」所収

「武芸図譜通志」は刀剣七種と刀と剣の区別を次のように説明している。

双手刀・鋭刀・倭剣・双剣・提督剣・本国剣・馬上剣、各色雖不同、所用皆腰刀、両刃曰、剣、単刃曰、刀、後世刀与剣相混然、古世尚剣、後尚刀、非係器之利鈍、

それぞれ七種の刀剣は名称を異にするが、何れも腰刀といい、本来刀は単刃であり、剣は両刃であって、後世になって区別を失ったとある。

さらに同書は鋭刀を次のように説明している。

原今制、環刀、三尺三寸、柄長一尺共重一斤八両案武備志短刀、雖彎而頗類我国環刀、故並与両刃剣載于図、

成宗五年（一四七三）編纂の「兵器図説」は刀装に詳しいが、寸法には言及していない。ところが「武芸図譜通志」は現今の環刀の制は、刃長が三尺三寸、柄長が一尺で、重さ一斤八両と明記している。この環刀の寸法は柳成竜の「懲毖録」が伝える三、四尺の倭刀に近い。文宗元年（一四五〇）規定の一尺六寸の環刀では、到底倭刀に歯が立たない

から、朝鮮王朝の刀剣はしだいに長さをましたのである。その契機が日朝貿易や降倭による倭刀の移入にあったことはいうまでもあるまい。

注

(1)「世祖実録」八—三二頁。
(2)「世宗実録」三—五七一頁。
(3)『韓国地理志叢書　全国地理志①』韓国学文献研究所編、서울亜細亜文化社、一九八三年。田川孝三『李朝貢納制の研究』東洋文庫論叢第四十七、東洋文庫、昭和三十九年。
(4)「文宗実録」六—三六二頁。
(5)「世宗実録」四—四八頁。
(6)「燕山君実録」一三—一頁。
(7)「成宗実録」九—五四三頁。
(8)「経国大典」学東叢書第六、学習院東洋文化研究所、昭和四十六年。
(9)「成宗実録」一〇—一三八頁。
(10)「宣祖実録」二三—三一一頁。
(11)「草本懲毖録」朝鮮史編集会編、朝鮮史料叢刊第十一、昭和十一年。
(12)「成宗実録」一〇—三九四頁。
(13)「成宗実録」一一—二一二頁。
(14)「中宗実録」一七—四八頁。
(15)「世宗実録」三—二四〇頁。
(16)「世宗実録」四—六〇六頁。

(17)「太祖実録」一。順に五五、五五、六〇、六〇、六〇、一〇七、一〇八頁。
(18)「太祖・定宗・世宗各実録」。
(19)「世宗実録」三－六四〇頁。
(20)「世宗実録」四－二八九頁。
(21)田中健夫『中世海外交渉史の研究』東京大学出版会、昭和三十四年。
(22)「世宗実録」二－三三七頁。
(23)「宣祖実録」二三－五一八頁。
(24)「宣祖実録」二一－五五四頁。
(25)「宣祖実録」二三－三一九頁。
(26)「宣祖実録」二三－三二〇頁。
(27)「宣祖実録」二三－三二八頁。
(28)「宣祖実録」二三－四一四頁。
(29)「宣祖実録」二三－四二三頁。
(30)「武芸図譜通志」学文閣、一九七〇年十月。

第六章　中国兵器受容の実態

第一節　弩の開発

「兵器図説」は弓を詳細に説明しているが、矢を機械的に発射する弩については一言もふれていない。ここでは弩と守城具の鉄蒺藜、車戦など中国に源流を持つ兵器が朝鮮王朝に受容される経緯を考えてみたい。

朝鮮王朝の初期に弩が存在したことは太宗八年（一四〇八）五月、平壌府尹尹穆の便宜数条のなかに「甲冑・弓矢・矛盾・剣・弩軍国急務也」（傍点筆者）とみえ[1]、次の世宗十四年（一四三二）十二月、代言らの北方野人の防禦策の文書にも弩の名がみえる[2]。

上謂代言等曰、我国患於在北方、野人不能侵中国之境者、畏火砲・弓弩也、近来十余年、野人不得侵掠我境、以田時貴・李澄玉・河敬復等、能戦勝也、雖有賊変者、能高築烟台具、備禦之物、而戍之、則野人必不得久留、其令兵曹預備烟台信砲・小火砲等事、

文中の北方野人は李満住が率いる建州女直で、世宗初年、蒙古の勢力に圧迫されて、朝鮮王朝と境を接する鴨緑江沿岸の地に南遷していた。当初、朝鮮王朝は建州女直との武力衝突を回避していたが、世宗王は同王十五年（一四三二）、武力討伐に踏切り、四月十九日、一万五〇〇〇の兵をもって鴨緑江を渡り、建州女直の地を攻撃した。代言の禦備策はこの前年にあたる。文中の高所に烟台を築いて、兵器を装備すると説いているが、兵曹はこれをうけて烟台

を築き、信号の信砲や小火砲などを据えた。その後、王朝は長期間、建州女直と戦うが、この時の戦闘は朝鮮王朝軍側が圧倒的な勝利をえた。

代言の禦備策の内容から対建州女直戦に弩が使用されたらしいと推測できるが、次の成宗二十三年（一四九一）三月の西北面都元帥李克均の建州女直戦に関連した馳啓にそれが明らかである。(3)

西北面都元帥李克均馳啓曰、賊常潜伏江北之地、乖間作耗、臣意可於賊来路設弩待之、臣今製弓弩機械上之、命以弩機入内観之、下書諭克均曰、今見卿所進弩機、其製甚繁、且一鎮幾設百余、而後可防賊路、然事難遙度今姑試之、

前年、成宗二十二年（一四九〇）正月下旬、建州女直二千余騎は、鴨緑江を渡河して昌州鎮と昌城を相次いで奇襲した、これを端緒に建州女直の侵攻は、夏から冬にかけて熾烈を極め、鴨緑江の中流沿岸に点在する朝鮮王朝側の昌州・昌城・碧潼・理山・高山里などの諸営鎮で戦闘が繰広げられた。戦いは越えて二十三年まで続いたが、成宗二十四年二月、建州女直の恭順によって終息した。

弩を製造して進上した李克均は西北面都元帥として建州女直戦に重要な働きをした人物である。したがって馳啓にいう「賊常潜伏江北之地」の賊は、すなわち、建州女直であり、江北之地とは、戦いの舞台となった鴨緑江沿岸の地を指している。この戦いで朝鮮王朝軍は勇猛果敢な女直軍のために幾度も苦戦を強いられた。まさに李克均が弩を製造した時期は、対建州女直戦たけなわの緊迫した状況にあった。馳啓のなかに「臣意可於賊来路設弩待之」とあるから、弩は建州女直の侵入路に敷設されて、敵の侵入を阻止する目的で造られたのであり、緊迫した戦況を髣髴とさせる。

しかし馳啓の文末に李克均進上の弩は機構が大変複雑であり、各鎮に百余置いて賊を防ぐのは難しいから「姑試之」

とあって、即座に活用されてはいない。実用の可否はともかく李克均の進上した弩の威力や構造は、それ以前の弩とは違っていたのであろう。

成宗元年（一四六九）正月、李克増が虎の捕獲について大妃に答えた際、弓弩の使用が次のようにみえる。(4)

近日、京畿監司所献虎豹皮甚多、若貢物虎豹皮、別収民間、以今所献虎豹皮代貢物何如、克増対曰、貢物虎豹皮本用檻穽弓弩所獲、臨時未可必獲、故不得已責徴於民、今以無時所獲虎豹皮並令代歳貢、則一歳所貢之皮数少、而所獲虎豹則多、若今諸道所献虎豹皮多積内府、而必欲除弊、則権減一次方物為便、

内容は虎豹皮の貢物について述べたものだが、あわせて虎の捕獲方法が記されている。すなわち、虎の捕獲には檻穽と弓弩があるというのである。おそらく対建州女直戦で烟台に置かれた弓弩もこの類ではなかろうか、しかし李克均が新弩を製造して進上したり、この後、李末なる人物も弓弩を進上している事実から、威力があったとは考えにくい。

成宗二十一年（一四八九）二月、李末が自作の弓弩を成宗王に献上している。兵曹判書韓致礼は献上された弓弩の試験結果を次のように啓している。(5)

兵曹判書韓致礼等来啓、臣等試験李末所献弓弩、必有力者乃能引満、若発矢不知其要、則必不能及遠、且其造作所入之需、甚多徒費無用、　伝于承政院曰、此弓弩各一送于慶尚・全羅水軍節度使、於兵船可用与否試験以啓、

この弓弩は力のある者ならば引けるが、その要を知らなければ、遠くに矢を放つことができない。また製作には多大な費用が掛かると韓致礼は述べている。そして承政院は慶尚・全羅水軍節度使に弓弩を送って、兵船で使用すべきか否かを試験させている。二か月後の成宗二十一年四月、朝鮮王朝は全羅左道水軍節度使の朴巌に次の書を送付している。(6)

下書全羅左道水軍節度使朴厳曰、今送弓弩筒児各二件、片箭十二介、及弓弩発射小孔様子、其依様造作試験後、其様子及制度図形、送于慶尚左道水軍節度使、亦令試験、其制筒児或受三矢、或受二矢、下端後面凹処受弓、上端岐鉄受弦、岐鉄後端有方環游鉄鉤弦、後用游鉄支鉤弦、岐鉄欲其不吐弦也、岐鉄受処、後端有木稍凸、以拒方環欲使游鉄不退却也、岐鉄受竅有三処、弓長則穹深弓短則穹浅欲、随弓之長短、臨時前後也、一弓中折欲其便、於佩持也、或防牌、或船窓作穴将筒児末端納穴中、臨敵則開却方環游鉄以発矢、

右の記事によれば、朝鮮王朝は水軍節度使朴厳に弓弩の雛形を送り、それを見本にして弓弩を造らせ、試験終了後、弓弩と製作図面を慶尚左道水軍節度使に送り、さらに試験を重ねている。其制以下が弓弩の構造である。船窓に穴をあけ、筒児の末端をその穴に納めて敵に臨み、方環を開却しながら矢を発すると、文末に用法を記している。この弓弩は李末が献上したものだが、水戦図が附されているから、当初からこの弓弩は兵船常備の兵器として開発されたのである。なお、李末は成宗六年（一四七四）六月、訓錬院が実施した新造弓弩の試射に参加している。したがって少なくとも、彼は成宗初年頃から、弓弩の製作に専念していたとみなせよう。

李克均と李末の弩は基本構造は同一であろうが、前者は機構が複雑であり、烟台に設置して女直を阻止するとあるから大型と想像され、後者は船窓から発するとあるから小型と推測される。李克均が弩と、李末が弓弩と呼称しているのはその反映かも知れない。細かな点はともかく、朝鮮王朝では成宗末年になって弩が研究・開発されたのである。

睿宗元年（一四六八）閏二月、明使が皇帝に献上する角弓二百張の精造を朝鮮王朝に求めた時、弩のことにふれている。(7)

況上国以我国藩屛、嘗賜火薬推城待我、且新羅時、上国聞我造弩発矢三千歩、使献之、我国造一千歩弩献上国、以我為曲、今造弓不可不精、　上曰、当更議、

この記事によると新羅時代には、数千歩も矢を飛ばす弩を造って中国に献上したとある。新羅時代に強力な弩が存在したことは、次の「東国通鑑」の文武王九年（六六九）冬の条に明白である。[8]

冬唐遣使徴弩師、王遣弩師仇珎山偕師赴、朝帝命造木弩、射不過三十歩、帝問珎山曰、聞在尓国造弩射千歩、今纔三十歩何耶、対曰、材不良、若取材本国則可矣、帝遣使求材帝命珎山改造射至六十歩、帝詰之、対曰、臣亦不知其所以、然殆木過海為湿気所侵歟、帝疑珎山、故不尽技劫以罪而終不効其能、

文武王は唐皇帝の要請によって、弩師仇珎山を唐に派遣した。ところが彼が造った木弩は、わずか三十歩に過ぎず期待が外れた。仇珎山は唐皇帝に、材が不良だから遠くに飛ばないと答え、本国から材を取寄せて改造したが、結果は芳しくなく、六十歩に過ぎなかった。そこで皇帝が詰問すると、彼は材が海を渡ってきたので湿気を帯びているからと答えた。

どのような方法で仇珎山が弩を製作したのかは、この記事からは不明であるが、千歩、三千歩はともかく、新羅時代の弩は唐の皇帝が所望するくらいだから、威力があったと思われる。「東国通鑑」の記事は新羅時代に弩が盛行した一班を示しているが、新羅時代の軍隊に弩幢と称する弩手部隊の存在がそれを裏付けている。

これは弩だけではなく、すべての兵器にいえることだが、朝鮮王朝初期には、三国時代（新羅・高句麗・百済）は当然、高麗時代の兵器の実態さえ不明であった。世祖十年（一四六四）八月、同知中枢院事梁誠之の兵事に関する上書がこの事実を伝えている。[9]

前朝顕宗以二十四般兵器置之、辺城蒙古兵来備禦、稍有可稽、而守城之具、世無所伝、攻城之事、又全無聞、臣於前日春秋館、閲得聖制攻守之図、以進、此誠軍国重宝也、乞命一、二臣僚、全委講究、其不可暁者、入中原、不煩訪問、臣於奉使之時、又問弩矢之制、答曰、弩矢今不興用、但置烟台之上、或捉虎、仍略言張設之法、今後、

攻守機械入朝之人、留心聞見以備万世、且野人毎伏騎兵方戦、大呼衝突、於是陣為之、

梁誠之の上書は高麗顕宗王の時、二十四般の兵器を辺城に置いて、蒙古兵の来襲を防禦したが、現在これらの攻守の具は皆目不明と述べている。この前日、梁誠之は書物を襲蔵する春秋館で「聖制攻守之図」を熟覧して、本書は軍国の重宝だと感嘆し、兵事弛緩の折だから、一、二の臣僚に命じて「聖制攻守之図」を講究すべきであり、疑問があれば煩いを厭わず中国に赴いて、兵器を研究すべきを力説し、彼自身入朝して弩矢の制を研究している。弩は軍用ではなく虎退治に用いるとあり、今後入朝する人々は攻守の機械を研究すべきと結んでいる。つまり梁誠之は前朝の攻守具の詳細が不明だから、今後は攻守の機械の研究に専心すべきであり、それが万世の備えになり、野人の戦いでも大いに役立つと強調したのである。

さきの李克均の弩の製造は、成宗二十三年（一四九二）三月、李末の弓弩の献上は同二十一年四月だから、梁誠之上書の約二十五、六年後にあたる。李克均が中国に出かけて弩を研究したか定かではないが、梁誠之の献策が生かされたと考えてよいだろう。朝鮮王朝が弩の製造に強い関心を抱いていたことは上記三名の言動に裏付けられるが、これ以前、すなわち、世宗十三年（一四三〇）五月、王朝は弩の製作を試みている。そこで兵曹の啓を次に示そう。(10)

兵曹啓、吉州人朱天景自言、詳知弩弓与相陽砲之法、請送本人于軍器監造小様子試之、内莊適有済用副正具網所進磁青樽一事、其樽腹画孫臏白而書之、龐涓死此樹下及、涓来見万弩倶発之形、出示于軍器提調総制李蔵、仍伝曰、審此弩弓之制、参以天景所言造之、

すなわち、兵曹の啓によれば、吉州人の朱天景が、弩弓と相陽砲の法に詳しいというので、本人を軍器監に送って、雛型を造らせて試したこと、偶然、内莊において網の付属品の青磁樽が発見され、その腹には孫擯の故事「龐涓死此樹下及、涓来見万弩」が書かれ、さらに弩を放つ情景が描かれていたこと、これを軍器監提調の李蔵に示すと、この

絵は弩弓の制が詳しいから、朱天景が弩を製造する時の参考にしたこと、などが述べられている。

この時期、朝鮮王朝は建州女直と敵対しているから朱天景の弩の製造はそうした状況と無関係ではあるまい。朱天景が弩を製造した前年、世宗十二年（一四二九）六月、兵曹が軍器監に次のように述べている。[11]

今之軍器、惟長剣・弓箭・環刀而巳、未有結陣守禦之器、請依中朝守城之具、造鉄蒺藜分送、各道模倣造作、従之、

すなわち、この時期の朝鮮王朝の軍器は長剣・弓箭・環刀が主で、結陣・守禦の器は未だにないと断言している。この後、世祖十年（一四六四）、梁誠之が攻守の機械の研究の必要を力説しているから、兵曹がこうした啓を出すのは当然である。

その後、春秋館所蔵の「聖制攻守之図」の活用は定かではないが、中宗十九年（一五二四）八月「聖制攻守之図術書名曰、此冊蔵于内已久、而其所載、予所難暁、似乎中原火砲之事、其招徐厚問之、以啓」とあって大事に保管されていることがわかる。[12]この直後、護軍の徐厚は「聖制攻守之図術」の内容について意見を王朝求められた。命を受けた徐厚は「聖制攻守之図」所載の兵器を詳細に検討し「此冊所載於兵家制度所無之事、而唐宋之前所未有也、序中有中統年号、必元世祖也」と述べ、「大抵皆元時之制也」と指摘し、さらに「此冊所載之器、可以施行者寡矣」とも述べ、これらの兵器のなかで現在活用できるものは寡少としている。兵器はその時代の戦法・地勢・戦う相手に応じて変化するから、「聖制攻守之図」所載の兵器が元代ならば、二世紀以上も経過しており、徐厚の指摘を俟つまでもなく活用は難しいといわなければならない。

なお、徐厚は中宗十五年十月、[13]翌十六年正月、数種の兵器を製造して献上している。後者の記事をあげておこう。[14]

直提学徐厚作弩弓一、克敵弓一、以進、仍啓曰、前者三百斤、弩弓造作事下教矣、但弓木無可当之材、故只作一

百二十斤弩也、克敵弓則新作、而不点火、故矢不及遠也、又啓曰、鞭条箭、臣嘗為守令時創制、擲之矢至七十歩、霹靂炮水戦時所用也、皆可試用、伝曰、此物我国無今創造来献、令兵曹与大臣議之、使定其教習節目、鞭条箭・霹靂炮可令軍器寺造作也、

記事によれば、献上された兵器は弩弓・克敵弓・鞭条箭・霹靂炮の四種である。弩弓は百斤、二百斤、三百斤の三種であったが、三百斤のそれは弓木がないので一百二十斤に減じた。克敵弓は火力を用いない新様の弓であり、鞭条箭は徐厚が守令のときに創造したもので、七十歩飛ぶとある。そして霹靂炮は水戦用の兵器と説明している。

「兵器図説」は弓矢・刀槍については精粗の差こそあれ、説明をくわえているが、弩は一切ふれていない。「兵器図説」に弩が記載されていないのは同書の成立が、成宗五年（一四七三）五月だから、単純にいえば、朱天景以外の弩は時間的に記載できない。それでは、なぜ朱天景の弩が記載されなかったのか説明がつかない。

弩の製造は世宗十三年（一四三〇）五月に朱天景が、成宗二十一年（一四八九）二月に李末が、成宗二十三年三月に李克均が、中宗十五年（一五二〇）十月、同十六年三月に徐厚が試みている。朱天景から徐厚までおよそ一世紀、この間、弩は中国の弩を参考にしながら、開発・製造された。はたして弩が建州女直戦や倭寇の防禦にどれだけ積極的に活用され、常用兵器となったか疑問である。製造が繰返されること自体、常用するまでに機能が到達していなかったと考えられる。いみじくも兵曹が、この時期の王朝の主要兵器は、長剣・弓箭・環刀と述べたが、これらの兵器は「兵器図説」に記載されている。王朝初期、弩は中国のそれを参考にしながら研究開発されたが、常用兵器にならなかったために「兵器図説」に記載されなかったのである。

第二節　守城具鉄蒺藜の移入

世宗十二年（一四二九）六月、兵曹は当時の軍器を「今之軍器、惟長剣・弓箭・環刀而巳、未有給陣守禦之器、請依中朝守城之具、造鉄蒺藜分送、各道模倣造作、従之」と述べていた。[15] 朝鮮王朝には結陣・守禦の道具がないから、中国の守禦具鉄蒺藜を造って各道に分送するというのである。したがってこの時、中国の守禦具の鉄蒺藜がはじめて朝鮮王朝に移入されたとみなせよう。

その後、世宗十八年（一四三五）閏六月、四品以上の官吏に制寇の策を上書させた一条に鉄蒺藜の使用がみえる。[16]

且敵人可掲可厲之処、鋪鉄蒺藜可行船之処、張鉄網以防不虞水辺、各官自閭延至義州諸口子、莫不皆然則百歳之内、

制寇の策は鉄蒺藜を船の行き交う場所に敷設すると述べている。この策は、さらに四年後、世宗二十三年（一四四〇）九月の慶尚右道処置使李澄石の啓にも明らかである。[17]

慶尚右道処置使李澄石啓、鉄蒺藜兵家利器也、宜密散倭賊要害之路、以備不虞、然則不敢軽易突入矣、又以鉄蒺藜列、於戦艦遮、則賊不得踰越、其利亦倍矣、但水陸営鎮不能多作、乞令州・府・郡・県多造鉄蒺藜、分送咸吉・平安両道、以厳防禦下兵曹議之、

鉄蒺藜を倭寇要害の地に使用すること、そうすれば敵が容易く侵入できないこと、さらに鉄蒺藜を列にして使用すれば戦艦を遮ることができ、効果が倍であること、鉄蒺藜は水陸の営鎮では多造できないから、州・府・郡・県で多造して咸吉・平安両道に分送すべきを慶尚右道処置使李澄石は説いている。

朝鮮王朝は成宗十一年（一四七九）八月、平安道節度使の沈瀚に鉄蒺藜の試用を命じた。[18]

下書平安節度使沈瀚曰、義州水口灘、満浦別乙外灘、昌州於丁灘、方山青水灘、当春秋水浅時、人馬可渉、各竪一鉄柱水底联結鉄蒺藜、以試之、其鉄柱動揺、鉄蒺藜覆沙与否看審、以啓因辛柱上書也、

書中の義州・方山・昌州・満浦は鴨緑江沿岸、平安道の巨鎮である。下書はそれぞれ場所で水が浅く人馬が渡るところに一鉄柱をたて、また水底には連結した鉄蒺藜を敷設して、鉄柱が動揺あるいは覆らないかを試させたのである。さきの李澄石は鉄蒺藜を倭賊の要害に使用すると述べているが、この下書の場所は、いずれも平安道の鴨緑江沿岸の水域だから、鉄蒺藜と鉄柱の試用は女直野人の防禦策であった。したがって中国の守禦具鉄蒺藜は倭寇と野人の侵寇を防ぐ目的で移入されたのである。

世宗十二年六月、兵曹は中国の守禦具鉄蒺藜を多造して各道に分送したが、四十七年後の成宗十一年八月の段階でも効用が試されている。このことは成宗十二年八月、平安道節度使李克均の馳啓に「鉄蒺藜於防禦無益而有損、請勿設」とあって、鉄蒺藜は防禦に無益と述べていることと無関係ではあるまい。[19]

成宗十九年（一四八七）九月、朝鮮王朝は永安北道節度使の啓を受けた。[20]

兵曹拠永安北道節度使啓、本啓各鎮江灘設菱鉄、雖若有弊、然防禦器械在人、利用与否、不可以有弊而廃之、令節度使逐年随便設何如、　僉議于領敦寧以上、沈澮議、沿江設菱鉄便否、臣未得知、若如節度使之啓、則備鉄為難、勿設何如、尹弼商議、各鎮江灘七十七処、並設菱鉄、則其功甚重、必至労民、或不謹看守将、為彼人盗用之資、反有害矣、洪応議、依所啓施行何如、李克培議、江灘設菱鉄、前日、因辛柱之言、議之、而勢難不行、且江灘不独永安・平安道、亦有之鉄物之難、備看守之為難、誠如節度使啓、本似不可施行、

永安北道節度使が道内各鎮の江灘における菱鉄利用の可否を中央に問うてきたので、それについて諸臣が意見を述

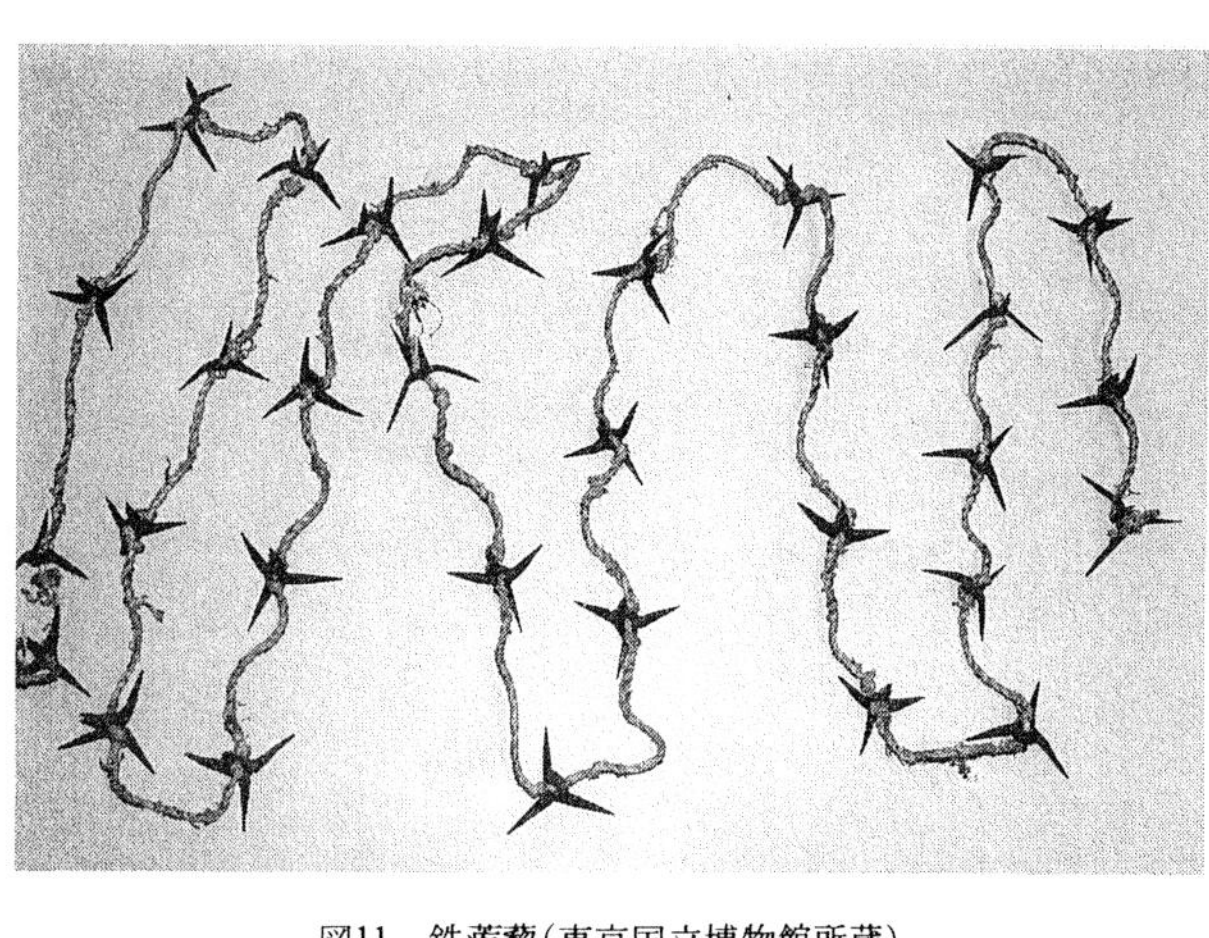

図11　鉄蒺藜（東京国立博物館所蔵）

図12　鉄蒺藜（東京国立博物館所蔵）

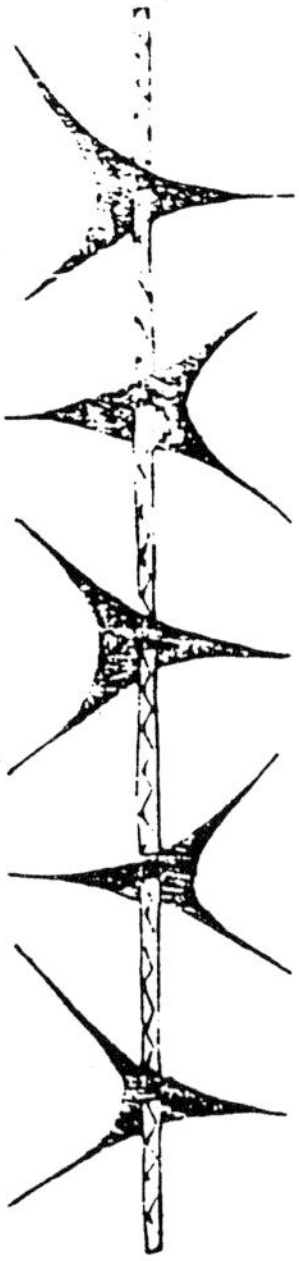

図13　鉄蒺藜「武備志」所収

べている。すなわち、沈澮は沿江に使用する菱鉄の便否を知らないが、節度使の啓が事実ならば、備鉄の難から設けるべきではないと主張し、また尹弼商は各鎮の江灘は七十七箇所におよび、すべてに菱鉄を設置すれば民功が甚だ重く、必ず民の労になり有害である。李克培は江灘に菱鉄を設けることは辛柱の言によれば実施は難しい。江灘は永安・平安道だけに限らないから鉄物の難は明瞭である。諸臣の意見の大勢は、戦闘の効果からではなく、国内にある多くの江灘に敷設できるだけの鉄蒺藜は多造できないという材料の不足によるものである。

なお、中国の鉄蒺藜の沿革を簡単に述べておきたい。

すでに鉄蒺藜の名は「唐六典」の注に「漢書錯上疏云、磊石渠答、注云、渠答鉄蒺梨（藜）也、至随煬帝征遼、布鉄菱於地、亦其類也」とみえ、[21] また宋史巻三百十四韓世忠伝に「世忠将所部、追撃至緇河、兵不満千、分四隊、布鉄蒺藜、自塞帰路、令曰、進則勝退則死、走者令後隊剿殺」とみえる。[22]「唐六典」と「宋史」の記事から、この守城具が漢・唐・宋の時代にかけて盛行したことが知れる。

「世宗実録」によれば、鉄蒺藜が中国から朝鮮王朝に移入されたのは、世宗王十二年（一四二九）六月である。中国では明代の宣宗宣徳帝の四年にあたる。古代から用いられた鉄蒺藜が明代にも存在したことは茅元儀の「武備志」に明らかである。[23]

蒺藜縄連、利於収起毎一小尺一箇、毎一歩五箇、用縄串入蒺藜心中而出、毎一小隊前面、開花五層、毎隊其計十五根、附帯鎗牌之上以行、

第三節　車戦の活用

世宗二十五年（一四四二）正月、咸吉道都節制使金孝誠は車戦の利を次のように主張した。[24]

伝旨、咸吉道都節制使金孝誠曰、卿曽条陳車戦之利、然国家本不用此法、中国之人亦廃而不行久矣、載稽前古晋景公時、晋師従斉師入自兵与斉侯使賓、媚人致賂晋人、不可曰、必以粛同叔子為質、而使斉之封内尽東其畝対曰、先王彊理天下物土之宜而、布其利、故詩曰、我彊我理南東其畝、今吾子彊理諸侯而曰、尽東其畝而巳、唯吾子戎車是利至唐房与安禄山戦、於陳涛斜用春秋車戦之法、以車二千乗繚営騎歩夾之、既戦賊順風、揚塵鼓譟、牛皆震駭為賊所殺傷者四万余人、房琯逐以為用車、不若用人与騎之為愈以、此観之雖畎畝横路車不得行明矣、夫以中原平衍之野、而房琯尚取敗貽笑後世、亦已然之明験、況我国山川高険、道路阻隔、安能用車戦之法乎、五鎮城底雖有一二里平易之地、然其間、豈無丘陵谿壑　畎畝崎嶇之処乎、車戦之法不可行也、審矣、若両敵相対以礼相戦、

則以車為戦、猶云可矣、今此野人之為戦、雲合鳥散軽進易退、其来其去莫得知之、又安能用車而戦、以制其徒乎、借曰、賊若或聚兵圍城、或行兵掠吾閭里奪吾牛馬、当此之機、我出兵車以截賊陣、使賊力分、又出奇兵左右夾攻、則賊可勦滅、而威可振矣、此非車戦之利乎、然当賊圍城之時、雖欲出車、以截賊陣我車、則重而難行、彼騎則軽而快行、彼以軽騎、更出奮撃、我以重車、其可乗機、応変陥陣、於倉卒之際乎、或先、或後、牛不如心一進一退、車不能及其為賊之所襲不言而可知矣、或者曰、車戦之法、雖若難行、然彼賊出来、陜隘之路用車作陣、以厳兵勢、当賊之来、或出騎兵、或放火砲、摧折其鋒遮其来路、則可除賊人入侵之害、而豈無所利乎、或者之説似乎、近理然、彼賊往来無常道路、亦非一二、安能長設兵車於不一之賊路乎、賊来之時、雖曰預知、又安能及期設車以搤賊人之来路乎、儻或及期設車於賊来之路、賊以軽騎或上下山坂以壓之、或横出経路以挟之、則以我駕牛之車、其可及期応変乎、反覆籌之車戦之法、不特難行、反有害焉、卿何以謂之可行也、其便否利害、更加紬繹・商確以啓、姑停兵車之造、

すなわち、金孝誠は晋や唐の車戦を論じ、我が王朝でも車戦を活用すべきを主張した。ほんらい車戦は中国のような平原の多い国で用いるのが常であった。したがって朝鮮半島のように山川高険にして道路が阻隔の地勢での利用は難しかった。そこで金孝誠は五鎮城下には平地が無いわけでないから、車戦を有効に用いれば野人との戦いに利があると主張したのである。しかし文末の「卿何以謂之可行也、其便否利害、更加紬繹・商確以啓、姑停兵車之造」とあって、車戦は便否利害をさらに検討する必要があり、兵車の製造をひとまず停止させた。

しかし翌二月、金孝誠は次のような馳啓をだし、古代中国の車戦の事例をあげ、車戦の活用を再度説いた。(25)

咸吉道都節制使金孝誠馳啓、臣伏観内教、　聖訓昭明無復可言、然臣承命、不可不言車戦之法、大概載在前啓、臣謂自古浴革固不倅也、本国雖不用此法、中国之人亦廃而不行、当今新邑備禦之策、莫若車戦之為愈也、野人雑

処変在朝夕、南北風土各異、自南入居之民、馬匹生病比比有之人多馬少、徒以馬兵分処守禦、則兵必寡矣、兼以歩卒乗車用之、則兵必多矣、此新邑所以用車戦之大要也、無馬新徒之民、勒令備馬往往逃避者、亦或有之、如此之弊、亦不可不救、此用車而恤民之大節也、唐房琯与安禄山合戦之時、牛皆震駭取敗貽笑、臣所未詳、恐房琯素不馴牛之所致也、如以房琯取敗為咎、而不行車戦之法、則然矣、凡両敵捨車、全以騎歩合歩戦而、亦無両勝両敗之理也、其取敗之後、不用騎歩之兵乎、然則兵家勝敗、非特器械之致、然乃将之明不明也、我国山川高険道路阻隔、安能用車戦之法乎、此非所啓之本意也、臣再行新邑其地、近於賊穴、遠於救兵、故欲於新邑城外平易之地、用車戦之法、以安新徒之民、漸除南道赴防軍士而已、不欲長駆、於高険之処也、又太公兵法曰、凡車之死地有十、其勝地有八、将明十害八勝、敵雖圍周千乗万騎、前駆旁騎万全必勝、其十害之中、山川高険歴歴、可考晋馬隆之討涼州也、作偏箱車転戦千里、逐以克敵、其千里之内、豈無畎畝崎嶇之処之乎、五鎮城底、雖有一、二里平易之地、然其間、豈無丘陵谿壑　畎畝崎嶇之処乎、臣畝謂五鎮居民、常用車子、今小兵車、独不行於其間哉、今此野人之為戦、雲合鳥散、臣畝謂、雖野人長於馬利乎、速戦焉、能飛去乎、故臣以戦車、欲補騎歩之兵也、或先、或後、牛不如心一進一退、車不能及其為賊之所襲、不言而可知矣、臣竊聞為将之道、貴夫知、彼知已慮善、以動又聞賊術、若其勢弱、則必依木石務、於逃北人、先依木石、則彼必避而去之、安能襲、我倶載王兵之車乎、有可為之勢、戦車与防牌騎兵相為表裏撃、如雷霆、則将可擒、奚仮襲我車乎、賊来之時、雖曰預知、又安能及期設車、以搤賊人之来路乎、倘或及期設車於賊来之路、賊以軽騎、或上下山坂以壓之、或横出経路以夾之、以我雍容駕牛之車、其可及期応変乎、臣聞歩貴知変動、騎貴知別径奇道、車貴知地形、三軍同名而異用也、今何以戦車、対賊之軽騎横出経路乎、用車必於地形、臨時布置兼用騎歩之兵、何患応変之難乎、賊若蕩蕩無慮上下坂、則前後不相続破之必矣、書曰、民惟邦本本固邦寧、臣推此義、以謂民惟新邑之本本固新邑寧故、新邑備辺尤不可不厳也、臣

以此為車戦之法為可行下兵曹、

金孝誠ははじめの部分で、なぜ車戦の法を主張するかを述べている。すなわち、近頃の新邑の備禦の策は車戦に限る。野人は雑居して変は朝夕ある。南北の風土が異なるため、南からの居民の馬は病を生じていて、人は多いが馬が少ない。いたずらに馬兵をもって分処して守禦すれば、必ず兵が少ない。したがって歩卒を乗車させて兵車を用いれば、必ず兵は多い。これが新邑で車戦を用いる大要である。新徒の民に無理に馬を備えさせれば、往々にして逃避してしまうが、このような弊も車戦を用いれば救うことができる。

以下は前啓と同様、安禄山と唐房琯の戦いの故事を、さらに朝鮮王朝で車戦を実施する場合の方法を「大公六韜」「兵濬大学衍義補」の記事を引用して述べている。すなわち、我が国は山川高険にして、道路が阻隔なので車戦の法は活用できないが、新邑の地は賊穴に近く、救兵には遠い。そこで新邑城下の平易な地で車戦の法を用いようと思うのである。「大公六韜」には車戦の死地十、勝地八を上げている。この十害八勝が明白ならば、敵が周囲を千乗の車と万騎で包囲しても、必ず勝てる。十害のなかには山川高険があるのははっきりしている。晋の馬隆が涼州を討った時に、偏箱車を作って千里を転戦して、ついに敵に克ったが、千里の内に畎畝崎嶇の地がないわけではない。五鎮の居民は車子を常用するが、いま小兵車は行なわれていない。以下、野人の戦いで、どのように小兵車を使えばよいのか、その戦法を細かに述べているが、主張の骨子は晋の馬隆の車戦の法にあったことは否めない。

「兵濬大学衍義補」によると、李靖は晋の馬隆は古法に通暁していると述べ、馬隆使用の偏箱車をつぎのように解釈している。(26)

惟晋馬隆所謂偏箱車、地広則鹿角車営、路狭則為木屋施於車上、且戦且前、所謂鹿角車営者、以車為営、而人居其中、架鎗刀於車上如鹿角然也、今其制雖不可考、然自古車皆有両箱、而此車独以偏箱名、則其偏為一箱、可以意推矣、蓋大箱者大車也、一箱者小車也、惟其車之小故、可行於狭隘之地、而且戦且前焉、臣観今世有独輪車、民間用以般運者、一夫推之而或用一二人、以前挽似、亦可以為戦具、

李靖は民間で用いる小車を戦具として活用すると述べているが、金孝誠は五鎮の民間で常用する小車を兵車にすると述べている。金孝誠の車戦の法は、晋の馬隆の故事によると同時に、李靖の説にも依拠していたのである。

金孝誠の車戦の法については、世宗二十五年（一四四三）二月、兵曹で次の議論があった。[27]

伝旨、咸吉道都節制使金孝誠車戦之法、可行之意、今更陳達、即下政府兵曹議之、皆曰、車戦難行之目、魯已献議、且内伝詰問之辞、備悉無遺孝誠回啓、小用騎兵意、雖若可取然出人不意突入、作賊野人常事、以車応変似乎迂遠、僉議、如此車戦之法、姑令停止之、

兵曹は野人の奇襲は常時のことであり、一々車で変に応ずるのは難しいとして、金孝誠の車戦の法を退けた。彼の主張は一理はあるものの、その依拠するところは中国の兵家の説の敷衍しただけで、朝鮮王朝の現実を無視した感がある。

ところが、それからほどない文宗即位年（一四五〇）七月、金孝誠と同じ主張が繰返されている。[28]

一、兵法曰、用衆者務易、用少者務隘、此我国家之利也、然平安一道、兵食甚寡、徴兵、諸道以待之、彼雖百万無益於用、若援兵未合敵人、先至則須用奇兵乃可制矣、太公曰、車者軍之翼、所以陥堅陣要強敵遮走北也、李靖曰、偏箱鹿角兵之大要、一則前拒、一則治力、一則束部伍、以此観之、車戦之法、実為良策也、而我国乃山沢之邦、故自古以為車、不可用車法亡矣、然臣謂楚、雖山沢之国而猶用車法、則我国豈無用車之理乎、如其用之、則以偏箱鹿角為之、可容二十五人車士、則一乗前拒一隊、左右角二隊、各一人御車一人、甲士三人共七人、内銃筒軍一人、或歩卒多則共十人、駕牛二頭以為車法、若与敵相当、彼兵既衆必有圍、我之勢、則我以轅門堅陳以待之、

　如有可勝之勢、既令我軍十分為率六七分、為戦士陰用奇正之術、二三分為車、兵分拒三処、車隊多建旌旗、多鳴鼓角、則敵見其威儀之盛、必謂車士之古制、一乗用之、百五十人、少不下七十五人、莫不畏威、而反生狐疑、我乃治力之兵、或遮走北、或陥堅陣、則其為羽翼之利、可勝言哉、請令其道都節制使兼掌造車、

金孝誠が車戦の法を提唱して後、燕山君五年（一四九八）七月、今度は金応門という人物が小流馬を製作して進上した。尹弼商は彼が献じた木牛流馬之制は諸葛亮の後、その技術が伝わらず、世宗・世祖の聖世にも行なわれていない。だから今其制度を講究して製造することは難しい。金応門が小流馬を製造して進上したのだから、廃却せず試用して、詳細に調べてはどうかと述べた。諸臣は流馬を見て種々な意見をだした。すなわち、慎承善は流馬をみると古制に似ている。このように製作して試してみるのがよい。ただし我が国は山川が回互している中国の平原広野の地と同じではない。だから使用できない。また鄭文炯は木牛流馬の制は後世には行なわれていない。いま金応門が製造した体制は、詳細に過ぎて使用できるか定かではない。そこで米穀を積載して試してはどうか、さらに韓致亨は木牛流馬は古制の伝はある。

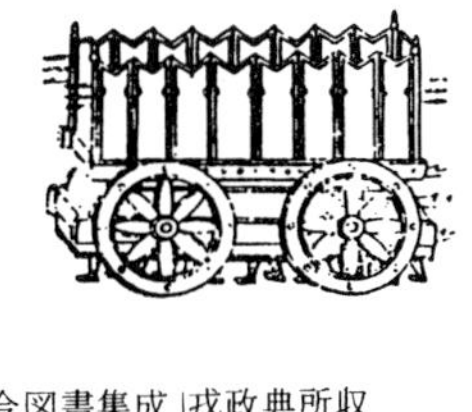

衝車図・伏郎機車図「古今図書集成」戎政典所収

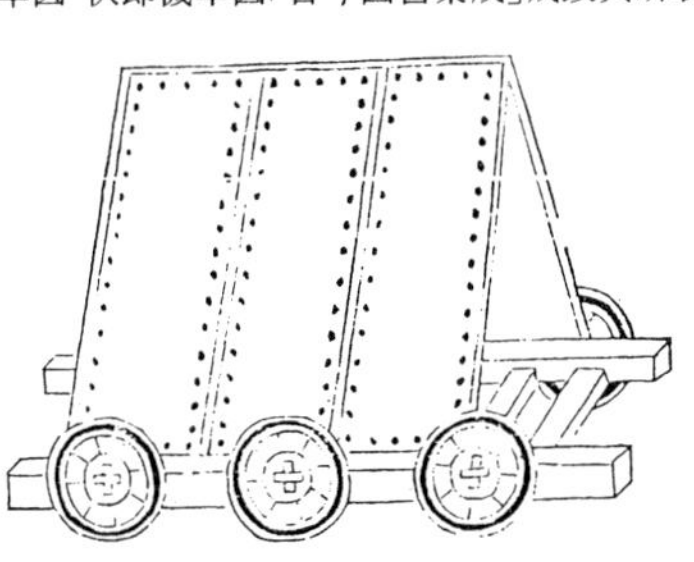

尖頭木馬盧「武備志」所収

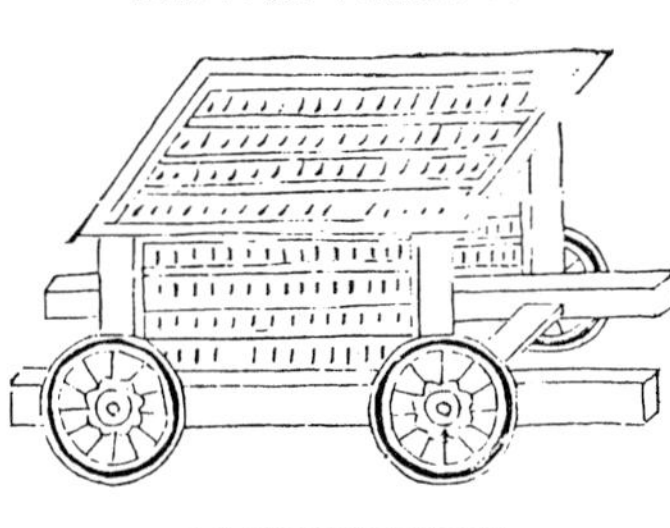

木牛車「武備志」所収

図14　各種車図

我が朝の世宗・世祖の治世に製造を試みたが、多造はしていない。

そのほか成俊・李克均・李季の諸臣は、金応門の進めた流馬の制は精巧には違いないが、引高推下の足の支えが弱いので遠行は難しいし、屈曲・周旋して険を渉ることはできない。この流馬の制は古人のそれと異なるから試験後、破棄すべきであると構造的欠陥を指摘している。(29) 以下、朴健・申浚・洪貴達・呂自新らの諸臣が意見を述べているが、金応門製造の小流馬の実用には消極的というより、むしろ否定的である。そしてその理由は中国と朝鮮半島の地勢の相違においている。

注

(1)「太宗実録」一－四三頁。
(2)「世宗実録」三－三七一頁。
(3)「成宗実録」一二－一六二頁。
(4)「成宗実録」八－四六一頁。
(5)「成宗実録」一一－五七三頁。
(6)「成宗実録」一一－五八三頁。
(7)「睿宗実録」八－三三八頁。
(8)「東国通鑑」松栢堂、明治十六年。
(9)「世祖実録」七－六四二頁。
(10)「世宗実録」三－三一七頁。
(11)「世宗実録」三－二四一頁。
(12)「中宗実録」一六－三二八頁。

(13)「中宗実録」一五―六九七頁。
(14)「中宗実録」一六―一二頁。
(15)「世宗実録」三―二一四頁。
(16)「世宗実録」四―八頁。
(17)「世宗実録」四―三五八頁。
(18)「成宗実録」一〇―一五八頁。
(19)「成宗実録」一〇―二五二頁。
(20)「成宗実録」一一―三七五頁。
(21)「武備志」華世出版社、一九八四年五月。『支那古器図攷』兵器編、原田淑人・駒井和愛編、東方文化学院東京研究所、一九三二年。
(22)『古今図書集成』戎政典車戦部陳夢雷編、鼎文書局、中華民国六十六年四月。
(23)「武備志」第九冊　軍資乗　営　営制　巻九十四（前掲）。
(24)「世宗実録」四―四五七頁。
(25)「世宗実録」四―四六一・四六二頁。
(26)『古今図書集成』戎政典車戦部（前掲）。
(27)「世宗実録」四―四六一・四六二頁。
(28)「文宗実録」六―二六〇頁。
(29)「燕山君日記」一三―三六六頁。

むすび

朝鮮王朝の成宗五年に編纂された「兵器図説」記載の兵器を手がかりに、朝鮮王朝前期の兵器の特長を論じた。「兵器図説」によると、この時期の王朝の主要兵器の弓は、幹に角を用い膠・漆・筋・糸を材料に製作された角弓である。複合弓の角弓は中国では古代から使用されてきた伝統的な武器であった。朝鮮王朝がこの角弓に深い関心を抱いたことは、太宗の命を受けた賀聖使の鄭矩が、明の洪武年間の建康作の角弓を入手したり、成宗年間には姜希孟が「周礼考工記」の弓の製作法の記述の解釈を儒官に質問している事実に明白である。すなわち、朝鮮王朝前期の角弓は中国の角弓を手本に製作されたのである。

角弓は六材を必要としたが、なかでも名称の由来ともなった角は貴重品であった。朝鮮王朝は牛角を国の宝とし、弓以外の使用に厳しい制限をくわえた。牛の生息が多くない王朝は多大な進物を明皇帝に献上して角を入手した。弓の製作法のみならず弓材の牛角まで王朝は中国に仰いでいたのである。牛馬の筋は弾力を増強するために使用されたが、一弓には牛馬三、四頭分の筋が必要であった。朝鮮王朝は半島各地に牧場を営んで牛馬を放牧して兵器の材料の確保を図ったが、牧草の不足や虎害によって牛馬は常に不足していた。

王朝の地誌「世宗地理志」「東国輿地志」「東国輿地勝覧」によると、弓材の弓幹桑は江原道の沿岸と平安道の一部に、樺皮は咸鏡道・慈江道に、魚膠は全羅南道・忠清南道・黄海南道・平安北道の沿岸部に産出した。中国では幹に竹を使用するが、東北の夷は竹が産出しないので桑木を幹とし、両弭にも桑木を使用し、東海では弓の接合に石首魚の魚膠を用いると「天工開物」は述べている。すなわち、弓は各地方の土産を有効に活用して製作されたのである。王朝の地誌によると、魚膠は黄海に面した海岸部に、それに対して桑木は日本海側の海岸部に分布し、そのほかの弓材も地域的なばらつきがある。王朝は弓材を土産しない地方の営・鎮には、海陸から弓材を運送して良弓多造策を進めた。

朝鮮王朝の貢物は太祖の初世、国家の財源をえるために制定され、一定不動が厳しく守られた。貢物の額は土地の産物と田結の広狭を基準にきめられ、邑の各官を単位に分定された。成宗年間の新貢案は角・魚膠・弓幹桑・牛馬の筋などの弓材確保の状況と民力の状態から額数通り兵器が製作されて、兵営と諸鎮に納入されたか疑問があるが、こうした多量な貢物(貢弓)の納入は欠陥軍器が製作される問題を生じた。

女直野人と境を接する咸吉道五鎮の貢物のひとつに貂鼠皮が定められていたが、成宗年間になると小動物の貂鼠は減少した。しかし貢物の一定不動の原則を遵守するため五鎮の居民は牛角・牛馬・鉄物を女直野人と交易して貂鼠皮を入手して貢物の納入をはたした。この結果、女直野人の兵器が骨角の鏃から鉄鏃へ、屈木の鐙から鉄鐙へと変容した。

王朝は文宗年間、三年から五年の期間をおいて木弓を鹿角弓に替える政策を実施した。幹に鹿角を代用するのが鹿角弓であるが、署雨に強いこと、北鮮の咸鏡道で土産する利点が鹿角弓にはあった。また中宗年間に高荊山が献上した竹弓は木弓に倍の威力をもち、角弓に多い雨に弱い欠点がなかった。この竹弓は軍器寺で多造されて兵士に佩用させたという。

そして柳聃年が新様の弓の採用を兵曹に申請している。残角と木を貼付した新様の弓は、やはり角弓の欠点を補った。

その後、王朝では鹿角弓の製作を着実に進めた。「水牛角非本土所産、而造弓為重不可不備也」という現実がある角弓の製作には問題があった。王朝は水牛放養策によって牛角の確保を図ったが、気候風土からどれだけ成果があったか疑問である。この点から鹿角弓・竹弓・新様の弓は国内の材料で製作できる大きな利点があった。朝鮮王朝は中国から造弓法を学び、牛角を入手して角弓を製作しながら、そのいっぽうで風土に適合した弓の開発を積極的に進めたのである。

王朝の箭は木箭もあったが、竹箭が多かった。「東国輿地志」によると、箭竹の産出は江原道・忠清南道・全羅南・北道・慶尚南道・済州道の南鮮地方に限られている。王朝は箭竹の産出地に簿をおき、使用を一切禁止した。女直野人との係争地帯の北鮮は箭竹が必要であったが、咸鏡両道では箭竹が産出しない。そこで王朝は南鮮の産出地から箭竹を定期的に陸路と海路から北鮮に送り、守備を固めたのである。その後、王朝は箭竹の需要増大に応ずるために南鮮の産出地以外の地と箭竹不産の咸鏡道に栽培と移植を積極的に進めて成果をあげている。

とりわけ弓矢は王朝前期の兵器のなかでとくに重要であった。太祖の初世に講武の法が、そして太宗の初世には正式に武官登用試験の武科の法が設けられた。兵書講読と騎鎗、歩騎の弓射が課せられた。弓技は騎射と歩射、近射・中射・遠射の各種があり、他技に比較して得点が高かった。その後、歩騎射はただ規定の歩数をえれば良いのではなく、標的の内を通過すること、使用の箭は樸頭箭ではなく、木鏃の先端部に鉄を装置した鉄鏃とすること、さらに鉄鏃の寸法まで細かに定められた。このように弓射の規定が詳細になることは、より実戦的な弓射をめざしたためである。

朝鮮王朝の兵器は中国の影響を強く受けたが、刀剣は日本の影響が多大であった。倭刀は王朝初期の降倭の兵器献上や倭寇の捕獲兵器のなかにあり、また日鮮貿易や密貿易でも莫大な量が輸入された。王朝の刀剣に比較して倭刀が格段に鋭利であったからである。王朝は倭刀の製造にも強い関心を示した。成宗年間、倭刀の造法に通暁した豆老可文が職を授けられ、世宗年間には宜寧に居住する沈乙嘗が来日して刀剣の製造法を学び、倭人也馬沙其が軍器寺で倭刀の製造技術を教授しているのである。

文宗初世、環刀の寸法は一尺六寸七分であったが、現実には長短は区々であった。この時期、兵器の主体が弓矢にあって刀剣は二次的な存在の反映である。壬辰・丁酉の倭乱で倭刀と倭銃に苦戦した王朝は降倭からこのふたつの兵器の製作技術と用法を学習した。すでにこの時期、倭刀の影響を受けた王朝の刀剣は三、四尺に達していた。この事実は倭刀の影響である。

王朝前期、王朝は南方倭寇と北方女直の侵寇を防禦するために中国の兵器と戦法を研究した。弩・鉄蒺藜・車戦がそれである。「兵器図説」は弓矢・刀槍を説明するものの弩はない。弩の製造は世宗二十三年五月に朱天景が、成宗二十一年二月に李末が、成宗二十三年三月に李克均が、そして中宗十五年と同十六年三月に徐厚が携わり、おおよそ一世紀に及んだ。王朝は中国の弩を研究しながら製造したが、女直野人と倭寇との戦闘でどれだけ活用されたか疑問がある。繰返して製造されること自体、常用兵器にならなかった反映とみなせる。「兵器図説」に弩が記載されないのはこうした理由からと推測したい。

世宗十二年六月、朝鮮王朝は中国の結陣・守城具の鉄蒺藜を製造して各道に分送した。慶尚右道処置使李蔵石は鉄疾藜を海中に敷設して倭賊の侵入を阻止すると説き、平安道節度使沈翰は鴨緑江で菱鉄を試用し、女直野人の渡河を防ごうとした。中国の鉄疾藜は倭寇と女直野人の防禦を目的に移入されたのである。しかし王朝前期においては鉄疾藜は南と北で敷設の場所が過多であること、鉄の備蓄がないことを理由に定着していない。

世宗末年、咸吉道節制使金孝誠は車戦を駆使すれば、女直野人との戦いに利があると力説した。彼の根拠は中国の故事、すなわち、李靖が民間の小車を、また晋の馬隆が偏箱車を使った故事に由来しているが、ほんらい車戦は中国のような平原地帯でこそ活用されるものであり、山河高険に富む朝鮮半島の地勢での活用は難しかった。中国の兵家の説を敷衍しただけの金孝誠の主張は実行されなかった。

第二編　鉄炮伝来と火器の普及

はじめに―鉄炮史研究の整理と本編の意図―

（一）　鉄炮伝来論争

日本の歴史学は政治・経済・社会・文化などの諸事象を対象として研究が進められ、現在も精緻な研究は継続されている。ところが、本編で問題とする中世末期から近世初頭の鉄炮をふくめた火器、広くいえば武器・武具の問題については関説されても、いまだに体系的研究をみないのが実情である。そこではじめに鉄炮史研究の歩みを概観して問題点を指摘しておきたい。

鉄炮に関する早期の論文は坪井九馬三氏の「鉄砲伝來考」（『史学雑誌』第三巻第二七号・明治二十五年）であるが、本論考は「鉄砲記」を根拠に日本に鉄炮が伝えられたのは天文十二年とした。この坪井説に対して長沼賢海氏は「鐵炮の伝来」（『歴史地理』第二三巻第六号、大正二年十一月）、「鐵炮の傳來（補遺）」（『歴史地理』第二四巻第二号・同四号、大正三年）、「鐵炮の傳來に就て」（『史淵』第一号、昭和四年）の数編の論文において鉄炮は天文十二年以前に伝来したと断定された。長沼賢海氏の最新の説は昭和四年の『史淵』誌上の論文である。長沼賢海氏は昭和元年十二月、広島県尾道市の渋谷新右衛門氏宅を皮切りに、その後、各地で銅製の鉄炮を発見した。同氏はこれらの実物資料は鉄炮が種子島に伝来する以前、日本にもたらされた古い形式の鉄炮とみなし、以下の論証を展開された。

すなわち、二章では、朝鮮王朝時代初期の火炮の沿革を述べ、朝鮮王朝と倭寇の関係から、日本人が朝鮮王朝の開発した火炮を傍観していたはずはないとし、三章では、日本と琉球は当時、親密な関係にあったこと、そして四章では、日本がシナ江南や南蛮諸国、朝鮮や北シナと交通があり、天文以前、日本には中国か朝鮮王朝の鉄炮が伝わる国際環境があったとしたのである。

五章以下は、収集した鉄炮を三種に分類し、個々の所蔵と法量、銘文があれば、それを記している。つづく六章では、三種にわけた形式の火器を説明し、さらに七章では収集した鉄炮の来歴、八章では収集した鉄炮の製造地、九章では、渋谷氏所蔵の鉄炮の由緒にふれている。当時としては注目すべき新説であるが、長沼説は疑問が多い。

昭和八年、有馬成甫氏は「鐵炮傳來説の検討」(『史学』第一二巻第二号)を著した。昨今、鉄炮伝来に関して多くの雑説が唱えられているから、本稿を執筆したと有馬成甫氏は動機を述べ、最初に「鉄炮記」と「ガルワノの記録」の説が正しいと決めた上で、異説としてつぎの五つを列挙された。

すなわち、第一は外国側文献の異説で、ピントの「極東遊記」は年代に齟齬があったり、内容が当時の風習に合わなく、荒唐無稽の記事が目立ち信憑性が薄いというのである。第二は日本の文献、とくに後世に著された砲術秘伝書の類が記す鉄炮伝来の記述は、すべて虚構とした。そして第三は、さきの長沼賢海氏の昭和四年の『史淵』誌上の「鐵炮傳來に就いて」の説であり、第四は宣教師シヤヴィエルと鉄炮を結びつける説、第五は大友宗麟と鉄炮の関係を説くものである。

このうち外国側の文献と江戸時代砲術秘伝書の類は史料的価値の問題だから、研究史の上から問題とすべきは、すなわち、異説の三つ目にあげられた長沼説に対する批判の内容である。有馬成甫氏が長沼説を雑説とした理由をつぎに述べよう。

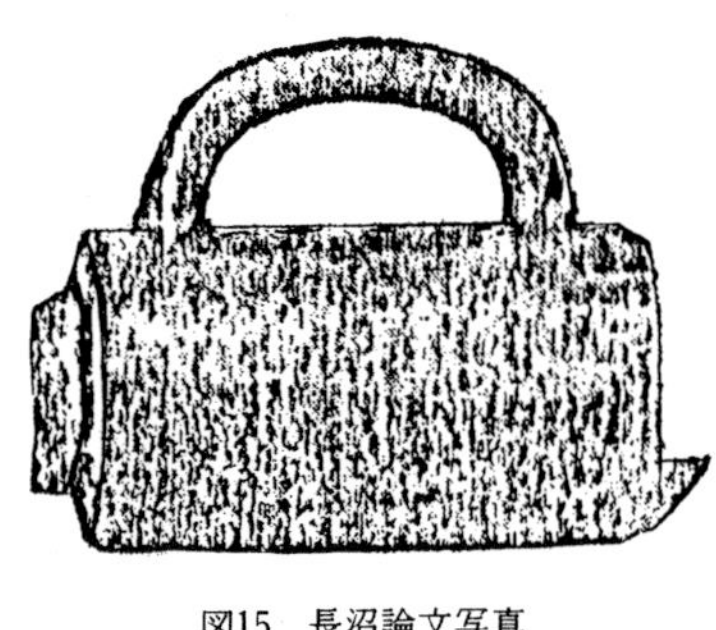
図15　長沼論文写真

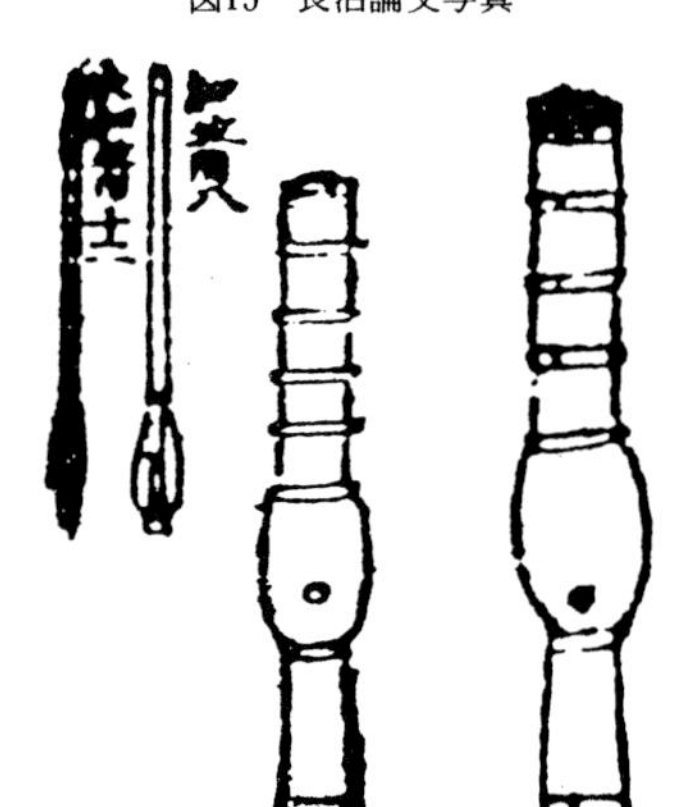
図16　八箭銃筒·四箭銃筒
「兵器図説」宗家文庫本所収

實際支那には文獻に依るも實物に依るも宋元時代より火炮があり且其一種は文永十一年に蒙古軍が携行して博多の戰場では之を使用して居る。然し乍ら、それらの火器がその後天文十二年以前に我國に傳はつたといふことは文獻に之を見ることが出來ない。若し傳來したとすればこの著しき事實に關して何等かの記録が皆無であるとは考へられないのである。

尚支那には銅製の手銃があつた。余の所藏するものにも洪武十年（天授三年一三七七）に造られたものがある。此制は朝鮮に傳はり柳成龍の所謂勝字銃として用ひられて居つたことは疑ひないことである然し乍ら支那に在り、朝鮮に存在して居つたからといつて單に其のみの史實を以て直に我國にも傳來したであらうと云ふ長沼博士の憶斷には同意を表することは出來ないのである。

現在朝鮮と我國との交通が非常に便利であるとの概念を以て五百餘年前の日韓交通の狀態を盲斷することは危險なことである。（中略）長沼博士の鐵炮傳來に關する所見は一の憶測に過ぎざるものと思考せざるを得ない。

ともすれば現在でも長沼賢海氏と同じ説が、あたかも新説のように主張されることがあるので、筆者の批判をつけ足して、この説が成立しえないこと再確認しておきたい。

まず、長沼賢海氏は三種にわけた鉄炮の形式を説明して、第一種の砲を臼砲としたが（図15）、これは十六世紀なかばヨーロッパから極東にもたらされた仏郎機砲の子砲であって臼砲ではない。また長沼賢海氏は収集した砲をすべて鉄炮と呼称しているが、朝鮮王朝初期の火器の実態は、成宗五年に編纂された「兵器図説」に詳しく、それによればこれらは銃筒と称する火器なのである（図16）。

さらに長沼賢海氏は日本と朝鮮王朝との交通事情から彼の国の武器が日本に流入したと主張するが、この時期の朝鮮王朝は日本人から火器の製造について知恵を借りていたり、また朝鮮王朝の武器管理は厳重を極めており、簡単に武器が他国に流入したとは考えにくい。すでにこの点は有馬成甫氏の指摘があるが、尾道の渋谷家所蔵の火砲は朝鮮王朝の銃筒であり、渋谷氏が同砲を所持しているのは主家毛利氏とともに文禄・慶長の戦いに従軍した関係からである。

（二）　水掛け論の様相

その後、有坂紹蔵氏が「鉄炮伝来に就て」（『軍事史研究』第一巻四号）と『兵器考』（雄山閣・全四巻、古代篇・近代篇・砲熕篇一般部・砲熕篇海軍砲熕部及小銃）の砲熕篇の附録において「鐵炮傳來に就て」（昭和十一年）を著した。本論考の説は、鉄炮伝来は天文十二年が最初でないとする長沼説と同じである。有坂氏の主張は、天文以前の記録類に鉄炮の用語があること、中国には原始的な小銃があったこと、天文以前、中国人を含めた外国人の日本への来航が相次いだから、中国の鉄炮が伝来していたとしたのである。有坂説が成立しえないことは、有馬成甫氏と筆者の長沼説に対する批判に明白である。

昭和十三年二月、渡辺世祐氏は『大日本戦史』のなかで「鉄炮利用の新戦術と長篠戦争」を著した。甲斐武田氏が織田信長の鉄炮隊の前に惨敗したのは、武田氏の鉄炮に対する認識の欠如が原因であるとした。結論の諸否はともかく鉄炮に関する記述は、長篠合戦に至る経緯、武田信玄没後の織田信長・徳川家康の動向を述べたあとに、「武器としての鉄炮の利用」と「鉄炮利用の新戦術」の二節で論及している。前者は『鉄砲記』『国友鉄砲記』「国友文書」から鉄炮の伝播、中国と近畿と東国地方における鉄炮普及の状況を説き、「東国の方は武器としての鉄炮の使用ということが非常に晩れて居るといわなければならぬ」と、東国への鉄炮の普及の遅れを指摘している。そして後者では長篠合戦前後における武田氏と織田・徳川両氏の鉄炮にたいする態度を論じている。

渡辺世祐氏の論文は一部に俗書の引用があるものの、所論の展開は極めて説得的であり、鉄炮の歴史的意義を考える場合一読すべき好論である。

なお、昭和三十年に渡辺世祐氏の論文「鉄炮利用の新戦術と長篠戦争」は『国史論叢』（文雅堂）に再録されている。

このように戦前の鉄炮に関する論考といえば、ほとんどが鉄炮伝来の問題に集中しているが、いずれの論考も「鉄砲記」や外国側の文献の内容と史料的価値の度合いを論じ、それらの限られた史料の解釈に終始している傾向がみられ、結論の出ない水掛論の様相を呈している。

それにも関わらず、その後の研究論考においてもこうした傾向が著しい。たとえば、有馬成甫氏が昭和三十七年に著した『火炮の起源とその伝流』（吉川弘文館）の第七章の西洋火器の伝流のなかで、同氏は鉄炮伝来についてつぎの論を展開されているのである。

鉄炮伝来は重要な文化史的意義があり、日本人が伝来直後、すぐに鉄炮を製造したことは驚嘆に値する。鉄炮伝来を伝える史料は、「種子島家譜」「鉄炮記」「ガルワノ著新旧発見年代記」「ピントの遍歴記」の四点があるが、「種子島家譜」は正確な記録であるが、記事が簡単で伝来の詳しい事情は不明とせざるをえないから、南浦文之が種子島家譜や口碑、記録等の確実な史料によって編纂した「鉄炮記」が、もっとも信頼にたる記録である。外国側の史料は記述が疎略で信頼度は「鉄炮記」に比較すれば遙かに落ちる。したがって「鉄炮記」の記事から鉄炮伝来は天文一二年とみなすべきである。

ところが、有馬成甫氏は「鉄炮記」が種子島家譜や口碑、記録等の確実な史料によって編纂されたと説明されているが、肝心な論証を省いている。

なお、有馬氏は本章において伝来後の鉄炮普及を種子島鉄炮鍛冶・根来寺と鉄炮・堺鉄炮鍛冶・国友鉄炮鍛冶・鳥銃の伝流の各節にわけて論及している。

有馬成甫氏の『火炮の起源とその伝流』は自序によると「本論文はこのような、十六世紀以後における世界文化史の基調をなしている。政治・経済・民族的格差の根本原因となった火炮の起源を明らかにし、その初期における発達と伝流とまたその間に起こった民族の興亡、社会の変化等を叙述したものである」という。参考のために本書の構成をあげておこう。

第一章、火薬発明以前、第二章、初期の火薬兵器、第三章、中国の近代火器、第四章、朝鮮への伝流、第五章、東洋火器のヨーロッパへの伝流、第六章、ヨーロッパにおける火器発達の文化史的意義、第七章、西洋火器の伝流、第八章、火器起原論弁妄、

(三) 実物資料の検討

洞富雄氏は昭和三十四年に『鉄炮伝来とその影響—種子島銃増補版—』(淡路書房)を著した。本書は火炮の問題を

つぎのように広範に論じている。

まず、第一章、ムスケット銃の伝来とその急速なる普及、第二章、封建制統一国家の成立と鉄炮、第三章、江戸時代の鉄炮、の三章からなり、さらに第一章は、第一節、中国伝来の原始的手銃、第二節、ムスケット銃の伝来と製銃法の伝習、第三節、日本式鳥銃（種子島銃）と中国旧式鳥銃の製作技術上の相違［中国の鳥銃は日本から伝えられたとする説の検討］、第四節、初期における鉄炮および弾薬の輸入、第五節、製銃法の急速なる国内伝播、第六節、戦国末期における製銃技術の飛躍的進歩。

また第二章は、第一節、初期における鉄炮使用の戦争、第二節、長篠の役―鉄炮隊と騎馬隊の決戦、第三節、近世的歩兵戦術の発達、並びに築城術・造艦術の革新、大砲の創製、第四節、政治上の支配・隷属関係におよぼした鉄炮の影響。

そして第三章では、第一節、小銃の進歩、第二節、家康と大砲、第三節、平戸における英蘭人の鋳砲事業、第四節、重砲製造技術の進歩、第五節、臼砲術の伝来、第六節、砲架の完成、第七節、国友および堺の鉄炮鍛冶、第八節、幕末における銃砲発射機構の進歩。

最後に附録として「鉄炮記」と「国友鉄炮記」の全文を掲載し、本文中には鉄炮を具体的に理解できるように百六点にも及ぶ多数の写真図版が所収されている。

本書の鉄炮伝来説は長沼説が採られており、この点は肯首できない。また引用史料のなかには、歴史の史料とするには問題のある俗書類があり、各論は説得的であっても鉄炮の歴史を体系的に考えると、やや全体の所論に一貫性を欠くきらいがあるものの、本書には鉄炮に関する基本史料が網羅されており、銃砲史料集としての利点がある。

洞富雄氏と渡辺世祐氏の論考は歴史学の成果であるが、この時期から銃砲史の専門家の論考が見られはじめた。昭和三十九年と昭和四十七年の所荘吉氏の『火縄銃』（雄山閣）と『図解古銃事典』（雄山閣）である。前者の『火縄銃』は第一章、火炮の起源、第二章、鉄炮の伝来、第三章、火縄銃、第四章、撃発機構の進歩、第五章、砲熕、附録大小御鉄炮張立製作法、の各章から、後者の『図解古銃事典』は『火縄銃』の増訂版であるが、本書は数多くの図版を用いて、鉄炮の構造、発射機構、時代による銃砲の発達など、文献史料では明確にできない火器の具体相が理解できる。とりわけ古銃の種類と見どころの前装滑腔銃の時代区分では、火縄銃を形態から、三期に分けて写真を用いて説いているのは火縄銃の歴史的変遷を考える上で示唆をえるところが少なくない。

なお、所荘吉氏には、日本に伝えられた鉄炮は形態からヨーロッパではなく、東南アジアのマラッカ地方で使用されていた火縄銃とした論考と、天文以前、日本に鉄炮が伝来していたかどうかを考察した論文がある（「種子島伝来銃についての考察」『銃砲史研究』一号、「天文以前における鉄炮伝来の実否について」『銃砲史研究』六十六号）。この間、昭和四十五年に奥村正二氏が『火縄銃から黒船まで』（岩波新書・七五〇）を著している。和船・鉱山・カラクリ・火縄銃の四つのテーマを選んで江戸時代の技術史を概観したもので鉄炮の研究書ではない。奥村正二氏の参考文献は、有馬成甫氏の『火砲の起源とその伝流』と洞富雄氏の『鉄炮伝来とその影響─種子島銃増補版─』、それに所荘吉氏の『火縄銃』などであるが、火縄銃の章では「鉄砲伝来と普及の影響」「鉄砲・大砲・火薬の科学」「幕末における内外水準の比較」の三章構成となっている。筆者としては『鉄炮記』の無批判の引用、鉄炮の普及が武具と城郭の在り方を一変させたと書いているが、武具の当世具足に対する理解と鉄炮の普及による城郭の変容を説いている部分はやや曖昧である。とくに奥村正二氏が、文禄の役において日本軍は大量の鉄炮を装備したものの、大砲は所持していないと書いているが、この戦いに備えて豊臣秀吉が播州鋳物師を動員して大砲を鋳造している事実があるから、これは歴史事実の誤解である。奥村正二氏は武器の歴史を専門に研究していないためにこうした誤解を犯したと思うが、それはそれとして鉄炮が日本の技術史を考える素材となることを指摘した点は評価されてよい。

昭和四十六年、岩崎正純氏は「鋳物師山田次郎左衛門—その仕事と役割について—」（『小田原地方史研究』三号）のなかで、後北条氏治下の鋳物師を武器製造との関わりで言及し、後北条氏の実戦における鉄炮使用の時期を元亀・天正の時期とし、渡辺世祐氏の見解を実証している。

昭和五十二年、福川一徳氏は「豊後大友氏と鉄炮について」の論文を『日本歴史』（第三五三号）に発表し、大友氏の領国豊後における鉄炮・大砲・鉄炮鍛冶・硝石の在り方の四点を考察した。福川氏は鉄炮の伝来について、種子島ルート以外に豊後・肥前・薩摩のルートがあったとし、豊後の鉄炮は、大分県速見郡日出の伊東鍛冶の伝承に、祖の祐益が天文十五年、種子島に渡海して製作技術を伝習して、弘治二年に帰国して大友義鎮に仕えたと紹介し、豊後において鉄炮が造られる時期は永禄元年頃とした。この当時、室町将軍家は鉄炮の技術センター的役割を果たしたとも説明している。

そして大砲については大友氏が将軍家に贈った石火矢のことを述べ、天正三年五月の戸次道雪の譲状に「大鉄炮十五張」と並記されている「小筒一張」は、天正六年にオルガンチノが豊後の王は数門の小砲を鋳造したそれとみなしている。鉄炮鍛冶については豊後が日本刀の生産地だから鉄炮の製造が可能とし、最後に大友氏の硝石入手にふれている。

鉄炮伝来はもとより火器一般に関する現存史料はそれほど多くはない。そのために福川一徳氏はあらゆる史料を活用して主題に迫ろうとしているものの、やはり引用史料に問題がある。また室町将軍家を鉄炮の技術センターと名付けている点も理解しにくい。さらに天正三年五月の戸次道雪の譲状に記載されている「小筒一張」を、天正六年のオルガンチノが豊後の王は数門の小砲を鋳造したとされるのは、いささか飛躍といわざるをえない。ここにいう小筒は口径の小さな火縄式の鉄炮のことを指したとみるべきである。一緒に書かれている鉄炮が「大鉄炮」とあることからもそう考えた方が妥当なのである。

福川一徳氏は豊後の鉄炮製造は刀鍛冶の存在があったからとしている。鉄炮伝来後各地で鉄炮が製造されるようになった背景には、刀鍛冶の技術が前提にあったとする見方は多い。日本刀の鍛造法は鉄に含有されている炭素分をよく除去して、心鉄を造り、それを鋼の皮鉄で覆う二重構造に仕上げられるのがふつうである。ところが、銃身のばあいは、板金を接合するだけのウドン張にしろ、板金を接合した上にやはり板金を巻く葛巻にしろ、二重構造にする必要はなく、鉄板を接合して筒を造ればよいのであり、野鍛冶の技術でも製造は可能である。もし刀鍛冶が鉄炮の製造に密接していたのならば、鉄炮と刀の生産地は一致してよいし、日本刀の製造技術がなければ鉄炮が造れないとしたら、東南アジア、中国、朝鮮王朝では鉄炮が造れないことになるが、それらの地域には厳然として鉄炮が存在していた。まったく無関係とはいわないが、刀鍛冶と鉄炮を短絡して考えるのは問題があろう。

なお、福川一徳氏には大友氏の西洋火器移入の問題を取扱った「『国崩』伝来考」(『古文書研究』第一〇号)がある。昭和五十二年十一月、松平年一氏は自由斎流の砲術師奥弥兵衛と慶長年間、鉄炮の天下一と称された浅野幸長などの文書六通を『日本歴史』(三五四号)に紹介した(「自由斎流の鉄炮師奥弥兵衛」)。現在知られている鉄炮に関する史料は乏しい。それだけに慶長期の砲術盛行を知らせる鉄炮師奥弥兵衛の史料紹介は意義深い。

(四)『鉄炮を捨てた日本人』

なお、日本人の著作ではないが、最近、話題をさらったノエル・ペリン氏の『鉄炮を捨てた日本人』(紀伊國屋)(一九八四・川勝平太訳）（Giving Up the Gun–Japan,s Reversion to the Sword,1543–1879）がある。

本書は歴史の論文ではないので、あえてここで問題とするのは、やや場違いの感があるが、本書の記述の多くは有馬成甫氏『火炮の起源とその伝流』に依拠しており、また筆者の関心が日本を含めた東洋の火器一般にあるので、まったく無関係ともいえないので、感想程度にふれておきたい。

本書は、初めにと結びを除いて六話の章節からなり、およそ十六世紀半ばから十九世紀半ばの鉄炮に関する事柄を扱っている。まず筆者が気になる部分は、第一話の「そして十六世紀中頃には、鉄炮は「種子島」の名で日本中に知れわたった。のちに、その一般名称は「鉄炮」となった」とされるが、鉄炮は、伝来当初から鉄炮と呼称され、鉄放・手火矢・種子島筒など呼称が異なるばあいがある。鉄炮の呼称の違いがある意味、たとえば鉄炮伝来の経路や鉄炮普及の様態を反映しているとすれば、すべてを鉄炮の一語で片付けられないのであり、鉄炮の歴史の理解を妨げることになろう。

第三話　鉄炮の全盛時代のなかで、「特に日本兵にとって厳しくなったのは、朝鮮出兵二年目に朝鮮人部隊が自国製の火縄銃をもってたち現われるようになってからだ。その火縄銃というのは、朝鮮軍が分捕った若干の日本の鉄炮を朝鮮北部の鍛冶が模倣製作した朝鮮製のものであった」この事実は誤りではないが、以下の記述で氏はこの結果、あたかも朝鮮軍がこの戦いで日本軍を圧倒したとみなされているが、朝鮮王朝に日本の火縄銃が定着するのは、文禄・慶長の戦い以後、さらに時代がたってからであるから、この部分は正確にいえば誤解である。

第四話、日本はなぜ鉄炮を放棄したのか、氏は「朝鮮の役が終わった頃から、ヨーロッパは急速に火器を発達させたのに、なぜ日本は、火器から背をむけたのであろうか。」という問を設けて、以下五つの理由をあげている。すなわち、第一の理由は「日本には火器の統制がきかなくなつたこと、第二は地理的・政治的な理由、第三は日本刀に対する日本人の考え方、第四は西洋思想に対する日本人の態度、第五は美的感覚の問題をあげている。

筆者は本編で明らかにするように鉄炮が伝来して以後、近世初頭までにおける鉄炮の流れをおおよそつぎのように理解している。すなわち、鉄炮が日本に伝来してのち、戦国大名はこの新しい武器を合戦に使用した。その後、合戦の規模が大きくなるにつれて、鉄炮の使用は増大した。そして文祿・慶長の戦いでは、さらに莫大な量の鉄炮が使用され、豊臣秀吉没後の大坂の両度の合戦でも、それを遙かに上回る鉄炮が投入されている。この間、鉄炮の普及に呼応して大型火器の開発がはじめられ、さらに文禄・慶長の戦いでも、また大坂の陣においても大型火器が盛んに使用され、ついに徳川家康が放った大砲が豊臣政権の息の根を止めるまでになったのである。

また、著者は火器に背をむけた理由としてあげている第一の火器の統制がきかなくなったとされるのは、記述から文禄・慶長の戦い以後のことを指しているとおもうが、氏自身が第五話で引用している国友年寄中宛ての定書は徳川家康が近江の国友鍛治を支配下におき鉄炮の製造について統制していることを表わしている。また越後の上杉氏が盛んに火縄銃や大筒の火器を製造して徳川幕府の叱責を買っている事実も指摘できる。ノエル・ペリン氏は武士の人口の増大から統制が無理とされているようだが、統制の主体は政治支配者にあるとおもう。すでに火器の統制は、鉄炮伝来後、間もない時期から戦国大名の間でも実施されている。

本書においてノエル・ペリン氏は随所で鉄炮と刀は逆戻りしていると表現されている。象徴的な表現とはおもうが、鉄炮が流行している時期でも、武器としての日本刀は刀自身の変容を遂げており、鉄炮が伝来したことで刀の進歩がとまったわけではないから、鉄炮と刀を比較して逆戻りしているとされる主題の意図がわからない。

また鉄炮にしても日本に伝来して以後、江戸初期に至るまで発射機構の改良、大口径の鉄炮、さらに火薬の研究などが行なわれており、それなりの発達を遂げている。攻撃武器の点からいえば、鉄炮の普及によって衰退するのはおなじ飛び道具の弓矢であるから、刀との比較ではなく弓矢と鉄炮を比較すべきであろう。

訳者川勝平太氏のあとがきによれば「本書は過去の出来事の実証を目的としたものではない」とされている。著者自身のまえがきからも、それは読取れるから、そうであるに相違ない。しかし武器武具の研究を専門とする筆者の立場から発言させて頂くならば、だから鉄炮の歴史事実を誤解してよいはずはないとおもう。そうでなければ歴史ばなれの著作になってしまい、なんのために日本歴史における鉄炮を素材としたのか意味が不明となり、ほんとうの意味での日本史を学ぶことにはならないのではないだろうか。

ノエル・ペリン氏は本書を書くために、欧米と日本の学者の鉄炮に関する多くの研究成果を参考にしている。それでも記述に多少の誤解があることは、翻って考えれば、ノエル・ペリン氏の問題ではなく、いまだに鉄炮史の研究が体系化されていない現状に問題がある。いいかえれば、ノエル・ペリン氏の『鉄炮を捨てた日本人』は、はからずも日本における鉄炮史研究の低調さを反映しているのである。

（五）　広い視野から

明治時代から今日までの鉄炮史研究の動向を概観したが、研究の傾向はふたつに大別できる。すなわち、鉄炮伝来の問題と火器の個別研究とにである。そしてここで注目したいことは、研究の比重が前者からしだいに後者に移行している事実である。

周知のように戦国時代から近世初頭の歴史の概説書には、必ず鉄炮伝来と鉄炮の普及が説明されているが、それぞれの著者が依拠とするところは、既述の諸論考を恣意的に引用している場合が多く問題といわざるをえない。

いままでの鉄炮に関する論考のすべてがそうではないが、外国や日本における火器発達の歴史と武器としての鉄炮の理解が欠如している論考が意外に多い。こうした研究の状況はとりもなおさず日本歴史における鉄炮の研究、つまり武器の研究が体系的になされていない反映であるが、日本歴史のなかで鉄炮の意義を論ずる場合、少なくとも、以下の視点からの考察をなすべきである。すなわち、日本に伝来した鉄炮の形式は火縄式の鉄炮だから、外国と日本の火縄銃の比較、鉄炮製造の技術的問題、鉄炮をふくめた火器に関する古文書や記録などの文献史料の批判と活用、伝世ないし出土する鉄炮と関連品の実物資料の調査など、幅広い視野からの研究がなされなければならない。鉄炮、つまり火器の実際を知らずに、ただ記録や古文書の鉄炮の文字だけを取上げたり、また逆に物としての鉄炮のみを強調して文献史料を軽視して、中世末から近世初頭の日本の歴史に多大なインパクトをあたえた鉄炮の意義を論ずる、いわば小針棒大の研究方法は決して正しいとはいえない。

概説書のなかには、小銃の鉄炮が鋳造で造られていると書いたり、かつて長沼賢海氏が主張された説、すなわち、ポルトガル人が種子島に鉄炮を伝える以前、すでに日本には性能の悪い中国の原始的な手銃が伝えられていたという古色蒼然の説さえ横行している有様である。このように人口に膾炙している鉄炮伝来と鉄炮普及の実相は、必ずしもまだ歴史的に実証されたわけではなく、不明な点が少なくないのである。

あえて従来の歴史学の対象から外れた武器の問題といえば、や、大げさに過ぎるきらいがあるが、本編の目的は、中世末から近世初頭の歴史のなかで、間違いなく大きな役割を果した鉄炮の伝来と普及の実体をなるべく確実な史料に依拠して、解明することにある。

なお、いままで鉄砲の語が常用されているが、江戸時代以前の文献資料では鉄炮の字が用いられている。したがって正確にいえば鉄炮が正しい。したがって本書では鉄炮の語を用いている。

第一章　鉄炮伝来の再検討

第一節　鉄炮伝来の問題点

鉄炮は通説にしたがえば、天文十二年（一五四三）、ポルトガル人によって薩南の種子島に伝えられたとされている。この説の根拠は薩摩島津氏に仕えた大竜寺の禅僧南浦文之の著した「鉄砲記」に依拠していることはいうまでもあるまい。すなわち、同書は鉄炮伝来と全国への普及の経緯を以下のように記している。(1)

隅州之南、有一島、去州一十八里、名曰種子、我祖世世居焉、古来相伝、島名種子者、此島雖小、其居民庶而且富、譬如播種之下一種子、而生生無窮、是故名焉、先是天文癸卯秋八月二十五丁酉、我西村小浦、有一大船、不知自何国来、船客百余人、其形不類、其語不通、見者以為奇怪矣、其中有大明儒生一人、名五峯者、今不詳其姓字、時西村主宰有織部丞者頗解文字、偶遇五峯、以杖書於沙上云、船中之客、不知何国人也、何其形之異哉、五峯即書云、此是西南蛮種之賈胡也、粗雖知君臣之義、未知礼貌之在其中、是故、其飲也、杯飲而不杯、其食也、手食而不箸、徒知嗜欲之愜其情、不知文字之通其理也、所謂賈胡到一処輒止此其種也、以其所有易其所無而已、非可怪者矣、於是織部丞又書云、此去十又三里、有一津、津名赤尾木、我所由頼之宗子、世々所居之地也、津口有数千戸、戸富家昌、而南商北賈、往還如織、今雖繋船於此、不若要津之深、而且不漣之愈也、告之於我祖父恵時、与老父時堯、即使扁艇数十拏之、至於二十七日巳亥、入船於赤尾木津、丁斯之時、津有忠首座者、日州竜原之徒也、欲聞法華一乗之妙、寓止津口、終改禅為法華之徒、号曰住乗院、殆通経書、揮筆敏捷、偶遇五峯、以文字通言語、五峯亦以為知己之在異邦也、所謂同声相応、同気相求者也、賈胡之長有二人一曰、牟良叔舎、一曰喜利志多陀孟太、手携一物、長二、三尺、其為体也、中通外直、而以重為質、其中雖常通、其底要密塞、其傍有一穴、通火之路也、形象無物之可比倫也、其為用也、入妙薬於其中、添以小団鉛、先置一小白於岸畔、親手一物修其身眇其目、而其一穴放火、則莫不立中矣、其発也、如掣電之光、其鳴也、如驚雷之轟、聞者莫不掩其耳矣、置一小白者、如射之棲鵠於侯中比也、此物一発、而銀山可摧、鉄壁可穿、姦宄之為仇於人之国者、触之則立喪其魄、況於麋鹿之禍於苗稼者乎、其用於世者不可勝数矣、時堯見之以為希世之珍矣、始不知其何名、亦不詳其為何用、既而人名為鉄砲者、不知明人之所名乎、抑不知我一島者之所名乎、一日時堯重訳、謂二人蛮種曰、我非曰能之願学焉、蛮種亦重訳答曰、君若欲学之、我亦罄其蘊奥以告焉、時堯曰、蘊奥可得聞乎蛮種曰、在正心与眇目而已、時堯曰、正心者、先聖之所以教人、而我之所以学之也、大凡天下之理、不従事於斯、動静云為、自不能無差矣、公之所謂正心、豈復有異乎、眇目者、其明不足以燭遠、如之何而妙其目乎、蛮種答曰、夫物要守約、守約者、以博見為未至矣、眇目者非見之不明、欲守其約、以致之遠也、時堯喜曰、老子之所謂見小曰明、其斯之謂歟。是歳重九之節、日在辛亥取良辰、試入妙薬与小団鉛於其中、置一小白於百歩之外放之火、則其殆庶幾乎、時人始而驚、中而恐而畏之、終而翕然、亦曰願学、時堯不言其価之高而難及、而求蛮種之二鉄砲、以為家珍矣、其妙薬之擣篩、和合之法、令小臣篠川小四郎学之、時堯朝磨夕淬、勤而不已嚮之殆庶者、於是百発百中、無一失者矣、於此時紀州根来寺、有杉坊某公者、不遠千里、欲求我鉄砲、時堯感人之求之深也、其心解之曰、昔者、徐君好季札剣、徐君雖口弗敢言、季札心已知之、終解宝剣、吾島雖褊小何敢愛一物、且復我不求自得、喜而不寐、十襲秘之、而況求而不得、豈復快於心歟、我之所好、亦人之所好也、我豈敢独私於己、而韜匵而蔵諸、即遣津田監物丞、持以贈其一於杉坊矣、且使之知妙薬之法、与放火之道也、時尭把玩之余、使鉄匠数人、熟視其形象、月鍛季錬、新欲製之、其形制頗雖似之、不知其底之所以塞之、其翌年、蛮種賈胡復来於我島熊野一浦、浦名熊野者、亦小盧山、小天笠之比也、賈胡之中、幸有一人鉄匠、時尭以為天之所授、即使金兵衛尉清定者、学其底之所塞、漸経時月、知其巻而蔵之、於是歳余而新製数十之鉄砲、然後制造其台之形制、与其飾之如鍵鑰者、時尭之意不在其台与其飾、在乎可用之於行軍之時也、於是乎、家臣之在遐迩者、視而傚之、百発百中者、亦不知其幾多矣、其後和泉界有橘屋又三郎者、商客之徒也、寓止我島者一、二年、而学鉄砲者殆熟矣、帰旋之後、人皆不名而呼曰鉄砲又矣、然後畿内之近邦、皆伝而習之、非翅畿内関西之得而学之而已、関東亦然、我嘗聞之於故老曰、天文壬寅癸卯之交、新貢之三大船将南遊大明国、於是、畿内以西富家子弟進為商客者、殆乎千人楫師篙師之操舟如神者数百人、艤船於我小島、既而待天之時、解纜斎橈望洋向若、不幸而狂風掀海、怒濤捲雪、坤軸亦欲折、吁時耶命耶、一貢船檣傾楫摧、化烏有去、二貢船漸而達於大明国寧波府、二貢船不得乗而回我小島、翌年再解其纜、遂南遊之志、飽載海貨蛮珍、将帰我朝、大洋之中、黒風忽起、不知西東、船遂漂蕩、達東海道伊豆州州人掠取其貨、商客亦失其所、船中有我僕臣松下五郎三郎者、手携鉄砲、既発而莫不中其鵠矣、州人見而奇之、窺伺傚慕、有多学之者矣、自茲以降、関東八州、率土之濵、莫不伝而習之矣、今夫此物、行乎我朝也、蓋六十有余年矣、鶴髪之翁、猶有明記之者矣、是知嚮之蛮種、二鉄砲、我時尭求之学之、一発而聳動於扶桑六十州、且復使鉄匠知製之之道、而偏於五畿七道、然則鉄砲之権輿於我種子島也明矣、昔者採一種子之生生無窮之義、名我島者、今以為符其讖矣、古曰、先徳有善、不能昭々於世者、後世之過也、因而書之、

慶長十一年丙午八月日

本書「鉄炮記」は鉄炮伝来を語る国内で唯一無二の史料であるため、必ず肯定的に引用されるが、史料として活用

するには問題がないわけではない。

外国側の史料、ポルトガル領モルッカ総督のアントニーオ・ガルバンの『論述の書』(一五六三年・リスボン刊)は、ポルトガル人の種子島漂着を次のように書いている。(2)

一五四二年、三人のポルトガル人がジャンク船に乗ってシャムからシナに向かう途中、暴風雨に遭って、北緯三二度にある島についた。この島がその富で有名なジパングのようだ。

また長期間、日本に滞在したイエズス会の神父ジョアン・ロドリゲスの『日本教会史』は、日本諸島を発見したのはポルトガル人が最初であると記述し、アントーニオ・ガルバンの『諸国発見記』を引用してポルトガル人の種子島漂着と鉄炮伝来を次のよう書いている。(3)

それによれば、アントーニオ・ダ・モッタ、フランシスコ・ゼイモト、およびアントーニオ・ペイショットが、一五四二年に、シアン(シャム)からシナへ一隻のジュンコ〔ジャンク〕で出かけた。それにはマルテイン・アフォンソ・デ・ソーザがインデイアを治めた年である(その年にパードレ福者フランシスコ・シャビエールがゴアに到着した)彼らは不意に大暴風雨に襲われた。(中略)その大暴風雨のために、三人のポルトガル人の乗っていたジュンコは、二十四時間海上を漂流したのち、装備を完全に失い、救助の見込みもなく海上に漂流し、それから数日後に、日本諸島の間に流された。(中略)この船は薩摩satumaの海上にある一つの島で種子島Zanegaxima〔Tanegaxima〕と呼ばれるところに入港した。そのところでポルトガル人たちは鉄砲の用法を教えたので、その用法がそこから日本中に広まり、鉄砲の製造を教えたポルトガル人の名前は今もその島に伝えられている。

もっとも『日本教会史』の記述は、ガルバンの記事と彼自身が日本に滞在してえた知識をもとにして書いたもので、鉄炮伝来の内容が詳しい。ところが、こうした外国側の記録も、漂着の年を一五四二年としたり、ポルトガル人を三名と書いたりしており、「鉄砲記」の記述と必ずしも一致してはいない。

鉄炮伝来の問題は「鉄砲記」や外国側の史料に依拠する限り、その記事を肯定せざるをえないが、「鉄砲記」の問題点は、そもそも編纂の時期が伝来から半世紀以上も経過した慶長十一年（一六〇六）であること、また編纂の動機が種子島時堯の鉄炮入手の功績を記念して孫の久時が、いわば顕彰の意を込めて書かせたことにある。この慶長十一年という時期は、砲術諸流が覇を競っている、いわば砲術隆盛の時期であり、鉄炮の由緒につよい関心が払われていた。「鉄砲記」は、こうした世相を反映して編纂されたのである。したがってここから伝来当時の事実を知ることは難しい。むしろ「鉄砲記」は江戸初期の砲術の隆盛を伝えていると考えたほうが自然であろう。筆者は「鉄砲記」の内容のすべてを否定しないが、十六世紀なかばの東アジアの情勢を考慮しながら、鉄炮伝来について再検討したい。

第二節　現存の南蛮筒

鉄炮伝来の故地、鹿児島県種子島西之表市の博物館には、種子島家から同館に寄託された二挺の鉄炮が展示されている（次頁写真参照）。そしてこの二挺の鉄炮は「鉄砲記」が述べるポルトガルからの初伝銃と、種子島時堯が八板金兵衛清定に造らせた国産第一号の鉄炮と喧伝されている。

ところが、種子島家の歴史を綴った『種子島家譜』の明治十一年（一八七八）二月十五日の条に初伝銃の消息が次のように書かれている。(4)

西村時彦、鉄炮一梃を献ず、初め天文十二年、南蛮人鳥銃を法性公に献ずる也、時彦の遠祖西村織部正（丞）も亦一梃を獲たり、去歳の戦いに公室の蔵する所は兵士のために焼かれる。時彦之を聞き、乃ち己が家に蔵する所

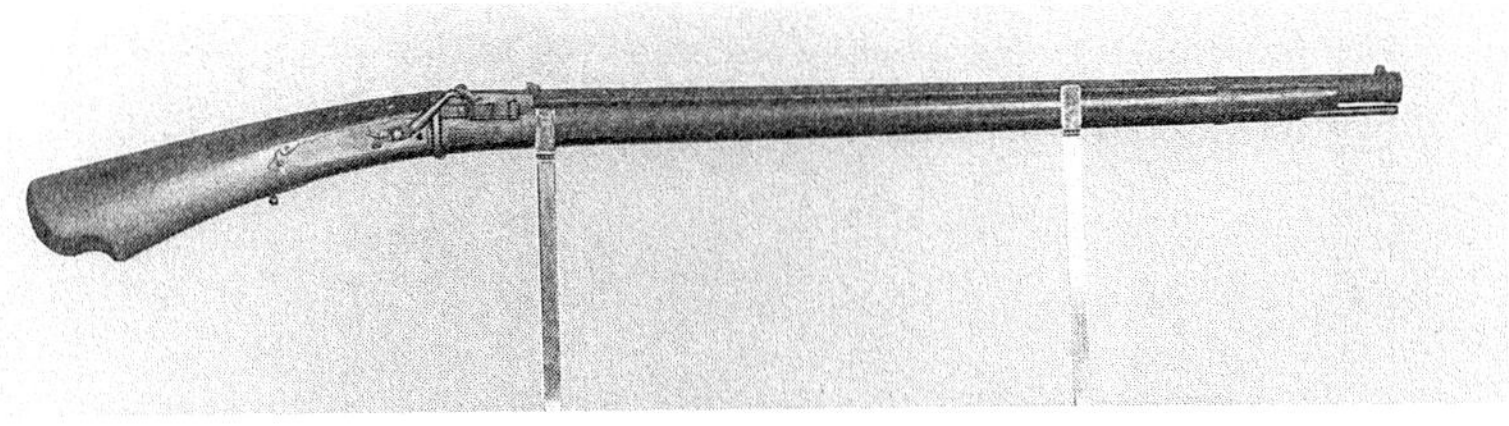

図17　伝初伝銃の火縄銃(鹿児島県西之表市。種子島開発総合センター所蔵)

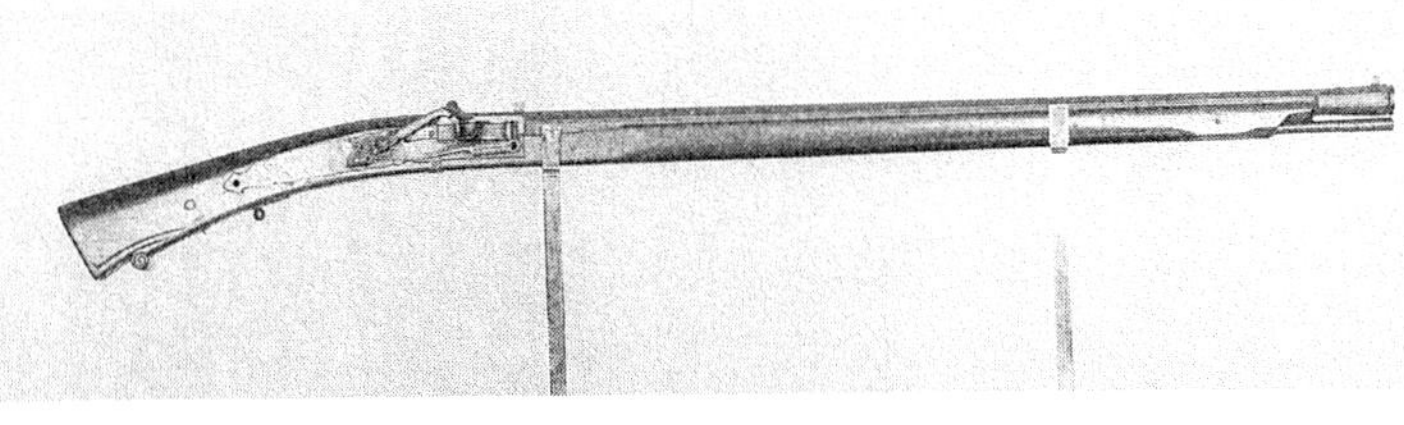

図18　伝国産第一号火縄銃(鹿児島県西之表市。種子島開発総合センター所蔵)

を献ず、(以下略)

すなわち、家譜は種子島家が南蛮人からえた鉄炮は、明治十年の西南戦争の時に焼失した、そのため西村家の遠祖が、やはり天文十二年に南蛮人よりえた鉄炮を種子島家に献上したと明記している。

種子島の博物館に展示されている初伝銃の形状は、銃身長が六九二ミリ、口径一七ミリ、肉厚三ミリ、銃身は鍛造で、火門が鉄製、銃身上面に銀と真鍮の象眼が五ケ所に施され、柑子は丸く箍状を呈している。はたして家譜のとおり西村家の遠祖が、天文十二年に南蛮人よりえた鉄炮かどうか定かではないが、銃床と金具は明らかに九州地方に典型的な薩摩筒とみなせるから、これらはもともと銃身とは別物である。しかしこの銃身は、国産銃の形式と異なっており、古渡の南蛮筒とみなしてよい。

いっぽう八板金兵衛清定が製造した国産第一号の所伝の鉄炮だが、この鉄炮は照門の位置が後方にあり、毛抜金・関金・胴金などの金具の形状は日本の国友筒・堺筒・薩摩筒などと異なり、南蛮筒の特長を具備している。所荘吉氏の調査によると、この銃は銃身底部に「種子島住定堅」という銃工名が刻まれていたという。(5) 銃工定堅は実在の人物で『薩藩旧記』によると、江戸時代の安永年間（一七七二～八一）の種子島鍛冶平瀬新七定堅とある。

『種子島記』によると、種子島家が「古郷」と号して秘蔵していた南蛮筒は、天文十二年にポルトガル人が伝えたという来歴をもち、秘蔵の鉄炮「古郷」の形状を次のように書いている。

南蛮筒　　号古郷

一、筒長二尺三寸五分、筋立芥子口、
一、筒上面三所に金にて梅花の目印有、
一、前盤目当真鍮、
一、先盤目当惣銀、露なし、
一、板金・火挟・毛抜真鍮、毛彫唐草模様、
一、手・火蓋・雨覆・引金・用心金・板金留釘・用心金留釘、真鍮、
一、筒留釘三所、
一、矢の本、金物鉄、末真鍮、
一、台木黒く理目竹の如く、本の名相知不申候、
一、台尻裏の方に楷字にて古郷の二字彫付これ有候、
（以下略）

ここで興味深いことは、この「古郷」の形状と法量が、わずかな違いを除けば、さきの「種子島住定堅」、つまり平瀬新七定堅の制作した鉄炮と符合している点である。

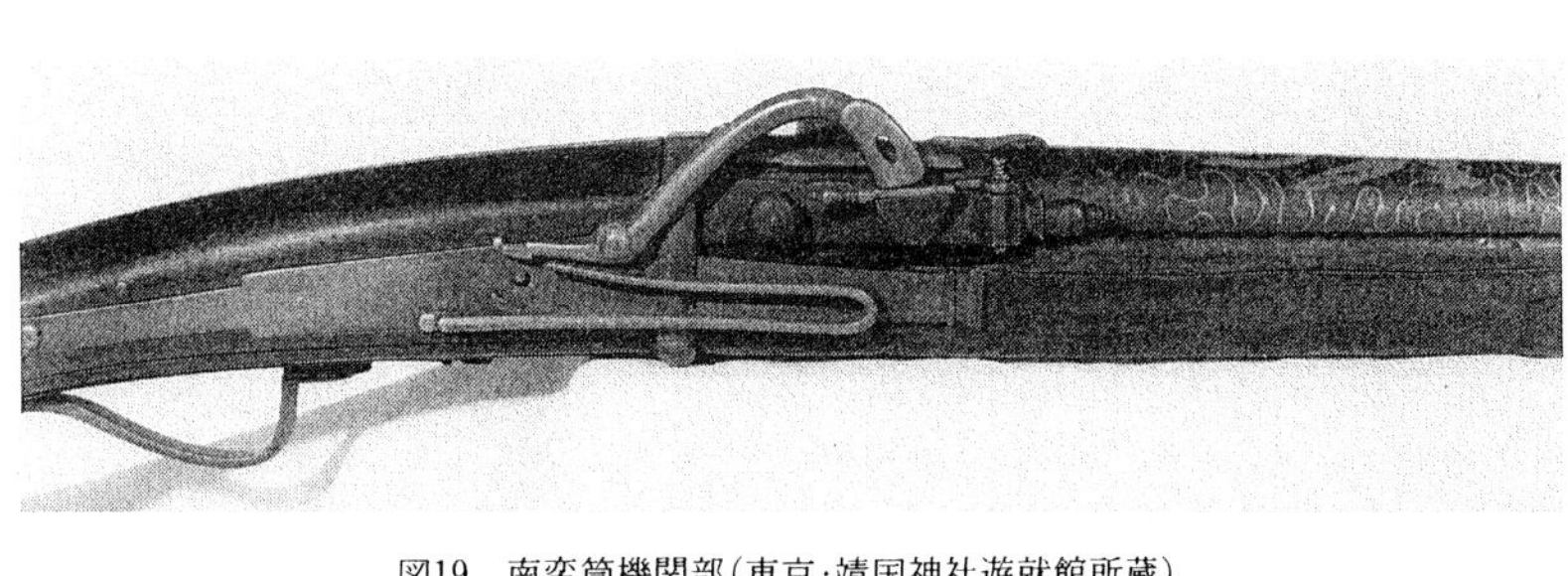

図19　南蛮筒機関部（東京・靖国神社遊就館所蔵）

ちなみに『種子島家譜』の明治二十三年（一八九〇）六月二十四日の条に種子島家の古郷銃入手の記事がある。(6)

> 是より先、羽生武兵衛古銃一挺を献ず、是によりて酬ゆるに金三円を以てす、銃は天文間、八板金兵衛清定の作る所、蓋し当時南蛮人献ずる所の故郷銃に擬すものなり、

すなわち、羽生氏が種子島家に献じた古銃は、天文年間に南蛮人が献じた故（古）郷銃を模造したものと書かれている。したがって八板金兵衛清定作で国産第一号とされる鉄炮は、江戸時代になって平瀬定堅が制作した初伝銃故郷の忠実な複製なのである。

現在、種子島の博物館に展示されている一挺は初伝銃の複製ではあるが、往時の南蛮筒の形状を知ることのできる遺品であり、他の一挺の西村家が種子島家に献上した薩摩筒の銃床を備えている鉄炮は、銃身が古渡りの南蛮筒だから、両者ともに国内に残る数少ない南蛮筒の実物資料として貴重である。

なお、現在、国内には幾つかの南蛮筒の存在が確認できる。愛知・徳川美術館所蔵の南蛮筒（銃身八角型、銃身長一六四五ミリ、口径一六ミリ）、東京・靖国神社遊就館所蔵の南蛮筒（銃身丸型、銃身長九一〇ミリ、口径一八ミリ）などがそれであり、南蛮筒の形状を即物的に理解することができる。

第三節　ヨーロッパの火縄銃と和銃

十六世紀なかばの鉄炮伝来の史実は、はじめて日本がヨーロッパ世界と接触した象徴的な出来事と評価されて今日に至っている。ヨーロッパ勢力が極東に進出してきたのだから、巨視的にみればそうであるが、日本にもたらされた鉄炮の伝播を再検討すると、ヨーロッパの文化が直接、日本に伝えられてはいないのである。

ヨーロッパにおける火器の出現は十四世紀なかばであった。その後、火器使用の隆盛につれて、火器はしだいに改良が施された。当初の銃は発射にさいして、手を用いて火門に点火する、いわゆるハンドガンと呼ばれる手銃であった。ところが、手銃は取扱が不便であったばかりではなく命中精度も劣り、兵器としての欠点が多過ぎた。

そこで十四世紀から十五世紀にかけて、火縄を用いて点火させる火縄式の銃が考案された。ところがこの火縄銃も、風雨や火縄の火の保持など、幾つかの欠点があったので、日本に火縄銃が伝来する十六世紀の中ごろ、黄鉄鋼と鋼鉄の打撃によって発火させる歯輪銃が考案された。さらに十七世紀にはいると、燧石と鋼鉄の打撃によって発火させる燧石銃が出現した。歯輪銃や燧石銃の出現によって、ヨーロッパではしだいに火縄銃は時代遅れの火器となった。

次頁上段の写真の火縄銃は、十七世紀ごろ、ヨーロッパにおいて用いられたもので、銃床部は後補であるが、銃身は丸型、銃身を台木に固定させる目貫が三ヶ所に施され、機関部を覆う地板、火挟・用心金は鉄製で、堅牢に製造されている。この鉄炮の全長は一五三〇ミリ、銃身長一一三〇ミリ、口径二〇ミリである。(7)

いっぽう同写真下の鉄炮は日本の国友筒である。(8)ヨーロッパの火縄銃と比較すると、両者の差異が一目瞭然である。すなわち、前者は鶏頭の方向が手前になっていること、火挟を弾くばねが内部に装置されていること、銃床の型から

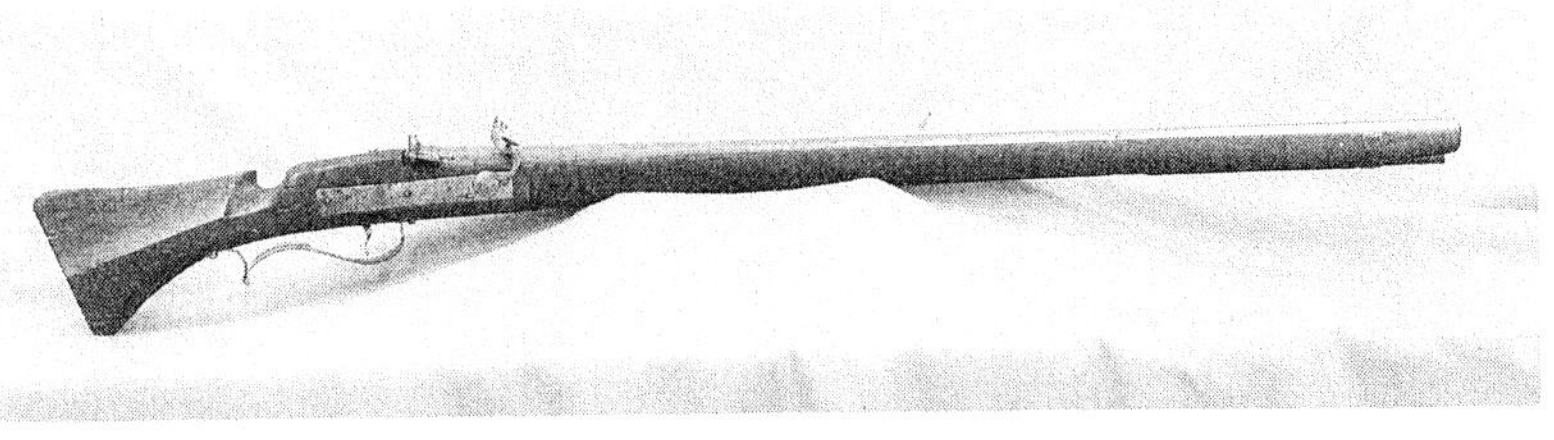
図20　ヨーロッパの火縄銃（国立歴史民俗博物館所蔵）

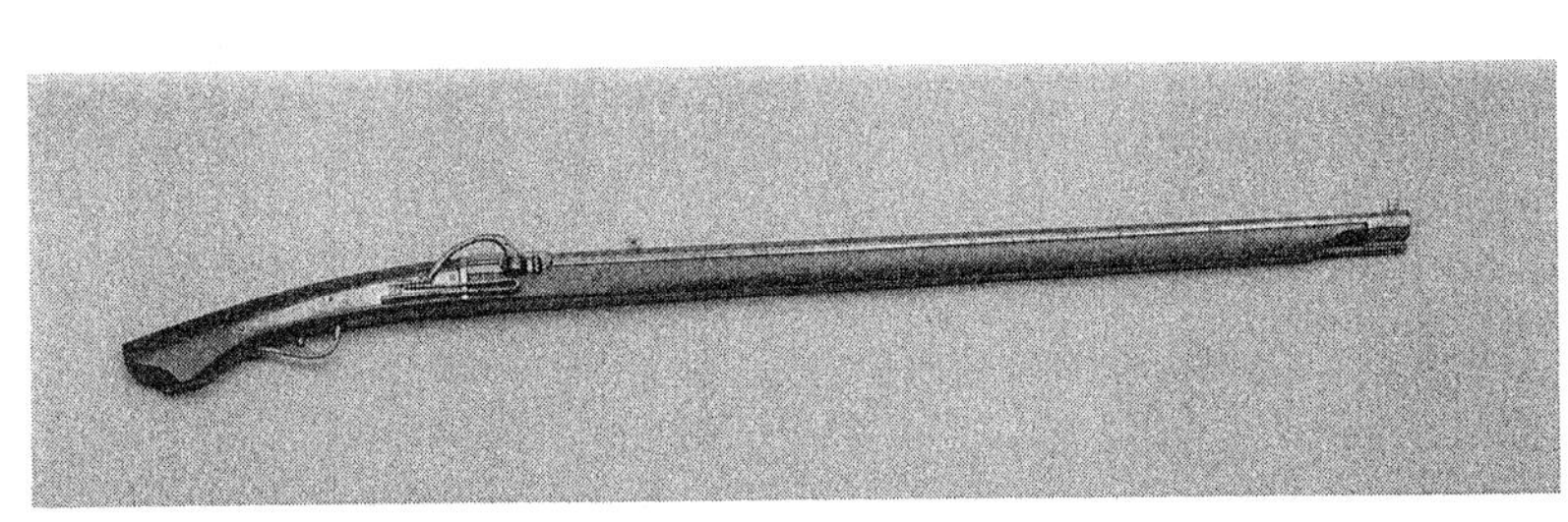
図21　日本の火縄銃・国友筒（国立歴史民俗博物館所蔵）

射撃の姿勢は頬付けではなく肩当てとなり、さらに銃身を支えるストックの使用などが指摘できる。この国友筒は銃身八角型、先・前目当がスリワリ型、目貫が三か所にあり、地板・弾金・火挟・雨覆・胴金が真鍮製、法量は全長一二六〇ミリ、銃身長九〇〇ミリ、口径一五ミリ、銃身に「国友与佐作」の刻銘がある。こうした和銃の特長は、火挟の位置が側面の地板にあり、引金とは別個の部品になっており、ふだんは前に倒れて火皿に接し、照門は火皿より前方にあって、形状は谷形であり、銃床は短く頬付けタイプとなっている。

もしポルトガル人がヨーロッパの火縄銃を伝えていれば、既述の形式でなければならない。しかしあまりにも和銃と形式が異なり、直接ヨーロッパの火縄銃が日本に移入されたとは考えにくいのである。

第四節　倭寇の活動

南浦文之の「鉄砲記」は、ポルトガル人が種子島に漂着したとき、西村織部丞と筆談した人物を大明の儒生で五峰と伝え、またアントニーオ・ガルバンの著書では、ポルトガル人が坐乗した船をジャンクと書いていた。ふたつの事実、つまり五峰と中国船に注目すると、鉄炮伝来と倭寇が無関係でないことを連想させる。

五峰なる人物は鄭舜功の「日本一鑑」に「王直的名鋥五峰」とあり、また嘉靖三十九年（一五六〇）に編纂された「寧波府志」にも「王直即五峰」とあり、十六世紀中ごろに活躍した安徽省出身の倭寇の巨魁王直と認められる。

明代の嘉靖期は、明の祖法の海禁政策によって、人民の海外出航が一切禁止されていたが、海に生活の基盤をおく浙江・福建・広東などの中国東南部沿海地の海上生活者や海外貿易家は、海禁にしたがえば生活基盤を失うので、官憲の目を掠めて密貿易を働いた。中国政府の取り締まりが厳しくなればなるほど、そうした動きは活発となり、奸商・海賊・海寇と呼ばれる集団の跳梁が、日を追うごとに盛んになった。

この時期、王直のほかに許棟兄弟・徐惟学・徐海・李光頭・葉宗満らが海寇の頭目として名をあげた。彼等の多くは浙江省の双嶼港や福建省の月港を拠点にして、禁制品の硝石・硫黄・生糸・綿などの密貿易を行なった。すでに王直は嘉靖十年代から、国禁を犯して、日本や東南アジアの諸方面に奔走して、十年足らずの間に「五峰（王直）の勢い、是において、ますます張り海上に二賊なし」といわれるほどの威勢を誇示するに至った。王直は日本との関係が深く、肥前の五島に屋敷を構え、西国大名の大内義隆や大友宗麟とも交渉があった。(9)

王直に代表される倭寇の活動は、明の嘉靖年間を頂点にして、その後、四十年間にわたった。日本年号の大永・享禄・天文・弘治・永禄・元亀・天正の間、すなわち、戦国動乱から統一政権の成立過程の時期にあたっている。こうした倭寇の構成員の主体は中国人であったが、鄭若曽の「籌海図編」によると、真倭の出身地は薩摩・肥後・長門、ついで大隅・筑後・博多・日向・摂津・紀伊・種子島・豊前・豊後・和泉と書いて多少の日本人の参加を伝えている。

十六世紀中ごろの浙江の双嶼港や福建の月港には、海上貿易の利を求めて、中国人・ポルトガル人・日本人・南洋人などが来航して一大密貿易の基地として頗る活況を呈していた。王直の場合もそうであるが、密貿易に奔走する中国人海商のなかには、交易のために日本へ来航するものが少なくなかった。たとえば天文十年と同十二年には、豊後の神宮寺浦に、同十五年には佐伯港に、そのほか薩摩や肥前の諸港にも中国人の海商が姿をみせている。

第五節　朝鮮海峡の唐船漂着事件

王直のジャンク船は外国側の記録によると、シャムからシナに航行中、暴風雨に遭って種子島に漂着したと書いている。中国人海商のなかには、日本への来航中、海上で強風に遭って、朝鮮半島の沿海地に流されて、朝鮮王朝に捕えられたり、保護されるものが続出した。『明実録』によると、福建省漳州の民李王乞ら三十九人が遼東都司に送還され、また嘉靖二十六年（一五四七）には、福建の下海通蕃の奸民三四一人が、やはり明国に送り返されている。(10)

朝鮮王朝の記録『中宗実録』の中宗三十九年（一五四四）七月の記事は、数多い中国人の漂流民の対応に苦慮する朝鮮王朝の動向が記されている。(11)

伝于政院曰、今見全羅右道水使閔応瑞、啓本唐船依泊於羅州飛弥島、即発兵船圍截、其船見、其形貌、則或着黒衣、而其数九十余名、語音不能相通、故大唐何地何人、縁何事漂流、李此以示、則皆相視不応、即発火炮以射我船二人中炮而死、二人中炮而傷、故雖生擒有旨、而勢不得已、応以火炮・弓箭、而唐人外設防牌隠匿舟中促櫓向東、故適因風雨、雖得窮迫捕獲云、漂海唐船持火炮器具、而殺害軍人至於数三不須窮迫大洋之中、而期於必獲也、後勿如是、而待其自泊、以為捕捉事、言于該曹、（以下略）

すなわち、記事によると、一艘の唐船が羅州の飛弥島に停泊したので、兵船を出航させて偵察した。船には九十余人が乗っていたが、言葉が通じないので、大きな字を書いて、どこの土地からきた何人か、漂流の理由を尋ねた。ところが、唐船はいきなり火炮を発してきたので我が船の二人が火炮にあたって死亡し二人が負傷した。我が方も火砲と弓箭で応戦したが、唐人らは盾に身を隠しながら、櫓を漕いで東方に向かった。この時、風雨が起こって唐船の船足が鈍って捕獲できたというのである。

同月、朝鮮王朝は僉使や万戸に命じて、驍勇の軍卒を要害の地に配備して守備を固めた。朝鮮王朝は中宗三十九年八月、唐船は行販で日本に行くのが目的だから、無理に追捕して軍卒に死傷者がでるといけないと深追いを禁止したものの、唐人が火炮を日本に伝えることを深く憂慮している。(12)

伝于政院曰、唐船漂到馬梁之時、予恐辺将妄殺、故下諭諸道、勿射生擒而、且此唐船、本為行販日本而来、於我国初不相干若使追捕、則軍卒必有死亡故、又令該曹勿為追捕而承旨、安玹啓云、唐人今以火炮幸伝習日本、則其禍大矣、故予亦以為然、下諭全羅道、勿使過越他境、而瞭望生擒矣、今更料之、則唐人通行日本者非、但此輩其火炮伝習之事、終難防禁而今若投降、我国則護還中原合、於事大之道、迷失海道之船、豈宜追捕哉、忠清道水使池世芳移文于全羅道、故分定将士使之追捕、而至於船破而軍敗至為駭愕、請諭諸道勿令追捕何如、唐船若侵犯我境、則所当応敵矣、辺将先自追撃、則彼亦不得已而殺害、我人勢所当然、豈可徒咎唐人乎、且今見施佳所言、則高賢非日本人明矣、而忠清兵使非的実之事、至於馳啓未知、其可也、且此唐人等、今欲由水路還帰、以好生之心言、則我国之船、猶可給也、金州衛人之船、今在宣川弁以粮資載送、其地、則不送唐人之願、而彼我之間、庶幾無害矣、但此事不可使聞於中原而彼必隠諱犯法之事、何有自言之理乎、今欲送以陸路、恐有自死之弊、越江後尤難処置、故云耳、若以大義言之則、具録奏聞而、転送中原固為当然、但上国之人亦不宜埋没待之、将何為而可耶、大臣六卿等其会議、

朝鮮王朝が唐船の漂流民を保護して、本国に送還するのは、唐人たちが所持する火炮が行販の末、日本に伝わり、日本人が火炮を学んで、王朝に害をなすことをなによりも恐れたからである。福建の下海通蕃を送還したとき、朝鮮

国王は明政府に「今、また馮淑ら前後とも千人以上を獲るに、みな軍器・貨物を夾帯せり、これよりさき倭奴は、未だ火炮あらざるに今は頗るこれある」と報告書に認めた。この報告のなかで「かつて日本には火砲がなかったが、最近では多量にもっている」と述べていることは、鉄炮伝来の実態を知る上で注目すべき記事といえよう。(13)

この時期、王朝は夥しい数の中国人を保護したが、彼等は、すべて軍器を所持していた。この軍器は火砲、つまり鉄炮とみて間違いあるまい。朝鮮海峡で漂着した唐船は日本へ来航する一部に過ぎないが、彼等は大量の火砲を積載していた。海難事故に遭遇せず、無事日本へ来航した唐船も火砲を多く積載していたから、この時期、莫大な量の火砲が日本に流入したことは想像に難くない。

王朝では中宗のあと仁宗が、ついで、明宗が即位した。同王二年（一五四六）の記事によると、すでに福建人が倭奴と交通して、かれらに兵器をあたえ、かつ火砲の打方などを教えたのは、中国と我が国（朝鮮王朝）にとって、不利なことだと次のように書いている。(14)

領議政尹仁鏡右議政鄭順朋啓曰、謝恩奏聞使台諫啓請兼之、此意固当、但勅書見兪及中原人来為水賊、皆是重事、福建人交通倭奴、既給兵器、又教火炮、此上与我国、皆是不利之事也、毎欲奏聞而、無便今次水賊人解送正其機也、且赴京使臣被侵之弊、亦不可不奏也、此等事、皆為重大、両使兼行、則殊無委遣之意、其欲別遣者、出於不得巳也、咨文紙皇帝懇求、不可不優数入送、答曰、皆如啓、

明宗二年は、羅州飛弥島漂着事件から数年後であり、日本年号では天文十五年頃にあたっている。

なお、朝鮮王朝が最も危惧を抱いた火炮の被害は、この後、四半世紀後に豊臣秀吉の文禄・慶長の戦いで現実のものとなり、王朝の将兵は日本の鉄炮の威力に苦しめられることになる。

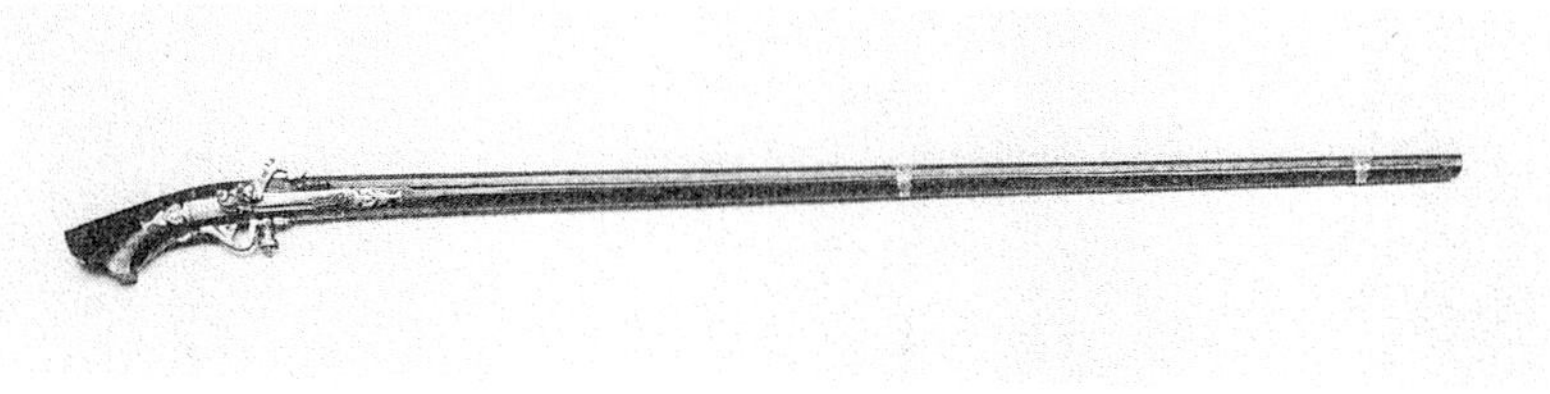

図22　東南アジアの火縄銃（国立歴史民俗博物館所蔵）

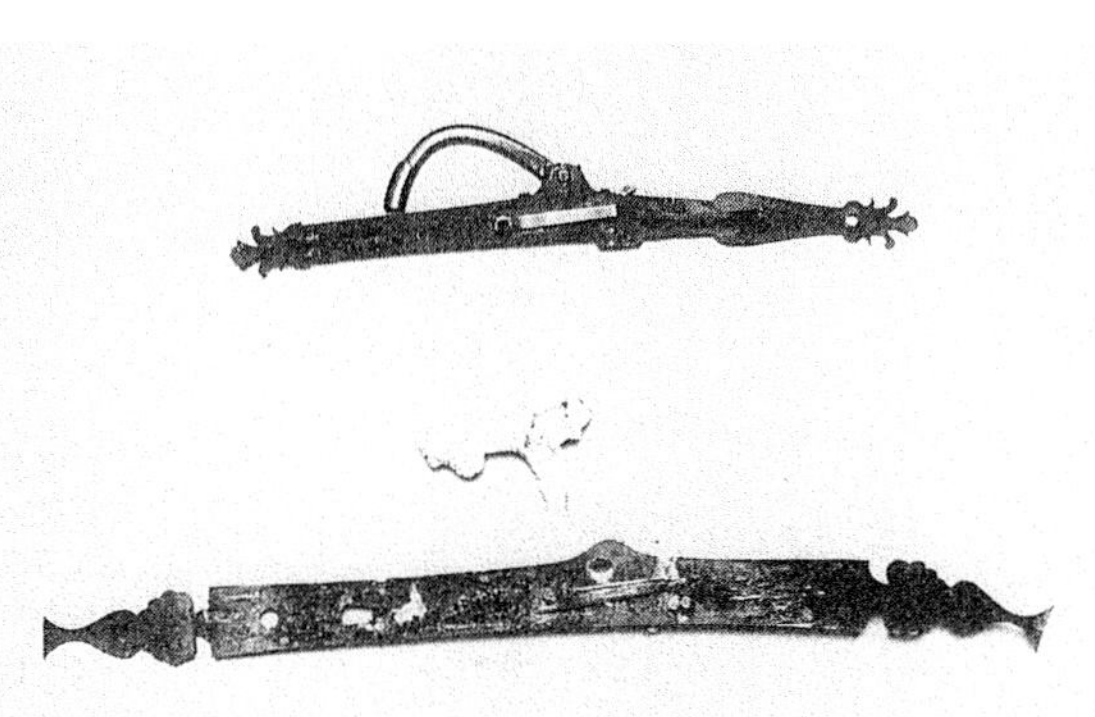

図23　東南アジアの火縄銃の機関部（上・東京靖国神社遊就館所蔵、下・国立歴史民俗博物館所蔵）

第六節　鉄炮伝来の経路

「鉄砲記」は鉄炮の普及について、種子島を基点に日本全国に広まったと説明している。そうしたルートも鉄炮伝来の経路のひとつと考えてよいが、真倭の出身地や王直の活動範囲と、日本との深い関係、朝鮮王朝の記録や朝鮮国王から明政府への報告書の内容などから、日本に鉄炮を伝えたのはポルトガル人ではなく、倭寇とみたほうが史実に近い。

ここで上掲写真の火縄式の鉄炮に注目したい。この鉄炮は十九世紀、東南アジアで使用されていたもので、銃身が八角型、機関部の地板・火挟・弾金・引金などは、いずれも真鍮製、銃身と台木は目貫ではなく、リング状の帯金具で留められている。さきに示した国友筒、つまり和銃は、ヨーロッパよりも、この東南アジアの火縄銃に酷似している。すなわち、火挟みの取り付け位置、火挟みを弾く弾金、銃床が頬付の型であることがそれである。(15)

そして中段の写真は東京・靖国神社遊就館に所蔵されている鉄炮の機関部である。原品の来歴は分からないが、十七世紀前後、日本にもたらされたと推測する。(16) これと同型式の火縄銃がタイの国立博物館に収蔵展示されている。(17) 遊就館のそれは火挟みと目当の部分が日本式に改良されているが、東南アジア製であることは疑いない。とくに下段の写真にみるように機関部が一致している。したがって日本に伝えられた鉄炮はヨーロッパではなく、東南アジアで使用されていた火縄銃とみなせるのである。東南アジア地域が倭寇の交易圏であったことはいうまでもあるまい。

通説では鉄炮が日本に伝来すると、戦国動乱の世相を反映して、またたく間に普及したとされるが、この点は実証されたわけではない。それにも関わらず、鉄炮の普及の速さに着目して、天文十二年以前、すでに日本には中国から鉄炮が移入されていたという説がある。中国にも火縄銃が存在したことはゴンサーレス・デ・メンドーサの『シナ大王国誌』につぎのようにあって確かである。(18)

この閲兵は、城壁に接している広場でつぎのようにおこなわれた。およそ二万名の槍兵と火縄銃手がラッパと太鼓にあわせて、じつに機敏に行動した。(中略) そのつぎの合図では、火縄銃隊が本隊から散開して整然として射撃をおこない、ふたたびもとの位置にもどった。

明末の万暦二十六年（一五九八）、趙士禎は火器の構造や新しく開発した諸銃の利を説いた『神器譜』を著した。この時期、中国は北と南で万暦の三大征とよばれる寧夏拝の叛乱、日本の朝鮮出兵、貴州の揚応竜の叛乱が相次ぎ、南北は外患に見まわれていた。『神器譜』によれば、万暦二十五年、倭（日本）の鳥銃（火縄銃）を破る番銃のことが論議されている。

豊臣秀吉が朝鮮に出兵すると、明は救援の軍隊を朝鮮半島に投入したが、そこで倭銃、つまり日本の鉄炮に苦戦した。趙士禎はこうした倭銃に勝る銃の製作に没頭したのである。この事実は中国の火縄銃が日本のそれと形式を異に

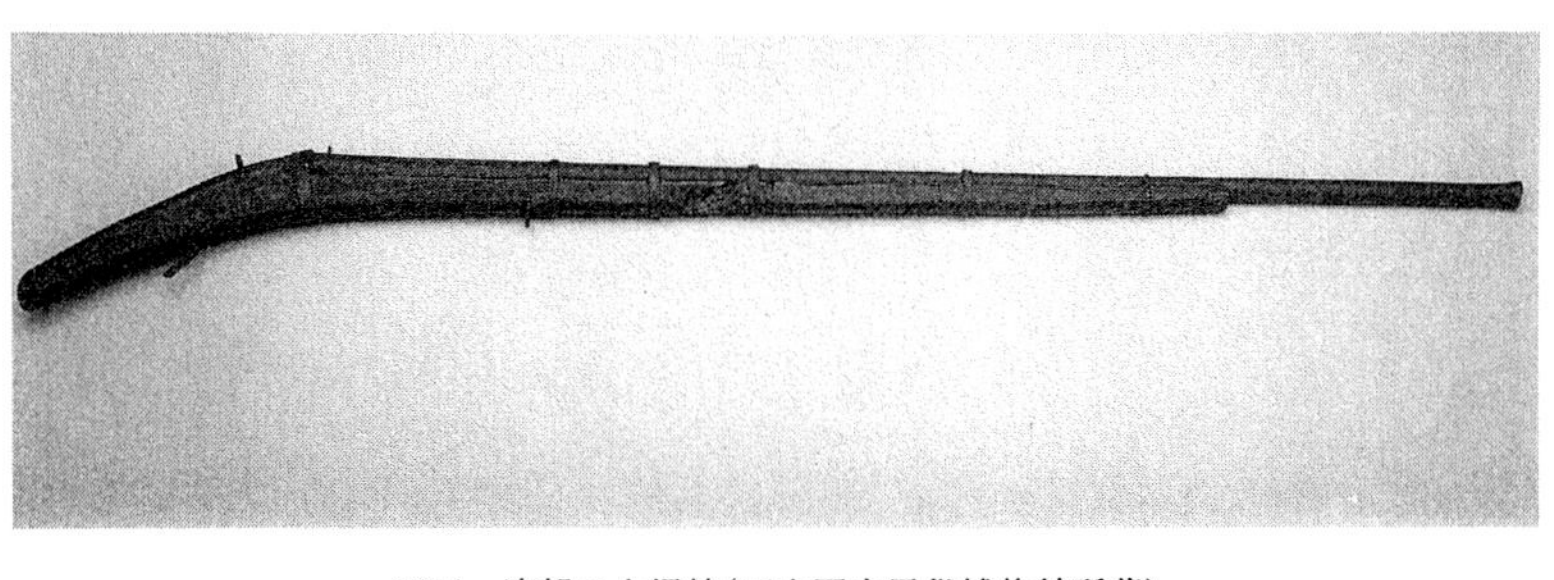

図24　清朝の火縄銃(国立歴史民俗博物館所蔵)

していることを語っていよう。

ここでふたたび『シナ大王国誌』の記事に注意したい。

エスパニア（スペイン）の軍人が帯びていた剣を一振りと火縄銃を一挺、それに火薬壺一個を借用して、それらをまねて製作してみたいと要請した。そこで軍人たちはこれを送ってやった。あまり精巧ではないが、それを模造したことを聞いた。

倭の鳥銃を破るための議論があった翌万暦二十六年、趙士禎は魯密銃と西洋銃を取寄せている。この西洋銃が『シナ大王国誌』のエスパニアのそれか定かではないが、明末の万暦二十六年前後、中国では倭銃を凌ぐ鉄炮の製作に余念がなかった。こうした状況から天文十二年以前、あるいはそれ以後においても、種子島に伝えられた形式の火縄銃は中国に存在していなかったといえる。

上掲写真は、清朝末期の咸豊五年銘の火縄銃である。明朝のあとをうけた清朝の火縄銃だから、明末の形式を継承していると推測される。中国の火縄銃と東南アジアの火縄銃を比較すると、構造上に大きな違いがある。すなわち、中国の火縄銃は火挟みの位置が、銃床の中央の真下から斜に銃身末端の胴金部分の後方右側に細長く孔を穿って装置されていること、また照準具は銃身末端にあって穴照門であること、銃床は長く肩付の型であること、などが指摘できよう。(19)この形式の銃は趙士禎の『神器譜』で述べる魯密銃である。同型式の火縄銃はチベット・インド・アラビアなどにもみられる。

ヨーロッパで十四世紀末から十五世紀にかけて考案された火縄銃は、ふたつのルートを通ってアジアにもたらされた。ひとつはアフリカからインドをへて極東にいたる海上の道、もうひとつはトルコ―インド―中国の陸上の道を経由してである。ここで注目したい事実は、鉄炮が伝播する道々で、使いやすいように改良されて定着したことである。日本に伝えられた鉄炮は、その後、たびたび改良されて、やがて日本に適した銃として完成した。国友筒・堺筒・薩摩筒などがその成果にほかならない。

天文十二年の種子島漂着の時、王直が仲立ちをした事実はよく知られている。じつは王直は、仲立ちではなく鉄炮伝来の主人公であったのである。当時、東アジアの広い地域にわたって活躍していた倭寇が日本の歴史にあたえた影響は再評価されなければならない。

注

(1) ここでは国友戸十郎源当栄編輯「国朝砲熕権輿録」(安政二年)の「鉄砲記」から解釈を除いて本文部分を引用した。
(2) 岡田章雄「図説日本の歴史」9、集英社、昭和五十年。
(3) 『日本教会史　上』大航海時代叢書Ⅸ、岩波書店、昭和四十八年。
(4) 鮫島宗美『種子島家譜』熊毛文学会、昭和三十七年。
(5) 所荘吉「種子島伝来銃についての考察」『火縄銃』雄山閣、昭和三十九年。
(6) 鮫島宗美『種子島家譜』(前掲)。
(7) 国立歴史民俗博物館所蔵。
(8) 国立歴史民俗博物館所蔵。
(9) 田中健夫『倭寇と勘合貿易』至文堂、昭和四十一年。
(10) 田中健夫『倭寇』教育社新書、教育社、昭和五十六年。

(11)『中宗実録』一九－一一一頁。
(12)『中宗実録』一九－一二三頁。
(13)田中健夫『倭寇』(前掲)。
(14)『明宗実録』一九－四九八頁。
(15)国立歴史民俗博物館所蔵。
(16)東京・靖国神社遊就館所蔵。
(17)タイ・国立博物館所蔵。
(18)『シナ大王国志』大航海時代叢書Ⅵ。岩波書店、昭和四十八年。
(19)国立歴史民俗博物館所蔵。

第二章　西国地方への伝播

第一節　将軍権威と鉄炮

日本に鉄炮が伝来すると、戦国時代の動乱の世相を反映して、たちまち全国に普及したと今日では通説化している。がしかしこの説は「鉄砲記」の、鉄炮は紀州の根来・和泉の堺へ伝わったという記事に依拠している。南浦文之の「鉄砲記」は慶長十一年の著作であって、ここから戦国時代の鉄炮使用の状況を説くのは、早計といわざるをえない。鉄炮伝来以前の合戦では鑓・刀・弓矢・薙刀などの武器が使用されていたが、ある時期から新兵器の鉄炮が戦場に登場し、やがて合戦の勝敗を左右する重要な武器になった。したがって鉄炮普及は、まず国内における戦国大名の合戦のなかに顕れる。

種子島に鉄炮が伝来した二年後、摂津の細川晴元は山城の本能寺へつぎの書状をだした。(1)

自種子島鉄炮馳走候而、此方へ到来、誠令悦喜由、彼嶋へも以書状申し候、可有御届候、猶古津修理進可申候、恐々謹言

四月十八日　　　（細川）晴元

本能寺

今谷明氏はこの細川晴元書状をつぎのように解釈されている。(2)

これは本能寺の仲介で種子島銃を入手した細川晴元が同寺に宛てた礼状で、晴元と本能寺の間にこうした礼式関係が政治的に成立していた時期はきわめて限られてくる。すなわち、法華宗の洛中還住以後、細川晴元が近江方面に逃亡する天文十八年七月以前ということになる。本能寺が仲介に立っているのは決して単なる偶然ではなく、同寺が天文五年から十五年の間和泉にあって南島との貿易ルートの情報を得易い立場にあったからにほかならない。本能寺の鉄炮献上によって、幕府・細川軍には急速に鉄炮が普及した。その裏付けとなるのが天文十九年七月におこなわれた上京川端の合戦の記録である。

三好人数東へ打ち出て見物す。禁裏築地の上、九つ過時分まで見物す、筑前守（三好長慶）は山崎に残ると云云。同名日向守・きう介・十河民部大夫以下都合一万八千と云云。一条より五条に至り取り出で、細川右京兆人数足軽百人計出合せ、野伏これあり、きう介の与力鉄―に当りて死すと云云。

なお、細川晴元の本能寺宛書状の「古津修理進申すべく候」の人名古津は島津氏の誤読であり、薩摩の島津氏ならば、貴久にあたり、同人が修理大夫に補任するのは、天文二十一年（一五五二）だから、この書状はそれ以後という説がある。(3)今谷明氏の年代推定が正しければ、すでに天文十八年の京都には種子島から鉄炮が伝えられていたことになる。たとえ筆者は「本能寺文書」の細川晴元の書状の年代推定が正しいとしても、以下に述べられている今谷明氏の主張には、にわかに賛同できない。その理由をつぎに述べたい。

天文二十二年五月二十六日、足利義輝は横瀬雅楽助が鉄炮に関心を寄せていることを聞いて、鉄炮一挺を贈っている。その室町将軍家の御内書と副状の二通を示そう。(4)

数寄之由相聞候条、鉄炮壱丁遣候、猶晴光（大館）可申候也、
（天文二十二年）五月廿六日　（足利義藤）（花押）

横瀬雅楽助とのへ
御数寄之由、被及聞食、鉄放壱丁、従南方召寄鍛冶、於御城山(霊山城)被張、作当以下無比類、雖御秘蔵候、被下之候、仍被成御内書候、御面目珍重候、委曲孝阿弥可申候、恐々謹言

(天文二十二年)
五月廿六日　　晴光(大館)（花押）

横瀬雅楽助(成繁)殿

宛名の横瀬雅楽助成繁は上野新田の金山城主で、越後上杉氏の関東幕注文には新田衆の筆頭に載せられている豪族である。(5)

右の副状によると横瀬氏に贈られた鉄炮は、将軍足利義藤が南方から鍛冶を召し寄せて霊山城で製造させて秘蔵していたとある。南方からわざわざ鍛冶を呼び寄せているから、当時の京都では、まだ鉄炮を製造できる鍛冶が存在しなかったと考えてよい。

そして翌天文二十三年（一五五四）正月十九日、大館晴光は豊後の大友義鎮につぎの副状を出した。(6)

今度飛鳥井大納言殿、南蛮鉄炮御進上、則大納言殿可有御参上処、依御所労、御息安居院、朽木江御下向候、披露仕候処、別而喜被思召之通、能々相意得可申由、被仰出候、乃被成御内書候、鉄放数多御座候得共、只今御進上無類候、一段相叶御気色、御秘蔵非大方儀候、猶勝光寺(光秀)可有御申旨、可得御意候、恐々謹言

(天文二十三)
正月十九日　　(大館)左衛門佐晴光（在判）

謹上　大友五郎(義鎮)殿

この年八月、大友義鎮は肥前の守護に補任された。副状に書かれている南蛮鉄炮の足利義藤への進上はこれに関連している。文中に「御息安居院、朽木江御下向候、披露仕候処」とあるが、足利義藤は天文二十二年、三好長慶に擁

立されて帰京するが、まもなく三好長慶と対立して八月には近江の朽木谷に逃亡しているから、大友氏の南蛮鉄炮の進上は前年の天文二十二年、まさに足利義藤が横瀬氏に鉄炮を贈った年にあたっている。

正確な年号は不明だが、この頃と推測される種子島弾正忠（時尭）宛の将軍足利義藤御内書と近衛稙家の島津貴久宛書状がある。[7] つぎに前者の室町将軍家御内書を示そう。

雖不寄思儀候、鉄放薬事、南蛮人直令相伝、調合無比類之由、被触御耳、武家御内書如此候、於無相違者、可為御祝着之旨候、聊以不可有御他言由候、猶自嶋津匠作（貴久）可有伝達候也、乃状如件

（近衛）稙家

三月五日

種子島弾正忠（時尭）殿

御内書によれば、将軍は種子島時尭が南蛮人から相伝した鉄放薬、つまり火薬は比類がないといい、薩摩の島津氏を介して幕府へ調合法を伝えるように依頼しているのである。

これよりさき天文二十一年十二月、大坂の石山本願寺が将軍足利義輝の所望によって堺に焰硝十斤を求めている。[8] 足利義輝が火薬を必要としたのは、大友五郎（義鎮）宛ての副状に「鉄放数多御座候得共、只今御進上無類候」の文言から推察できる。つまり将軍足利義輝は鉄炮を数多く所蔵していたのである。

この後、永禄三年（一五六〇）三月十六日、将軍足利義輝は大友新太郎（宗麟）から「経営料三十万疋・太刀一腰・馬一頭・石火矢・種子島筒」などの進上をうけた。この進上は大友宗麟が永禄二年に室町幕府から豊前・筑前両国の守護に補任された返礼である。[9]

さらに興味深いことは、守護と豪族の間でも鉄炮の贈答が確認できる。越前朝倉氏の一門と推測される沙門宗秀の書状をあげよう。[10]

雖未申通候、令啓上候、抑御先代同名弾正左衛門尉被申請候哉、就中貴殿太郎左衛門入道江別而御懇切之由、連々及承候処、於当府砂越入道殿、度々参会之上、御雑談共故乍恐向後為可申談、今度申上候、随而雖軽萌之至候、脇指一腰親身壱尺八寸、焼羽装束添子、何モ金并鉄炮一挺国友丸筒、次桐油一令進上候、誠表祝意計候、上口相応之御用等可蒙仰候、義景へ具可申越候、猶也足軒可有演説候、恐惶謹言

卯月廿一日　　　　　　　沙門宗秀（花押）

謹上　下国殿

参人々御中

本書状の年号は朝倉義景の名乗りが天文二十二年、また太郎左衛門入道は朝倉宗滴であり、彼の没年は弘治元年（一五五五）であるからこの間と推測できる。とりわけここで注目すべきは、贈答品の鉄炮の産地が国友と書かれ、形態が丸筒とあることである。後年、和泉の堺とともに鉄炮の生産地として著名になる国友の地では、すでにこの時期、丸筒の鉄炮が製造されていたのである。

日本に鉄炮が伝来すると、このように室町将軍と有力守護が鉄炮や火薬を所持しているが、将軍足利義輝が鉄炮を数多く所持しえた理由は、九州地方の有力守護が領国の支配権、つまり守護職を確保する手段として積極的に鉄炮と火薬を将軍家に進上したからにほかならない。

またわずかな例にとどまるものの、将軍足利義輝が関東の横瀬氏に鉄炮を贈っている事実が指摘できる。当時、室町将軍の地位は失墜して、象徴的な権威を保持しているに過ぎない存在であった。したがって横瀬氏のような上野地方の有力豪族が新兵器の鉄炮につよい関心を寄せれば、鉄炮を贈って懐柔することが将軍権威の維持に必要であったのである。ここでは鉄炮は武器としてではなく、儀礼的な贈答品の役割を担っている。こうした贈答品として

の鉄炮は数挺であろうから、たとえそれが合戦に使用されたとしても、ただちに鉄炮の普及には繋がるまい。室町将軍自身が鉄炮を秘蔵していると述べた言葉は、鉄炮使用の範囲を語っている。

今谷明氏は「本能寺文書」と「言継卿記」と「万松院殿穴太記」の史料を根拠に畿内では、伝来後、鉄炮がいちはやく普及したとされるが、やや疑問である。

まず「本能寺文書」では、細川晴元に送った鉄炮の数量が明記されていないが、当時の種子島では、鉄炮が製造できたとしても合戦に投入できるほど大量ではなかったろうし、まして贈答行為ならば数挺に過ぎないであろう。また『言継卿記』の天文十九年七月の条の鉄炮の記事は、ふだんの合戦では、めったに鉄炮が使用されないのに、たまたま「きう介の与力」が戦死したので珍事として山科言継が日記に認めたとも考えられるからである。

さらに今谷明氏は『万松院殿穴太記』のつぎの記事が鉄炮の普及と鉄炮の影響による築城の変化を証明していると主張されている。(11)

猶御城山の事のみ御心にかけさせ給ひて、右京兆晴元・弾正少弼定頼朝臣に御談合在て、二月十六日乙亥に又御普請ありて、ほどなくつくり出せり。（中略）つづら折なる道を廻りて登こと七、八丁、南は如意が嶽に続きたり。尾さきをば三重に堀切て、二重に壁を仕て、其間に石を入れたり。これは鉄炮の用心なり。

鉄炮が伝来してまもない天文十年代、日本で使用されていた鉄炮の玉目、つまり口径は不明だが、個人が携帯して使用する小銃の火縄銃では、せいぜい一匁から十匁玉くらいまでで、口径は八ミリから一センチ八ミリ前後である。そして弾丸は鉛か鉄の球形弾を使用している。この程度の弾丸ならば、『万松院殿穴太記』が記すように土塁に石を混ぜて堅固にする必要はなく、たとえば軍船が竹束を鉄炮の防禦に使用する程度で足りるはずである。したがって『万松院殿穴太記』の記事を逆に解釈すれば、すなわち、これは鉄炮の威力を熟知していない過剰防禦とみざるをえないのである。

第二節　薩摩島津氏の鉄炮受容

種子島に鉄炮が伝来したのは天文十二年であるが、天文十年から二十年代にかけてたとえば同十年と十二年には豊後の神宮寺浦に、そして同十五年には佐伯港に、そのほか薩摩や肥前の諸港にも外国船の来航が相次いだ。また同じ頃、朝鮮半島南部の全羅道の沿海部には唐船、つまり倭寇の船が、日本に来航の途中、海難事故に遭遇して、朝鮮王朝との間で紛争を起こしている。

前章で既述したが、朝鮮王朝の明宗・中宗の実録によると、これら中国船の目的は交易のために日本に行くことであり、積荷のなかには火炮、つまり鉄炮が積載されていたと書いている。種子島に漂着したジャンク船は、シャムからシナに航行中の船であったが、日本に来航する倭寇の船は少なくなかったのである。したがって鉄炮が日本に伝わる機会は、薩南の種子島に限らず、倭寇と関係があった地域にもあったはずである。(12)

豊後の大友氏が室町将軍に贈った鉄炮は「南蛮鉄炮」と呼称しているから、この鉄炮は大友氏が豊後に来航したどこの国か不明だが、とにかく外国人から入手した鉄炮であって、種子島とか、大友氏が製造したものではあるまい。ただし永禄三年三月の将軍足利義輝宛大友宗麟返書には進上の鉄炮を「種子島筒」と明記しているから、大友氏の領国豊後にも種子島経由の鉄炮がほどなく伝播したことは疑いあるまい。

また足利義輝が種子島から火薬を入手するについて、薩摩の島津氏が仲介に立っているから、島津氏の領国にも種子島経由で鉄炮が移入されたと考えられる。この事実は、島津義久の家老の日記である『上井覚兼日記』の天正二年

（一五七四）十一月の記事に「一此日、小板屋於内之間、御手火矢御手渡ニ被下候、種子島筒逸物にて候、生々世々忝頂戴候」（傍点筆者）と、種子島の鉄炮を上井覚兼が島津貴久から拝領している記事に明らかである。[13]

種子島の鉄炮が薩摩島津氏の領国に定着している様子は、慶長四年正月三日付の島津竜伯義久の事書の一条に徳川家康が鉄炮を所望したことにふれて「一、たねがしまてッほう御所望之事、またここもとにて鉄炮御あつらへ候事、此儀ニ付、度々御使給候事」とあって間違いない。[14]

薩摩島津氏の領国には、天文年間に種子島から鉄炮が伝わり、その後も引続いて鉄炮が移入されたが、天正十四年九月、島津家久は肥前平戸に来航した南蛮船から玉薬を購入しようとして使者の同行を上井覚兼に求めた。しかし上井覚兼は玉薬の備蓄があるから、購入の必要はないと答えている。[15]この年の正月以来、島津氏は豊後大友氏の勢力と対陣中であり、武器の充実は緊急の課題であった。島津氏の南蛮船からの玉薬購入計画は、こうした緊迫した状況に促されたものであるが、このとき鉄炮を購入する計画があったとしても不自然ではあるまい。したがって島津氏の領国薩摩には豊後大友氏と同様に領国の港湾に来航する外国船を通して鉄炮が移入される可能性は少なくなかったのである。

島津氏の鉄炮使用の状況は『上井覚兼日記』に明らかである。つぎに鉄炮関係の記事を列挙しておこう。

年　月	
天正二・一一	御手火矢御手渡ニ被下候、種子島筒逸物にて候、生々世々忝頂戴候、
天正四　・八	（後掲）
天正一一・正	米津にて手火矢認ニ出候、青鷺一射候、
天正一一・閏正	左様候時、堅固ニ御公役閅目之事、皆同弓手火矢之外持具足不可然之事、
天正一一・二	同田尻殿為御見続之兵船、近日中被指登候する御談合相定候、然者、兵船並上乗衆・手火矢衆之儀、両院之所へ可申渡由也、
天正一一・三	竜造寺可相絡之雑説候間、手火矢衆百帳（挺）程御合力頼存之由也、此朝武庫様より、鎌刑・吉作にて御申也、
天正一一・一〇	合志之返事、宗運之事、春已来爰元へ一致たるへき由懇望仕候条其分ニ相澄、既忠棟（伊集院）・拙者神判取替候キ、然ニ此方へハ種々ニあいしらい迄にて、竜造寺（隆信）へ深重申組、質人ニ孫を指置候、其上頃又重、質甲斐之出雲をさし出、手火矢なと数十張合力仕候事顕然候、
天正一三・三	西俣七郎左衛門尉被来候、手火矢細工なと頼候、然者鉄炮なと射候て慰候、諸細工なと多々させ候て、見申候也、如常、此日も細工させ候て見申候、また手火矢きミ（吟味）なと仕候て慰候、
天正一四・七	夜中より手火矢揃也、（中略）拙者ハ、昨日終日取添より手火矢射候て、城ノ躰細々見申候也、
天正一四・七	唐仁原七兵衛尉、彼仁ハ軈而手負候て死候、右之衆皆々石打ニ被合候て、散々之式共也、（中略）合候、又面々鉄炮一請候て、従夫退候、先ハ拙者側にも余多相添候て、上矢共射申候、谷山仲左衛門尉上矢射候処ニ、手火矢請候て、拙者ニ届、曳退候、其外上共射候つる衆も次第々々ニ退候而、

『上井覚兼日記』の記事から、天正年間になると、薩摩島津氏が鉄炮を盛んに使用している状況がわかるが、島津氏がはじめて合戦に鉄炮を使用したのは天文十八年（一五四九）三月に端を発した島津忠良・貴久と肝付氏・蒲生氏・渋谷氏が戦った黒川崎の合戦とされている。その戦況を「貴久公御譜」は、つぎのように伝えている。(16)

六月一日には肝付方が対陣を築いた。この両陣の間は一町となかった。渋谷氏・蒲生氏もまた勢力を増し、毎日の様に羽箭をとばし、鉄炮を発して数ヵ月を経過したこれは人々を驚かせた。

この後、薩摩島津氏は領国内の土豪との戦いに鉄炮を活用しているが、天正四年（一五七六）八月、日向の伊東義祐の軍勢を迎える島津氏方の陣所の様子を『上井覚兼日記』はつぎのように伝えている。(17)

一、二十日、御陣普請様々也、御談合衆ハ、大守様於御陣屋評定也、昼者御談合被成侍衆も有、或者若侍等者、城内之人衆と矢軍などにて日を暮す仁も有、或者普請終日添心仁も有、夜者兵庫頭殿・左衛門督・北郷一雲・図書頭殿・中務少輔殿、彼人数を始として、諸軍兵対甲冑、哀伊東人数御陣ニ懸候へかし、一戦可被成とて待掛給有様、漢高之臣下も如此哉と見得タリ、面面篝火之光・鉄炮の火縄之光物之具之影閃渡り、如白昼、然者敵纔之勢にて猿瀬(西諸県郡)之上ニ夜を明とハ見得けれ共、御陣之猛勢ニ可懸様躰更なし（以下略）、

第三節　豊後大友氏と鉄炮の使用

九州の戦国大名薩摩島津氏と豊後大友氏は、すでに天文末年に鉄炮の存在を知っていた。島津氏は天文十八年の合戦に鉄炮を使用したが、豊後大友氏の場合、当初は室町将軍への贈答品に用いている。

つぎの手負注文は永禄八年（一五六五）八月十三日、大友宗麟が長野筑後守・右田駿河守と戦ったとき、佐田隆居

が田原親賢に上申した文書である。(18)

上進案

八月十三日

於長野城被疵人数事、

賀来弥右衛門尉　手火矢疵　右ノ腹

永松弥八郎　同　左ノ膝

平郡惣左衛門尉　同　膝ノ左右

中間　清三　同　左ノ脚

賀来采女佐下人

源五郎　同　腹

同之

弥七　同　左ノ手

唐河右衛門二郎下人

二郎九郎　同　左ノ手

口坪又左衛門尉下人

藤七　同　右ノ手

藤井新左衛門尉下人

弥三郎　同　於里城口去月四日討死

下人
忠四郎　矢疵　右ノ脚
同之
孫太郎　同　左ノ手
同之
善九郎　同　左ノ脚

以上
　　　　　　　　佐田薩摩守
（永禄八年）
八月十四日　　　隆居
田原（親賢）殿

戦闘は永禄八年六月二十二日にもあったが、大友宗麟袖判軍忠状には「矢疵」「石疵」「手火矢疵」とある。[19]この軍忠状にみえる「手火矢」の意味は、『上井覚兼日記』の記事に「御手火矢種子島之逸物」とあるから、鉄炮の名称であることは間違いあるまい。

この手負注文の負傷から大友氏の領国豊後では、永禄八年頃から合戦に鉄炮が使用されはじめたと考えられる。永禄十年（一五六七）十月十七日、大友宗麟がマカオのニセヤの司教ドン・ベルシオール・カルネイロの斡旋によって硝石の入手を計画していることもまた大友氏の鉄炮の使用の事実を裏付けている。[20]

　吾かの山口王〇毛利元就に対して勝利を望むは、彼地にパードレ等を帰住せしめ、始め彼等が受けたるよりも大なる庇護を与へんが為なり。而して吾が希望を実現するに必要なるは、貴下の援助により硝石の当地輸入を一切禁止し、予が領国の防禦のためにカピタン・モール○葡船の司令官をして、毎年良質の硝石二百斤を持来らしめんことなり。吾は之に対し百タイス○銀一貫目又は貴下が指定せらるゝ金額を支払ふべし。此方法によれば、山口の暴君は領国を失ひ、吾が許に在る正統の領主○大内輝弘其国に入ることを得べし。

この書簡は、豊後大友氏が隣国安芸毛利氏との戦いに鉄炮を活用した状況を髣髴とさせている。外国側の記録を全面的に信用するわけにはいかないが、この時期、朝鮮王朝は中国人の漂流民を保護して中国に送還したが、その報告書のなかに日本における鉄炮の使用が盛んである旨を述べた記事がみえる。すなわち、「今、また馮淑ら前後ともに千人以上を獲るに、みな軍器・貨物を夾帯せり、これよりさき倭奴は、未だ火炮あらざるに今頗るこれあり」とである。報告書の倭奴はいうまでもなく倭寇のことであるが、倭寇と西国との関係は深いから、この状況は薩摩島津氏や豊後大友氏が割拠した九州地方のことを書いたものである。(21)

その後、九州地方の戦国大名が鉄炮を盛んに使用した状況は、『上井覚兼日記』の鉄炮関係記事の一覧に明らかであるが、吉川元春の書状には肥前竜造寺氏が鉄炮数百挺を使用して、豊州衆と河を挟んで鉄炮軍をしている状況が記されている。(22)

一、豊後衆事、去四月廿三日至竜造寺取懸候哉、当日及合戦竜造寺得勝利、豊州衆大手負仕成手前堅固之由承知候、同廿八日豊州衆寄近陣候之処、竜造寺衆鉄炮数百丁にて射伏、近陣をも不居候而本之陣所へ引退候由哉、誠心地能趣候、

一、去月四日竜造寺へ豊州衆相動、河を隔候而互ニ鉄炮軍候つる、

また、天正十二年（一五八四）三月のこととしてルイス・フロイスは報告書に鉄炮使用の状況をつぎのように書いている。(23)

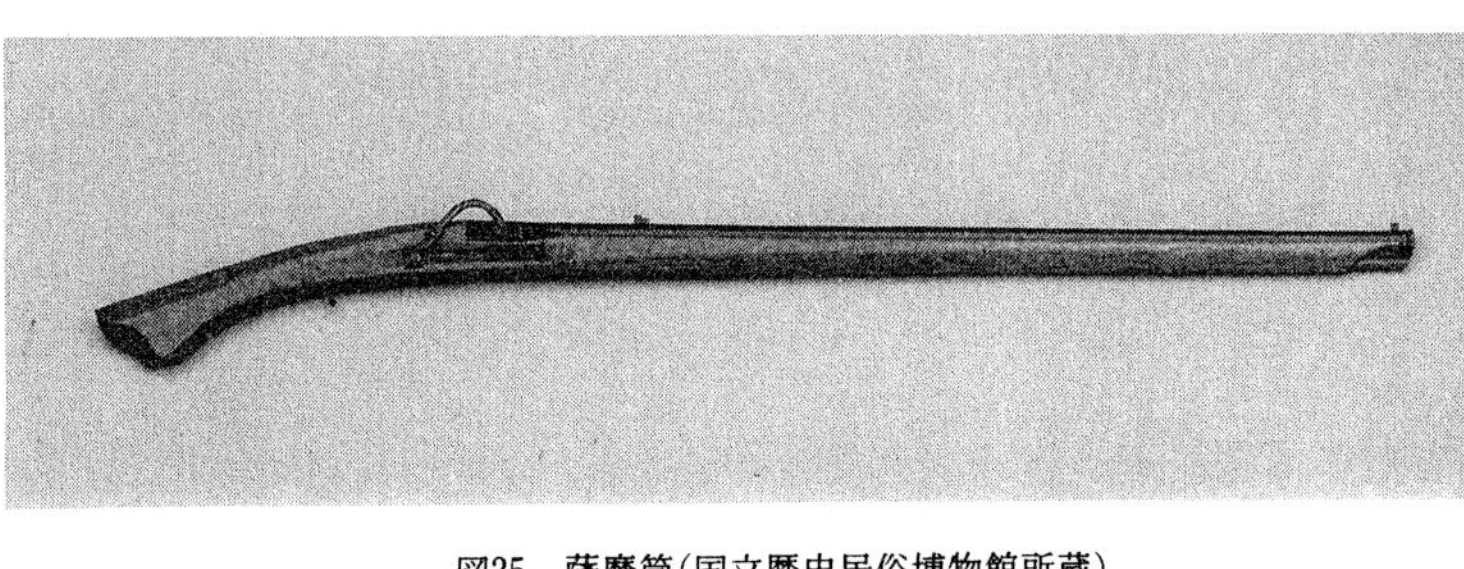
図25　薩摩筒(国立歴史民俗博物館所蔵)

鍋島・大村の軍隊はモスケット銃ににたる鳥銃一千、次に鑓千五百有り、鑓は金色その次には、長刀の一隊と弓矢の一隊あり。また小数なれども、大砲を備える。

なお、ここで「手火矢」の呼称についてふれておきたい。手火矢の呼称は、大友氏・島津氏関係の古文書・古記録、つまり九州地方にのみ認められ、他地域には見当らない。永禄三年（一五六〇）大友氏は室町将軍に「種子島筒」とともに「石火矢」を贈っているが、「石火矢」とは、大口径の大砲をさしている。とすると「手火矢」は小銃の呼称と考えられる。この用語は大型砲の「石火矢」に対応している。

現在、九州地方に流行していた火縄銃を「薩摩筒」と呼称している。薩摩筒の形式は鉄炮の生産地として著名な近江の国友や泉州の堺で造られる火縄銃と異なっている。すなわち、機関部は外カラクリではなく、弾金のない内カラクリであり、火挟みは鉄製で銃床も様変りしている。(24)（写真参照）はたしてこうした薩摩筒の使用年代がいつまで遡るのか不明であるが、種子島に伝来したマラッカタイプの火縄銃とも形式を異にしている。九州地方で使用された薩摩筒が種子島系統の火縄銃であれば、この形態ではない。これらの諸点は今後に残された課題とせざるをえないが、手火矢の用語の使用範囲と薩摩筒の形状は種子島とは別ルートの鉄炮伝来を暗示しているようである。

第四節　安芸毛利氏の発展と鉄炮

ついで中国地方に勢力を誇示した安芸の戦国大名毛利氏の鉄炮使用の状況を検討したい。天文二十三年（一五五四）三月、大内義長は陶晴賢上申の乃美備前守賢勝の軍忠状に証判を認めた。(25)前年の戦功の上申だが、軍忠状をみると手負は「同矢疵壱ヶ所左脚」「切疵左手甲」「礫疵壱ヶ所右肩」とあるだけで鉄炮疵がみえない。また永禄三年三月、毛利隆元の証判のある安芸許斐要害の戦功を賞した軍忠状にも「鑓疵左手甲」「石疵右股」とあって、鑓と礫疵はあるが、鉄炮疵がみえない。(26)

ところが、この間の弘治三年（一五五七）二月十九日、小早川隆景が万寿(乃美元信)につぎの書状を出している。(27)

今程なまり所持之由候間、給候者可為祝着候、鉄放ために候間、須々磨せめの合力たるべく候、かしく

二月十九日　隆景(小早川)（御判）

万寿殿(乃美元信)

またこの時期、毛利元就が児玉若狭守に「えんしようの事申越候處、早々尋越候、祝着候」と、そして児玉李亮に「塩硝熱させ候、然者其方馬屋之土可然之由候間、可所望候」と、さらに内藤少輔九郎に「塩硝熱候仁爰元罷越候、就夫古馬屋之土入之由候条申入候、某元御短息候て可給候」と伝えている。(28)

万寿宛小早川隆景書状の須々磨は周防都濃郡にあって、毛利氏に敵対した陶方の山崎伊豆守興盛父子の居城である。同城は三面を沼が囲む難所であった。そこで毛利元就は攻撃に鉄炮の活用を計画したのである。

その後、須々磨城は落居するが、鉄炮使用の事実は定かではない。さきの軍忠状と須々磨の毛利元就書状の記載か

ら、天文末年から永禄初年の時期における毛利氏の領国における鉄炮の使用は活発とはいえない。

永禄五年（一五六二）二月、毛利元就は祖式部少輔友兼に「鉄炮放之事承候、自元就所今朝先三人申付遣候、猶以可遣候々」と伝えた(29)。祖式部友兼は石見の河上に在陣して尼子氏と対陣していたが、戦局の打開をはかって毛利元就に「鉄炮放」の派遣を要請したのである。

おなじ年の八月二十四日、毛利隆元は粟屋元種と内藤元栄の両名に「嶋巣（出雲）江遣候、鉄炮はなち中間共事、今度敵動ニ涯分辛労仕、一篇はなし候由、宍道注進候、神妙候、弥可加褒美候通可申聞候」と、配下の「鉄炮放」の働きを称えている(30)。ここでは「鉄炮はなち中間共」とあるから、「鉄炮放」は中間によって組織された集団であることが分かる。

そして永禄十一年（一五六八）三月九日、毛利輝元が粟屋元種と内藤元栄に伊予河野氏赴援にさいして「今度至予州中間之者九人申付差渡候」と述べている(31)。伊予に渡海した中間とは関連文書から「鉄炮放」とみてよい。戦いの規模や重要性を考慮して鉄炮中間の人数は、必ずしも一定していないと推測されるが、祖式部友兼が「鉄炮放」の派遣を要請したのは、出陣中の部隊に多くの鉄炮が装備されていないからであろう。

この時期、つまり永禄十年（一五六七）前後になると、毛利氏の「鉄炮放」の派遣が顕著である。たとえば、永禄七年（一五六四）九月三日、毛利元就は小寺佐渡守元武に「鉄炮二、三十挺、先昨日差上候、定而可為到着候」と陣所に鉄炮二、三十挺を送り(32)、二日後「但州屋形（山名祐豊）至徳吉御陣替ニ付而、其表各同前頓入城候、誠覚悟無比類祝着候、彼御動如何候哉聞度候、加勢之儀、追々可差出候、聊不可油断候、鉄炮放遣候ツ、定而可為参着候」と(33)、今度は「鉄炮放」を派遣している。この鉄炮放はさきに送付した二、三十挺の鉄炮を操作する鉄炮中間である。鉄炮と「鉄炮放」が別々に派遣されたのは、陣所には鉄炮を扱える兵士がいないか、いたとしても人数が少ないからであり、すぐに「鉄炮放」が調達できなかったためである。やはりこの時期、毛利氏が合戦で使用する鉄炮の数量が多くないことをこの事実は語っていよう。

しかしこれ以後、毛利氏の鉄炮使用は積極的である。たとえば、永禄十一年十二月、毛利輝元は国司右京亮元武と粟屋内蔵丞の両名に「今度為鉄炮放差下候、後藤長左衛門事、於三嶽敵弐人討捕候、神妙候、追而以明所可扶持候、此由可申聞候」と申し送った(34)。後藤長左衛門は国司と粟屋の両氏に付属した鉄炮中間であるが、永禄五年八月には、出雲の鵰巣に、また永禄十一年には他の鉄炮中間とともに河野氏の領国伊予に渡海している。永禄十一年の毛利輝元の明所の扶持は、じつにこうした合戦における一連の鉄炮の戦功が認められた結果にほかならない。鉄炮中間後藤長左衛門の行動は、まさに安芸毛利氏が合戦でしだいに多くの鉄炮を使用しつつある経緯を明示している。

永禄十年ころ、毛利元就は平佐源七郎宛書状の末尾で「殊更今比ハてッほうなどと申事候て、世上ニも不慮の事のミ候間、無油断身上候、今日不思議なる事にてこそ候へ、これ又よく〳〵物かたり可申候」と述べている(35)。すなわち、毛利元就は、最近の合戦では鉄炮なる新兵器が出現して、思いがけない被害に合うことがあるから、鉄炮のことはよくよく話すようにと、平佐源七郎に諭しているのである。

毛利元就は弘治三年(一五五七)三月、周防の陶氏残党掃討戦に鉄炮の使用を計画し、また永禄初年の合戦には多量ではないが鉄炮を使用しているから、すでに鉄炮の存在を知っていたはずである。しかし平佐源七郎宛毛利元就書状をみると、毛利元就が合戦における鉄炮の威力を実感したのは、このとき、すなわち、永禄十年ころである。このことは、少しくふれたが、この時期以後、毛利氏の鉄炮活用が活発になっていることと無関係ではあるまい。たとえば、永禄十二年(一五六九)三月二十五日、毛利輝元は児玉三郎右衛門元良につぎの書状をだした(36)。

(出雲)
富田籠城之鉄炮はなしの中間衆事、長々辛労仕、於于今は隙明事候へ共、今度一動之儀者可罷居候通申聞候処、

各別仕之由、誠祝着千万候、以此旨弥申聞鉄炮はなさすへき事肝要候、謹言
(永禄十二年)三月二十五日　(毛利)輝元（御判）
「児　三右　輝元」

そして翌月十一日、児玉三郎右衛門元良は毛利元就から「鉄炮放之儀（中略）其方陣所呼候て涯はなさせ候べく候、五十人余あるべく候」の書状を受取った。(37) 戦のために児玉氏の陣所には五十余人の鉄炮放が集められたのである。

永禄十二年（一五六九）四月二十九日、毛利輝元は市川孫五郎以下十一名の鉄炮中間に「其表長々辛労之至候、殊此比者立花(筑前)近陣之儀共候、鉄放一廉心懸肝要候、爰元之儀急度至関(長門)、下向候間」と述べた。(38) ほどなく長門の関に下向した市川孫五郎は九州に渡海し、同年五月十八日、毛利方の宍戸隆家の陣所に攻撃をかけてきた大友宗麟の兵と戦った。このとき同氏は「旁々以鉄炮敵弐人被射伏候、其故彼ロ之儀一番仕崩候、御粉骨之段、御座所江遂披露候」の戦功を立てた。(39) 毛利氏と戦った大友宗麟の軍忠状の手負注文によると、大友方の手負疵は「矢疵」「刀疵」「鑓疵」「石疵」「手火矢疵」とみえるから、(40) この戦いで毛利氏は弓矢・刀・鑓・投石・鉄炮を使用したのであるが、注目すべきは、筑前の立花の陣では、鉄炮によって「彼ロ之儀一番仕崩候」と鉄炮が敵陣を崩す契機をなしている点である。そろそろ鉄炮が補助兵器から主要兵器となり、合戦の勝敗を左右するようになってきた証拠である。

永禄十二年五月、毛利元就は粟屋弥次郎に鉄炮中間岡又十郎の楢崎の陣で鉄炮を用いて敵兵二名を射たことを、(41) また同年同月、三上弥四郎が豊州衆出張のとき、鉄炮をもって敵を数多射伏せた戦功をそれぞれ賞している。

なお、年次は不明だが、毛利元就が堀立壱岐守(井上就重)に宛てた書状に「此高屋小三郎事、大鉄炮放ニ遣候、致其方同心候て大鉄炮はなさすへき事肝要候、委細自但馬守所可申候」とみえる。この頃から毛利氏は合戦に大鉄炮を使用しているのである。(42)

戦国大名毛利氏の鉄炮の使用は、天文年間には認められないが、弘治三年の陶氏の残党掃討戦において、鉄炮の玉の原料となる鉛、焔硝のことが小早川隆景や毛利氏家臣宛の書状にみえるから、この頃から毛利氏は合戦に鉄炮を使用しはじめたと考えられる。

永禄初年頃になると、毛利氏の軍事組織のなかに鉄炮中間の存在が知られるが、まだこの段階の鉄炮中間の人数はあまり多くなく、前線部隊に常備される鉄炮は不足がちであった。ところが、永禄十年代になると、それ以前に較べて毛利氏の鉄炮の使用は顕著となり、数は僅かと思うが大鉄炮まで装備した。鉄炮使用の増大はいみじくも毛利元就自身が平佐源七郎に述べたように合戦における鉄炮の有効性が痛感されたからにほかならない。

鉄炮中間は毛利氏を支える部将に付属して合戦に参加した。鉄炮中間が戦功に応じて土地を支給されることは、鉄炮の価値がそれだけ上昇した証拠である。鉄炮中間とは、戦国大名の軍事組織の呼称であるが、個々の中間は「鉄炮放」と呼ばれた。鉄炮だけに限らないが、刀・鑓・弓矢などの武器の用法は、日常の鍛練が肝心である。鉄炮中間を構成した「鉄炮放」は誰でも彼でも良いわけではなく、鉄炮の用法に習熟した兵士、つまり「鉄炮上手」が集められたのである。

注

（1）「本能寺文書」京都大学陳列館所蔵写。

（2）今谷明『言繼卿記―公家社会と町衆文化の接点―』そしえてえ、昭和五十五年。『京都・一五四七年』平凡社、昭和六十三年。

（3）洞富雄『鉄炮伝来とその影響―種子島銃増補版―』淡路書房、昭和三十四年。

（4）『群馬県史』資料編七―二〇二三・二〇二四号文書、昭和六十年。

(5)「上杉家文書」一–四八二『大日本古文書』家わけ第十二。
(6)田北学編『編年大友史料』十九–二五〇、金洋堂、昭和十三年。
(7)『種子島家譜』熊毛文学会、昭和三十七年。「島津家文書」一–二九二『大日本古文書』家わけ第十六。
(8)『石山本願寺日記』上松寅三編、大阪府立図書館、昭和五年。
(9)田北学編『編年大友史料』二十一–一四（前掲）。
(10)「湊文書」『山形県史』資料古代中世編1、五〇九頁。
(11)『新訂増補国史大系』37後鑑第四編、吉川弘文館、昭和四十年十二月。
(12)宇田川武久「壬辰・丁酉の倭乱と李朝の兵器」『国立歴史民俗博物館研究報告集』第一七集、昭和六十三年。
(13)「上井覚兼日記」上『大日本古記録』昭和二十九—三十年。
(14)「島津家文書」二–一一四三『大日本古文書』家わけ第十六。
(15)「上井覚兼日記」下　天正十四年九月条『大日本古記録』昭和二十九—三十年。
(16)三木靖『薩摩島津氏』新人物往来社、昭和四十七年。
(17)「上井覚兼日記」下　天正四年八月条『大日本古記録』。
(18)田北学編『編年大友史料』「佐田文書」（前掲）。
(19)田北学編『編年大友史料』二–一八九（前掲）。
(20)『異国往復書翰集』村上直次郎訳注一七～一九頁、雄松堂、昭和五十年五月。
(21)田中健夫「倭寇」教育社新書、教育社、昭和五十六年。宇田川武久「鉄炮伝来の再検討」『戦国日本と世界』ぎょうせい、昭和六十一年。
(22)「堀立家証文写」吉川元春書状、広島大学文学部内海文化研究施設『内海文化研究紀要』第十六号、一九八八年。
(23)「日本耶蘇会年報」『大日本史料』第十一編之六–二八八頁。
(24)薩摩筒、国立歴史民俗博物館所蔵。
(25)山口県立文書館編『萩藩閥閲録』一巻二八一頁、山口県立文書館、昭和三十八～四十六年。以下『萩藩閥閲録』一–二八一頁と記す。

(26)「萩藩閥閲録」一―一八三頁。

(27)「萩藩閥閲録」(浦圖書)、三卿伝編纂事務所編『毛利元就卿傳』上巻、六盟館、昭和十九年。

(28)瀬川秀雄氏『吉川元春』創文社、昭和十七年、「萩藩閥閲録」八四・児玉弥七郎書上・内藤五郎書上。

(29)『萩藩閥閲録』二―三六八頁。

(30)『萩藩閥閲録』四―三〇九頁。

(31)『萩藩閥閲録』四―三〇頁。

(32)『萩藩閥閲録』二―二二六頁。

(33)『萩藩閥閲録』二―二二六頁。

(34)『萩藩閥閲録』四―三〇九頁。

(35)「毛利家文書」二―五四八『大日本古文書』家わけ第八。

(36)『萩藩閥閲録』一―四八七頁。

(37)『萩藩閥閲録』一―四八七頁。

(38)『萩藩閥閲録』二―一一一頁。

(39)『萩藩閥閲録』二―四九三頁。

(40)「五条文書」『大日本史料』第十編之二―五六一頁。

(41)『萩藩閥閲録』二―七九三頁。

(42)「堀立家証文写」(前掲)。

第三章　東国地方への波及

第一節　甲斐武田氏と鉄炮

「妙法寺記」は弘治元年（一五五五）に武田晴信が栗田氏の城砦に鉄炮を送ったことを記している。[1]

武田殿ハ三十里此方成大塚（信濃）ニ御陣ヲ被成、善光寺ノ党主栗田殿（寛明）ハ旭ノ城ニ御座候、旭ノ要害ヘモ、武田晴信公人数三千人、サケハリヲイル程ノ弓ヲ八百張、鉄炮ヲ三百挺カラ御入候、

鉄炮を要害に送った事実は、史料の性格から信頼してよいが、三百という数量については、この時期、合力としてこれほど多くの鉄炮を武田氏が調達できたか、やや疑問である。

たとえば、つぎの永禄十二年（一五六九）十月十二日付、市川新六郎宛武田信玄朱印状の軍令は、武田氏が保有する鉄炮の一端を示している。[2]

定

一、烏帽子・笠を除て、惣而乗馬・歩兵共ニ甲之事、付、見苦候共、早々支度之事、

一、打柄・竹柄・三間柄鑓専用意之事、付、仕立一統之衆一様たるへきの事、

一、長柄十本之衆者、三本持鑓、七本長柄たるへし、長柄九本・八本・七本之衆者、二本持鑓、其外者長柄たるへし、長柄六本・五本・四本・三・二之衆は持鑓、其外者長柄、又一本之衆者、惣而長柄たるへきの事、付、

弓・鉄炮肝要候間、長柄・持鑓等略之候ても持参、但口上、

一、知行役の鉄炮不足ニ候、向後用意之事、付、可有薬支度、但口上、

一、鉄炮之持筒一挺之外者、可然放手可召連之事、

一、乗馬之貴賤共ニ、甲・喉輪・手蓋・面膀・頬当・佩盾・差物専要たるべし、此内も除へからさるの事、付、歩兵も手蓋・喉輪相当ニ可被申付之事、

一、歩兵之衆随身之指物之事、

一、知行役之被官之内或有徳之輩、或者武勇之人を除て、軍役之補として百姓・職人・弥宜、又者幼弱之族召連参陣、偏ニ謀逆之基不可過之事、

一、定納ニ万疋所務之輩、乗馬之外、引馬二疋必用意之事、

以上

己巳（武田氏丸龍）　　土屋

奉之

十月十二日　（朱印）

市川新六郎殿

この丸龍朱印状が出された時期は、小田原城包囲・三増峠の戦いのさなかである。宛所の市川氏はこれ以前の弘治二年頃、武田氏に服属した勢力の大きい土豪である。この軍役規定は、はじめに騎馬と歩兵の者は甲（かぶと）を着用すること、つぎに鑓は竹柄を付けた三間柄を使用すること、長柄の衆は二本から一本の持鑓を用意すること、付け

たりには、弓と鉄炮は肝要だから、長柄・持鑓などを省略しても持参せよとか、知行役の鉄炮が不足しているから、今後、鉄炮を用意せよ、鉄炮は持筒一挺の外、しかるべき放手を召し連れるべきこと、乗馬の衆は貴賤ともに甲・喉輪・手蓋・面膀・頬当・佩盾・指物が必要であること、などが決められており、戦国大名武田氏の部将の武装が明らかである。

武具を外して武器をみると、この軍令では「三間柄之鑓専用意之事」とか、「鉄炮肝要候間」とあり、長柄と鉄炮が重視されている。そして、とくに鉄炮が鑓より重きを置かれていることは、付けたり条項に「鉄炮肝要候間、長柄・持鑓等略之候ても持参」とあって明らかである。ただし「知行役之鉄炮不足ニ候、向後用意之事」の文言があるから、軍役で確保できる鉄炮の数量は、つねに不足していたとみなければなるまい。だからこそ甲斐武田氏は長柄の鑓を省略してまでも鉄炮を持参せよ、と軍令したのである。

これ以前の永禄五年十月、武田信玄が大井高政の軍役をつぎのように定めている。(3)

（武田信玄）
（朱印）定

四十五人　　　具足

此内信国刀差添

一、鑓　　三十本

付、此内五本就在府赦免

一、弓　　五張

一、持鑓　　二挺

一、鉄放　　　　　　　一丁
一、甲持　　　　　　　一人
一、小幡持　　　　　　一人
一、差物持　　　　　　一人
一、手明　　　　　　　四人

以上四十五人

右如此召連、可被勤軍役者也、仍如件

（永禄五年）
壬戌

十月十日

武田信玄朱印状によると、大井左馬亮は四十五人の軍役を負担したが、武器の内容は鑓・弓・鉄炮である。ここで注目したい事実は、鉄炮に比較して、鑓の数が断然多いことである。

さきの永禄十二年（一五六九）十月十二日付、市川新六郎宛武田信玄朱印状とこの朱印状を関連させて鉄炮のことを考えると、永禄五年（一五六二）の段階では、合戦における武器の主体は鑓にあって、鑓に比較して鉄炮の利用が多くないといえ、それにたいして永禄十二年頃になると、軍役だけでは鉄炮が不足するといい、それを補うために長柄を省略しても鉄炮を用意せよと述べているから、この頃になると、まさに鉄炮の利用が活発になったとみなせるのである。

ちなみに、この間の永禄十年十月十三日、武田氏が領国内に出した条目の一条に「一、武具之内、別而弓・鑓・鉄炮用意肝要之事」と「鉄炮被持候人無油断、倅小者等鍛練尤候、近日一向無其趣、隣国之覚不可然事」とある。渡辺世祐氏は、この鉄炮の条項について「これは信玄が最も勢力のあった頃に出したものであるが、特別に鉄炮が重用せられているとは思われず、寧ろ聊か軽んぜられ鍛練を怠っているように思われる」と解釈されている。(4)

しかし、筆者はここで引用した永禄五年十月の大井左馬亮宛武田信玄定書と永禄十二年十月の市川氏宛武田信玄定書の鉄の記事と、それにこの条項をあわせて考えれば、すなわち、武具は弓・鑓・鉄炮は肝要である、鉄炮を所持している倅・小者は鍛練が必要である、近頃、鉄炮の鍛練をしないために隣国との合戦では不覚をとる、と武田信玄が述べたのは鉄炮を重視していたからと考える。とりわけ後者の条項は武田信玄が鉄炮は合戦には必須の武器と認識していた事実をよく表している。

武田信玄は元亀三年（一五七二）閏一月、武蔵金屋の鋳物師が鉄炮の玉、薬研の奉公を勤めたので普請役を免除したり、(5)天正元年（一五七三）十一月朔日、浦野氏に宛てた条目のなかに鉄炮薬について「一鉄炮之薬、従大将陣配当之儀は勿論候、雖然如近年者、自然之時節欠乏之候者、則凶事之基候之条、知行役相当ニ玉薬支度之事」と、火薬は大将陣に配分した以外、知行役相当の火薬を用意せよ、(6)と書かれていることも武田信玄の鉄炮に対する関心の深さを裏付けている。

元亀三年八月十一日、武田信玄は北条氏政とともに関東に出陣するために駿河葛山氏の軍役を定めた。(7)葛山氏は永禄十一年（一五六八）十二月、武田信玄に降った駿河の豪族であるが、この時期には武田氏の軍役を負担した。葛山氏負担の軍役は「長柄・持鑓・鉄炮放」と基本的には、いままでとおりである。すなわち、戦国大名武田氏は新しく版図とした地域の豪族に対しても軍役を課して鉄炮の確保に努めたのである。

第二節　長篠合戦の意義

天正三年（一五七五）五月、武田氏と織田・徳川両氏の連合軍が三河の設楽原で戦った長篠合戦は、新兵器の鉄炮が遺憾なく威力を発揮した合戦として著名である。が、ここでは合戦の状況を詳しくは説かない。それは鉄炮がどのように使われたかを明らかにしても、鉄炮の普及を証明したことにならないからである。むしろここでは長篠合戦以前と以後において、武田氏の鉄炮に対する施策に変化がみられるかどうかを確かめたい。そのほうが鉄炮普及の状況を把握できるとおもうからである。

武田勝頼は長篠合戦後の天正四年二月、小田切民部少輔の軍役を定めた(8)。

定　　　軍役之次第

一、乗馬・甲・立物・面肪・手蓋・喉輪・脛盾　自分共指物四方かしなへニ而、馬介可持如経、六騎

一、持小旗、三本

一、鉄炮可有上手歩兵放手、玉薬壱挺三百放宛可支度、六挺

一、持鑓実共可弐間之中、六本

一、弓上手之射手、うつぼ矢根・つる無不足可支度すべし、六張

一、長柄実共三間木柄二而、打柄か実五寸朱にてあるべし、

以上道具数四拾、乗馬共四十六、

右歩衆何茂甲・立物・具足・手蓋・喉輪・指物有へし、如此調武具人数召連、可被勤軍役、随而領中荒地之外被

申旨候者、重而以御検使被改之、可被加御下知者也、仍如件

天正四年丙寅二月七日（武田勝頼）（御朱印）春日弾正忠奉之

小田切民部少輔殿

この武田勝頼朱印状では、軍役の鉄炮の記載が長篠の戦以前と較べてより細かである。すなわち、鉄炮は上手の歩兵の放手であること、玉薬は一挺について三百発宛支度すべきとある。永禄五年（一五六二）十月の大井左馬亮高政の軍役は四十五人と規定されていた。このとき大井氏が賦課された鉄炮は一挺であるが、天正四年二月の軍役で四十六人を規定された小田切民部少輔は鉄炮の負担が六挺と多い。

天正三年十二月十六日、武田勝頼は尾張・美濃・三河・遠江に出陣するために信濃小県郡小泉昌宗の諸士に条目を定めて兵備を整えさせた。(9) 条目のなかに鉄炮に関する規定がみられる。その部分を書き抜いてみよう。

一、当時鉄炮肝要候間、向後略長柄、撰器量之足軽、鉄炮持参、併可為忠節、以着到鑓数令糾明之上、鉄炮可帯来様子、後日可成下知之事、

一、弓・鉄炮無鍛練之族、一切不可令持参之事、付、向後者、於陣中節々以検使相改、弓・鉄炮無有鍛練之族者、可有過怠之事、

一、貴賤共分量之外、鉄炮之玉薬支度、可為忠節之事、

この条目は武田勝頼が家臣の小泉氏に宛てたものであるが、さきの永禄と元亀の軍役賦課の鉄炮の記載と比較すると相違が明白である。すなわち、天正三年の長篠の戦い以前は、鑓を略して鉄炮を持参した者は忠節としたが、ここでは鉄炮が肝要だから、今後は長柄を略して、鉄炮上手の足軽を選んで鉄炮を持参したものは忠節であると、鉄炮持参を命令している。また弓と鉄炮の鍛練をしない者は持参すべからざること、今後は陣中に検使を派遣して鉄炮改め

を実施するが、弓と鉄炮を鍛練しないものは過怠とすべきことなど、鉄炮に関する規則が罰則まで付加されていて細かいのである。

天正四年（一五七六）三月二十七日　武田勝頼は信濃水内郡大日方佐渡守の軍役を定めたが、[10]鉄炮の軍役は小田切民部少輔と同じく「一、鉄炮可有上手歩兵放手、玉薬壱挺三百放宛可支度」と定めている。

つぎの穴山信君から駿河今宿の松木与左衛門宛の定書は、長篠合戦後、まもない時期と推定されるが、条項に鉄炮の記事がある。[11]

定　　　　於半手商売事

一、出合之様子、償銭如取替、於水川之郷、互河端出合可商売事、

一、自敵方、鉄炮並鉄無相違出之候者弐百疋、三百疋之夫馬可遣之事、

一、書付之外之商人、商売可停止之、若違犯之族、見合荷物等可奪捕事、

九月晦日　　　　　　　　　　（穴山）信君（花押）

松木与左衛門尉殿（以下略）

かつて松木氏は駿河今川氏の御用商人として国元と京都を往来した有力商人である。本定書の二条目に敵方より鉄炮と鉄を購入できるならば、それを運送するための夫馬を二百疋・三百疋遣わすべし、とみえる。武田氏は長篠合戦で大敗を喫したが、戦後の軍役の記載と有力商人宛の定書をみると、戦前と戦後では鉄炮の記載に違いがある。長篠合戦は織田・徳川両氏の連合軍が鉄炮を有効に運用したために勝利したとされるが、武田氏が長篠合戦で大敗したのは、鉄炮の運用よりも常備する鉄炮の数量が不足していたためである。だからこそ武田氏はその反省から戦後になって、軍役のなかでとくに鉄炮の負担を多くして、さらに数多くの鉄炮の常備化を進めたのである。したがって

長篠合戦が契機となって武田氏の領国では鉄炮が普及したと考えられるのである。

以上九州の豊後大友氏・薩摩島津氏、中国の安芸毛利氏・甲斐の武田氏の合戦と軍役を通して鉄炮普及の度合を概観した。これら戦国大名の鉄炮の使用の時期は、だいたい九州南端の島津氏がもっとも早く、ついで大友氏、毛利氏、武田氏の順になる。すでに島津氏は天文十年代の合戦に鉄炮を使用しているが、ほかの諸氏はだいたい永禄初年であり、本格的な使用は永禄十年代から元亀年間と共通している。

ピントの『廻国記』は当時の日本の鉄炮保有の状況を誇大につぎのように伝えている。(12)

その後印度副王ドン・アフオンソ・デ・ノローニヤの贈物を帯して、予が豊後王の許に使した一五五六年最後の日本行のときには、日本人は豊後王国の首府たる府中に三万以上の鉄炮があると断言した。予にはそんなに増加することがあり難いと考へられたので、非常に驚いた時、或る商人・貴位高官の人々等が、更に日本全島では三十万挺以上に上り、レキオス（琉球）へは日本人が鉄炮のみを搬出し、六回に二万五千挺に及ぶことを、言葉を悉して説明した。それ故に、前述した如く、ゼイストが厚意と尊遇の一部に報ゐるため、好意と友誼あるナウトキンが譲った僅か一挺の鉄炮から、このときには国中にそんなにも沢山の鉄炮が満ち渡ったのである。それは既に如何なる小さい村でも百挺以上も有たぬものがなく、有名な市や町に至っては数千として話に上る程であった。これに由って、この国に人が本来軍事上の実行には如何に心を用ゐるかが分るであろう。そのことは、現在知られてゐるあらゆる国民よりも傾聴する。

第三節　後北条氏の鉄炮確保と基盤

貞享元年（一六八四）二月、泉州堺の衣笠一閑宗葛は「堺鑑」を著した。[13] 本書の下巻には堺と関係が深い鉄炮の記事が「永正七年庚午和泉堺ヨリ小田原ノ山伏玉龍坊ト云客僧買求テ北条氏綱ニ奉、其後氏康ノ世ニ成テ和泉堺ヨリ国康ト云鉄炮鍛冶ヲ呼下シテ数多張ラレシニ根来法師ニ杉坊ニ王坊ナド云者関東ヲ廻リ鉄炮ヲ教弘タリ」と書かれている。すなわち、一閑宗葛の「堺鑑」は相模後北条氏の領国には、種子島に鉄炮が伝わる以前から鉄炮が移入されていたと説いているのである。

しかし、「堺鑑」の鉄炮以外の記事は別にして、本書の鉄炮に関する記述の根拠は「古老物語」や「鉄砲記」などに依拠しているから、この記事の信憑性は乏しい。したがってこの説を根拠にして相模後北条氏が、すでに鉄炮伝来以前、外国から鉄炮を入手していたと主張できないし、事実後北条氏の領国では、そうした形跡は一切認められないのである。

北条氏康は永禄三年（一五六〇）十月四日、某氏に「横瀬（由良正繁）敵陣へ出候付而、其地初ニ成候、此度可抽忠儀事、専要候、仍鉄炮・玉薬進之候、猶用所付而、重而可進候、委曲使者可申候」と伝えた。某氏の地が敵の侵入をはじめに受ける地帯となるので、北条氏康は某氏に鉄炮と玉薬を送って、敵の侵入阻止を計ったのである。[14] あいにく北条氏康の書出は宛名を欠くが、後北条氏の鉄炮に関するもっとも早い時期の確かな史料である。

北条氏政は永禄十二年（一五六九）七月、甲斐武田氏の侵攻に備えて布施佐渡守に駿河蒲原城の守備を命じた。このとき布施氏は寄騎二十騎・弓・鉄炮の巧者を集めている。[15] そして元亀元年（一五七〇）一月九日、後北条氏が代替

りの軍役を実施したとき、岩付衆の宮城四郎兵衛は総計二百八十四貫を算定されて、以下の軍役を負担させられた。(16)

三本大小旗持、具足・皮笠、一本指物持、同理、一張歩弓持、甲立物・具足・指物しない地くろニあかき日之丸一ッ、二挺歩鉄炮侍、同理、十七本鑓、二間之中柄、具足・皮笠、七騎馬上、具足・甲大立物・手蓋、面膀・馬鎧金、四人歩者、具足・皮笠・手蓋、以上、三十六人。

武器の数量は鑓が一張、鉄炮が二挺、二間の中柄の鑓が十七本とあって、鉄炮と弓の数量が鑓に較べて少ない。

元亀二年（一五七一）六月、北条氏政は岡本秀長に相模吉岡郷の地を与えて、寄子着到の制を定めたが、岡本氏の負担すべき軍役と武器がつぎのように書かれている。(17)

一、五拾九貫文相州東郡吉岡、此着到、一本大小旗持具足皮笠、一本四方へ指物持同理、二本鑓二間之中柄、武具同理、一騎自身、甲・大立物・具足・面膀・手蓋・馬鎧金、二人歩者具足皮笠、以上七人、

一、小田原於御蔵可請取、五貫文歩侍甲・立物・具足・手蓋、弐貫四百文弐人持壱本鑓武左衛門、七貫四百文同理鈴木半右衛門、七貫四百文弐人同理、杉山惣次郎、七貫四百文二人同理、大庭弥七郎、以上弐拾九貫六百文之内、二拾貫文、拾貫文、六百文扶持八人分、合拾五人上下、此内壱本大小旗四郎左衛門、壱本指物源重郎六本鑓源重郎、本四郎三人、衛門四郎、藤四郎、一騎馬上、四人歩侍、二人歩者随右衛門、六郎五郎、

以上十五人（以下略）、

この着到定には鉄炮の記載がなく武器はただ鑓のみである。

翌元亀三年（一五七二）三月、北条氏政は道祖氏の軍役を定めたが、(18)改定着到状の武器は岡本秀長のばあいと同様、鑓のみで鉄炮がない。そして同じ年、武州の鈴木雅楽助の改定着到でも、やはり鉄炮がみえない。(19)

この後、天正九年（一五八一）七月、北条氏政が道祖氏の軍役を改定したが、武器の内容は元亀三年三月の改定と

おなじく鑓のみであり、さらに天正十一年三月、北条氏政が小滝豊後守に所領を安堵して軍役を課しているが(20)、ここにも鉄炮がみえない。この月、信濃の佐藤助丞(21)さらに天正十一年九月武蔵足立郡の小熊七郎(22)の着到定にも二間の中柄の鑓の規定だけがあって鉄炮の記載がない。

こうした後北条氏の着到定の武器の記載から鉄炮についていえることは、鉄炮の記載がみられないわけではないが、知行高の低い土豪の場合は、ほとんどが鑓であって、鉄炮を負担する土豪は、逆に高い傾向が指摘できる。

後北条氏は新兵器の鉄炮の確保に努めたが、鉄炮はつねに不足していた。この分、後北条氏は鑓や弓矢を数多く確保して使用しなければならなかったのである。北条氏照が永禄八年（一五六五）卯月二十八日、武蔵国高麗郡の柏原鍛冶の新居新左衛門尉に棟別役十二間分を免除して、年間二十挺の鑓の納入を命じ、公用以外に鑓を注文した場合、手当てを支給して依頼すると述べ、そして天正七年六月、同鍛冶の九年間にわたる未進分のうち半分を免除するから、明年の十一月を上限として、鑓百三十五丁の納入を命じている(23)。この事実は鑓の多用の一端をうかがわせている。

ところで、永禄三年（一五六〇）十月四日、北条氏康が某氏に鉄炮と玉薬を送ったとわざわざ伝えたのは、鉄炮が貴重な武器であったからに相違あるまい。そして元亀二年二月二十五日北条氏康が江戸衆の会田と窪寺の両氏に「房州衆、市川筋相動之由候、其地へ加勢之衆、江戸衆申付候、鉄炮・玉薬指越候、近藤万栄所より可越候、江戸へも岩付衆可懸着候」と述べている(24)。安房の里見氏が市川筋に侵入して来たので、北条氏康は江戸衆に加勢を命じ、近藤万栄のところから届いた鉄炮と玉薬を江戸衆に支給しているのである。

なお、近藤万栄がどれほどの数量の鉄炮を製造したか定かではないが、着到定の軍役賦課の武器内容と合戦の状況に応じて鉄炮が陣所に送られているから、後北条氏の保有する鉄炮の数量は、さほど多いとはいえない。

さらに後北条氏の鉄炮保有の少なさは、北条氏政の弟で武州鉢形城主の北条氏邦が天正十年（一五八二）二月二十五日、秩父衆にだした印判状からも知ることができる。武蔵国秩父郡に拠点をおいた秩父衆は秩父孫二郎と同心衆八十人と、秩父差引の外嗜衆二十一人で構成されていた。北条氏邦の印判状に記載された秩父衆の武器と数量は鑓が五十九本・弓が二十一張・鉄炮が十三挺であり、この内、鉄炮負担の内訳は秩父衆と同心衆が三挺、折原衆が十挺なのである。(25)秩父衆は地縁的に結合した土豪集団であるが、こうした衆が後北条氏の軍事力を支えていたのだから、くどいようだが、後北条氏の鉄炮保有量は多くないと指摘できるのである。

後北条氏の軍役賦課に鉄炮の規定が少ないからといって、後北条氏が新兵器の鉄炮に無関心であったわけではない。元亀二年（一五七一）四月、北条氏堯が駿河の獅子浜に出入する船改の条規を獅子浜五ケ村に発令したなかで、とくに他国へ武器、鉄炮や焔硝が出るのをつよく警戒しているし、(26)武州岩付城主太田氏房の陣定にも鉄炮にたいする後北条氏の関心の深さが示されている。後者の陣定は鉄炮だけでなく戦国大名の支城の武器を知る上でも重要なので全文を引用しておきたい。(27)

岩付諸奉行、但今度之陣一廻之定、

小旗奉行　中筑後守

立川藤左衛門尉

潮田内匠助

右、何時も打立之貝立を傍尓ニ、小旗悉可相集、於押前物いわせず、いかにも入精可押、小旗数定百廿余本可有之間、改而不足之所をハ、何時も可申上候、

以上

鑓奉行　福嶋四郎右衛門尉

豊田周防守
立川式部丞
春日与兵衛

已上

右、鑓奉行申付候、六百余本可有之間、能々相改、不足之所をハ、無用捨可披露候、鑓奉行大事之役ニ候、もミあふ時、押前ニてならさる様ニ、入精可致之候、何時も小旗之衆同前、鑓も可集、已上

鉄炮奉行　河口四郎左衛門尉
真野平太

岩付鉄炮衆、五十余挺可有之間、相改、毎度之備ニ不足之所をハ書立、無用捨可令披露、兼日筒をこしらゑ尤候、無嗜ニてさび、引金以下損かつきたる一理迄之躰、以之外曲事候、能々可入精者也、已上

弓奉行　尾崎飛驒守
高麗大炊助

已上、

右、四十余張、弓衆可有之、能々相改、厳密ニ可仕置、馬上ニ候共、射手衆をハ一所へ集可押候、能々可入精、不足之所をハ相改、無思慮可披露、

已上

歩者奉行　山田弥六郎
川目大学

島村若狭守

已上

右、弐百五十余人之歩者、相改、毎度致一枚可押、歩者共、物いわすへからす、能々可致仕置、

已上

馬上奉行　渋江式部大輔
太田右衛門佐
春日左衛門
宮城四郎兵衛
小田掃部助
細谷刑部左衛門尉

已上

右、五百余騎之馬上、能々相改、備之模様、可然様ニ被入精肝要候、猶馬上之押様、専一候、五百余騎之内、不足之者相改、不及思慮、可有披露者也、

已上

歩走廿人之奉行、馬場源十郎

已上

以上

右、備之諸奉行、先此度者、大方如此定置候、何も不知案内ニ候間、可有相違候如何様帰陣之上、心静遂糺明、

重而之出張にハ入手而可定置候、仍如件、

此外、

陣庭奉行　春日左衛門尉

宮城四郎兵衛

細谷刑部左衛門尉

福島四郎右衛門尉

已上

右、陣庭之取様、肝要候、大方陸奥守陣取之模様ニ可取、猶様子ハ、自前々致来様肝要候、太田幕之内ニハ、中間共廿人之歩走、為陣取尤候歟、各可相談候、

篝奉行

一夜　春日左衛門尉

細谷刑部左衛門尉

立川藤左衛門尉

已上

一夜　宮城四郎兵衛

福島四郎右衛門尉

立川式部丞

已上

右、先日如申出、前二一ヶ所、陣之後二一ヶ所、大キサハ旗本ニたくこと、夜一夜不消様ニ、当番之者侍を三人ツツ、二ヶ所ニ、然与可付置、かかり木ハ先日被仰出候、三千貫役致衆、二ヶ所を半分ツ請取尤候、

已上

小荷駄奉行

一番　春日左衛門尉

福島四郎右衛門尉

立川式部丞

已上、

二番　宮城四郎兵衛

細谷刑部左衛門尉

中筑後守

已上、

右、隔番ニ小荷駄可申付、模様ハ何時も手札ニ可顕之、可為如其一尺木者、一騎合迄悉出合可結、此改、

太田右衛門佐

春日左衛門尉

細谷刑部左衛門尉

福島四郎右衛門尉

宮城四郎兵衛

已上

七月十三日

丁丑（禄寿応隠）

右、定置所如件

岩付鉄炮衆は岩付城主太田氏房の支配領域から軍役にもとづいて徴集された集団で城付の鉄炮衆ではない。この陣定書は「今度之陣一回之定」とあり、あくまで臨時の陣備である。ここには合戦に必要な「小旗」「鑓」「鉄炮」「弓」「歩者」「馬」「小荷駄」などの数量と、それらを管理する各奉行への指示が書かれている。

問題の鉄炮の数量は「五十挺」とあり、また鉄炮奉行への指示は「岩付鉄炮衆五十余挺これ有るべき間、相改、毎度の備えに不足の所をば書立、容赦なく披露すべく候、兼日筒を拵え尤もに候、無嗜みにて錆、引金以下損じ、担ぎたる一理までの躰もっての外の曲事に候、よくよく精を入れるべきものなり」とある。すなわち、後北条氏は岩付鉄炮衆が五十挺の鉄炮を用意するにあたって、もし数に不足があれば書立をして申出るべきであり、ふだんから筒を拵えることが大事であり、手入れをせずに鉄炮を錆させたり、引金以下を損壊させたら曲事である、と述べているのである。たしかにこの記事は後北条氏が鉄炮に深い関心を寄せていた証左となり、同時に鉄炮が貴重な武器であることを示している。

天正九年（一五八一）七月二十四日、北条氏政は相州中郡と西郡で合計百九十一貫を知行していた池田孫左衛門の軍役を五十六人と定めた。弓十張・鉄炮四挺・鑓四十五本が武器の内容である。(28) あいかわらず鉄炮は少ないが、ここで注目すべきは、北条氏政が「右、着到帳、従御隠居被渡下之間、相写遣候、自今以後弥入精、聊無相違様、肝要候、殊、弓・鉄炮取分専一候、其外於虎口何も々用ニ立様兼日手堅仕置ニ極候」と、とくに弓と鉄炮の取分が専一だと、弓と鉄炮の用意を強調していることである。

天正十年、後北条氏は軍役の割付を実施した。[29] 軍役割付によると家臣三百人が負担する武器は「鑓」「持鑓」「弓矢」「鉄炮」とあり、数量はそれぞれ鑓（持鑓をふくむ）が百九本、鉄炮が三十三挺、弓矢が二十八張と、あいかわらず鑓に較べて鉄炮の数量が少ないが、文末に「一着到之儀、思慮不少、先段筋目納得之上、方如此書立候、能々被遂披見、諸色之武具、無異儀様ニ肝要候、来春夏之弓箭専一之間、縦五人十人之間ニ候共、着到之外相嗜者、可為真実之忠信、就中弓・鉄炮両様ニ極候、一途用ニ立様可有仕置事」とあって、ここでも弓と鉄炮が必須だから一途に用意すべきと後北条氏は述べているのである。

そして天正十八年（一五九〇）七月、千葉富胤が井田平三郎に夜を日に継いて、支度専一を説き、就中、鉄炮衆・歩弓衆、各一様に小旗にて召し連れる事が肝要だと指示している。[30] 着到定に鉄炮と弓が併記されている場合は、たいてい両者の数量が近接している。これは合戦において弓と鉄炮を並べて配置し、交互に放った戦い方を反映したものにほかなるまい。後北条氏は保有する鉄炮が少ないために伝統的な弓矢を鉄炮と併用せざるをえなかったのである。

なお、年号は不明だが、井田刑部太輔なる人物がある十二月二十七日、千葉邦胤から「其地近辺鉄炮停止之由候、尤御心得候了、此上無未熟、尚堅相留可申也」の印判状を受けた。また一族の井田因幡守が天正十七年（一五八九）十月、後北条氏から「於其方領分、以鉄炮鳥射事、尤可停止候」と領分における鉄炮使用の制限をうけている。[31] 井田氏宛二通の文書は、ともに領主が土豪の鉄炮使用を規制している内容であるが、いいかえればこのことは領主が土豪の所持する鉄炮を管理していたとみなせる。後北条氏は合戦に際してこうした土豪達の所持する鉄炮を軍役にもとづいて活用したのである。ただし停止文言に鳥打ちとあるから、この頃の鉄炮は、とくに狩猟用と軍用銃の区別はなかったらしい。

第四節　後北条氏の火器保有の実情

後北条氏は豊臣秀吉との対立が明白になると防禦策を講じたが、天正十五年（一五八七）九月二十七日、大磯から小田原迄の伝馬宿中につぎの伝馬手形を発給している。

鉄炮被仰付候御用、大磯出卅五駄、廿八日より晦日迄三日ニ小田原へ届之、新宿鋳物師ニ可渡之也、仍如件

（天正十五年）　　　　奉之

（朱印）九月廿七日　　　　宗悦

宿中

大磯与小田原迄伝馬

この伝馬手形によると、鉄炮に関連した荷物三十五駄が大磯から小田原迄送られている。届け先は新宿鋳物師とある。この荷の中身は、やはり翌年正月十二日の後北条氏の伝馬手形に「鉄炮之玉、被為鋳御用、大磯出弐拾四駄、伝馬を以、明日十三日より十七日迄五日ニ、小田原へ届之、須藤へ渡之者也」とあって、鉄炮の玉の原料だとわかる。

前年の天正十四年（一五八六）二月、後北条氏は中筒製造のため大磯から土を運び、おなじ年の七月、山田二郎左衛門尉を鋳物師の棟梁に任命して御用を仰せ付け、天正十六年には鉄炮の玉を鋳造するために、やはり大磯から多量の土を運んでいる。そして豊臣秀吉との対決が迫った天正十七年十二月、後北条氏は鋳物師の山田氏に大筒二十挺を至急鋳造するように命じた(32)。大筒鋳造を命じた後北条氏の文書を示そう。

大筒被仰付事

二挺　棟梁　山田二郎左衛門
二挺　小田原　長谷川六郎左衛門
二挺　同所　同　源十郎
二挺　同所　半田
四挺　千津嶋　石塚五郎右衛門
　　同所　同　主計
　　同所　鵜塚
一挺　植木新宿　内匠
一挺　川那　清左衛門
一挺　三浦鴨居　小松
五挺　荻野　森豊後
　　同　木村内匠
　　同　田村大炊助
　　井山　山城

右、御急用之間、一挺七日之日数を以、如記右、於此度者、面々ニ可申付、山田致指引、手際をよく、きす無之様ニ可致出来由、可申付候、若無沙汰之者、可遂披露、可被処厳科旨、被仰出者也、仍如件

（天正十七年）（虎朱印）
己丑　奉之

十二月晦日　　　　　　　　　宗甫（間宮）

須藤惣左衛門尉殿

大筒の製造は鋳物師山田氏の配下にあった後北条氏分国の、相模足柄上郡、植木新宿、伊豆の川那、相模三浦郡鴨居、愛甲郡荻野、同郡飯山などの主だった鋳物師が動員されている。

鋳物師は鋳造によって青銅・鉄の製品を造る職人だから、ここでいう中筒・大筒は、鍛造で製造される鉄炮ではあるまい。おそらく鋳物師山田氏が大磯から土を運んでいるのは鋳造に使用するための鋳型か耐火炉を造るための材料と考えらえるし、鉄炮では銃身の穿孔にかなりの時日を費やすから、一挺を七日の日数で造るべしとある文言はなによりも鋳造であることを物語っている。

またこの間の天正十六年（一五八八）、北条氏照が武蔵入間郡の毛呂大明神の梵鐘を武器製造のために一時借用している事実がある。北条氏照は梵鐘を鋳なおして大筒を鋳造するつもりであったのだろう[33]。ただし後北条氏が領国内の鋳物師を動員して、はたして大筒の鋳造に成功したか定かではない。

永禄年間とおもわれる宗哲（北条幻庵）書状に「今川殿（氏真）近日可有出馬候、武田殿（晴信）者吉田迄出陣、一万余人数之由候、五日之内河村へ可出馬之旨被申越候、於本意無疑候、当城之事者、備堅固候、鉄炮五百挺籠候間、堀端へも不寄付候」とみえる[34]。城砦には五百挺の鉄炮が備えてあるから敵勢を堀端に寄せ付けないというのである。鉄炮は野戦ばかりではなく、攻城戦でも大いに威力を発揮したのである。

そしてつぎにあげる天正十六年十月十三日付の北条氏邦の奉行人猪股邦憲と吉田真重の「権現山有之城物覚」は後北条氏の支城の武備、とりわけ鉄炮の保有状況が知れる貴重な史料である[35]。

権現山有之城物之事

一張　大鉄炮
五十　小鉄炮
六十九　大鉄炮玉、但、小玉二ツつつ帋ニくるミ、大玉ニこしらい申候、
千仁百放　合薬
千三百五十　くろ金玉
九百　同玉　従鉢形御越被成候、御使江坂又兵衛、
六十八　大玉同改、
拾四放　同薬同改、
九斤　合薬同改、
千五百　矢　此内五百金様同改、
拾張　数鑓　但、自中山来、

以上、

新左衛門尉嗜

拾五丁　鉄炮
千五百放　合薬
一箱　ゑんせう
三千仁百　玉

廿本　数鑓　但　木ゑ
拾本　竹柄
仁本　持鑓
仁本　持旗
拾仁本　かち小旗
百　矢
三丁　弓
壱保　うつぼ
廿　大玉　但　切玉
仁丁　やけん
百枚　こんたね
拾俵　兵粮

以上、

拾月十三日　江坂又兵衛（花押）
松本二平（花押）

子之

前者の新左衛門尉は吉田新左衛門であるが、彼は天正十六年（一五八八）五月七日、猪俣邦憲から親和泉（吉田政重）の一跡小嶋郷で百貫文を安堵され、同日、賀美郡黛之郷で百五拾貫文を給与されている。賀美郡黛之郷の百五十貫文の内容は

「百貫文　鉄炮衆一式十人之扶持給、但、一人四貫文之給、一貫之扶持也、合五貫文宛、五十文権現山在城就申付、自分ニ預ケ置」であり、この扶持は「此度権現山在城就申付、右積を以、黛郷預ケ置候、彼着到無々沙汰召連、尓与可在城候、彼ロ本意ニ付而者、右知行之替可遣間、黛之郷をハ可返置」というものであった。[36]したがって吉田氏はすでに天正十六年五月の初旬ころには、権現山に入城していたとみなせる。

時期は不明だが、吉田新左衛門は鉢形城主北条氏邦から「尚以鉄炮之玉薬日にほし、てつほうをハ日々あらい候様ニせいニ（欠）入そりやくニ立間敷候」と指示されている。[37]北条氏邦は吉田新左衛門に鉄炮の手入れを念入りにすべきを命じているのである。この北条氏邦の書状と「権現山有之城物之事」から、吉田氏は鉄炮と関係が深いと考えられるが、むしろこれは着到定で鉄炮を負担した諸氏に共通した後北条氏からの指示とみたほうが妥当である。

さて「権現山有之城物之事」によると、武器の内容は、鉄炮・弓矢・鑓があり、鉄炮の内訳は大鉄炮が一張、鉄炮が十五挺、小鉄炮が五十挺、それにこれら大小の鉄炮に使用する大鉄炮玉が百三十七、くろ金玉が二千二百五十、玉（鉛玉）三千二百、玉薬が二千七百十四放、それに合薬九斤と焔硝一箱とある。

軍役着到定では鉄炮の大小まで記載されていないが、権現山城の覚えは大・小の鉄炮と断っている。したがってただ鉄炮と書かれているのは、軍役記載の鉄炮と同じ大きさで、大小でいえば中鉄炮かも知れない。

最近、越前朝倉氏の一乗谷の鉄炮鍛冶の遺跡から、火縄銃の部品の火挟みと弾金、鉛の延棒に混ざって鉛玉が二種出土している。[38]ともに成型前の鉛玉だが、径の平均法量は、約一二ミリと約二〇ミリであるから、二匁五分ないし三匁玉と十二匁ないし一三匁である。

やや時代は降るが、文禄二年（一五九三）七月二十七日付豊臣秀吉朱印状の「唐嶋之内一城」の軍器注文には鉄炮百挺の内訳と玉目が「百ちよう内てつはう、壱丁大つつ、五丁五十目、五丁三十目、五丁廿目、拾丁六文目、弐丁十三文め、七拾弐丁二文半目」と記されている。[39] 鉄炮に使用される玉目が様々なことはこの軍器注文に明らかだが、天正十四年（一五八六）二月、林久兵衛千吉が知久兵主膳に鉄炮の鋳型を返却するとき、用意した鉄炮は三匁だから、三匁の鋳型を借用したいと、[40] また文禄元年九月の加藤清正関係の文書に、「二千これなく、夜昼、玉つくりてこすべし、堺へ注文の鉄炮は四匁」とみえて、さらに玉目が様々であったことがはっきりする。[41]

戦国時代から近世はじめに使用される鉄炮の玉目はこのように様々だから、軍役の鉄炮と権現山城の大小の鉄炮が何匁なのか、不明といわざるをえない。

慶長十九年（一六一四）十二月、徳川家康は奈良の甲冑師岩井与左衛門が進上してきた甲冑を砲術師の稲富宮内に命じて三文五分の玉で打たせている。このときの鉄炮は小筒と書かれている。小筒から放たれた玉は岩井氏が製作した甲冑を貫通していない。威力はともかく三文五分玉は小筒と称している。[42] この場合小筒と称するのは玉の重さが三匁五分玉だからであるが、いったい鉄炮の大小が何を基準に定められたのか、かなり曖昧である。砲術の流派による違い、玉の重さ、鉄炮の大きさ、携帯できる大きさと重さなどによるのかも知れない。それはともかくとして中世末期から近世初頭においては大小さまざまの口径を持つ鉄炮が使われたことは間違いあるまい。

ふつう鉄炮の玉は鉛を玉鋳型によって鋳造するが、権現山城には「くろ金」、つまり鉄の玉もあった。そして大鉄炮の玉は小玉二箇を紙に包んで使用している。これはおそらく大鉄炮用の玉鋳型が不足していたためであろう。まさに「権現山城物覚」は天正末年における後北条氏の一支城の武器、それも鉄炮はもとより弾丸の種別まで記載されていて貴重なのである。

以上のように後北条氏は永禄年間の段階で鉄炮を使用しているが、軍役着到定に鉄炮の記載が見られるのは、ややおくれて天正年間にはいってからである。当初、軍役着到定にみえる鉄炮は鑓と弓矢と区別されていたが、天正十年前後から、鑓を除いて鉄炮と弓が専一だとする文言が目立ちはじめる。いままで考察した戦国大名のばあい鉄炮と弓矢を同列に置いていないから、これは後北条氏の鉄炮の施策を表わしているとみてよいだろう。後北条氏が鉄炮と弓矢を同列に記載することは、豊臣秀吉の攻撃を受けて後北条氏が滅亡する天正十八年まで変化していない。

したがって後北条氏の鉄炮にたする施策は、さきに考察した安芸毛利氏・豊後大友氏・薩摩の島津氏に、また国境を接する甲斐武田氏と比較しても、かなり遅れているといわざるをえない。「鉄砲記」が鉄炮の普及を種子島から、すぐに紀州や和泉に伝わったと書いているが、京都には有力守護と室町将軍の関係から、かなり早い時期に鉄炮がもたらされたが、おおむね鉄炮は西から東へと時間をかけて伝流したことが明白である。戦国時代における鉄炮の使用は薩摩の島津氏がいちはやく、相模の後北条氏が立後れるのは、まさに国内における鉄炮普及の様態を素直に反映しているとみなせるのである。したがって「堺鑑」が後北条氏の領国には種子島に鉄炮が伝来するよりもはやい時期から鉄炮があったとするのは問題外の説といわなければならない。

注

（1）「越佐史料」巻四―一二一頁、高橋義彦編、同人刊、昭和三年。渡辺世祐「鉄炮利用の新戦術と長篠戦争」『国史論叢』昭和三十年、文雅堂。
（2）「市河文書」『大日本史料』第十編之三―三四五頁。
（3）「武州文書」『信濃史料』十二―四〇三頁、信濃史料刊行会編、信毎書籍印刷出版部、昭和四十六年。
（4）渡辺世祐「鉄炮利用の新戦術と長篠戦争」（前掲）。
（5）「中村文書」『大日本史料』第十編之八―二五九頁。
（6）「浦野文書」『群馬県史』資料編七―七〇七頁、昭和六十年。

(7)「歴代古案」『大日本史料』第十編之十－五八頁。
(8)「浄行寺文書」『信濃史料』十四－一二七頁（前掲）。
(9)「続錦雑誌」『信濃史料』十四－一二五頁（前掲）。「秋田藩採集多賀屋菊太郎家蔵文書」渡邊世祐前掲書。
(10)「大日方文書」『信濃史料』十四－一四九頁（前掲）。
(11)『清水市史料』二二三号文書、吉川弘文館、昭和四十五年十一月。
(12)『廻国記』、洞富雄『鉄砲伝来とその影響－種子島銃増補版』九八頁、淡路書房、昭和三十四年。
(13)「堺鑑」小谷方明発行印影本、昭和五十二年。
(14)「原文書」『新編埼玉県史』資料編六－二七四号文書、昭和五十五年三月。本文書を『群馬県史』では元亀二年と推定している。
(15)「増善寺文書」『大日本史料』第十編之三－一一九頁。
(16)「豊島宮城文書」『新編埼玉県史』資料編六－七一五号文書（前掲）。
(17)「安得虎子」『大日本史料』第十編之六－五八三頁。
(18)「道祖文書」『大日本史料』第十編之八－一七三・一七四頁。
(19)「武州文書」『大日本史料』第十編之八－一七四頁。
(20)「新編会津風土記」『大日本史料』第十一編之三－七四七頁。
(21)「諸州古文書」『大日本史料』第十一編之三－七四八頁。
(22)「武州文書」『大日本史料』第十一編之五－四六〇頁。
(23)「新井文書」『新編埼玉県史』資料編六－四三六・九八七号文書。
(24)「穴八幡宮所集文書」『新編埼玉県史』資料編六－七〇一号文書。
(25)『武蔵鉢形城主北条氏邦文書集』後北条氏研究会編　研究史料第二輯、近藤出版社、昭和四十六年。杉山博「中国・朝鮮・南蛮の技術と軍事力」『岩波講座日本歴史』中世四、岩波書店、昭和五十一年。
(26)「植松文書」『静岡県史料』第一輯、五六一頁、角川書店、昭和四十一年。

(27)「岩槻城主太田氏房文書集」井上恵一　後北条氏研究会編、昭和五十四年六月。
(28)「池田文書」『相州文書』貫達人編、五−二〇一頁、角川書店、昭和四十五年。
(29)「神保文書」『千葉県史料』中世篇　諸家文書三九号文書、昭和三十七年。
(30)「神保文書」『千葉県史料』中世篇　諸家文書一六号文書。
(31)「神保文書」『千葉県史料』中世篇。
(32)「相州文書」足柄下郡次郎右衛門所蔵文書『神奈川県史』資料編3古代・中世（3下）、岩崎正純「鋳物師山田次郎左衛門−その仕事と役割について−」小田原地方史研究3号。
(33)「武州文書」、高柳光寿編『大日本戦史』第四巻、三教書院、昭和十二〜十六年。相田二郎『小田原合戦』〈小田原文庫〉名著出版、昭和十七年。
(34)「大藤文書」『神奈川県史』資料篇3古代・中世（3下）。
(35)「諸州文書」『新篇埼玉県史』資料篇六−一四四八。
(36)「諸州文書」『新編埼玉県史』資料編六−一四三・一四三二。
(37)『武蔵鉢形城主北条氏邦文書集』後北条氏研究会編（前掲）。
(38)『特別史跡一乗谷朝倉氏遺跡Ⅶ・昭和五十年度発掘調査整備事業概報』朝倉氏遺跡調査研究所、昭和五十一年三月。
(39)「島津家文書」二−九五六『大日本古文書』家わけ十六。
(40)「平澤文書」『信濃史料』十六−四〇六頁（前掲）。
(41)「加藤清正文書集」『熊本県史料』五巻−一三三。
(42)「駿府記」『史籍雑纂』第二、国書刊行会、明治四十四年。

第四章　小銃から大砲へ

第一節　織田信長と鉄炮

東国と西国の戦国大名では、鉄炮の使用時期に遅速があるものの、天正年間にはいると、どこの合戦においても鉄炮の使用が飛躍的に増大した。合戦が大規模になり、動員される兵士と武器が大量に投入されたためである。天正三年（一五七五）五月の織田・徳川両氏と武田氏の長篠合戦は、まさにその序曲と呼ぶに相応しい。

鉄炮の普及は使用される鉄炮の数量の増大と地域の拡大に求められるが、さらに大型火炮の使用もそれを顕著に示している。

『信長記』は織田信長に仕えた太田牛一が永禄十一年（一五六八）から天正十年（一五八二）まで、すなわち、織田信長の上洛から本能寺の横死までの動静を著した記録として著名である。永禄十一年以前の信長の動静は、その後に編纂された「首巻」が伝えている。『信長記』と「首巻」では編纂の意図に著しい相違があるが[1]、両書には合戦の記述が多々みられ、おのずから織田信長と彼の敵対勢力の鉄炮使用の状況が活写されている。

そこではじめに永禄十一年以前の織田信長の鉄炮使用の状況を、「首巻」の記事から抜出して考察したい。「首巻」の鉄炮に関する初出の記事は、武芸に励む幼年時代の信長の姿である。

信長十六、七、八までは別の御遊びは御座なく（中略）市川大介めしよせられ御弓御稽古、橋本一巴師匠として

鉄炮御稽古、平田三位不断召寄せられ兵法御稽古、御鷹野なり（以下略）、

橋本一巴の消息は首巻の永禄元年（一五五八）七月十二日、弓矢の名人林弥七郎との対決の場面に、鉄炮の名人としてみえるが、伊勢の「織田信雄分限帳」には「橋本伊賀」の名前が記載されている。(2)

一、七百三拾貫文いぼりぎちやうミヤケこのもと橋本伊賀　弐千弐百五拾貫　目録別ニ有御鉄炮衆御代官同都合

参千貫御代官自分共ニ

分限帳には橋本伊賀より知行高の多い鉄炮衆として山本小六郎（邑重）の名前があるが、山本氏は天正十四年（一五八六）七月二十三日、織田信雄から鉄炮衆の財源となる千貫文をふくめて、総計千六百八拾四貫七百五拾三文の地を与えられた。そして小六郎（邑重）の子息山本平六郎（邑次）は天正十六年（一五八八）十二月十六日に織田信雄からつぎの宛行を受けてた。

一　七百参拾弐貫五百四十文小森・河井両郷

一　五百七十九貫三百五十弐文伝法寺之郷

一　三百七十弐貫八百六十文石橋之郷

為扶助父小六郎分、都合千六百八十三貫九百文宛行了、但右之内千貫文者、鉄放三拾挺被遣之条、成其意全令領知、可抽忠節之状如件

天正十六年十二月十六日　信雄（織田）（在判）

山本平六郎（邑次）とのへ

この宛行状には「但右之内千貫文者、鉄放三拾挺被遣之条」の注記があり、山本氏が織田信雄の直属の鉄炮衆であ

ったことを証明している。(3) 橋本伊賀の場合も山本氏と同じ立場にあったと推測される。

天正十二年（一五八四）六月十三日、織田信雄は吉村氏以下の諸氏に「敵今朝退散之由、得其意候、弥其許相替儀候ハバ、追々注進待居候」「猶々鉄炮ニて手負数多打出候旨、近比神妙之仕置候」と伝えたが、この宛所に橋本伊賀が名を連ねている。橋本伊賀は鉄炮衆として参戦したのである。(4) 橋本伊賀は織田信雄の直属の鉄炮衆を勤めているから、鉄炮巧者に相違ない。織田信長の没後、橋本氏は織田信雄に仕えたのであろう。橋本伊賀は一巴の子息とみても時期的に不自然ではない。

さて「信長公記」の記事によれば、若年の信長は弓術や兵法とともに鉄炮の稽古に余念がない。鉄炮はひとりでに覚えられるものではないから、橋本一巴について鉄炮を習ったとみてよいだろう。

そしてつぎの記事は、天文二十三年（一五五四）四月下旬、織田信長が美濃と尾張の国境に近い富田の正徳寺で岳父の斎藤道三と会見したときの有様である。

四月下旬の事に候、斎藤山城道三、富田の寺内正徳川寺まで罷出づべく候、（中略）御伴衆七、八を並べ、健者先に走らかし、三間間中柄の朱やり五百本ばかり、弓・鉄炮五百挺もたせられ、寄宿の寺へ御着き候て、屏風引廻し、

斎藤道三との会見記事から天文二十三年ころ、織田信長の御伴衆に鉄炮が装備されていた事実が分かる。鉄炮の正確な数量は不明であるが、「首巻」が弓と鉄炮を併記したのは、この当時の戦場では鉄炮が弓矢とセットで使用された反映と考えられる。まだ鉄炮が補助的な武器としての位置に止まっているのである。したがってこの時期の信長の鉄炮保有量は多いとはいえない。

つぎに「巻首」の鉄炮の記事は、天文二十三年正月、駿河の今川勢が尾張に侵入して村木に砦を築いたので、織田

信長が斎藤道三に援軍を要請し、那古野を出陣して村木の砦を攻撃したときの戦況である。

正月廿四日払暁に出でさせられ、駿河衆楯籠候村木の城へ取懸け攻めさせられ、北は節所手あきなり、東大手、西搦手なり（中略）、信長堀端に御座候て、鉄炮にて挟間三ッ御請取りの由仰せられ、鉄炮取かへ々放させられ、上総介殿御下知なさる々間、我も々と攻上り、（下略）、

信長が堀端に位置して城砦の挟間を鉄炮で攻略するように命じたので、鉄炮を交替しながら撃ったと記事にある。いままでは天正三年（一五七五）五月の長篠合戦の時、織田信長は鉄炮三千挺（あるいは一千挺）を三段に分け、最前列が射撃している間に、つぎの列が点火をして待機し、そして最後の三列目が玉を込める態勢をとったといわれ、織田信長の戦術の卓越さが強調されている。

しかし兵士を三段に並ばせて交替で鉄炮を撃った根拠はない。村木城の攻撃は長篠合戦のように散開して攻撃する戦闘ではなく、城の挟間を狙う一点集中攻撃であるが、鉄炮を交替に放っているのである。したがって長篠合戦で三段戦法が展開されたとしても、信長の新戦術として評価する必要はないし、さらにこうした戦術を駆使した結果、織田信長が勝利をえたと考えるのも問題がある。この記事はそうした点、つまり鉄炮の使用法が具体的で意義深い。おそらくこうした射撃法はこの時期の砲術の常識であったのかも知れない。

この後、「巻首」は鉄炮に関するつぎの記事を載せている。順次示すと以下のとおりである。

五月十九日、（中略）信長善照寺へ罷出で見申、佐々隼人正・千秋四郎二首、人数三百ばかりにて義元へ向て足軽に罷出候（中略）、信長鑓をおっ取て大音声を上げてすはかかれ々と仰せられ、黒煙立て々懸るを見て、水をまくるがごとく後ろへはつと崩れたり、弓・鑓・鉄炮・のぼり・さし物、算を乱す（下略）、

上総介殿めし候御舟一艘残し置き、おのゝ打越し候処、馬武者少々川ばたまで懸け来たり候、其時、信長鉄炮をうたせられ、是より近々とは参いらず（下略）、

七月十二日午刻、辰巳へ向って切かかり、数刻相戦ひ追い崩し、緩に浅野と云ふ村に林弥七郎と申す者、隠れなき弓達者の仁躰なり、弓を持ち罷退き候処へ、橋本一巴、鉄炮の名仁渡し合ひ、連々の知音たるに依って、林弥七郎一巴に詞をかけ候、たすけまじきと申され候、心得候と申候て、あいかの四寸ばかりこれある根をしすげたる矢をはめて、立ちかへり候て、脇の下へふかぶかと射立て候、もとより一巴も二つ玉をこみ入れたるつゝをさしあてゝはなし候へば、倒伏しけり、然る処を、信長の小姓佐脇藤七郎走懸り、林が左の肘を小手くわへに打落す、かかり向って終に頸を取る、林弥七郎、弓と太刀との働き比類なき仕立てなり、（三月）或時岩倉を推詰め、町を放火し生城になされ、四方しし垣二重・三重丈夫に仰付けられ、廻番を堅め、二、三ヶ月近く陣にとりより、火矢・鉄炮を射入れ、様々攻めさせられ（下略）、

これらの記事のなかで、三番目の永禄元年（一五五八）七月十二日の橋本一巴の記事に注目したい。橋本一巴は信長に鉄炮を教えた人物だが、記事によると、織田信長の軍勢が浅野の村を攻撃したとき、敵の側に弓達者の林弥七郎がいた。橋本一巴は林と知り合いであったので言葉をかけて決闘におよんだ。林は四寸ほどの鏃を橋本の脇の下に射込み、橋本は二つ玉を込めて、見事に林を打倒した。林弥七郎の頸は信長の小姓佐脇藤七郎があげた、とある。

ここで橋本一巴が用いた二つ玉とは、ふつうの鉛玉ふたつを和紙で包んだもので、近距離では大きな破壊力が期待でき、さらに遠方に放つと玉がふたつになり、さらに効果のあがる一種の散弾である。

「首巻」が『信長記』と著しく相違する点はこうした武功談にある。この逸話の主題は弓達者林弥七郎の賛美だが、

この記述は作者の太田牛一と無関係ではない。

太田牛一の履歴は尾張国春日部郡山田庄安食村の出身で、天文二十三年（一五五四）七月十八日、柴田権六（勝家）が清洲を攻撃したとき足軽として参戦している。その後、取り立てられて弓三張・鑓三本の六人衆のひとりに抜擢され、永禄八年（一五六五）の美濃国の堂洞の戦いでは「二の丸の入口おもてに高き家の上にて、太田又助只ひとりあがり、黙矢もなく射付け」る手柄により信長の褒賞に預かっている。[5] つまり太田牛一は弓の巧者であったから、林弥七郎の働きを比類がないと特筆したのである。

このようにこの記事は図らずも太田牛一の心情を吐露しているが、橋本一巴の立場、すなわち、鉄炮の側から解釈すると、鉄炮普及の一端を示しているとみられる。弓矢は新兵器の鉄炮伝来以前、鑓とともに多用されたが、鉄炮伝来以後も離れた敵を倒す武器として単独で、あるいは鉄炮と併用された。しかし鉄炮がしだいに合戦の主要武器になるにつれて、弓矢の活用の場は少なくなった。

首巻の記事によれば、永禄元年七月の合戦は織田信長方の勝利に帰したが、個人技による弓矢と鉄炮の対決は相打ちである。この結末は、新兵器の鉄炮が戦場で威力を発揮してはいるものの、まだ弓矢を完全に駆逐しえない事実を暗示している。

第二節　織田政権の火力の充実

つづいて織田信長の上洛以後、永禄十一年（一五六八）から天正十年（一五八二）までの鉄炮使用の状況を『信長記』の記事から検討したい。はじめに鉄炮に関する記事を『信長記』から拾い出してみよう。[6]

年	月日	鉄炮に関する記事	巻数
永禄十二	八月廿八日	(前略)国司父子被楯籠候大河内之城取詰、信長懸まはし御覧し、東乃山ゟ御陣を居られ、(中略)信長御陣所御番之事、御馬廻・御小姓衆・弓鉄炮衆被仰付候	二
永禄十二	九月八日	稲葉伊豫・池田勝三郎・丹羽五郎左衛門両三人、西搦手之口より夜攻ニ可仕旨、被仰出候、御請申其日夜ニ入、三手ゟ分て攻られ候、人数を被出かへハ雨降候て、御身方之鉄炮御用ニ不罷立、	二
元亀元	五月十九日	(上略)千草越被成御下候、さ候処、杉谷善住坊と申者、佐々木承禎に憑まれ、千草山中道筋に、鉄炮を相構無情信長を十二三間隔差付打申候、され共天道昭覧ニ而御身ニ少ッ、打かすり、鰐口御遁候て目出度、五月廿一日、濃州岐阜御帰陣、	三
元亀元	六月廿二日	御馬を被納、殿に諸手之鉄炮並御弓之衆被相加、簗田左衛門太郎・中条将監・佐々内蔵佐両三人為御奉行被相添候、近、と敵之足軽引付(中略)諸手之鉄炮五百挺殿ニ被仰付候(下略)、	三
元亀元	九月十二日	野田・福嶋之十町計北ニゑび江と申在所候、公方様信長御一所に詰陣に、御陣を居させられ、先陣ハ勿論夜々に、土手を築其手々を争、堀際へ詰よせ、城楼数を尽し上させ、大鉄炮ゟ而城中へ打入被攻候、根来・雑賀・湯川・紀伊州　奥郡衆二万計罷在、遠里小野住吉天王寺ニ陣取候、鉄炮三千挺在之由候、毎日参陣候て、被攻も御敵身方之鉄炮、誠日夜天地も響計候、	三

元亀元	九月十三日	夜中ニ手を出シ、ろう乃岸川口両所之御取出へ大坂より鉄炮を打入、一揆雖蜂起候、無異子細候、翌日大坂より天満が森へ人数を出候、則熊合川を越、かすか井堤ニて取合、	三
元亀三	七月廿四日	海上者打下ノ林与次左衛門明智十兵衛堅田之猪飼甚介弓場孫次郎居西又次郎山岡玉林等ニ被仰付、囲舟を拵、瀬津浦塩津浦与語之入瀬、江北之敵地焼払竹生嶋へ舟を寄火矢大筒鉄炮を以て被攻候、	五
元亀四	九月十日	岐阜へ進上候則菅屋九右衛門祝弥三郎両人為御奉行千草山中ニ而鉄炮を以て打申候子細被成御尋、思食儘ニ被遂御成敗たてうづミさせ頸を鋸ニて、ひかせ日比之御噴を散せられ上下一同之満足不可過之、	六
元亀四	十月廿五日	御馬納られ、左ハ多芸山高山也、右手ハ入川又ハフケ足入多有而はえ茂りたる事、不成大形山下ニ道一すちまハて節所也、信長被退候を見申御跡へ、河内之者共弓鉄炮ニて山々先々へ移まハり、道之節所を支能射手共馳参而さしつめ引つめ散々ニ射倒す事際限なし、以外風雨ニ而鉄炮ハ互ニ不入物也、	六
天正二	七月十三日	河内御成敗とし而、信長御父子御馬を出され、（中略）一揆小木江之郷を相塞候追払御通候又志のはせより一揆罷出相支候、木下小一郎浅井新八両人として追払こだミ崎、川口舟を引付一揆共堤へ取上、弓鉄炮ニ而相拘候、	七
天正二	七月十五日	勢州之舟大船数百艘乗入海上無所、諸手大鳥居志のはせ取寄大鉄炮を以て塀櫓打崩被攻候之処、両城致迷惑御赦免之御佗言雖申候、迚モ不可有程之条、	七

天正二	九月廿九日	御理申長嶋明退候あまた乃舟ゟ取乗候を、弓鉄炮を揃打せられ、無際限川へ被切、其心有者ともはたかに成、抜刀計ニ而七八百切懸り切崩、	七
天正三	五月十八日	信長被廻御案御身方一人も不破損之様ゟ被加御思慮、坂井左衛門尉、被召寄、家康公御人数之内、弓鉄炮可然仁を召列、坂井左衛門尉為大将二千計並御馬まハり鉄炮五百挺、金盛五郎八佐藤六左衛門青山新七父子加藤市左衛門為御検使、被相添、都合四千計ニ而	八
天正三	五月廿一日	辰刻取上旗首を上、鯨波を上、数百挺之鉄炮を放懸、責衆を追払、長篠へ一手ニ成、敵陣之小屋々焼上候、籠城之者忽運を開、七首之攻衆案之外之事候間、致廃忘、鳳来寺さして致敗北、信長ハ家康公之陣所ゟ高松山とて小高キ山之御座候ゟ被取上御敵之働を御覧シ、御下知次第可仕之旨、被仰含鉄炮千挺計佐々内蔵佐野々村三十郎前田又左衛門塙九左衛門福富平左衛門為御奉行、近々と足軽懸られ御覧候、前後より攻られ御敵も人数を出し候、一番ニ山県三郎兵衛推太鼓を打而懸り来候、鉄炮を以而散々ニ打立られ引退、二番正用軒入替懸れは退のけは引付御下知之如く、鉄炮ニ而過半うたれ人数打入候也、三番ゟ西上野小幡一党、赤武者ゟて入替かかり来候、関東衆馬上之功者ゟて、足又馬ゟ入行ニ而、推太鼓を打而懸り来人数を備候こなたハ身隠をし而、鉄炮ゟて待請うたせられ候ハ、過半被打倒無人ニ成て引退、四番典厩一党黒武者ニ而懸来候、如此御敵入替かへ共、御人数一首も御出なく、鉄炮計を相加足軽ゟてあひしらひ祢り倒され、人数を討せ引退候也、五番馬場美濃守推太鼓	八

		ニ而かかり来、人数を備右同前ニ勢衆うたせ引退也、	
天正四	五月三日	払暁ニ、先ハ三好笑岩、根来和泉衆、二段ニ原田備中大和山城衆致同心、彼三井寺へ取懸候処、大坂、ろうの岸、木津両手より罷出推つゝミ、数百挺之鉄炮を以而、散々ニ被打立、上方之人数崩れ懸り、原田備中手前ニ而請止、	九
天正四	五月七日	御馬をよせられ一万五千計之御敵ヨ僅三千ニハ不可過被打向、御人数三段ヨ御備なされ、住吉口より被懸、(中略)如此被仰付、信長ハ先手之足軽ニ打ましらせられ懸まハし茲かしこと被成御下知、薄手を被負御足ヨ鉄炮当申候へとも、され共不苦御敵数千挺之鉄炮を以而、雖相防候、瞳と懸り崩し一揆共切捨、	九
天正六	六月廿六日	熊野浦へ出シ、大坂表へ乗廻候處、谷之輪海上ニ而、一揆共此大船可相支行とし而、雑賀、谷輪、浦々之小舟不知其員乗懸矢を射懸鉄炮放懸四方より攻申候、九鬼右馬亮七艘之大船ヨ小舟を相添山之如ヨ飾立、敵舟を間近くよせ付愛しらふ様ヨ持なし、大鉄炮を一度ヨ放かけ、敵舩あまた打崩候間其後ハ中々寄付不及行、	十一
天正六	霜月六日	西国舟六百余艘木津表へ乗出し候、九鬼右馬亮乗向かへハ取籠、霜月六日辰刻南へ午刻まて海上ヨて、舟軍有、初ハ九鬼支合候事不実候之間、六艘之大船ヨ大鉄炮余多在之、敵舟をよせ付、大将分之舟と覚しき其を、大鉄炮を以て、打崩シ候へハ是ヨ懸れて、中々不寄付、数百艘を木津表へ追上候、見物之者共、九鬼右馬亮手柄成と感し申候也、	十一
天正六	十二月八日	申刻より諸卒伊丹へ取寄、堀久太郎万見仙千代菅屋九右衛門両三人為御奉行、鉄炮	十一

之者とも召列町口へ推詰鉄炮をうたせ、其次御弓衆平井久右衛門中野又兵衛芝山次大夫是又三手ニ分而、火矢を射入町を放火可仕之旨被仰出、酉刻より亥刻迄近々と取寄被攻壁際ニ而、万見仙千代討死候、

天正九　六月廿五日

羽柴筑前守秀吉、中国へ出勢打立人数二万余有、備前、美作打越、但馬口より、因幡国中へ乱入、（中略）芸州より後巻候て、二万余騎之人数之内数千挺之弓鉄炮勝出し、一番ニ矢軍させ其後構へかかり候ハんと思程手を砕かせ僮と切懸り尽討果し西国一篇ニ可申付手当堅固也、

右の一連の記事から永禄十二年（一五六九）以後、織田信長の鉄炮の使用が活発化している事実が確認できる。すべての検討は繁雑になるから、注目すべき記事を選んで考察してみたい。

まずはじめの永禄十二年八月二十八日の伊勢国司北畠父子の楯籠る大河内城を攻撃したときの記事に「信長御陣所御番之事、御馬廻・御小姓衆・弓鉄炮衆被仰付候」とある部分である。すなわち、岳父斎藤道三と会見した天文二十三年から大河内城攻撃の永禄十二年の間に織田信長は合戦における鉄炮の有効性を強く認識して鉄炮衆を編成したとこの記事から推測できる。

そしてつぎの記事は元亀元年（一五七〇）五月十九日の千草越えにおける杉谷善住坊の信長狙撃事件である。杉谷善住坊は佐々木承禎から信長暗殺を依頼されて「千草山中道筋に、鉄炮を相構無情信長を十二三間隔差付打申候、され共天道昭覧ニ而御身ニ少ツ、打かすり、鰐口御遁候て目出度、五月廿一日、濃州岐阜御帰陣」と狙撃したが未遂に終った。

信長狙撃事件の発生は、この頃、永禄末年から元亀年間になると鉄炮上手が輩出したことを物語っているが、この

事実は鉄炮が各地に着実に普及している状況を示している。

なお、信長狙撃犯の杉谷善住坊が捕縛されて鋸刑に処されたことを『信長記』は元亀四年（一五七三）九月十日に載せている。

鉄炮が合戦に合戦が鉄炮に影響を及ぼしながら、鉄炮はしだいに普及していった。元亀元年六月二十二日の記事に「殿に諸手之鉄炮並御弓之衆被相加、（中略）両三人為御奉行被相添候（中略）諸手之鉄炮五百挺殿ニ被仰付候」とあるのは、まさにその実際をうかがわせている。これは越前浅井氏の居城小谷を攻撃したときの戦況だが、このとき織田信長は五百挺の鉄炮を繰り出している。この数字は天正三年（一五七五）五月の記事に信長の「御馬まハり鉄炮五百挺」とあるから、信長が保有する鉄炮の一部である。

第三節　大型火器の出現

元亀年間になると、鉄炮にくわえて大鉄炮の使用が盛んになる。鉄炮の普及である。さきに安芸毛利氏と相模後北条氏が大鉄炮を使用している事実にふれたが、織田信長の場合は、天正二年（一五七四）七月「大鉄炮を以て塀・櫓打崩し、攻められ候の処」とあり、また天正六年（一五七八）六月「大鉄炮を以て塀・矢蔵打くづし、矢蔵へ火を付け焼落し」とあり、さらに同年同月「敵舟を間近く寄付け、愛しらふ様に持なし、大鉄炮一度に放懸け、敵舟余多打崩し候間、其後は中々寄付行に及ばず」と多用されている。

大鉄炮とは、兵士が携帯して使用する鉄炮、つまり小銃ではなく、それより大きい鉄炮を指している。織田信長がこうした大鉄炮を多量に保有していた事実は、宣教師オルガンチノが『信長記』記載の九鬼嘉隆の軍船に座乗した印

象をルイス・フロイスに報告した書信に明らかである。(7)

この船は、信長が伊勢国に於て建造せしめたる日本国中最も大きく、また最も華麗なるものにして、王国（ポルトガル）の船に似たり。予は行きて之を見たるが、日本に於て此の如き物を造ることに驚きたり。信長が其の建造を命じたるは、四年以来戦争をなせる大坂河口に之を置き、援兵又は糧食を搭載せる船の入港を阻止せんがためにして、之に拠りて大坂の市は滅亡すべしと思われる。船には大砲三門を載せたるが、何地より来りしか考えること能はず、何となれば、豊後の王が鋳造せしめたる数門の小砲を除きては、日本国中他に砲なきこと我等の確知する所なればなり。予は行きて此大砲と其装置を見たり、又無数の精巧にして大なる鳥銃を備えたり。

なお、『多聞院日記』は九鬼氏の軍船の規模をつぎのように伝えている。(8)

堺浦へ近日、伊勢より大船調付ク、人数五千程ノル、横へ七間、竪へ十二、三間モこれある鉄ノ船也、テッハウハトウラヌ用意、事々敷儀也、大坂へ取ヨリ通路トムヘキ用ト云云、

ここでいう「鉄の船」は鉄製軍艦ではなく、矢倉の部分に鉄板を張り巡らした木造船の大安宅である。日記の筆者英俊は鉄板にした理由を、鉄炮の貫通を防ぐためだといっている。

ともかく、フロイスへのオルガンチノの報告書によれば、九鬼右馬亮座乗の軍船には「無数の精巧にして大なる長銃を備えたり」とあるのである。

小銃としての鉄炮は対人用だが、大鉄炮は、城壁・櫓・軍船など構造物の破壊を目的とした火器であった。いままでの定説では、日本に鉄炮が伝来すると、城壁が土塁から石垣に変化したと説かれているが、城郭の変化は構造物を破壊する大鉄炮などの大型火器が出現して、盛んに使用される頃、少なくとも元亀年間にはいってからであり、さらに多用される天正年間になってからとみるべきである。

元亀元年（一五七〇）五月二十五日、織田信長は遠藤新右衛門尉（胤俊）・遠藤新六郎（慶隆）に朱印状を宛てた。内容は「江州北郡ニ至而可相働候、来月廿八日以前、各岐阜迄可打寄候、今度之儀天下之為、信長為、旁以此時候間、人数之事、不撰老若於出陣者、忠節可為祝着候」というもので、江州北郡で作戦を開始するから、来る六月二十八日以前に岐阜まで参着するように遠藤氏に命令したのである。

遠藤氏は美濃郡上郡山田荘八幡を在所とした土豪といわれているが、朱印状の尚々書には「尚以人数之事、涯分在よりも一廉奔走簡要候、次鉄炮之事、犒九郎左衛門尉（直政）・丹羽五郎左衛門尉（長秀）かたより可申候、別而馳走専用候」とある。(9)この後、元亀二年（一五七一）九月十八日、遠藤新右衛門尉（胤俊）・遠藤新六郎（慶隆）の両名が美濃の安養寺に「玉薬之儀忍に仰上、此度下給候様に御才覚簡要に候、路次番之儀は、可然様御調候て、何之道にも、玉薬被下候様に候へは、可遣人候」と書状を出し、遠藤氏が安養寺に玉薬の入手を依頼している。(10)遠藤氏が鉄炮を保有していたので玉薬の入手を安養寺に依頼したと考えられる。

遠藤氏のような美濃の土豪が鉄炮を保有していた事実は、永禄八年（一五六五）九月三日、織田信長が美濃の松倉郷を領した坪内喜太郎（利定）に宛て、分国内において鉄炮で鹿・鳥を射つ許可を与えたつぎの判物からも明らかである。(11)

分国におゐて貴辺鉄炮にて鹿・鳥打候事不苦候、委細中野又兵衛（重吉）・小坂井可申者也、仍状如件

永禄八

九月三日　　信長（織田）（花押）

坪内喜太郎殿

また天正二年（一五七四）十二月九日、美濃の高木氏・不破氏・田中氏・神野氏・伊藤氏・吉村氏・太田氏などの諸氏に鷹野のために鉄炮の使用を停止するが諸鳥が少ないから鉄炮で鳥を追い立てるべきを織田信長は命令している。(12)

この事実は織田信長が分国内の土豪が所持する鉄炮を管理していたとみなせる。合戦となればこうした鉄炮が兵器として活用されたのである。

天正九年（一五八一）六月二十五日、織田信長の命をうけた羽柴筑前守秀吉は軍勢二万余を率いて中国に出兵した。まもなく秀吉は備前・美作を経由して、但馬口より因幡の国へ乱入した。中国征伐のありさまを「芸州より後巻候て、二万余騎之人数之内数千挺之弓鉄炮勝出し、一番ょ矢軍させ其後構へかかり候ハんょ思程手を砕かせ僮と切懸り尽討果し西国一篇ょ尓可申付手当堅固也」と鉄炮の大量使用を『信長記』は伝えている。

天正九年十二月八日、羽柴秀吉は亀井新十郎に「一、玉薬事則申付薬三十斤・鉛三十斤都合六十斤之分並中筒弐挺遣候、雪中弥以不都合候間、先如此候」と玉薬と鉛、合わせて六十斤、それに中筒二挺を送付している。またこの時期、羽柴秀吉から亀井新十郎宛の二月十三日の書状にも「一、先書ニ申遣候鉄炮中筒・小筒並玉薬之事、先度差遣候、猶又用所候者其方次第追々可申付候」とある。[13] 羽柴秀吉は亀井氏に鉄炮・火薬・弾丸を支給して戦いを有利に展開しようとしているのだが、こうした火器の支給は亀井氏以外にも及んだであろうから、織田信長陣営の鉄炮使用の盛んな様子が髣髴される。

織田信長が大量の鉄炮を装備できたのは、支配領域の土豪の鉄炮を活用したからにほかならないが、さらにそれを可能とした条件があった。すなわち、それは永禄十一年（一五六八）に上洛した織田信長が、鉄炮・玉薬などを扱う堺の有力商人を支配下においたことである。事実、堺衆は服属した翌年の八月には、織田信長の部将木下秀吉・坂井政尚の但馬進攻作戦に協力し、[14] 元亀元年（一五七〇）六月の姉川合戦のときには、木下秀吉の指示を受けて、今井昨夢斎（宗久）が良質の鉄炮薬三十斤と焔硝三十斤を調達している。[15]

ただし木下秀吉の書状では、玉薬と焔硝とあるだけで鉄炮にはふれていないが、堺で鉄炮が製造されていたことは、ルイス・フロイスの『日本史』の永禄八年（一五六五）の記事に「彼等［日本人］が銃を放った攻撃第一番目に――それは堺で製造された粗末な小銃（火縄銃）の一種であったが――船の砲兵を殺した」とあり[16]、文禄元年（一五九二）九月、加藤清正の書状は「一てつほうはなしは、二千これなく、夜昼、玉つくりてこすべし、堺へ注文の鉄炮は四匁」と、堺へ鉄炮を注文すると記している[17]。豊臣秀吉が配下の亀井氏に送附した鉄炮と火薬は、堺から調達した可能性が大きい。鉄炮に使用する火薬の量は弾丸の重さに比例するから大鉄炮は相当量を消費する。織田信長が大鉄炮を多用できた背後には堺衆の存在があったのである。

第四節　仏狼機砲の移入

フロイスは織田信長の軍船を見聞して「無数の精巧にして大なる長銃を備えたり」と述べている。長銃は大鉄炮だが、フロイスが「軍船には大砲三門を載せたるが、何地より来りしか考えること能はず、何となれば、豊後の王が鋳造せしめたる数門の小砲を除きては、日本国中他に砲なきこと我等の確知する所なればなり。予は行きて此大砲と其装置を見たり」とある部分、つまり大なる長銃とは違う種類の大砲が装備されている事実である。

天正八年（一五八〇）十一月、織田信長は大和を筒井順慶に宛行った。これ以前の天正三年五月、筒井順慶は織田信長に合力として鉄炮五十余挺を送付した[18]。織田信長はこの鉄炮を長篠合戦に投入したのである。そして天正八年閏三月十七日、筒井順慶は大和の諸寺の梵鐘を徴発して鉄炮を鋳た。この日、奈良興福寺の大乗院の梵鐘が徴発された[19]。『多聞院日記』は梵鐘で鉄炮を鋳ると書いているが、鉄炮を鋳造で製造することは難しいし、梵鐘という材料から大砲であろう。

大砲使用の事実は、やはりフロイスの報告書に、[20]

　小西行長、約七〇艘の艦隊を率いて、海上より堺に接近、行長乗船はガリアン船に似たり、銃多数と砲一門あり、この砲は豊後の王（大友宗麟）が織田信長に贈りたる物なり。

とあり、小西行長の坐乗する旗艦には大友宗麟が織田信長に贈った大砲が搭載されているとある。フロイスは織田信長の軍船に坐乗したとき、彼は豊後の王が数門の小砲を鋳造したと述べているが、小西行長の軍船に搭載された砲は大砲とあるからそれではあるまい。

こうした大砲の存在が当時としては、よほど珍しいことであったことは、これもルイス・フロイスの報告書に窺える。[21]

　その軍中に十字架を描く軍旗五六十を有せし、ドンプロタシオは聖週に大砲二門を据えたり、大砲は日本には、甚だ稀にして、これを操縦するもの、又稀也、この際、偶然にも薬室の装塡を知る黒人トマルチヨニというキリシタンの兵士ありこれは薩摩兵には、驚くべき、珍しき物なり。

フロイスは大友宗麟が数門の小砲を鋳造したと書いているが、天正十二年（一五八四）四月三日、大友府蘭（宗麟・義鎮）が宰臣志賀道輝・田原親家の両名に対して大友義統に伝えるべき国政に関する意見十四条を述べた一条に「一、屋敷普請等、折々、油断なく肝要、特に石火矢・火矢弥々、数を増加すべし」とあって、この事実を証明している。[22]

大友宗麟の意見十四条にみえる「石火矢」が大砲であることは、慶長五年（一六〇〇）七月二十九日、豊臣方の長束正家らが信濃の真田昌幸に東軍諸将の質を収め、かつ豊臣秀頼への忠節を依頼した書状のなかで「秀頼様可被取立大儀ニにあらす候ニ付而、各申談、西之丸之留守居追出、伏見ニ有之留守居為可討果、堀際まで取詰、築山を申付、大筒・石火矢ニて責詰候、急度可為落居候」と明白であり、[23]さらにここでは石火矢と大筒を併記しているから、石火矢

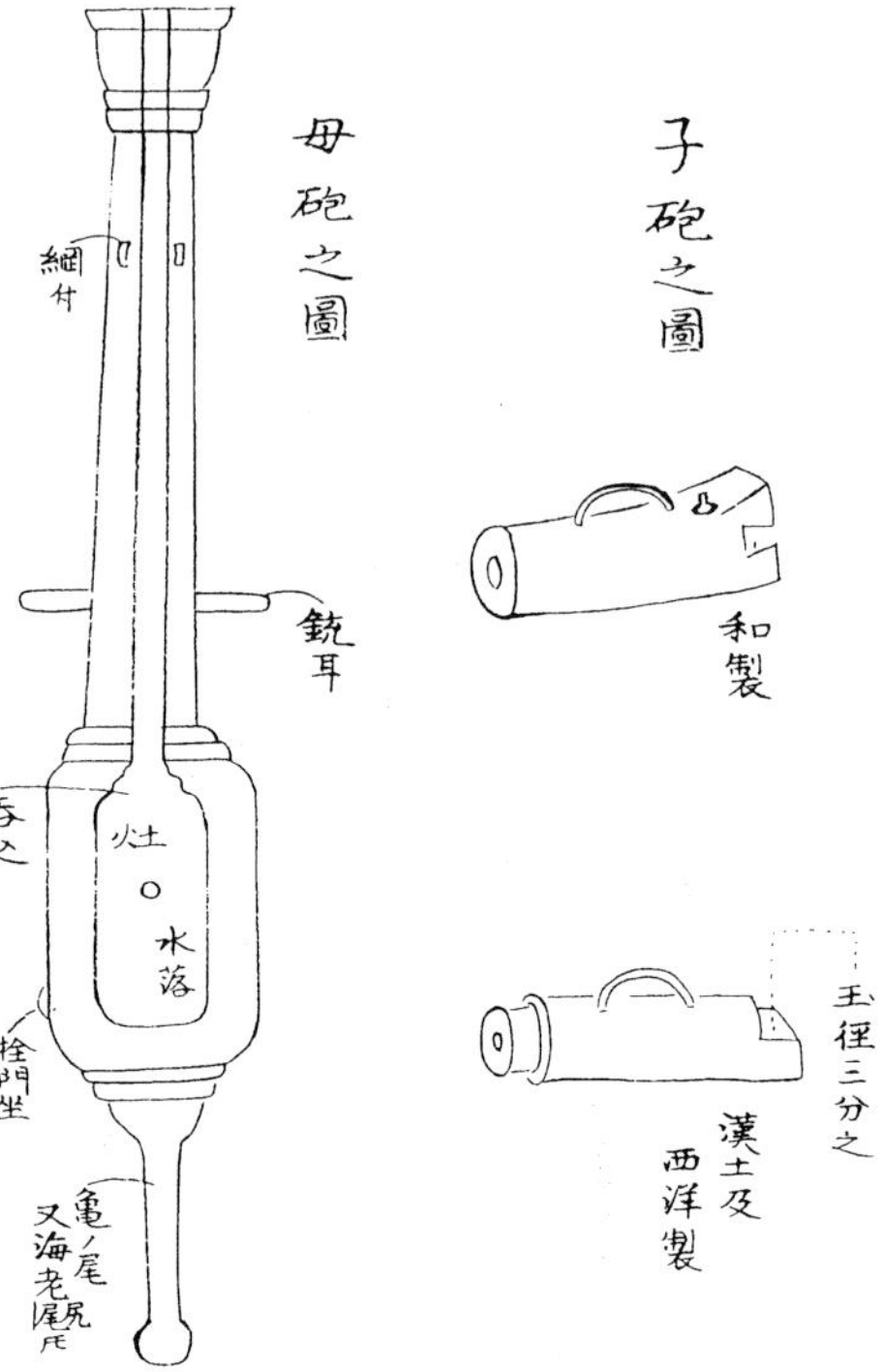

図26　仏狼機「仏狼機銃」所収

は大筒とも構造が違うことが分かる。

豊後大友氏と石火矢の関係は、大友宗麟が永禄三年（一五六〇）三月十六日、豊前・筑前の守護補任の返礼として「石火矢」を室町将軍に進上している。ただしこの石火矢は大友氏が鋳造したものか、あるいは外国からの輸入品かは不明である。

最近、石火矢に関する大友宗麟の書状を南蛮文化館の北村芳郎氏が入手され、福川一徳氏が『古文書研究』第一〇号（昭和五十一年）に「「国崩」伝来考」の題で紹介されている。大友宗麟書状とはつぎのようなものである。

至高瀬津石火矢着岸之条、急度可召越覚悟候、方角之儀候間、乍辛労夫丸之儀被申付、運送可祝着候、人数過分可入之由候間、別而御馳走肝要候、右津江奉行人差遣候趣、委細、志賀安房守可申候、恐々謹言

正月十一日　（大友）宗麟（朱印）

城蔵人大夫殿

福川一徳氏は、この書状を『大友興廃記』の説から天正五年と確定されている。

これ以前の永禄十一年（一五六八）八月、大友宗麟はイエズス会に大砲の送付を懇望しているが、永禄三年に大友

宗麟は室町将軍足利義輝に「石火矢」を贈っているから、石火矢をめぐる交渉は、はやい時期から両者の間で進められていたのである。

また大友宗麟が外国から大砲を入手した目的は、宣教師の報告書に「予が再び大砲を求むるは予が海岸に住みて敵と境を接し、予が防御の為に之を要すること大なるが為なり。予若し領国を防御し、之を繁栄ならしむる時は領内のデウスの会堂、パードレ及びキリシタン等並に当地に来るポルトガル人一同も亦然るべし」と述べているように、[24]隣国の安芸毛利氏・薩摩島津氏などとの合戦を有利に展開させるためであったが、あたかも鉄炮が守護職確保の手段に利用されたように石火矢にもそうした意図があったことは否定できない。大友宗麟が織田信長に大砲を贈ったのは、大友氏の対信長外交の現われなのである。

織田信長の軍船に搭載された大砲、また大友宗麟が合戦で使用した大砲は、大鉄炮とも大筒とも違う構造の火器である。名称からもそのように考えられるが、これらの大砲が艦載砲として使用されていること、また「薬室の装塡」をするとか、「装置を見たり」と宣教師の報告にあるから、十六世紀半ば、ヨーロッパから中国の広東にもたらされた後装式の仏郎機に相違あるまい。[25]

ややもすればいままで鉄炮の伝来と普及ばかりが問題とされるが、仏郎機については有馬成甫氏が論及されたくらいで、等閑視されている。ここでは仏郎機が、どのような形態の火器かを図示するにとどめたい。[26]

織田信長政権の鉄炮の保有量は、はじめは他の戦国大名と大差ないが、上洛以後になると、鉄炮や大鉄炮、さらには仏郎機と呼ばれる大砲まで装備して火力を飛躍的に増強させている。こうした火器保有の多寡が織田政権の発展に大きく寄与したことは否定できない。

第五節　文禄・慶長の役と火器

豊臣秀吉は文禄元年（一五九二）四月、朝鮮半島に兵を出した。文禄・慶長の戦いのはじまりである。この戦いは、この後七年間にわたって朝鮮半島の海と陸で続くが、天正二十年三月十三日付豊臣秀吉朱印状の「高麗へ罷渡御人数事」によると、一番から九番に編成された渡海軍の惣人数は十五万八千七百人に達している。[27]豊臣秀吉の軍勢は刀・鑓・弓矢・鉄炮・大鉄炮・大砲などの武器を装備したが、なかでも鉄炮と刀の存在は大きかった。この事実は朝鮮王朝が防禦策を論議した文禄元年、王朝年号でいえば、宣祖二十五年十月四日、備辺司堂上の李恒福が「以我国人不可接戦、賊徒一百名出来、則前鋒百人鉄丸・環刀、其余後行、皆無兵器、我軍誠冒死突入勝之必」と述べている意見に窺える。[28]鉄丸が鉄炮、環刀が日本刀であることはいうまでもあるまい。たしかに明国や朝鮮王朝にとって鉄炮が恐るべき兵器であったことは、宣祖王が同王二十六年（一五九二）六月に「賊之善勝只在火炮、天兵（筆者注、明国兵の意）之震畳亦於砲、我国之短所亦在此」の言に明らかである。[29]当時、領議政の要職にあった柳成竜は、後年「記鳥銃製造事」で日本の鉄炮について「及壬辰之変、内外靡然、旬月之間、都城失守、八方瓦解、雖出於昇平百年民不知兵、而然実由於倭賊有鳥銃之利、能及於数百歩外、中必洞貫、如風雹、而弓矢莫能与之相較故耳」と述懐している。[30]

宣祖王が臣下に防禦策を下問したとき、崔滉が「兵家各有長技、賊然於剣、我長於射」と答え、[31]また日本側の「当代記」の文禄元年三月の条に「同冬、唐人以多勢高麗江出之間、日本人花之都を退散して、釜山海江退、高麗人は半弓並鉄炮之様なるを持、刀は歯ひきの様なり、後ニは日本人道具を学て拵ける」とあり、さらに豊臣秀吉が慶長三年

（一五九八）一月、再度の渡海にあたって薩摩島津氏に半切の楯を数多く用意させているが、その理由は敵が半弓を使用するからと述べている。[32] この戦いにおける朝鮮王朝の武器は伝統的な弓矢と鉄炮のような火器にあったのである。

なお、「当代記」が朝鮮王朝の火器を「鉄炮之様なるを持」と表現しているが、これは明代のはじめ明国から朝鮮王朝にもたらされた火器の一種で、銃筒と称する青銅製の小型火器である。日本の鉄炮は鉄の筒から金属製の弾丸を発射するが、王朝初期の銃筒は先端に鉄の鏃を被せた数本の箭を一度に放つ火器である。もとよりこうした銃筒の威力では日本の鉄炮には抗すべくもなかった。[33]

日本の鉄炮が戦乱のなかで威力を発揮した実況は、たとえばルイス・フロイスがゼズスのコンパニヤの総長に宛てた書簡に「然るに日本人は高麗人の想像だにせざりし鉄炮を有し、城壁を囲みければ、高麗人はその射撃の面に立つことかなわず、日本人は兼ねて用意せるふとき竹の梯子をすばやく立ちかけて城壁に攀じ登り、そが上に旗さし物をぞ立ちたりける。高麗人も始めの程は抵抗したりけれども、間もなく城をすて五千あまりの死者を残して逃げ失せたり」と報告し、[34] また慶長三年十一月三日、島津義弘・家久宛豊臣氏奉行衆連署状の一節に、[35]

一、蔚山表之儀も、此方へ注進候、敵三万ニて押寄候処、大鉄炮にて打立、手負死人不知其数ニ付而、引退令対陣之由候、

と、豊臣秀吉の軍勢が大鉄炮を使用して敵三万騎を撃退したとあり、さらにつぎの浅野幸長の家臣が認めた「蔚山籠城覚書」はその状況を活写している。[36]

一、船手之御衆並肥後守殿御衆、船ゟ鉄炮二三百挺、陸ゟ三丁計揚り、一立打申候処、唐人馬を入、船はた迄おったて、夫ゟ人数三手ニ分、唐人引取申候、

一、唐人のき申候に、唐人の死骸御帳ニ被付候処、蔚山の城廻り、並たいさん一里余り之内ニ、死骸壱万七千余

御座候、死骸に鉄炮薬をかけ、焼候而退申候、

朝鮮王朝は自国の武器では豊臣秀吉の軍勢に対抗できないために、「当代記」の記事に「後ニは日本人道具を学て拵ける」とあるように日本の武器類、鉄炮・刀・鑓などの製造法や使用法を投降した日本の将兵から聞き出し、また捕獲した日本の鉄炮を研究した。この事実はあたかも日本人が鉄炮伝来後、鉄炮を研究して定着させた経緯と頗る似ているが、朝鮮王朝の場合は島国の日本と相違して、北に女真族、南に倭人の脅威があって、武備の強化は日本とは較ぶべくもなかった。(37)

唐入に動員された軍勢は豊臣秀吉の国内統一戦をはるかに上回り、武器類の調達も莫大な量に上った。天正十九年（一五九一）十二月付の薩摩島津氏の「唐入軍役人数島津家分覚書」によると、島津氏は以下の軍役を課せられた。(38)

唐入ニ付嶋津殿御軍役人数一万五千、

一、三百本、のぼり又四郎殿五本手鑓義久卅本て鑓

一、三百本の内、弐百本ハ長鑓、義弘廿本て鑓此外手鑓ハ面々たしなミ次第、供使之時、又ハ陣屋之前ニ、長鑓計ハ見くるしく候、

一、千五百丁鉄炮

一、千五百帳弓・こし

一、六百本こさし物、是ハくそくきせて、

一、馬上ハ歴々之衆計、但、かちたちにて不成衆、いつれも可為馬上、然間、上の員数ハ不相定、馬上之衆ハ甲・具足可然候事、凡如此、猶以御たしなミ専一之事、

戦国大名の着到状や軍役賦課の武器武具は「甲・喉輪・手蓋・面膀・脛当・佩楯・指物・鑓三間柄・持鑓・弓・鉄

炮」などであるが、賦課される武器の内、鉄炮と鑓の数量を比較すると、戦国大名の場合は鑓が断然多く鉄炮が少ない。ところが、天正十九年十二月の「唐入軍役人数島津家分覚書」よると、鉄炮の数量が一千五百丁とあり、鑓は長鑓より短い手鑓をふくめても三百本と多くない。つまりこの頃になると、鑓と鉄炮の数量の関係が完全に逆転しているのである。

また天正十九年十二月十四日、豊臣秀吉が島津義久に高麗渡海を命じた朱印状の冒頭に「其方事鉄炮以下令用意」とあり[39]、さらに正月十日、浅野氏宛ての書状にも「甲州人数渡海申候はば、何の道具も不入申候間、鉄炮少しもおおく候様に、被仰付可被下事」とみえ[40]、さきの覚書と同様、豊臣秀吉の鉄炮確保の姿勢が認められるのである。

第六節　加藤清正の武器調達

このように高麗渡海の諸大名は所領高に応じた軍役を負担したが、規定以上の軍役負担がより手柄とされたから、いわば際限のない軍役であった。加藤清正が文禄元年九月二十一日、国元の（加藤）喜左衛門と（下川）又左衛門の両名に与えた三十五か条の覚えの一条に「一、（加藤）清正連々もとめこしらへ候ことくに、諸道具何も此かきつけのほかも可成ほとこしらへ可申候事」と、注文の道具は書付以外できるだけ多く拵えることを指示しているのもそのためである[41]。このとき加藤清正が国許に指示した注文の道具とはつぎの武器武具であった。

一、てつほう　一、ばん具そく　一、やり　なかへ　もちやり
一、たまくすり　一、よきくらあふミ　一、あらミのかたな
一、のほり　一、こさし物きぬニておくべし　一、人をか々へおくへし、馬のりハ不及申、てつほうはなし、小

者、何もかきりあるましく候、はるハ正二月之内ニとらくまにそへさしわたすへし、

覚書記載の武器武具は鉄炮・具足・鑓（長柄・持鑓）・玉薬・鞍・鐙・刀などであるが、ここでも鉄炮が武器の筆頭にあげられていて鉄炮の重要さが知れる。

鉄炮を多く用意すればするほど、鉄炮に関連した玉薬・弾丸が必要になるが、射手の鉄炮放の確保も、大事な問題であった。加藤清正は鉄炮放の召抱えを指示しているが、別の箇所では「一、てつほうをはなしハ、二千ニてもあまり無之候」と書き、つぎに示すように玉薬や鉄炮の製造にも言及している。

（前掲）よるひるのさかいもなく、たまくすりこしらへ候て、こし可申候事、

一、てつほハさかいへ申遣候共、四文めのす（つつ、筆者注）ニいつものことくニ可申付候事、

一、くまもとのてつほうはりニ、国之かち、又ハひらど、ありまのかぢをやといそへ候て、これを大一ニはかのゆき候様ニ可申付候事、くまもとのかぢニてつほうかすかすおおく出来候ハすハ、其方くせ事たるへく候事、

すなわち、加藤清正は鉄炮放は二千人いても足りないと述べている。もし二千人の鉄炮放を召し抱えれば、同数の鉄炮が入用になる。そこで加藤清正は国許の隈本ばかりではなく、肥前平戸や有馬の鉄炮鍛冶を雇って鉄炮を鍛造させ、さらに泉州堺から四匁の鉄炮を調達して、必ず軍役をはたすべきと指示しているのである。

ところが、加藤清正の鉄炮製造と鉄炮放を召し抱える政策は必ずしも順調に運んではいない。この事実は、翌文禄二年（一五九三）八月八日、加藤清正が国許の下川又左衛門と加藤喜左衛門に宛てた書状の一条に明らかである[42]。

一、何も代官として千石ニ付鉄炮放五人宛、其在所の者にても、又ハ他国之者なり共、相かかへ候て、右之通似相ニ遣銭をも引かへ候て、当年中ニいそき可差越候、鉄炮たらす候ハヾ、家中の者共の宿々を改、かり候て持たせ可差越候、其外百丁不足事ハ、此方ニも可有之候、右之分一人も無相違可差越候、於由断ハ可為曲事候、為其

向後の心得として、清正せいしを遣候事、

一、隈本ニてはり候鉄炮、去年当年ニ何ほと出来候哉、此方へハ此度廿三丁ならてハ不来候、其外何程出来候や、有次第急々可差越候事、

すなわち、加藤清正は鉄炮放の確保については千石につき五人を負担させるとしたのである。その際、鉄炮放は在所の者でも、他国の者でも構わないとし、なんとか人数の確保をはかっている。また鉄炮は家中の宿々を改めて捜し出して差越すべきであり、百丁や二百丁の用意はこちらにもあるから、とにかく鉄炮放を規定の通り、手配するように申送っている。そして鉄炮の製造については、此方に今度は鉄炮二三十挺しか到来しないが、隈本ではどれ程の鉄炮を張り立てたのか、出来次第すぐに鉄炮を差し越すべきを命じ、併せて鉄炮に使用する焔硝の確保を「一、熊本、高瀬・川尻の町家一間に焔硝二百目つつ申付」と指示しているのである。

なお、加藤清正は、文禄二年六月「持鑓身の長一尺に打たせ、五百本も千本も作り、長柄を打つべし、胴田貫、木下に刀を打たせあめさやにてこしらえ」といい、[43]この書状でも、刀の製造について「伊倉、木下、田貫、一ヶ月に刀十腰打つべし、鞘は白鞘、一、鞘師はてほの木、多く買い求べし」と言及している。

豊臣秀吉から渡海を命ぜられた諸大名は賦課された軍役の武器を調達することさえ困難であったから、軍役以上の負担は、まさに困難を極めたに相違ない。加藤清正は文禄三年（一五九四）四月、加藤清之に鉄炮放の確かなる者を召し抱えること、玉薬・焔硝・鉛・硫黄を差し越すべきを再度指示したが、[44]この書状は武器調達の困難な状況をよく伝えている。

加藤清正の領国にみられた鉄炮の製造と鉄炮放確保の状況は、ひとり加藤清正の領国肥後だけではなく、渡海を命ぜられた諸大名に共通した現象である。日本で製造された大量の鉄炮は海を渡って戦場の朝鮮半島に続々と送られて

威力を発揮した。その状況はさきに簡単にふれた。

第七節　多様な火炮

文禄二年（一五九三）七月二十七日、小早川隆景宛の豊臣秀吉朱印状によると、同氏が守備した朝鮮半島南端の慶尚道の加徳城と端城の「自然之時之ために被籠置候間、成其意、聊尓ニ不可召遣候也」とされた武器武具類はつぎのような物であった。(45)

かとかいのしろ
同は城
一、五千人こはや川(小早川)侍従
一、弐百ちよう内　壱丁　大つつ　拾三文め　拾丁　五十目　拾丁　六文め　拾丁　卅目　百五拾五丁　二文半
目　拾丁　廿目
一、四百五拾斤　ゑんせう
一、八百　きんくすり
一、四千五百　たま
一、四百五十斤　なまり
一、四拾五斤　ゆおう
一、三百　ちようゆミ

一、六千　　　　　　　　　　　　　や
一、四百五十こし　　　　　　　　　かたな
一、拾はね　　　　　　　　　　　　かふと
一、弐百ほん　　　　　　　　　　　やり

この朱印状は安芸の小早川隆景宛だが、おなじ日、唐嶋を守備した薩摩の島津氏宛にも同一の鉄炮内訳がみえる。(46)

唐嶋之内一城

一、弐千人　　　　　　　さつま(島津)の侍従、
一、百ちよう内　　　　　てつはう
　　壱丁　　大つつ　　　五丁　　廿目
　　五丁　　五十目　　　拾丁　　六文目
　　五丁　　卅目　　　　弐丁　　十三め
　　七拾弐丁　　二文半目

唐嶋之内一城と加徳城と端城の軍器注文によると、鉄炮の玉目は「大つつ、五十目、三十目、廿目、六文目、十三文め、二文半目」とあるから、文禄・慶長の戦いで使用された鉄炮の玉目（口径）が多様であったことがわかる。武器と武具は密接に関連しているが、当時の朝鮮王朝の武具は鉄炮を防ぐ堅牢さに欠けていた。この戦いで日本側が意外に威力を発揮できたのは、こうした事情を反映している。さきの小早川氏と島津氏宛て軍器注文の鉄炮内訳のなかで、二文半目は前者が「百五十五丁」、後者が「七拾弐丁」とほとんどを占めている。慶長十九年（一六一四）十二月、徳川家康は奈良の甲冑師岩井与左衛門が進上してきた甲冑を砲術師の稲富宮内に命じて三文五分の玉で試し打ちをし

たが、小筒から放たれた玉は岩井氏が製作した甲冑を貫通していない[47]。

　奈良函工岩井与左衛門捧御甲冑、仰稲富宮内、試以小筒三文五分玉令討給処、玉不融云云、

また伊達家の記録『忠山公治家記附録』は明暦二年（一六五六）の事蹟として、甲冑師雪下伊助が鍛えた前胴を江戸幕府の御鉄炮方であった井上貞高宅で大槻十郎大夫が四匁玉二発、六匁玉二発で試したところ、いずれも貫通しなかったと書いている[48]。したがって軍器注文の二匁半ないし六匁の玉目の鉄炮では、鉄の板札を主体に製作された甲冑、当世具足が流行していた日本では効果があまり期待できなかったと考えられる。

　この戦では莫大な量の鉄炮が使用されたが、大型火器も使用された。そして文禄元年（一五九二）七月二十六日、豊臣秀吉は三河吉田豊橋の池田照政につぎの朱印状を出した[49]。

　其方請取之大船早々出来丈夫ニ見事候之条感悦不斜、然者大筒外如目録請取、上乗者被差上候、高麗仕置之儀も急度可相渡之条可心易候也、

　　七月廿二日　（豊臣秀吉）（朱印）

　　　羽柴吉田侍従

　また文禄三年（一五九四）三月十八日、豊臣秀吉は島津義弘に対して石火矢弐挺、薬三百斤、玉三百斤を、また先年、遣わした大筒と玉薬を城々に割符するから、寺沢氏から受け取るように朱印状を宛てた[50]。慶尚道にある島津氏と小早川氏の城砦の軍器注文のなかに各一挺の大筒があった。さきに引用したが、慶長三年（一五九八）十一月に島津義弘・家久の両名が、蔚山表で敵三万騎が攻撃を仕掛けてきたとき、大鉄炮を放って敵に多大な損害を与えている。また同年同月、島津義弘が慶尚道の晋州城の攻撃に、やはり大鉄炮を使用している[51]。

豊臣秀吉は在国の諸大名に大型火器の製造を命じたが、文禄元年十月十日、関白秀次に宛てた朱印状によると、佐

久間甚九郎が大鉄炮を製造し、美濃の津屋には瀧川一益の大砲があり、また筒井順慶が大鉄炮を所持し、さらに徳川家康にも大鉄炮の製造を命じている。[52]

先年佐久間甚九郎こしらへ候大鉄炮、河内きさいへ辺に有之由候、滝川大砲美濃国津屋ニ有之由、筒井順慶所持之大鉄炮有所、並江戸大納言かたへも大鉄炮共之儀申遣、有次第早々可差越候事、

豊臣秀吉は諸大名に大型火器を製造させるいっぽうで、自身も鋳物師を動員して大砲を鋳造している。[53]

尚々急入御用候間、此状参着次第、可罷上者也、

急度令申候、仍唐入之御用大鉄炮、於聚楽被仰候、其元上手共召連、早々可罷上候由、関白様御掟候、無油断可上着候也、

十月晦日　　　益庵宗則（花押）

播州野里村善五郎殿

かたへ

尚々御急用ニ候條、早々可罷上候、以上、

関白様石火矢被仰付候間、野里五郎右衛門親子之下知ニ付て、石火矢可仕之旨被仰出候間、此状参着次第可罷上候、於油断者可為曲事、御急之御用に候、

恐々謹言

十一月廿日　　　益庵

（花押書判）

かた々かなや
小上かなや
に(欠)いかなや
し々みかなや
ほそかわかなや
とうぢやうかなや
しんなやかなや

二通ともに幡州姫路の鋳物師田口家に伝来した文書である。二通の文書が関連していれば、前者の大鉄炮は石火矢をさしている。それは後者の宛所が鍛冶ではなく、鋳物師であり、文中に播州野里五郎右衛門親子は豊臣秀吉の下知で石火矢を鋳造するとあるからである。ここでは石火矢を大鉄炮と表現しているが、この表現は大きい鉄炮と石火矢を形容したと推測する。

文禄・慶長の戦いにおける鉄炮の製造・鉄炮放の確保などの実際を加藤清正の領国についてみた。こうした状況は加藤清正の場合に限ったことではなく、高麗渡海を命ぜられた西国の諸大名は泉州堺で鉄炮を調達するいっぽうで自国の鍛冶を動員して鉄炮を生産して豊臣秀吉の過重な軍役をはたした。また、この間、大筒・大鉄炮・大砲（石火矢）が製造された。文禄・慶長の戦いの結果、それ以前に比較して大鉄炮や石火矢は日本各地で生産されるようになり、著しい普及をみせた。こうした火器の普及は豊臣秀吉の後継者である徳川家康の対豊臣氏戦、すなわち、大坂の冬と夏の両度の陣に多大な影響をあたえた。この戦いが、さらに鉄炮、火器を日本に普及させる重要な契機となったのである。

第八節　大坂の陣と国友鉄炮鍛冶

慶長十九年（一六一四）十月一日、板倉勝重は大坂の騒擾を駿河の徳川家康に報告した。徳川家康は、ただちに大坂討伐を決定し、秀忠が近江・伊勢・美濃・尾張らの沿道の諸大名に出征を命令した。ここに豊臣方が十万、徳川方が二十万の軍勢を動員して冬の陣が開始されたが、徳川家康は堅固を誇る大坂城を拠点とした豊臣方を降伏させることができず、同年十二月に和睦が成立して冬の陣は終了した。

この時期の徳川氏の火器保有を考える場合、近江の国友鉄炮鍛冶の存在は無視できない。「国友鉄炮記」は同鍛冶の鉄炮製造の起源について、すでに天文十八年に織田信長から鉄炮五百挺の注文を受けたとしている。天文末年頃、越前朝倉氏一門と推測される沙門宗秀の書状に国友で造った丸筒の鉄炮とあったから、この時期、国友で鉄炮が造られてもおかしくはないが、数量については疑問がある。国友鉄炮鍛冶が量産体制を整えるのは、徳川家康と関係して以後である。「国友旧記」は徳川家康との接触の事情をつぎのように述べている。[54]

慶長九辰年三月権現様伏見江御発駕被為成候已前、国友鉄炮張江戸表江始て被為召出難有御掟共ニ御座候、其節稲富一夢殿御注文八百目玉並五拾目玉御鉄炮被為仰付、張立取掛り可申候処、同年三月伏見江御座被為成、同六月御上洛、同八月重テ被召土手の上の御鉄炮と被為遊御掟六拾目玉の御鉄炮より弐百目玉の御筒迄以上拾六挺被為仰付候、

すなわち、国友鉄炮鍛冶は徳川家康が伏見に出発する慶長九年（一六〇四）三月以前、はじめて江戸に召し出され、そのとき砲術師の稲富一夢から、八百目玉と五十目玉の鉄炮の注文をうけ、さらに同年八月には、伏見で六十目から

二百目玉の鉄炮十六挺の製作を命ぜられたと書いている。

これら各種の大筒の製作に要した日数は、慶長十二年と同十三年に稲富一夢が国友鉄炮鍛冶の年寄に急いで製作すべきを督促しているから、じつに四年近くの歳月を費やしていることになる。(55) 近世初頭の時期でさえ、国友鉄炮鍛冶の生産能力はこの程度であるから、織田信長から五百挺の注文を受けても、即応はできないとおもう。

徳川家康と国友鉄炮鍛冶との密接な関係は、慶長十二年（一六〇七）五月、国友鉄炮鍛冶年寄中にあたえた徳川家康の諚書に明瞭である。(56)

被仰渡候御定之覚

一、従上様被為仰付候御鉄炮、随分入念ニ張立可申事、
一、急御用之節御手支無之様ニ、常々相心得可申事、
一、惣鍛冶並所之者共、御用ニ付年寄ヨリ申渡候儀違背之者候はば、早速相届可申上事、
一、諸国より大小之鉄炮多く誂候はば、早速相届可申事、並惣鍛冶新筒受取候はば、年寄え相届可申事、
一、鉄炮職分之者猥に他国え出候事、堅無用事、
一、鉄炮細工猥ニ余人え相伝申間敷事、
一、鉄炮薬調合之事並力様薬込、年寄の外他見・他言致間敷事、
一、玉割並出合之事、年寄之外他言無用の事、右の条々被仰渡候間、堅相守可申者也、

慶長十二年　　　　成瀬隼人正
未之五月
国友年寄中

この定書は大坂の冬の陣の七年前にあたるが、内容は、まず鉄炮は徳川家康の命令で製作すること、鉄炮の製作については年寄に命令するから、それ以外は製作を厳禁とすること、他国から大小の鉄炮の多造の依頼があったばあいは、ただちに徳川氏に届け出ること、鉄炮の職分をもつ者が他国に出向くことは禁止すること、鉄炮の製作法を勝手に余人に伝えることは禁止すること、火薬の調合法は年寄以外に他見させたり、他言してはならないこと、などである。

さきの慶長九年の大筒製作の状況とこの定書から、国友鉄炮鍛冶の鉄炮製造に関する権利は徳川家康が掌握していたとみなせる。つまりこの時期、近江の国友鉄炮鍛冶は、まさに徳川氏の銃砲製造工場の役割を担っていたとみなせる。このように徳川家康は大坂方にたいする戦備から、国友鉄炮鍛冶の集団を直接支配下におき、火器の充実を進めていたのである。

元和元年（一六一五）の大坂夏の陣のとき、国友鉄炮鍛冶は徳川氏の注文をうけて鉄炮を製造している。「国友文書」は徳川氏が注文した鉄炮の玉目と数量をつぎのように書いている。(57)

御鉄炮注文
一百五拾目筒　十挺
一百弐十目筒　十挺
一百目筒　参挺
合弐拾参挺
正月十一日　水野監物（忠元）（花押印）
寿　齋

そして「国友鍛冶記録」の記述は、鉄炮注文のいきさつが詳しい(58)。

権現様為上意与、元和元年卯ノ正月、急駿府へ被為召、同十一日ニ百五拾目玉之御筒拾挺、百弐拾匁玉之御筒拾挺、百目玉之御筒三挺、昼夜急キ張立指上可申之旨、上意之趣、水野監物様ゟ急度被仰付、可成程急キ張立、夏ノ御陣中江早束指上、御用ニ相立申候、其砌今度之忠節御感ニ思召被為成候由ニ而、松平右衛門(正久)様以御取継御目見仕候処、白綾御紋付之御呉服一重宛、年寄共頂戴仕、于今所持仕罷在候、夫ニ付御上洛被為成候節者、京都迄罷越御目見被為仰付、御呉服頂戴仕、難有奉存候、右之御鉄炮被為仰付候節、水野監物様御注文被下置、于今所持仕罷在候御事、其後御帰陣之御時、年寄共乍恐御供仕、江州永原ニ相詰罷在候処、土井大炊介様以御取継を御目見申候得者、御直御諚被為成下候者、両度之御陣中江国友年寄共相詰候忠節、并惣鍛冶共今度之働、御感被為思召候、為御褒美与、国友村高八百石八斗七升之所、御物成惣鍛冶共江被為下置、并課役永代御赦免被為成下之旨被為仰付、重々難有奉存候、同永原ゟ摺針坂迄御供申上候、然処水野監物様以御取継、坂上ニ而御目見被為仰付候、野村彦太夫様江、国友之儀ニ付、重々難有上意被為成下、冥加至極ニ奉存候、其上国友村者此方かと御指ヲ被為指、坂下ニ而御暇被為下、并白銀拾枚宛四人之年寄共頂戴仕、難有奉存候（下略）。

国友　善兵衛

徳左衛門

冬の陣終了後、徳川家康は大坂方の不穏な情勢をうけて、四月上旬、諸大名に出陣を命じた。ところが、それ以前の元和元年正月、国友鉄炮鍛冶年寄は駿府に出向き、十一日迄に昼夜兼行で百五十目十挺、百二十目十挺、百目三挺、合計二十三挺、いずれも百目以上の大筒の張立てを命ぜられている。したがって徳川家康の冬の陣の和睦はポーズに過ぎず、その裏では豊臣方の拠る大坂城を落城させるべく大筒の製造に余念がなかったのである。

慶長九年（一六〇四）五月、徳川家康は石火矢師の渡辺宗覚三郎太郎に采邑と偏緯をあたえた。子孫の渡辺主膳が江戸幕府に差出した由緒書は、渡辺家の履歴をつぎのように伝えている。(59)

乍恐以書付申上候、私曾祖父渡辺三郎太郎儀、大友殿家来にて罷在り候処に、石火矢仕、並打様迄稽古仕候様にと被申付、唐江渡、相伝帰朝仕候、石火矢日本にて仕候儀、私先祖始にて御座候、大友殿崩之時分浪人仕、宗覚与申罷在所、早川主馬殿、豊後国府内之城に罷在候内、右之宗覚、石火矢、権現様江主馬殿より差上被申候得者、御上覧之上、事之外御感にて、唐物之様に見申江候得共、早川主馬与書付候、唐江申越為哉と上意に付、主馬殿御請被申上候者、此石火矢仕候ものハ、最前大友之家来にて、宗覚与申候、石火矢為相伝、唐江相渡、稽古仕候由被申上候得者、それハ調法之者にて候間、御用茂被為仰付度由にて、宗覚親子被召出、御陣之時分、度々御急之御用被仰付之、其上大坂冬御陣之前、駿河江被召寄、専一之時分御用前之道具共仕上、なつ御陣にハ、大坂江御共被仰付、落城之節御跡に残り、焼申候鉄銅以下、吹まとい仕候様に与上意にて、曽根源左衛門、五味右衛門殿、御奉行にて、御用之御奉公仕候、其外度々御筒など仕上ヶ申候、御朱印者、慶長九年五月、豊後国葛城村にて、百石之所領地可仕之旨、権現様ゟ被下置候、其上康之御字代々御免可被下候旨、御直に上意ニ付、御道具共にも、私迄代々名乗に、康之御字書付申し候事に御座候、其後同国生石村にて、三百石之所宗覚御代官可仕旨、本多上野介殿、成瀬隼人正殿、大久保石見守殿、彦坂九兵衛殿御奉書を以、竹中伊豆守殿迄被仰遣、住所者府内に罷在候、宗覚儀病気故、右之御代官所指上ヶ、世倅三郎右衛門、次男茂右衛門両人駿河に差置、御暇申上国本江引込罷在候、右之知行所損亡に付、二十ヶ年以前、親主膳奉願、常陸国安塚村にて拝領仕候、以上、

天和四年子二月　　渡辺主膳（印）

由緒書によると、かって渡辺氏は石火矢師として豊後の大友氏に仕え、主家没落後、早川主馬の執り成しをえて、

宗覚親子が徳川家康に召し出されたとある。そしてこれ以後、同氏は徳川氏関係の合戦に度々参加し、大坂冬の陣の前には、駿河で道具類を仕上げたとある。

由緒書が語る豊後大友氏時代の渡辺氏の消息については、傍証がないが、慶長九年五月日付渡辺宗覚宛の領地給与の徳川家康の判物から、徳川氏と渡辺氏の関係は、事実とみて誤りはあるまい。渡辺氏が徳川家康に召し抱えられたのは、同氏が石火矢製造の技術を保持していたためである。

徳川家康は冬の陣の開戦直後、十月六日、伊勢亀山城主松平忠明に伏見に急行することを命じたが、[60]松平忠明は、慶長十七年（一六一二）三月、徳川家康から「松平下総守江大御所より、石火矢十二丁、大鉄炮十二丁、其外鉄炮三百丁、鑓弓番具足以下数百被下」れた。[61]『徳川実紀』（一巻五八一）は、これらの火器の種類を「仏郎機十二、大銃十二、小銃三百」と書いている。「当代記」の石火矢を『徳川実紀』では仏郎機としている。石火矢師渡辺氏は冬の陣の前、駿河に呼ばれて道具類を仕上げたとあるが、この石火矢、すなわち、仏郎機は渡辺氏が鋳造したものに相違あるまい。

このように徳川家康が火急に国友鉄炮鍛冶に大筒の製造を、また石火矢師渡辺氏を召し出して石火矢を鋳造させたのは、豊臣方の拠る大坂城が堅固を誇り、小銃の鉄炮では敵兵は殺傷できても、城郭を破壊できないためである。

大坂の陣では大型火器が多造されたが、小銃の鉄炮はそれを遥かに上回る莫大な量が投入された。越後上杉氏の「慶長十九年、大坂御陣押前行列」の軍役帳には貸鉄炮・鉄炮・大筒を含めて約千四百挺が登録され、[62]また周防毛利氏の軍役の規定では四百石以上一万二千石までの石高の鉄炮負担の数量を「四百石鉄炮壱丁」「六百石鉄炮弐丁」「九百石鉄炮三丁」「千石鉄炮五丁」「千弐百石鉄炮七丁」「千五百石鉄炮拾丁」「弐千石鉄炮十弐丁」「三千石鉄炮十五丁」「四千石鉄炮廿丁」「四千五百石鉄炮廿弐丁」「五千石鉄炮廿五丁」「五千五百石鉄炮三拾丁」「六千石鉄炮三拾壱丁」「六千五百石鉄炮三拾弐丁」「八千石鉄炮三拾五丁」「八千五百石鉄炮四拾丁」「九千五百石鉄炮四拾三丁」「壱万石鉄炮五拾丁」「壱万弐千石鉄炮五拾弐丁」と定めている。(63) そして伊達家の「大坂陣御備書立」は同氏負担の鉄炮の数量を三千四百二十挺と書いている。(64)

これは軍役ではないが、出羽の佐竹氏は慶長十九年（一六一四）十一月二十六日「其一日てつはうじやい御座候由、さりながら、手をい一人も無之由、其所ニ付城の御仕度之由、是ニ付而、大てつほう三拾目与、六匁玉のすヽ（筆者注・筒）まて、残なくさし上候へと被遊候」と国許の秋田から鉄炮をことごとく大坂に送らせている。(65)

また慶長十九年十月十五日、肥後の細川忠興は「此状参著次第、鉄炮之者之分、不残鉄炮頭之者召連、急罷上様ニ被申付候」と、鉄炮の者を残らず大坂に上らせよと国許に命じている。(66) そして慶長十九年十二月、伊達政宗は山岡志摩守を徳川家康の許に使わして火矢二挺、玉目五十目の大筒三十挺の借用を申出ている。(67) 徳川家康側にしたがった諸大名は石高に応じた鉄炮を負担したから、まさに莫大な量の鉄炮が投入されたのである。

こうした点からすれば大坂の陣は火力の戦いと称しても過言ではないのであるが、このことは別の面からも指摘できる。徳川家康は慶長十九年十月、竹中伊豆守を召して、備後国は鉄鍛冶が多くいるから鉄楯を、(68) また同年同月、大工頭の中井正清にも鉄楯の製作を命じている。徳川家康の命令を受けた大工頭中井正清と配下の鍛冶、材木屋、大工棟梁らが連署して板倉勝重に提出した鉄楯の見積目録によると、造られた鉄楯の数は五百枚、法量と形状は広さ四尺、高さ六尺、鉄板の厚さは一寸、これを大錨百八十箇で厚手の板に打ち付け、さらに大かけがね七鎖と車輪で鉄楯は牽引できる仕掛けになっていた。(69)

こうした鉄楯は、慶長十九年十二月、徳川方の船手九鬼守隆が木津河で鉄炮を放つために徳川家康から二枚を支給され、(70) 冬の陣が終結したのち、慶長十九年十二月二十二日、諸大名が徳川方から借用していた鉄の楯を返却している事実がある。(71) この鉄楯は鉄炮の玉を防禦する陣道具なのである。

図27　仏狼機・大筒（島根県津和野神社所蔵）

慶長十九年十月、「十日十一日両夜、如右城より揃鉄炮向陣中放入、ときの声を揚、此比諸手の仕寄に築山拵、大筒を惣構江打入、城中及迷惑見たり、各仕寄惣構の堀江、或二十間或三十間被寄、何も竹たはを以の儀也、此時手負死人多之、一手に或は五百人也、向には以土俵如山高く築上ける間、指て鉄炮不中、右土手江往来に、中鉄炮事不可勝計」とあって、[72] 徳川方が大筒を大坂城の惣構に打ち込んでいる。

また慶長十九年十二月、徳川方船手の九鬼守隆が五分一島に布陣して、三日間にわたって仏郎機を放っている。[73] そして同年同月の中旬には、「十七日、（中略）今日将軍家以水野監物・稲富宮内、自佐竹陣場高処、石火矢数張令打給云云、浅野但馬守攻口仙波堀川為堀埋、敵放石火矢、其玉重さ五六斤云云、取寄御前令見給、件玉土俵江中而不洞、蓋木鉄炮歟之由被仰、当時木鉄炮多造、城中有之由也云云」とある。[74] 水野監物と稲富宮内が佐竹の陣の高所から石火矢数張をもって豊臣方を砲撃しているのである。

なお、このとき豊臣方からも石火矢が放たれたが、玉の重さは五、六斤といい、この玉は防禦用の土俵を貫通しなかったとあり、徳川家康が検分したところ、この玉は城中で多造されているる木砲から放たれたらしいという。徳川方に比較して豊臣方の火力の劣弱さを示す記事である。

慶長十九年十二月、徳川家康は牧野清兵衛正成・稲富宮内重次などの鉄炮の妙手を選んで、備前島の片桐且元と豊臣秀頼母堂の居間に大筒と国崩を打たせている。ここにいう国崩しは、おそらく仏郎機であろう。[75]このころ大工頭中井正清が徳川家康の命令で砲架を製作している。備前島の砲撃に使用された石火矢の砲架であろう。

冬の陣では城郭を破壊する大型火器が多く必要であった。徳川家康は国友鉄炮鍛治や石火矢師の渡辺氏に大型火炮を製造させたが、慶長十九年（一六一四）十一月、淡路の脇坂安元が石火矢十張を徳川家康に献上しており、[76]また佐竹氏が五百目の石火矢を鋳造している。脇坂氏や佐竹氏だけではなく、他の大名も大型火器を献上したり、大坂へ輸送したことは想像に難くない。

なお、現在、島根県津和野神社には亀井氏伝来の所伝をもつ大型火炮四門がある。根拠は定かではないが、文禄・慶長の戦いの時、朝鮮半島に渡海した亀井氏が彼の地で捕獲した戦利品とも伝えられている。[77]これらの砲を観察すると、内三門は青銅製の仏狼機砲であり、残る一門は鉄製の差火式の大筒である。文禄・慶長の戦いに際して豊臣秀吉が鋳物師に仏狼機を鋳造させている事実があるから、単純に外国製とは考えられない。仏狼機とともに残る大筒は明らかに日本製であるから、この仏狼機も日本製である可能性が大きい。

佐竹氏の史料を所蔵している「千秋文庫」の史料のなかに「石火矢五百目筒之図」の一図があって、大坂冬の陣に佐竹氏が石火矢を鋳造した

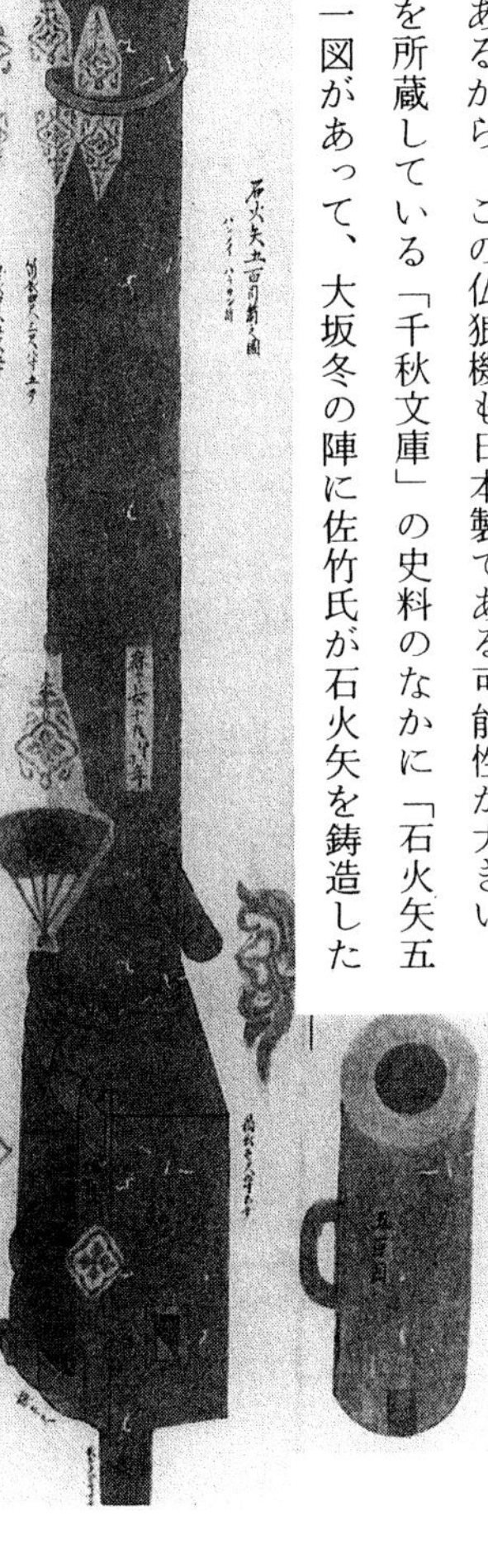

図28　石火矢の図（東京・千秋文庫所蔵）

事実がわかるが、本図はほぼ原寸で書かれ、砲身上面に「慶長十九甲寅年」とあり、各部の法量がそれぞれ「惣長曲尺五尺五寸、筒長三尺八寸五歩、差渡（口外径）六寸六歩、（口径）弐寸弐歩、箱長（薬室）一尺六寸五歩、銃尾壱寸七歩」と注記されている。(78) 佐竹氏の石火矢の図と津和野神社所蔵の仏狼機を比較すると極めて類似している。したがって津和野神社の仏狼機と大筒は大坂の陣で使用されたものとみて誤りはない。

なお、有馬成甫氏の研究によれば、極東に残っている仏狼機を調査すると、十六世紀にポルトガル人が伝えた様式は、中国・朝鮮・日本において各特色を有しているとされ、朝鮮王朝の仏狼機砲は「文禄・慶長役にわが軍が捕獲した数多い仏狼機は、ポルトガル製と中国製とであって朝鮮式は一つも見当らないところから考えて、朝鮮は文禄役（一五九三）に初めて仏狼機を造ったのであろうと推定する」とされているが、(79) 文禄の役を遡る宣祖王十六年在銘の仏狼機砲の子砲が韓国の陸軍博物館に所蔵されているから、この説は誤解である。

こうした仏郎機の取扱は徳川家康がわざわざ牧野清兵衛正成・稲富宮内重次などの砲術の専門家を選んで操作させているように容易くはなかった。慶長十九年十二月、大和組が天王寺口で仏郎機を放つたとき、操作を誤って火薬が爆発して焼死者五、六人を出している。(80) これは火器に共通したことだが、使用する玉薬の量を正確にすること、そして仏郎機のばあいは子砲、つまり薬室の装塡を確実にしなければ、たちまち誤爆につながった。天王寺口の暴発事件の原因はこうした点にあったと推測される。

第九節　西洋砲の移入

徳川家康がいかに火力の充実に懸命であったかは、この前後に外国から大砲を購入している事実にも明らかである。慶長十九年十一月二十七日、徳川家康は以前から大砲買い付けの交渉にあたらせていた長谷川藤広と同藤継から、まもなく大砲が到着するとの報告に接した。(81) このオランダからの大砲の玉目を『当代記』は「十二月、ヲランダヨリ、四貫目五貫目の大石火矢火召寄、則打之者、一両日中可持来ト云々」と伝え、大砲の数量を「大坂冬陣記」は「阿蘭陀大石飛矢十二、近日可渡来云々」と記している。

大坂冬の陣の時、徳川家康はオランダばかりではなく、イギリスからも大砲を買い付けている。すなわち、一六一四年十二月五日平戸発、リチヤルド・コツクスより、東インド商会に送った書簡の一節に「皇帝はコルペリン砲○長キ砲ナリ、四門及びセーカー砲一門を千四百両にて、また火薬十樽を百八十四両にて、また鉛六百本の重量一萬一千五百十斤、一斤六分（十分は六ペンスにあたる）の割合を以て、六百九十両にて買上げたり」とある。(82)

もっとも徳川家康が外国の火器を活用したのは、このときがはじめてではない。慶長五年（一六〇〇）三月十六日、オランダ船リーフデ号が豊後の佐志生に漂着した。同船は、徳川家康の命令で泉州堺を経由して、相模の浦賀に廻航されたと伝えられている。

リーフデ号の航海長ウイリアム・アダムスの書簡によると、同船は三百トン、船尾にエラスムスの立像、砲十八門、乗員百三十人または百九人、日本漂着時の積載品は、銃五百挺、銃弾五千発、鏈弾三百発、火薬五千ポンド、火箭三百五十本、とある。

当時、日本に滞在していたイエズス会の宣教師やポルトガル人はリーフデ号のいろいろな情報をえていたが、徳川家康が関ヶ原の合戦に際して同船の大砲や砲手を活用したことを伝えている。徳川家康がリーフデ号を相模に回航させた最大の目的は、同船が装備する大砲や積載していた火器の活用にあったとみて間違いあるまい[83]。

なお、下野の竜江院（栃木県佐野市）に伝来した「貨狄様」と称する木像は、オランダの人文学者デシリウス・エラスムスの像で、リーフデ号の船尾に付けられていたものとされているが、現在のところ、なぜこの像が下野の竜江院にあるのか不明である。筆者は同地が幕府の鉄炮奉行を勤めた牧野氏の所領であったからではないかと推測する。牧野氏は役目からリーフデ号に積載されていた火器類を一時管理していたのではないだろうか。このときエラスムスの像は、牧野氏の手中に帰して、火器類は戦場に運ばれたが、木像はそのまま佐野の地に遺され、今日にいたったのではないだろうか。

大坂の陣で使用された火器類は小銃の鉄炮、大型火器の大鉄炮・大筒・仏郎機砲など多様であり数量も少なくなかった。慶長十九年十二月の『当代記』の記事はこうした火器類に用いる火薬の不足を述べている。

城中にも兵糧は沢山也、其外之闕物なし、其中に鉄炮薬可乏歟と云云、其故は皆大鉄炮を用ければ、今迄八百石薬を放けると也、三匁筒なとは中中不用之、十匁廿匁三十匁五十目百目之打鉄炮けるによって也、

ただし、これは豊臣方の大坂城内の状況だが、城中には鉄炮薬、つまり火薬が不足しているというのである。そしてその理由は、近頃使用される鉄炮は三匁などの小鉄炮ではなく、多くは十匁以上、廿匁、三十匁、五十匁、百目の大鉄炮だからとある。火薬の不足は大型火器を多く使用する徳川方のばあいも同様であったに相違あるまい。徳川家康は外国から大砲を購入したときはいうまでもなく、その前後に火薬と鉛をたびたび購入しており、慶長十九年十一月二十九日、豊後岡城主の中川久盛が鉛三千斤を徳川家康に献上している事実がある。徳川家康は火薬の供給に極め

て熱心であった。[84]やはりこの事実は大坂の陣が火力の戦いであることを物語っている。

慶長十九年十二月、徳川家康は砲術師の田付兵庫助景澄に命じて大仏郎機を打たせた。弾丸は淀君のいる天守の二重目にあたり、柱は折れ、侍女二人が木っ端みじんになった。[85]このときの砲撃が淀殿に和睦を決意させたという。

元和元年三月中旬ころ、豊臣方は粮米・材木・火薬などを蓄積したり、浪士を募集したりして、ふたたび兵を挙げる様子をしめした。そこで徳川家康は同年四月七日、西国の諸大名に出陣の準備を命令して、ここに夏の陣が勃発した。夏の陣においても火器は盛んに使用された。翌五月七日、徳川家康の攻撃を受けた大坂方は敗北した。

徳川政権の成立によって日本の中世は完全に幕を下ろすが、天文十二年ごろ日本に伝えられた鉄炮をふくめた火砲は、大坂の陣のあと、島原の乱があるていどで、本格的な合戦がないために活用の場を失い、実戦から遊離した砲術のみが盛行した。中世の幕は鉄炮をふくめた火砲の存在にも終焉を告げたのである。砲術の成立と盛行については、次章において説きたい。

注

（1）石田善人「『信長記』の成立とその意義」岡本良一編『織田信長のすべて』新人物往来社　昭和五十五年、奥野高廣・岩澤愿彦注『信長公記』（角川文庫）解説。本論文では奥野高廣・岩澤愿彦校注『信長公記』（角川文庫）昭和四十四年角川書店を引用した。

（2）『新編一宮史』資料編補遺二～一八九頁。

（3）「記録所本古文書」内閣文庫。

（4）「吉村文書」『大日本史料』第十一編之七―四一六～四二〇頁。

（5）石田善人「『信長記』の成立とその意義」岡本良一編『織田信長のすべて』新人物往来社、昭和五十五年。

（6）「信長記」岡山大学図書館所蔵池田文庫本。

(7) 異国叢書『耶蘇会日本通信』下巻、四三四〜四三五頁、雄松堂、昭和五十年五月。
(8) 『多聞院日記』三—一二二頁、三教書院、昭和十一年。
(9) 奥野高廣『織田信長文書の研究』上巻　三八八頁、吉川弘文館、昭和四十四年。
(10) 「經聞坊舊記」『大日本史料』第十編之六—八五八。
(11) 奥野高廣『織田信長文書の研究』上巻　九七頁（前掲）。
(12) 奥野高廣『織田信長文書の研究』上巻　四八九・四九〇・四九一頁（前掲）。
(13) 「亀井文書」東大史料編纂所影写本。
(14) 奥野高廣『織田信長文書の研究』上巻（前掲）。
(15) 「岩淵文書」『大日本史料』第十編之四—五三頁。
(16) 『堺市史』第四巻史料編第一—一二〇九頁。
(17) 「加藤清正文書集」『熊本県史料』五巻—二三三頁、昭和三十六年。
(18) 『多聞院日記』、渡辺世祐「鉄炮利用の新戦術と長篠戦争」『国史論叢』文雅堂、昭和三十年。
(19) 『多聞院日記』（渡辺世祐前掲論文）。
(20) 「日本耶蘇会年報」『大日本史料』第十一編之六—一三一頁。
(21) 「日本耶蘇会年報」『大日本史料』第十一編之五—九二八頁。
(22) 「大友文書」『大日本史料』第十一編之六—四四四頁。
(23) 「真田文書」『信濃史料』十八—四二七頁。
(24) 異国叢書「異国往復書翰集」、岡田章雄『日欧交渉と南蛮貿易』岡田章雄著作集三。
(25) 宇田川武久「壬辰・丁酉の倭乱と李朝の兵器」国立歴史民俗博物館研究報告集』第十七集、昭和六十三年。
(26) 井上貫流編「仏狼機考」寛政五年九月。
(27) 「小早川家文書」一—五〇一『大日本古文書』家わけ第十一。
(28) 「朝鮮王朝実録」二一—五五〇頁、以下「宣祖実録」（二一—五五〇頁と記す）。

(29)「宣祖実録」二二―二二頁。
(30)「西崖集」『古典国語全集』一二三、財団法人民族文学推進会、一九八四年。
(31)「宣祖実録」二二―四九三頁。
(32)「島津家文書」一―四三三『大日本古文書』家わけ第十六。
(33)宇田川武久「李朝前期の兵器の諸相と『兵器図説』」『国立歴史民俗博物館研究報告』第十二集、昭和六十二年。
(34)洞富雄『鉄炮伝来とその影響―種子島銃増補版―』二〇八頁。淡路書房、昭和三十四年。
(35)「島津家文書」二―九九〇『大日本古文書』家わけ第十六。
(36)「浅野文書」『熊本県史料』五―八頁。
(37)宇田川武久「壬辰・丁酉の倭乱と李朝の兵器」(前掲)。
(38)「島津家文書」二―九六三『大日本古文書』家わけ第十六。
(39)「島津家文書」一―三五二『大日本古文書』家わけ第十六。
(40)「浅野文書」四三一頁『大日本古文書』家わけ第二。
(41)「加藤清正文書集」『熊本県史料』五―二二三頁。
(42)「下川文書」『熊本県史料』五―三四四頁。
(43)「下川文書」『熊本県史料』五―四一二頁。
(44)「加藤清正文書集」『熊本県史料』五―二五〇頁。
(45)「小早川家文書」一―五〇九『大日本古文書』家わけ第十一。
(46)「島津家文書」二―九五六『大日本古文書』家わけ第十六。
(47)「駿府記」『史籍雑纂』第二巻、国書刊行会、明治四十四年。
(48)池田宏「当世具足の五枚胴の一種について―いわゆる雪下胴を中心として―」『ミュージアム』四〇七号、昭和六十年一月。
(49)「池田文書」東大史料影写本。

(50)「島津家文書」二―八一一『大日本古文書』家わけ第十六。
(51)「島津家文書」一―四三九『大日本古文書』家わけ第十六。
(52)洞富雄『鉄炮伝来とその影響―種子島銃増補版―』一九二頁（前掲）。
(53)『中世鋳物師史料』二五八　益庵書状写、名古屋大学文学部国史研究室編、法政大学出版局、一九八二年九月。『姫路市史』史料編Ｉ　六二九頁。洞富雄『鉄炮伝来とその影響―種子島銃増補版―』一九三頁（前掲）。
(54)所荘吉「国友鉄炮鍛冶の起源」岩波講座日本歴史月報3　一九七五年七月、第九巻付録。
(55)所荘吉「国友鉄炮鍛冶の起原」（前掲）。
(56)洞富雄『鉄炮伝来とその影響―種子島銃増補版―』一二五頁（前掲）。
(57)『大日本史料』第十二編之十七―六五七頁。
(58)『大日本史料』第十二編之十七―六五六頁。
(59)「譜牒余録後編」四十処民之下　石火矢師渡辺主膳、内閣文庫影印叢刊、昭和五十年九月。
(60)『徳川家康文書の研究』下巻之一―八五八頁。
(61)「当代記」『史籍雑纂』第二巻　国書刊行会、明治四十四年。
(62)「上杉家大坂御陣之留」『大日本史料』第十二編之十五―五五〇頁。
(63)「毛利文書」『大日本史料』第十二編之十五―九三〇頁。
(64)「伊達家文書」二―八〇四『大日本古文書』家わけ第十六。
(65)「佐竹家臣梅津主馬政景日記」『大日本史料』第十二編之十六―二七六頁。
(66)「細川家史料一」『大日本近世史料』。
(67)「当代記」『史籍雑纂』（前掲）。
(68)『徳川実紀』一巻七〇三頁。
(69)「中井家文書」十四号、横田冬彦「中井正清―棟梁たちをひきいた大工頭―」『講座・日本技術の社会史別巻人物編近世』日本評論社、昭和六十一年。

(70)『徳川実紀』一巻七四五頁。
(71)「大坂冬陣記」『大日本史料』第十二編之十七—一一三頁。
(72)「当代記」『史籍雑纂』(前掲)。
(73)「徳川実紀」一巻七四一頁。
(74)「駿府記」『史籍雑纂』(前掲)。
(75)『徳川実紀』一巻七五一頁。
(76)「大坂冬陣記」『大日本史料』第十二編之十六—五四二頁。
(77)島根県津和野神社所蔵。
(78)東京「千秋文庫」所蔵。
(79)有馬成甫『火炮の起源とその伝流』吉川弘文館、昭和三十七年。
(80)「徳川実紀」一巻七四六頁。
(81)「大坂冬陣記」『大日本史料』第十二編之十六—四一二頁。
(82)「英国インド事務省文書」『大日本史料』第十二編之十六—四二八頁。
(83)岩生成一「日蘭三八〇年親交の緒リーフデ号の来航」『日本歴史』第三八九号　昭和五十二年。
(84)「大坂冬陣記」「駿府記」『大日本史料』第十二編之十六—四三八頁。
(85)『徳川実紀』一巻七五二頁。

第五章　火薬調合次第から砲術秘伝書へ

第一節　火薬調合次第

鉄炮は火薬がなければ、ただの鉄の棒にすぎない。したがって日本に鉄炮が伝えられたころ、火薬は鉄炮とセットでもたらされたとおもう。鉄炮伝来後、まもない時期と推定される種子島弾正忠（時堯）宛の将軍足利義藤御内書に「鉄放薬事、南蛮人直令相伝、調合無比類之由、被触御耳、武家御内書如此候、於無相違者、可為御祝着之旨候、聊以不可有御他言由候」とある。南蛮人から相伝した鉄放薬の調合法は比類がないから伝えて欲しいと、室町将軍が述べている事実に明らかである。(1)

倭寇は鉄炮を交易品としていたから火薬も取扱ったに相違ない。しかし、伝来間もない頃、室町将軍が種子島時堯に火薬製造法を尋ねているから、たとえ日本で火薬が製造されたとしても、一部の地方に限られていたとみなければならないが、その後、国内で製造されるようになったことは、戦国大名毛利元就のつぎの三通の書状に明白である。(2)

えんしようの事中越候処、早々尋越候、祝着候、猶以相尋追々可給候々、

（弘治三年）三月朔日　　　　（毛利）元就（花押）

児玉若狭守殿

塩硝熱させ候、然者其方馬屋之土可然之由候間、可所望候、尚此者可申候

謹言

卯月十五日　元就（毛利）（花押）

児玉杢亮殿

尚々御家来中江見給候は可為祝着候、かしこ

塩硝（焔）熱候仁爰元罷越候、就夫古馬屋之土入之由候条申入候、某元御短息候て可給候、猶此者可申候、

恐々謹言

五月六日　元就（毛利）

内藤少輔九郎殿

御宿所

これら三通の書状を瀬川秀雄氏は、弘治三年前後と推定されている。

毛利元就は弘治元年の厳島合戦後の陶氏の残党掃討戦において鉄炮に使用する焔硝を徴発し、さらに焔硝製造用の古馬屋の土を家臣に求めているのである。

毛利氏が何処の誰から玉薬の製法を取得したか定かではないが、三通目の内藤氏宛毛利元就書状では焔硝を製造できる人物が罷越したとある。毛利氏領内の人物か定かではないが、この時期、毛利氏の領国安芸では鉄炮に使用する

玉薬が製造されているのである。

三通の文書の時期、毛利氏の鉄炮使用は活発ではないから、火薬の製造も盛んだったとはおもえない。しかし永禄年間になると、毛利氏は鉄炮足軽を編成して積極的に新兵器の鉄炮を活用している。他の戦国大名のばあいもこの経緯は同様であるが、このように鉄炮が大量に使用されている事実は、西国大名が外国から火薬を入手しているものの、火薬が日本で製造されていたと考えても不思議ではあるまい。

永禄二年（一五五九）六月二十九日、近江坂本に滞在中、上杉景虎は足利義輝の臣大館輝氏の見舞を受けた。上杉景虎が腫物を患ったためであるが、このとき足利義輝は豊後の大友宗麟が献上してきた鉄放と「鉄炮薬方並調合次第」、すなわち、火薬製造法の伝書を上杉景虎に贈っている。その伝書を示そう。(3)

鉄炮薬之方并調合次第

一ゑんせう（焔硝）　二両二分
一すみ（炭）　一分二朱
一いわう（硫黄）　一分

又

一ゑんせう　一両二分
一すみ　一分
一いわう　三朱

いつれも上々

一はい乃木、河原秋又者勝木可然候、あまりよ枯過たるハ悪、四十日五十日程ハ可然候、それより久なり候へ

ハ、抜をとり申候也、
一老木ハ悪候、但若立ニて候へハ、老木のも不苦候、一灰の木を一尺計ニきり、皮をよくけつり、中のすお能取候て、日丹干候、夏ハ日つよく候間、十日十四五日の間ニよく枯候条、廿日あまり日ニ干候ハヽ、其後ハ陰干可然候、其後焼様之事、
一ふかさ二尺あまり丹土を不り、其中丹わらを五寸計丹切、下に敷候て、其上丹はい乃木をつミ、下より火を付、灰の木よくもえあかり候時、せう丹ならさるやうに、しけ々とわらを木の上へかけ、能やけ候へ者、下より煙あからさる物ニて候、左様丹煙あかり候ハすは桶をうつむけてふたにし候て、むしけしにし候也、
一炭けし候て後、其炭を湯ニておもふほと煎申候、其後取あけ、能あふり、能干申候ハヽ、其時調合候也、是ハ薬一段としつしたる時乃拵様ニて候、惣別ハか様ニし候ハねとも不苦候、
一ゑんせう煎様之事、一斤丹水常の天目九はい入、其水はおつさの分木を取候て、三分一を煎へらし候て、円さ一尺の桶ニ入、いせ候て置候、其日は中を一切見候ましく候、翌日に見候て、下しるを別乃桶へあけ候て、下にゐつき候ゑんせう、一日ほと日ニよく干、さてへたにておとし、又日ニ能干候也、又其下しるを半分丹煎へらし、煎へり候時、天目ニ水一はい入候て、湯玉乃たつほど又煎候て、如右桶ニひやし申候、三番目右同前、一いわうあかく黄色なるを用申候、青色なるハ悪候、白砂なとまじり候ハヽ、それをハよく小刀ニてこそけ落、調合可然候、いわう色さへ能候へハあハ々とくたけ候も不苦候、堅ハ猶以可然候、
一薬研ニておろし、灰たち候ハヽ、薬しめり候ハぬ程ニ、ちやせんニて水をうち候て、おろし候也、いわう見え候ハすハ、薬を板の上に少置、火を付候て、たちて後、跡ニいつれも残候ハすハ、其時帋ニ包、其上を布を三重計重て包て、口を能々留、板の上に置、足ニていかにも堅成様ニふミかため、さて其後、こまか丹きさミ申候

也、

一薬こしらへ候座敷へ、少も火を不可入候、火入候へ者、忽あやまち可有出来候、薬丹火を付て見候時も、近辺ょ薬無之儀可有分別候、薬と火の間二三間候とも付可申候、不可有油断候、

一右条々、手間入候様ょ候ハんすれとも、薬ょ馴候へ者一向手間不入事候、五斤とも六斤とも可有調合時ハ、右薬の分両合かさね候て、ひとつょ薬研ょて荒おろしし候て、薬うすのやうなる石のうすにてつきあハせ、是又細ょなり候ハヽ、竹の筒へつきこミ、能かたまり候ハヽ、筒おわり、其薬をきさミ候へく候、大方此分、猶口伝籾井ょ申含候也、

以上

永禄弐年六月廿九日

豊後の大友宗麟は天文二十二年（一五五三）に「南蛮鉄炮」を、永禄三年（一五六〇）に「種子島筒」を室町将軍に贈っている。時期からみて上杉氏に贈られた鉄砲は、前者の「南蛮鉄炮」かも知れない。

既述の調合次第のとおり玉薬は焔硝・炭・硫黄の三種の物質を混合させて製造されるが、三種の物質には「焔硝取方別伝并合薬製方」の「塩硝硫黄灰三色之性」によると、「塩硝ハツヨクシテ玉ヲ飛ス、剛ニシテヒヽキ厚物ヲ抜ク、勢甚シ、硫黄ハ薬ヲ燃シ、玉ヲ飛シ、和ニフカシ玉ヲ包和合ヲ専トス、灰ハ放ヲ強クシ、鳴ヲアラヽカニ早キ事ヲ本性トス」の性質があった。(4)

上杉氏に贈られた玉薬調合の伝書は鉄炮とセットになっているから、虚構ではなく火薬製造の事実を書いたとみてよい。

なお、伝書のいう上々の玉薬の製造法の秘伝の内容は、つぎのようなものであった。

まず、はじめは灰に用いる木のことである。それによると、灰の木は河原秋か勝木の、それも枯れ過ぎていないものを選び、灰の木を一尺くらいに切って、木皮を削り、木に含まれているすをよく取り、日干し、陰干しをしたあとに焼くこととある。

炭の製法は、二尺の穴を掘り、五寸くらいに切った藁を下に敷き、上には灰の木を積み、下から火をつけ、灰の木がよく燃えあがったところに藁をかける。よく焼くと下から煙はあがらないが、もし煙が昇ったならば、桶を逆さにして蒸すこと、炭が消えたあと、炭を湯で煎じ、そのあと取りあげて焙り、さらに干すとある。

ついで塩硝の煎じ方を説明している。塩硝一斤に水をふつうの天目茶碗に九杯入れ、水の多い分木を取り、三分一を煎じてへらし、円さ一尺の桶に入れて、そのままに一日おき、下汁を別の桶にあけ、下に付着した塩硝を一日干したあと、筵でよく落とし日干しでよく乾かす、残った塩硝はおなじ方法を繰返して製造する。

つぎの条は、硫黄の性質を説いている。硫黄の色はあかく黄色のがよく、青色は悪い、白砂が混ざっていれば小刀で落として調合すること、ともかく硫黄は色さえよければよいこととある。

薬研で薬を調合するばあい、灰たちしたら、薬が湿らない程度に、茶筅で水を加えること、硫黄が見えなければ、薬を板の上に少し置き、火を付けあとに何も残らなければ、薬を紙に包み、その上を布で三重に包み、口をよく留め、板の上に置いて、足で堅くなるまで踏み固め、その後、細かに刻むとある。

つぎの条は薬を製造するばあいの注意、すなわち、薬を拵える座敷には火気を置く事は厳禁であることとある。

最後は玉薬の製造は手間が掛かるが、薬に慣れれば手間ではない、五斤・六斤を調合するときは、右の薬の分を合せて、一つの薬研で荒おろしにし、薬は臼のような石臼でつきあわせ、竹の筒へつきこみ、よく固まったら、筒を割り、薬を刻むとよいとある。

本書の書止をみると「大方此分、猶口伝糼井ニ申含候也」とある。詳しい内容は口伝で相伝者、つまり上杉氏に伝えられたのである。

室町将軍から越後上杉氏に贈られた玉薬製造法の伝書が、すぐに活用されたかは定かではないが、永禄十年代以後になると、鉄炮の使用が活発化するから、火薬製造の相伝は鉄炮隆盛の前提をなしているとみなせる。

天正年間になると鉄炮の使用が飛躍的に増大し、自ずから火薬の需要も急増した。このころになると玉薬が国内で製造されている確かな史料がある。以下の史料は、前章で紹介したが、玉薬の部分を引用して、その点を確認しておきたい。

天正元年（一五七三）十一月朔日、浦野氏に宛てた条目のなかに鉄炮薬について「一鉄炮之薬、従大将陣配当之儀は勿論候、雖然如近年者、自然之時節欠乏之候者、則凶事之基候之条、知行役相当ニ玉薬支度之事」とあり、(5)天正三年十二月十六日、武田勝頼の兵備条目の一条に玉薬のことが「貴賤共分量之外、鉄炮之玉薬支度、可為忠節之事」とみえている。(6)前者は火薬は大将陣に配分した以外、知行役相当の火薬を用意せよ、というものであり、後者は貴賤共に分量以上の玉薬を支度することが忠節だというのである。

第二節　砲術の成立

鉄炮の普及は西国と東国では、多少遅速はあるものの、やがてどこの合戦においても鉄炮が使用されるようになり、ついには合戦の勝敗を左右する主要武器にまでなった。戦国大名は鉄炮上手を多く集めて鉄炮隊を編成した。天正三年（一五七五）十二月十六日、武田勝頼が尾張・美濃・三河・遠江に出陣するために信濃小県郡小泉昌宗の諸士にあたえた条目のなかに「弓・鉄炮無鍛練之族、一切不可令持参之事、付、向後者、於陣中節々以検使相改、弓・鉄炮無有鍛練之族者、可有過怠之事」とある。(7) つねに戦国大名は家臣に鉄炮の鍛練を督励しているのである。

天正十二年（一五八四）三月、小牧・長久手の戦における徳川方の奥平信昌と羽柴方の森長可の戦況を『当代記』はつぎのように伝えている。(8)

三月十七日、家康公羽黒表え出馬、森武蔵守羽黒古き屋敷に柵を付、三千余令居陣を不知而、彼郷を以少人数可焼払之由宜之間、奥平九八郎信昌一千計の以人数を為千登押入処に、武蔵屋敷表え打出、折敷て相答、隔小河互に以鉄炮を打之、奥平衆鉄炮の上手也、

羽黒表に出馬した徳川家康は羽柴方の森長可が三千もの軍勢で羽黒にある古屋敷に柵を構えて布陣しているのを知らずに、羽黒郷を焼払うために奥平信昌の一千の人数で攻めた。屋敷の外にでた森長可と奥平の両軍は、まもなく小河を挟んで鉄炮軍をしたとある。ここで注目したいのは、最後の文言、つまり奥平信昌の軍勢が、すべて鉄炮の上手とあることである。

天正十年（一五八二）九月上旬、長岡忠興は丹後弓木城を奪取したが、この戦況を「忠興(細川)、無程被押寄、御下知、城中にて天下に名をえたる鉄炮の上手稲富伊賀祐直を初め、弟子共、数多有ける故、味方ニも手負死人多く有之候、され共ひるます鉄炮打かけ候」と『細川家記』は述べている。(9) 弓木城中には天下に名を知られた稲富祐直とかれの弟子が多数いたのである。稲富祐直は、後年砲術の一派、稲富流を広めた稲富一夢である。

『信長記』は織田信長が千草越えのとき鉄炮上手の杉谷善住坊に撃ち殺されそうになったと書いていた。いみじくも『細川家記』が「天下に名をえたる鉄炮の上手稲富伊賀祐直」と表現しているように、鉄炮放はたび重なる合戦のなかで射撃の腕をあげ、各地には衆に抜きんでた鉄炮上手が輩出した。こうした鉄炮隆盛の状況のなかから日本の砲

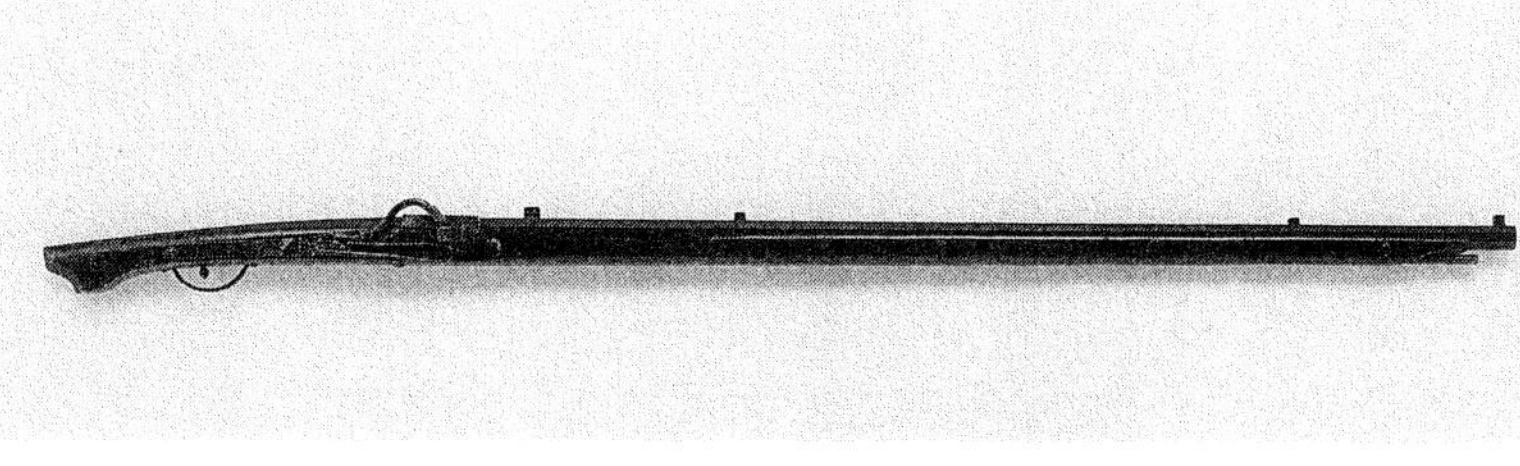

図29　稲富流町筒（国立歴史民俗博物館所蔵）

術が発生したのである。

正確な年代と相伝の内容は不明だが、毛利氏の家臣三村元真は鉄炮と火矢の相伝を天正年間にうけ、(10) そして文禄三年（一五九四）二月、吉田善兵衛盛定が鉄炮の大事を、信濃国水内郡の屋島藤三郎にあたえている。(11)

このように天正・文禄年間になると、砲術の相伝書が作成されて、鉄炮の大事が秘伝とされた。そして慶長期になると砲術秘伝書の内容は玉目による玉薬の調合、あるいは打方に力点がおかれて、火薬製造法だけの伝書は少なくなる。

つぎの書状は文禄・慶長の戦いで在鮮していた浅野幸長が砲術師稲富一夢に宛てたものである。(12)

態令啓候、今度うるさん表へ、大明人極月廿二日ニ数十万人取寄、廿三日ゟ正月四日迄、昼夜入替責候へ共、加主計（加藤清正）申談、堅固ニ相抱、下々之儀ハ不及申、自身手を砕相動（働）、敵勢手負死人、不知其数仕出ニ付而、同四日巳之刻ニ引退申候、数年貴所へ稽古仕候鉄炮之故を以、数多打申、唐高麗までの鉄炮之覚取申候、日比拙子鉄炮之故を以、家中下々までもたしなミ、右之仕合ニ候、貴殿への御礼の事、中々不得申候、猶爰元之様子、何事も兵作可申入候間、不具候、恐々謹言

正月十日

いなとミ（稲富一夢）殿

内容は蔚山表に明の大軍数十万人が押寄せてきたので、翌廿三日から年を越した正月

四日の明軍退却まで、昼夜を分かたず敵に攻撃をかけた。このとき鉄炮がたいそう役に立った。これは数年にわたって貴所から鉄炮の稽古を受けたためで、数多く打って唐・高麗において鉄炮の覚えを取った。拙者が日頃から鉄炮を稽古するので、家中の者も鉄炮を嗜み、この仕合いになったと、浅野幸長は稲富一夢に感謝を述べているのである。

このころ浅野幸長は加藤嘉明に「いなとみ被進候遠目当筒」と「小筒」を贈っている(13)。ここにいう遠目当筒とは、七町・八町・九町さきの的を目標にする遠距離用の町筒と称された鉄炮である。この町筒は砲術師の稲富一夢が指導して製造した鉄炮であろう(14)。鉄炮を放って明軍を圧倒したのは浅野幸長だけではなく加藤清正も同様であった(15)。

稲富一夢と浅野幸長は砲術上の子弟関係にあったが、浅野幸長は稲富一夢に「大筒弐丁やくら稲富ニ被仰付可被下候」と、大筒の照準器やぐらの制作を依頼している(16)。このことはこの時期の砲術が、第一に合戦で役立つ実用本意を旨としたこと、そして第二に砲術師稲富一夢が鉄炮の制作に関与していることとである。

前者は文禄五年（一五九六）七月二十日、毛利家臣の福原広俊・毛利元康・毛利元政・宍戸元次の四名連署の法度の一条に「一弓鉄炮を真実之役ニ立候やうニ可仕候、弓をよく射、鉄炮をよく放候ものを許容可仕候、ただ名聞ニ、役目之ほど人数計たに出し候ハヽと心得ましき事」とみえ、あくまで鉄炮は実戦に役立つように稽古すべきとある(17)。また後者については徳川家康が慶長九年ころから国友鉄炮鍛冶に鉄炮の製造を依頼するが、このとき稲富一夢が深く関係している事実が指摘できる。

したがってこのころ豊臣氏奉行人が伊達政宗に「各御屋敷、其他諸所々ニて、鉄炮を猥被放候儀、堅被成停止候間、可被成其御心得候、鉄炮稽古筒をため入候儀者狼谷之道、南滝谷、並山科本願寺古屋敷ニて可被仕之旨候、如此被仰出候上、右両所之外ニて、若鉄炮被放候者、可為越度候」「追而於大坂鉄炮被打候所ハ天満之西、すなハらニ土手をつき候て、うち所可被究候」と指示しているが、この稽古は実用を旨としたものに相違あるまい(18)。

その後、浅野幸長は鉄炮の稽古に励み「一書令啓候、抑貴老御鉄炮之義、御手柄共、奇特千万数多見聞候、殊ニ今度弥以御鍛練之様子承、古今在之間敷と存候、数ヶ年不絶執心申ニ付、不残御相伝、其上赦状、還起請、印可状、於度々被懸御意候段、過分至極、不浅仕合、心底之程難尽筆紙候」と、彼自身の書状にあるように稲富一夢から砲術の秘伝を残らず相伝されているから相当に上達したとみられる。[19] 浅野幸長が確かに腕を上げた事実は、慶長十三年（一六〇八）十二月二十二日、稲富一夢が浅野幸長宛書状で

一、京衆各々御所望ニより、五町にて三ツ内目当の物、同黒ミヨ二ツ被成御打当候由、加様之儀者、古今御座有間敷と、日本国之神そ々、拙者満足仕候儀、中々可申上様無御座候、御手前御鍛練好御座候ニ付而、拙者名迄被成御上ヶ被下候儀、奉存候、左様ニ御手前上り申候へハ、御鉄炮之儀者、天下一と相究候かと奉存候條、弥々御工夫御鍛練御尤と奉事、

とあって明瞭である。つまり当時、浅野幸長は鉄炮の「天下一」と称されたのである。[20] 浅野幸長の鉄炮に対する執心は深く、稲富一夢に師事するいっぽうで自由斎流の奥弥兵衛からも、慶長四年（一五九九）六月に鉄炮の相伝を受けている。[21] そこで奥弥兵衛宛浅野幸長の血判花押のある起請文を示そう。

敬白　　起請文前書

自由斎流鉄炮之秘事并薬相伝之上者、少も他言申間敷事、殊稲富方安見なとへ渡候事有間敷事、

（以下熊野神符に書す、幸長の自筆である）

日本国中大小神祇、八幡大菩薩、賀茂、春日大明神、祇園、牛頭天王、愛宕地蔵権現、別而氏神天満大自在天神可罷蒙御罰者也、仍起請文如件

慶長四年六月廿日　　浅野左京大夫幸長（花押血判）

奥弥兵衛尉殿

まいる

本起請文は浅野幸長が奥弥兵衛から伝授された自由斎流の鉄炮の秘事と薬相伝を、稲富と安見氏に渡すこと、つまり他見させないことを神明に誓ったものである。

相伝された鉄炮の秘事と薬の内容は、同年八月朔日と推定される浅野幸長から奥弥兵衛宛の書状に明らかである。

尚々、遠物之様子、先日以面可申と存候処、すくに早々御下にててをうしなひ申候間、つふさにかき付候て可給候、以上、

態下石掃部（石川頼明）差越候、然者御相伝之方、新儀之内はねこし之内、薬合候て打て見申候、三匁玉に薬三匁こみ候へは、三町一二段けたに行候、六匁玉こみ候て種々打申候へ共、三町三四反ならては不参候、四町へは懸不申候、様子掃部可申候、是非共六町けた御かき付候て可給候、頼入計候事、

一、此書付候とをり、口伝具に御かき付候て、かつてん参候やうに、委御かき候て可給候事、

一、玉ろくに参候事、ならひありて遠物打やう事、

一、ためすしてここまではなすならひの事、

一、大遠物打やう、玉こしらへの事、

一、大いぬき、玉こしらへの事、

一、竹たはの時、玉こしらへの事、右、玉こしらへ、其方にてこしらへられこみやう、又御くてんのとをり、一々つふさに御かき付候て、其方ふしを付可給候、待申候事、

一、我等へ御せいしのとをり、少相違候様に相見え候間、能々掃部に申含候、弥御入魂頼入候、是非やかて下国候間、薬方相残分有之は、委御書付候て可給候、猶追々可申達候、恐々謹言

（慶長四年カ）八月朔日　　（浅野）幸長（花押）

本書状は、はじめに火薬の消費量を書いている。すなわち、三匁玉に同量の火薬を用いると三町一二段は行くとある。そして六匁玉に同量の火薬を用いると、三町三四反しか行かないとある。したがって相伝された火薬とは、玉目に応じた火薬の消費量である。

また鉄炮の秘事とは、箇条書の部分、すなわち、大遠物の射撃と玉の造り方、大いぬきの玉の拵え方、竹束に対する玉の拵え方などである。

稲富流と自由斎流の差異は、もとより定かではないが、浅野幸長起請文には、自由斎流の鉄炮の秘事と薬相伝を稲富方の安見氏には絶対見せてはいけないとあるから、差異があったと考えてよいだろう。

当時、砲術二流を稽古したのは浅野幸長だけではないから、砲術の盛行は疑いあるまい。いみじくも奥弥兵衛が稲富に見せてはならないと強調した背景には、砲術家同士の相克を連想させる。

徳川家康は慶長九年（一六〇四）に稲富一夢を召し抱えた。大坂の陣を控えて火器の装備に力を入れるためだが、徳川家康と徳川秀忠は稲富一夢から砲術の稽古を受けている。(22) つとに徳川家康が鉄炮の名人であったことは著名であるが、その一端は慶長十六年（一六一一）八月十三日の「当代記」のつぎの記事にも明らかである。(23)

十三日、今朝出御浅間、令鉄炮給、置目当二町外、中其星五度、近侍放之、同皆中、午刻有鳶、留前橋櫓上、自令放鉄炮給、三度其中、而二鳶乃落、一鳶射切足而飛去云々、其遠五十間也云々、

この後、徳川秀忠は稲富一夢の高弟浅野幸長から町筒の秘伝を受けている。(24)

起請文之事

一、鉄炮大事、他言申間敷事、但五町之分ハ、せいしをさせ申て、をしへ可申候、五町よりうへハ、ゆるし無御座候て、両人申候、五町よりうへハ、ゆるし無御座候て、両人之外をしへ申間敷事、

その後、稲富一夢は徳川家康から尾張の清須で知行を与えられたが、慶長十六年一月九日、駿府において病死した。「当代記」は稲富一夢を「当時無類の鉄炮上手なり」と絶賛している。(25)

以上みたように文禄・慶長年間は砲術が隆盛した。砲術の内容は当時の合戦と密接して実用本意が旨とされ、太平の世の江戸時代に流行る砲術とは雲泥の差があった。上杉氏の鉄炮に関する一書に、江戸時代の砲術の稽古は柔らかになって女子供までが簡単にできるようになり、いきおい昔風の厳しい稽古をすると、すぐに鉄炮を投出す始末である、と書かれている。いかにこの時期の鉄炮の稽古が実戦向きであったかを如実に語っていよう。

なお、ここで鉄炮伝来の史料として喧伝されている「鉄砲記」のことにふれなければならない。南浦文之が本書を著したのは、慶長十一年、つまり砲術隆盛のさなかなのである。南浦文之が鉄炮伝来の顚末を書かねばならなかったのは、こうした背景、つまり砲術隆盛の世情の反映である。したがって「鉄砲記」のある部分は、近世初頭の砲術の状況を書いたと考えるべきであろう。

第三節　砲術の隆盛と衰退

文禄・慶長年間の砲術は実戦を旨とした稽古であったが、やがて合戦がなくなり、火器の使用が激減するにつれて稽古は実戦から遊離した。越後上杉氏の砲術家の著した「鉄炮一巻之事」は、まさにそうした経緯が活写されている。(26)

本書の内容はふたつの部分からなっている。すなわち、前半は、会津若松に国替となった時期の鉄炮稽古と、その後の砲術諸流の発生、米沢における大筒の張立てと稽古の有様、堺と国友鉄炮鍛治の召抱えの四条からなり、そして後半は、鉄炮の稽古に関する注意事項が、ときに往昔の事例を引用しながら箇条書されている。

いままで本書は上杉氏の藩政史研究に部分的に利用されてはいるものの、銃炮史からの活用は見られないようである。「鉄炮一巻之事」は越後上杉氏の鉄炮受容の様態を書いているが、この状況は程度の差こそあれ近世初頭の諸藩に共通した現象とみてよいだろう。前半の部分だけでも、そうした状況が理解できるので、順次注記しながら、江戸初期における砲術の隆盛と衰退の実情を眺めたい。

上杉氏の越後から会津若松へ国替は慶長三年（一五九八）正月である。この結果、上杉氏の所領高は四五万石から一挙に九二万石に倍増した。このとき上杉氏は新たに家臣を多く召し抱えた。本書の一条目の冒頭に「越後より若松へ御国替の刻、先方衆諸牢人御かゝへの時、鉄炮の師匠を仕者かゝへ可被申とて」とあるのは、それを指しているが、鉄炮の師匠の名を本書は「駒木根右近・小川藤次・月岡八右衛門と申す者かゝへ可被申候」と伝え、家臣がそれぞれの弟子になったことを「いつれもおもひおもひニ罷成、けいこ仕、てん祢ち（天寧寺）、滝沢なとゝ申所ニて鉄炮を打申候」と書いている。

ついで本書は京都での鉄炮に関する出来事を記している。

その刻ふしミ（伏見）御上落（洛）ニて御のぼり刻、とはニて（鳥羽）種か島と申鉄炮被及承候処ニ、則種か嶋と申所ニて内六兵衛と申鍛治はり申由承およばれ、法度のてつはうニ候を、種々手を廻しぬすミいたさせ買取可被申由ニテ、五三両六七両宛ニ買取被申、右之師匠弟子共ふしミ大亀谷、とはのこい塚ニて星をうち見申候へとも終ニ鍛練不参候、其後右之師匠、其外志駄兵八・河原田弥次右衛門・おん瓶平六なとも申て、能打申候者秘蔵被申候、上洛したのは山城守、つまり上杉氏の重臣直江兼続であるが、かれが伏見に滞在するのは慶長三年九月と十一月の二度だから、密かに種子島の鉄炮を購入したのは、このいずれかのときであろう。直江兼続が法度の鉄炮、それも種子島の六兵衛が製造した鉄炮を苦心の末手にいれ、伏見の大亀谷、鳥羽の恋塚で鉄炮の師匠と弟子に稽古させたとある記事はとくに注目したい。

直江兼続にかぎらず、当時の実力者が種子島の鉄炮に深い関心を寄せた事実は、慶長四年正月三日、島津義久が徳川家康から「一、たねがしまてツほう御所望之事、またここもとにて鉄炮御あつらへ候事、此儀ニ付、度々御使給候事」と所望されていて明らかである。(27) 直江兼続は種子島の鉄炮に強い関心があったのである。

その後、国替の時に召し抱えられた鉄炮の師匠は「最上御陣へ馬の脇ニ連れ被申候、御一らん過申、右之師匠仕候者共御暇被下候て、おもひおもひニ牢人仕候」とあって、慶長五年の最上の陣、すなわち、関ヶ原合戦に従軍したものの、まもなく召を放たれている。鉄炮の師匠が直江氏に仕えた期間は、わずか二年に過ぎなかった。

「慶長五年直江兼続支配長井郡分限帳」は、直江家臣団の編制を示しているが、同氏の勢力は全騎数八二五騎、知行高約一八万五千七百石にのぼり、上杉家中にあって他の大身を凌ぐ勢威を示していた。この実力があったからこそ関ヶ原合戦のときに最上軍と戦って直江兼続は優勢を保持しえたとされるが、(28) 慶長五年の分限帳をみると、さきの鉄炮の師匠の騎数と知行高が記載されている。

駒木根右近　十三騎　二千百五十石

月岡八右衛門　十五騎　二千五百五十石

小川藤次　四騎　六百五十石

直江氏が最上の陣で優勢を保持しえたのは、大勢力であったからに違いないが、それを可能としたのは、慶長三年の国替のときに鉄炮の師匠を召し抱え、家臣にも積極的に鉄炮の稽古を奨励し、最上の陣に鉄炮の師匠を参陣させたからである。つまり、火力の装備がそうさせたのである。

関ヶ原合戦以後、鉄炮の師匠は召し放たれたが、駒木根氏は家臣の列に留まった。同書は「右之内下手ニハ御座候へ共、駒木根ハ弟子おおく取、御家中の御鉄炮能々とりかい申ニ付而、一段と被申、駒き祢ほめ被申候」と書いている。つまり、駒木根氏は鉄炮の腕はさほどではなかったが、家臣の多くが弟子になっているからというのである。

なお、『寛永諸家系図伝』（巻第十一　三二頁）は駒木根氏の系図をつぎのように記している。

> 利政　右近　生国陸奥　是よりさき数代近江の国に住す、はじめ上杉景勝につかへ、そののち浪人となる。慶長六年、伏見にをひてはじめて東照大権現に拝謁す、（中略）慶長十九年、台徳院殿の仰せをうけたまハり御鉄炮同心五十人をあづかり、大坂両度の御陣に供奉す、そののち上遠野をあらため下野国西方にをひて三千石を領す、
>
> 寛永十二年七月廿二日、江戸にて死す、八十二歳、

『寛永諸家系図伝』によると、ほどなく駒木根氏は牢人となり、慶長六年、伏見で徳川家康に召し抱えられている。上杉氏の駒木根氏と系図伝中の人物が同一であることは、上杉景勝に仕えていること、徳川氏治下で鉄炮頭を勤めている事実からも肯首できるだろう。

さて、このあと本書の記事は主家上杉氏の鉄炮打ちの消息を伝えている。

> 又御ふたいニからう（唐人）と式部太夫と申者御座候つる、是ハ先年越後ニてはて申候、其地代〻罷有候、川田玄蕃と申者御座候つる、是も鉄炮うち申ニ付而、はりまに稲留伊賀守居申時分、稽古仕候へ由ニて金子一数、大鷹一もと遣被申、弟子にいたし被申候、其時九星之浦星と申をけいこ仕罷下候、其後遠物をは少宛も玄蕃同子共ならてハうち不申候

すなわち、上杉家中の川田玄蕃は稲留伊賀守祐直の門人であり、はじめは九星の浦星（照尺を砲身上の先・前にセットして遠距離の的を狙うこと）を、その後、遠物を稽古した鉄炮打ちとある。この時期、上杉家中では稲富流の砲術が流行して様子をうかがわせよう。

川田玄蕃には子供が四五人いたが、本書は、つづけてその消息を伝えている。

川田子共ニ監物・小吉・新二郎、其外子とも四五人御座候つる、子吉と申ハ喧嘩を仕、茲元ニてはて申候、同玄蕃も煩ニてはて申候、その、ち監物・新二・五左衛門・監物子平三郎いつれもめしつれ、若松藤三郎殿へかけ落申候、

其後高湯にててつはうはなさせ被申候時、高山・三豬式部鉄炮を放申由聞及被申、三町ニて二人の者をめし出しうたせ被申候時、たか弟子と尋被申候へは、三豬式部稲留流、高山ハ川田監物流と申候処ニ、彼者ともハ一人もかいかい敷弟子をも取不申、御家中のてつはうをもとりかい不申、其上物をもしらぬ者の流、いつれの御用ニ立候ハんニ、川田流と申たるとてはなをつかせ被申候、

すなわち、その後、川田の子供たちは、鉄炮の稽古に励まず、川田流は流行らないで衰退した。その後、高湯で、高山・三豬式部の両名に鉄炮を放たせたが、高山が川田監物流というと、「川田流と申したるは、鼻をつかせ申され候」と嘲笑を買っている。この記事は、当時の砲術は稲富流でなければ、なかなか認められなかった事実を語っていよう。

本書の二条目は、やや詳しく砲術の盛衰が語られている。二条目の冒頭の記事をあげよう。

一、其刻本田安房守罷下、田付一流打ち申由ニて、ちまん仕申候、山城高湯ニて小性の者ともニ種か嶋を様様うたせ見被申候、安房守も小性の内を十人程すくり、種か嶋をうたせ見被申候、其比実相坊と申出家、山城すき申ニ付而、鉄炮をはらせ、いかようニも打出し申たきとて、かれらまて打見申候へとも、其刻鍛練不参候故、表を

そんさしあやまちを仕、かいかい敷不罷成候、又薬の方にてさし矢ニ参候由申、てからの薬ともおもひおもひニ合申候て見申候へ共、是も無之事ニ候へは、終ニすたり申候、

直江兼続が京都の鳥羽で種子島の鉄炮を入手して、鉄炮の師匠や家臣に稽古をさせていたが、この記事はそれに関連している。すなわち、本田安房守と直江兼続が互いの小姓に種子島の鉄炮を打たせているである。直江兼続は帰国後も引続いて種子島の鉄炮の稽古に専念し、出家の実相坊に鉄炮を張らせたり、火薬を調合させたりして、盛んに鉄炮を鍛練したことが理解できる。ところが、その後、鉄炮を鍛練する者がなくなり廃れたと書いている。

ついで記事は鉄炮鍛練の変容を伝えている。

いつれも鍛練つかまつらてハと申、ちからの御座候者を取出しうたせ申候へとも、てつはうをなけ、表をつきかふしうち申儀罷成す候、扨ハがいがいにも不罷成、ちうれんとそんし、やハらかに打鍛練いたし、次第次第ニうちいたし、只今ハ子ともまて、なんなくうち申候

その後、力のある者を召し出して鉄炮の鍛練を行なってみたが、途中で鉄炮を投出す始末で、そのため鉄炮の鍛練もしだいに柔らかとなり、いまでは子供まで容易く打てるほどであると、鉄炮鍛練の不履行を慨嘆しているのである。直江兼続の鉄炮に対する執心の深さは、本書の以下につづく遠物、つまり町打ち相伝をめぐる本田安房守とのやり取りの部分からも明らかである。そこで本書の二条目の後半部分を引用したい。

先年ふしミゟ丸田九左衛門罷下、此方ニ罷有候時分、春日衛門とりたて申、山城ニ此由申、てつはうを申付候、其後何共仕、遠物うちいたし申やうニと被申玉薬たくさんニあつけ被申、小国手の子ニて横目を付うたせ見被申候へ共、終ニかいかい敷玉行無之ニ付而、すたり申候、安房守田付一流の弟子ニ御座候よ付而、遠物を所望被申候処ニ、其刻拙者儀安房守ニ付申居申ニ付而、拙者式をめしつれ、内うち為仕見被申候へ共、是もかいかい敷不

参候ゆへ、松本久太郎と申す小性の者ニ金子五数為持、田付所へのふせ被申、もし残し置儀も候ハヽ、彼者ニ不残相伝くれ候へよし、頼被申ニ付而、少しのこしおき候通、相伝申、罷下、けいこの通打見申候へは、一段能参候ニ付而、山城ニ見せ可申由被申候て、八町をうたせ被申候、拾匁筒あかし清右衛門、拾五匁筒松本久太郎両人ニうたせ被申候、その刻拙者儀様子候て山城前へ出し不被申候ニ付而、拙者ニハ不被申付候、安房守うち不被申候儀ハ、もしあしくも参候へは諸人のおもハくいか、と被存、うち不被申候、もし両人の者あしくうち申候ハヽ、主の打見せ可申由、内々の談合相済、両人にうたせ被申候刻、遠物能参候ニ付而、山城不思（不審か）を立、横目を付ミせ申候処ニ、いつわりなく三放めニ、あかし清右衛門中申候、安房守よろこひ申、清右衛門ニほうひとして代物一貫文いたし被申候、其後山城相伝申たきとて、平八・刑部・主膳・内匠・九左衛門・長左衛門五六人安房守弟子ニ付被申候、其時安房守談合被申候ハ、とかく大事をゆるし申事ハいやと被存、又少々相伝にてハてつはうのなんニも罷成候間、相伝仕儀罷成間敷とて、延々仕、さし置申候、その刻拙者ニ持筒をもあつけ被申、あいてをも仕ニ付而、書物あつけ置被申候、拙者儀をも弟子ニ可仕由ニて、記請をかゝせ、書物のこさすくれ被申候、安房守か実かへはしり申時、山城方与拙者の儀、ふたいの儀ニ候間、とゝまり候へよし、内分ニ付而、安房守手前を引切申処ニ、今井彦兵衛にあつけ被申、あつかい所和田村ニさし置被申候、山城しうしんのてつはうニ候間、書物を池田甚右衛門を以て山城ニ見せ申候、則出し申候ハヽ、鉄炮のせんさく可申付由被申候、又其後けいこいたさせ候、其後罷下、九左衛門流・清水高山山田流なとゝ申、山城すき申ニ付而、うち申候、主も出ミ御上洛の刻、迚の儀ニ候間、方々てつはうの上手ニけいこをも仕、御家中の御鉄炮の指引をも仕様ニト被申付、被申候、其刻拙者をは信夫ニさし置被申候処ニ、早々罷のほり候へ由被申ニ付而、夜中ニ此方へ参候処ニ、一放のそミのよし被申付候、御家中過半弟子ニ罷成候刻、山城直ニ申様ニハ、九左衛門儀ハ兼而ゟ居申者ニ候間、弟子をも残し置、あつけおき申候へ由、被申付候、尤と申、九左衛門弟子過半残し置申候、兼而ゟ弟子ともニ手前をも為仕うたせ申候ハヽ、可然候を、俄の儀ニ候へは、相伝申儀不罷成、拾町ニて十人程ニうたせ見せ申候、一段出来申候とてよろこひ被申候、又其日八町を二三十人ほとにうたせ申候へは、俄の儀ニ付而、不出来ニ御さ候つる、其時からしや成者を廿人程すくり、手前をいたさせうたせ申候へ由、被申付ニ付而、きんミ仕、其後うたせ申候へは、玉行も一段ニ御座候、其後ハいつれも鍛練参候へは、同前ニうち申候、

ここの部分は、おもに町打ちのことを書いている。すなわち、砲術師の丸田九左衛門が伏見から此方に来たとき、春日衛門に遠物を打たせるために、たくさんの玉薬をあづけ横目を付けて鍛練させたが、玉行が悪く、やがて廃れてしまった。

本田安房守は田付流の弟子なので遠物を所望したが、内々本田安房守が遠物を試してみると、玉行がよくなかった。そこで本田安房守は小姓の松本久太郎に金子五枚を持たせて、砲術師田付氏の許に上せ、遺し置秘伝の伝授を懇望した。田付氏は申出の通り松本久太郎に遺し置分を相伝したした。国許に帰った松本久太郎が稽古のとおり打つてみると、はたして首尾がよかった。山城（直江兼続）に披露するために、あかし清右衛門が十匁筒を、松本久太郎が十五匁筒を用いて八町を打つた。山城から本田安房守に遠物の所望があったのだから、ほんらいは本田安房守が打つべきではあるが、もし不首尾であったならば、諸人の手前、なんとも体裁が悪いから、はじめから両人に打たせるように談合がなされていたのである。両人が失敗したら、本田安房守が打つ手筈になっていたのである。はたしてあかし清右衛門が放つた玉は的中した。山城は不審に思って、横目に確認させたところ、まさにそのとおりであった。本田安房守はあかし清右衛門に褒美として代物一貫文を与えた。

直江兼続がこの間の事情、つまり本田安房守が小姓の松本久太郎を砲術師田付氏の所に遣わして、おそらく遠物の

伝授をうけていた事実を知っていたか分らないが、実射を見た直江兼続は、さっそく本田安房守に遠物相伝を懇望しているのである。本田安房守の家臣の遠物実射をみた直江兼続は、平八・刑部・主膳・内匠・九左衛門・長左衛門などを本田安房守の弟子にさせて遠物の打ち方次第を相伝しようとした。ところが、本田安房守は鉄炮の大事を許すことはできないし、また少々相伝したくらいでは何の役にもならないと返事を保留して、そのままになった。しかし、その後、直江兼続家中の者も拾町・八町の遠物を巧く打っている。そして砲術の流派も直江兼続の贔屓によって、九左衛門流・清水流・高山流・山田流などが流行したと後半の部分で書いている。

なお、本田安房守が鉄炮の伝授を乞うた田付氏とは、田付兵庫助景澄のことで、田付流砲術の創祖である。近江田付の人で、景定の子といわれ、慶長十八年、徳川家康に仕え、家禄五百石を与えられた。元和元年の大坂の陣に従軍したが、同五年十月に死去している。著書に「求中集」「鉄炮打方」などがある。

参考のために慶長四年（一五九九）六月吉日付、堀久太郎秀治に与えた田付兵庫助景澄の鉄炮相伝の書状をあげておこう。(29)

御鉄炮之儀、数年就成御執心私存知之通、不残相伝申上候、然上者不寄誰々堅誓紙之儀、被仰合求中集五巻之通、可被成御相伝候、為其乍憚奉捧候、恐惶謹言

慶長四年　　　　　　　　田付兵庫助

六月吉日

進上

羽久太様（堀久太郎）

参人々御中

おそらく田付兵庫助景澄は本田安房守か、小姓の松本久太郎にもこうした鉄炮相伝に関する書状を宛てたに相違ない。

つづいて本書の三条目の部分を引用しよう。

一、大筒の儀ハ、跡々米沢ニ無之候得は、ぅちやぅ万事被申付候処ニ、鉄炮屋惣兵衛五十目筒を一丁若松ゟ取寄申、山城所へ持参申、よろこひ被申、拙者ニ被申付候を、則六町ニ而二放打申候、玉行もよく参候へは、よろこひ被申候、其後拾町ニて見物可申由被申ニ付而、ぅち申候へは、ミちんニさけ飛ぅせ申候、其後惣兵衛口惜存、又五十目筒をはり持参申候、惣兵衛いょしへハ大筒はり申したる儀もこれなく候処ニ、此度大筒已下張可申心掛きとく被申、山城前へ度々召出しわかま、を申させ、山城前能御座候つる、其後惣鍛治を台所へよひ被申、鉄炮をはらせミ被申候、是ょもてつはぅをすき申と、諸人のおもわくニ被仕候、就之惣かちとも大筒を張、気ょ入申度由存候処ニ、又惣兵衛百目筒をはり可申由、先ニ申出候歟、山城よろこひ、惣兵衛所へ百目筒張申をミ申され、さりとハてからの由被申候、惣かち口惜存、其後ハいつれもはり可申由申、はりたて申候、則御蔵ニ入置申候、惣兵衛所へ参候も、諸人てつはぅすかせ可申ため、又惣兵衛度々めしいたし候も、諸人のおもわくニ被仕候、

記事の大要はこうである。すなわち、直江兼続が大筒の稽古を申付ようとしたが、米沢には大筒がない。そこで鉄炮屋惣兵衛が五十目筒一挺を若松から取寄て、直江兼続の所に持参した。直江兼続はよころび、拙者に試射を申付けられた。六町に二放して、玉行がよかったので、直江兼続はたいそうよろこんだ。さらに鉄炮屋惣兵衛は十町を試射したが、こんどは大筒が微塵に砕けて失敗した。

その後、また惣兵衛が五十目筒を張り立て、直江兼続の所へ持参した。鉄炮屋惣兵衛はそれまで大筒を張り立てた経験がなかった。上手に大筒を張り立てたので直江兼続は彼を引き立てたのである。

鉄炮屋惣兵衛に大筒の張り立てを申し付けるいっぽうで、直江兼続は惣鍛冶に鉄炮と大筒の張り立てを命じた。これよりさき、鉄炮屋惣兵衛が、こんどは百目筒の張り立てに成功した。そこで惣鍛冶は懸命になって大筒を張り立てた。まもなく鉄炮屋惣兵衛と惣鍛冶が張り立てた大筒は蔵に納められた。

この記事は上杉氏が鉄炮鍛冶を召し抱えて大筒を張り立てたことを書いているが、鉄炮屋惣兵衛とは、江戸の鉄炮師の吉川総兵衛である。藩が米沢にはじめて鉄炮師を招いたのは慶長九年九月であるが、同年二月、直江兼続は「御固御定」を出して、市街の四方の要所に鉄炮を備えさせている。(30)

成嶋八幡宮　　鉄炮三十挺

徳正寺林　　鉄炮三十挺　半分西向　半分東向

熊野林　　鉄炮六十挺　半分東向　半分西向

長野林　　鉄炮三十挺

右之通可防、東へ廻候者花沢八丁にて可防、又東南へ廻候者六十在家にて可防、熊野林六十挺、笹野町・新町・猪苗代町・石垣町にて可防、笹野観音林に六十挺可防、諸口鉄炮を以て可囲者也、内固鷹内町頭一本橋の処、土俵にて築上、堀口へ水を流し入、色部裏へ流し荒町口へ可通、又南ハ常安寺前を福王寺前より堀口へ流し入、段々志駄裏より平林裏竜町の川へ可通、目付口にハ鑓にて可固、是にて馬の足不叶、左様心得可被申也、

二か月後の慶長九年（一六〇四）十一月、直江兼続は「鉄炮稽古定」を公布している。「鉄炮一巻之事」の三条目の大筒張り立てと鉄炮の製造は、慶長九年二月に実施された米沢城の防備策と同年十一月に公布された「鉄炮稽古定」を反映したものである。

このあとの記述は泉州堺と近江国友の鉄炮鍛冶を召し抱えた様子を書いている。これも「御固」、つまり米沢城の

防備策に関連していることはいうまでもあるまい。

就其ょ今むこ両人仕、御知行二百石取居申候、其刻杢右衛門と申かち、是ハさかいの者ニ御座候か、此方御鉄炮はやり申ニ付而、てつはうをもたせ罷下候を、いろいろ才覚被申、知行をいたしと、め置被申候、弟子なと有之間敷と被申、けんのふ者身うりなと四、五人宛弟子ニ付、知行の外ニ扶持方をいたし被申す、指置被申候、又九右衛門と申鍛冶、是ハひの、者ニ御座候か、てつはうを百丁はかりもたせ申、あきないニ罷下候、筒をためし、買可申由被申、ためし見申され候へは、過半おれくたけそんし申候、可罷登躰ニ無之候へは、此所をも才覚被申、知行扶持方をいたし被申、惣兵衛同前ニ三人をか、へ置被申候、其外越後御ふたいのかちともニも扶持方いたし被申候へとも、山城はて申候て、鉄炮もしたり申候へは、御くん役儀もこれなきニいらさる儀と申、修理弐人のかち知行をめしはなし、杢右衛門、九右衛門ニ七人ふちくれおき申候、其外のかちともいつれもふちをはなしさし置申候、右知行取申かちともハ、御役儀てつはう百石ニ付而三十六丁宛張申候、御役の外ニはり申候へは、御作料を被下候、御扶持方の者ともハ、一人扶持ニ付而一丁宛はり申候、是も御役の外ハ御作料被下候、山城申様ニハかち一人もたいせつニ御さ候へは、かけおち不仕候様ニと被申付候而、不罷成者ニハ、一石二石宛拙者合力仕、さし置申方も御座候事、

はじめに堺の鉄炮鍛冶のことが書かれている。すなわち、米沢で鉄炮が流行したころ、堺の松右衛門が鉄炮を携えてきた。上杉家では彼に知行をあたえたが、弟子が居ないので、手伝いに弟子を四五人つけ、知行のほかに扶持を与えて鉄炮を製造させた。

そしてつぎに日野の国友鉄炮鍛冶の九右衛門のことが書かれている。彼は鉄炮百丁をもって、商いのために米沢にきた。持参の鉄炮を試してみると、過半が壊れてしまったが、九右衛門は直江兼続から二三人の手伝いと扶持を与え

られて、そのまま鉄炮鍛冶として米沢藩に仕えた。これに関連して記事は、惣兵衛のことを「惣兵衛同前ニ三人をか丶へ置被申候」と書いているから、この前後に鉄炮屋惣兵衛も鉄炮鍛冶として同藩に召し抱えられたことが分る。

ところが、こうした鉄炮の隆盛も直江兼続が死没すると廃れ、藩の鉄炮鍛冶に対する待遇にも変化が生じた。すなわち、米沢藩は軍役の儀がないのに、鉄炮鍛冶を必要以上に抱えることはないとして、右衛門と杢右衛門の両名に七人扶持を与え、その他の鍛冶を召し放ち、今後、知行取りの鉄炮鍛冶は役儀の鉄炮のばあい百石について三十六挺宛、扶持の者は一人扶持一挺宛てとし、それ以外のばあいは、ともに作料を支給するとしたのである。

上杉氏の重臣直江兼続の鉄炮の執心により、上杉家中では鉄炮の鍛練が盛んであったが、元和五年（一六一九）十二月に直江兼続が死没すると、幕府の意向もあるが、たちまち鉄炮は廃れた。

つぎに挙げる嶋津玄蕃頭（利忠）から関八左衛門（之信）宛の二通の書状は、まさに上杉氏の鉄炮の衰退をよく表わしている。

尚々二三日中ニ御出待入存候、以上、

茲許為番手一両日以前罷着候、其後無音御床敷と存候、仍其方之事、御帰候様ニと西志摩守・関主膳夏中種々異見申候へ共、無御合点由候如何、無御心許存候、丸田九左散々相煩其上息源七相果候得是ニ付而当家中鉄炮功者無之条必当冬中帰参被尤ニ候、内々弾正も其方之事尋被申候条可心安候、親類衆も拙者ニ能々異見仕候へとの事ニ候、一夕此方候、御立出て被成候以面可申承知候、

恐惶謹言

十月廿日　島玄蕃頭（花押）

関八左様

（関八左衛門尉之信）
申給

尚々弾正も来春御上洛前少も家中之鉄炮もけいこさせ度由ニ候、一刻も急帰参候者、猶以仕合能可存と存候、万事以面可申承候、以上、

江州ゟ御帰候由候、昨日春日庄兵ゟ書状ニ承候、扨々御太儀共ニ存候、拙者儀も駿州へ為使者罷越五三日以前、帰洛（路）仕候、於駿府仕合能候、先以可御心安候、然者其方之儀、此中度々弾正被相尋候、其子細者当春中公方様於御前鉄炮打申儀定ニ存候かと尋被申候へ共、其方江州へ罷越此方ニ居不申間委様子不承由候、いまだ御前へ不罷出候者土屋民部殿へ御理申候て可召返由ニ候、兎角此方へ御出可被成候、相談可申帰参之上身上之儀、無心許思召候者、先々内々千坂伊豆守ニ引合落着可申候間、其段者可心安候、

恐惶謹言

極月十九日　　嶋津玄蕃頭
（花押）

関八左様
まいる

二通の書状は、茨城県土浦市在住の関正信氏所蔵の文書であるが、同家には、この他に関流砲術の伝書・文書類を数多く伝えている。(31)

江戸時代初期までの関家の由緒は、家伝によれば信濃国出身で、のち上杉謙信に属し、関八左衛門之信が直江兼続

の家臣であった砲術師丸田九左衛門盛次について砲術の奥儀を学び、元和三年（一六一七）二十二歳で免許皆伝を授けられたが、関ヶ原後、上杉氏の減封によって、主家を放れて江戸に上京し、寛永九年（一六三二）ころには、上総国久留里藩主の土屋氏に仕えたという。

前掲二通の関八左衛門宛嶋津玄蕃書状の年代だが、まず両文書が関連したものであることは内容からみて誤りはあるまい。すなわち、前者では、縁戚筋の西条志摩守と弟の関主膳が夏以来、関八左衛門に上杉氏への帰参を説いている。両名が説得に努めたのは親類であったからであるが、帰参すべき理由は関八左衛門の師匠であった丸田九左衛門が病気になり、彼の子息源七が死没して、上杉家中に鉄炮の功者が居なくなったためである。後者の書状では、関八左衛門帰参の件を上杉家当主の弾正が種々尋ね、関氏の主家土屋民部へ召し返す理をいれると述べているから、よほどの関心事であったことが想像できる。

ところで両文書の年代だが、関八左衛門が上杉氏を退去したのは慶長五年（一六〇〇）以後といわれ、その後、江戸では幕府の砲術師の稲富氏や井上氏と交遊し、鉄炮の修業に励み、寛永九年ころには、土屋氏の家臣になっている。(32) 差出者島津玄蕃は信州出身でかっては関氏の主家にあたる。その関係から帰参説得を努めたのであろう。寛永三年（一六二六）十一月の上杉氏の分限帳に島津玄蕃の名が記載されている。文書中の西条志摩守は関八左衛門の妻方の父にあたり、寛永三年十一月と寛永十年十二月の上杉氏の分限帳に記載されている。また後者の千坂伊豆守は上杉家の江戸家老で、寛永十四年から寛文九年まで、その職にあった。(33) 宛名の関八左衛門之信は寛文十一年（一六七一）に没している。

上杉氏から土屋氏に理をいれるとあるから、両文書は関八左衛門が土屋氏に仕えた以後でなければなるまい。確定は控えるが、寛永十年代と推測したい。

話題を「鉄炮一巻之事」に戻そう。ところで、本書の三条目には、慶長十年（一六〇五）前後、江戸・近江国友・泉州堺の鉄炮鍛冶が米沢にきて同藩に召し抱えられとあるが、まさにこの事実は、地方に鉄炮が普及していく様態を明示している。こうした事実は、越後上杉氏だけではなく、たとえば慶長六年、鉄炮鍛冶富岡善右衛門が信州の飯田氏に、同年三月には国友藤介が出雲の堀尾信濃守に召し抱えられている。したがってこうした状況は近世初頭の各藩にみられたと考えてもよいだろう。(34) 関ヶ原の陣が終ったとはいえ、徳川氏と豊臣氏の対立が激化しつつある時期、大名によって多少の差はあったろうが、どこの大名でも火器の整備は急務であったはずである。こうした東西対立の緊張関係の世情を反映して鉄炮はますます地方に浸透したのである。

ただし鉄炮鍛冶が諸国を廻る商行為は、慶長十二年（一六〇七）五月国友鉄炮鍛冶年寄中宛徳川家康定書に「一、諸国より大小之鉄炮多く誂候はゞ、早速相届可申事」「一、鉄炮職分之者猥に他国え出候事、堅無用事」とあり、他国から大小の鉄炮の多造の依頼があったばあいは、ただちに徳川氏に届けでること、鉄炮の職分を持つ者が他国に出向くことは禁止すること、などの条文があるから、そう長い期間ではなかったのである。(35) これが徳川氏の鉄炮、つまり火器の取り締まり政策である。こうした徳川幕府の鉄炮政策と直江兼続の死没により米沢藩の鉄炮鍛冶の仕事、つまり鉄炮の張り立ては激減したのである。

以上のように「鉄炮一巻之事」の一条目は、越後より若松に国替となったとき、直江兼続が鉄炮の師匠を多く召し抱えたこと、家臣たちはそれぞれの鉄炮の師匠の弟子となり、鉄炮の稽古に励んだこと、直江兼続が上洛したとき、伏見で密かに種子島の鉄炮を入手して、鉄炮の師匠や弟子たちに稽古させたこと、これら鉄炮の師匠は慶長五年の最上の陣に従軍し、乱後、召し放たれたこと、ただしこのとき、駒木根氏は弟子を多く抱えていたので家臣の列に留まったこと、上杉家の鉄炮打ちの川田玄蕃は稲富一夢の弟子であること、その後、川田流は廃れ稲富流が流行ったこと、などを書いている。

そして二条目は、直江兼続が帰国後も種子島の鉄炮の稽古を行なったこと、鉄炮と火薬を製造できる者、ここでは実相坊なる人物を登用していること、その後、鉄炮の鍛練が柔らかになったこと、直江兼続が遠物の相伝を本田安房守に懇望したこと、さらに直江兼続の贔屓によって砲術諸流が流行ったこと、などが書かれているのである。

さらに三条目は大筒と鉄炮、それに火薬を製造するために他国、泉州堺・近江国友・江戸から鉄炮鍛冶を招いたこと、これらの製造は米沢城の防備のためであること、ただしこうした鉄炮鍛冶たちは直江兼続の死と幕府の政策により、仕事が激減して、なかには召し放たれる者がいたこと、などを書いているのである。

「鉄炮一巻之事」は越後上杉氏の砲術の隆盛と衰退の様態を活写しているが、こうした状況は、多少の差はあるものの、近世初頭の諸大名に共通していたと考えても間違いあるまい。

注

(1) 鮫島宗美『種子島家譜』熊毛文学会、昭和三十七年。
(2) 瀬川秀雄『吉川元春』創元社、昭和十七年。「萩藩閥閲録」八四・児玉弥七郎書上・内藤五郎書上。
(3) 「越佐史料」第四巻−二〇二・二〇三頁、「上杉家文書」一−四七二『大日本古文書』家わけ第十二。
(4) 大関増業編「止戈樞要」器械倣法巻二十六　栃木県黒羽町所蔵。
(5) 「浦野文書」『群馬県史』資料編七。
(6) 「続錦雑誌」『信濃史料』十四−一二五頁。
(7) 「続錦雑誌」『信濃史料』十四−一二五頁。
(8) 「当代記」『史籍雑纂』第二巻、国書刊行会、明治四十四年。
(9) 「細川家記」『大日本史料』第十一編之二−四六九頁。

(10)「萩藩閥閲録」二―一二三頁。
(11)「守田神社文書」『信濃史料』一七―五五一頁。
(12)「浅野家文書」四四〇『大日本古文書』家わけ第二。
(13)「浅野家文書」四二一『大日本古文書』家わけ第二。
(14)国立歴史民俗博物館所蔵。
(15)「浅野文書」『熊本県史料』五巻。
(16)「浅野家文書」四三五『大日本古文書』家わけ第二。
(17)「毛利家文書」四―一三八八『大日本古文書』家わけ第八。
(18)「伊達家文書」二―一六九『大日本古文書』家わけ第三。
(19)「浅野家文書」一五〇『大日本古文書』家わけ第二。
(20)「浅野家文書」一五三『大日本古文書』家わけ第二。
(21)松平年一「自由斉流の鉄炮奥弥兵衛」『日本歴史』三五四号　昭和五十一年。
(22)「慶長見聞録案紙」『大日本史料』第十二編之七―七一五頁。
(23)「当代記」『史籍雑纂』(前掲)。
(24)「浅野家文書」二七二『大日本古文書』家わけ第二。
(25)「当代記」『史籍雑纂』(前掲)。
(26)「上杉家文書」二―九四五『大日本古文書』家わけ第十二。
(27)「島津家文書」二―一一四三『大日本古文書』家わけ第十六。
(28)『藩制成立史の研究　米沢藩』藩政史研究会編　二四六頁、吉川弘文館、昭和三十八年。
(29)「大坂城天守閣所蔵文書」。
(30)『藩制成立史の総合研究　米沢藩』藩政史研究会編　三〇二・三〇三・三一九頁(前掲)。
(31)「関正信氏所蔵文書」。

(32) 「関正信氏所蔵鉄炮伝書」。
(33) 『藩制成立史の研究　米沢藩』藩政史研究会編　二四六頁（前掲）。
(34) 有馬成甫『火砲の起原とその伝流』吉川弘文館、昭和三十七年。
(35) 有馬成甫『火砲の起原とその伝流』（前掲）。

むすび

本編の目的は戦国大名や織田・豊臣・徳川三氏の権力の解明ではなく、あくまで日本における鉄炮をふくめた火器の歴史の究明にある。しかし火器に関する文献史料は以外に少なく、実物資料にいたってはまさに僅少である。それを承知の上で現存の史料を繋ぎ合わせて、鉄炮伝来以後、おおよそ一世紀にわたる火器発達の歴史を体系的に論じてみた。こうした論考はいままでにないから、本稿が鉄炮の歴史を通観した最初の論文ということになるが、もちろん筆者はこれでじゅうぶんとは毛頭考えてはいない。そうした意味からすれば、むしろ本稿は筆者の鉄炮史に関する試論に過ぎない。最後にあたり試論で明らかにした点をまとめて本稿のむすびとしたい。

まず第一章では、明治時代から今日に至るまでの鉄炮に関する研究史を整理した。戦前戦後の論文の多くは「鉄砲記」や外国文献から、鉄炮伝来は天文十二年で、ポルトガル人によってもたらされたとか、あるいはそれ以前、日本には中国や朝鮮から性能の悪い鉄炮が伝わっていたという説があり、伝来論争は今日まに及んでいるが、筆者は鉄炮の伝来は種子島だけではなく、広く南西地方に及んだのであり、鉄炮を伝えたのはポルトガル人ではなく、倭寇が東南アジアの鉄炮を持込んだと考えた。

戦後になって鉄炮の研究は漸く広がりをもち、鉄炮伝来と鉄炮の普及の問題を文献資料から、また実物資料の検討を通して鉄炮の歴史を、あるいは個別戦国大名と鉄炮の関係が論じられた。個々の論文は重要な問題を取扱っているが、引用史料に問題があったり、個別的にすぎて、いずれも一世紀に及ぶ鉄炮の歴史を体系的に論及されていないようである。

第二章では、今日、鉄炮が伝来すると、すぐに全国に普及したと通説化しているが、実際はどうなのかを考えた。すでに京都では天文十八年ころ、鉄炮が普及していたとされるが、将軍や守護が鉄炮を保有したのは、政治的安定を求める贈答儀礼の結果からであって、京都周辺の合戦に使用された鉄炮の数量は多くなかったとみた。鉄炮普及の起因は合戦にあるが、戦国大名のなかで合戦にいちはやく鉄炮を使用したのは、薩摩島津氏で、天文十八年ころにあたり、ついで安芸毛利氏の弘治三年ころである。そして豊後大友氏はやや遅れて永禄八年ころからである。これ以後、西国大名は年を経るごとに合戦で使用する鉄炮の数量を増大させた。

やがて新兵器の鉄炮は東国に波及した。永禄五年ころから甲斐武田氏の軍役賦課に鉄炮がみられるが、永禄十年代になると、鉄炮が肝要であるとする文言が多く認められる。つまり武田氏はこの時期から合戦に鉄炮を多く使用するようになったのである。

長篠合戦は織田・徳川両氏の連合軍が鉄炮を有効に運用して勝利をえたとされるが、武田氏大敗の原因は、常備する鉄炮の数量が少なかったためである。この合戦を契機に甲信地方では鉄炮が普及した。

俗説によれば相模後北条氏の鉄炮使用はかなり時期がはやいとされている。しかし相模後北条氏の文書に鉄炮の用語がみられるのは永禄三年ころからで、着到状に鉄炮が記載されるのは、やや遅れて元亀元年ころからである。その後、天正年間になると、鉄炮の数量が増大するが、鉄炮と弓矢の数量が近接しており、文言にも鉄炮と弓矢が肝要とある。弓矢を鉄炮の補助兵器として使用しなければならなかったのである。後北条氏の鉄炮保有の少なさは北条氏を支えた土豪の鉄炮保有の状況からもうかがえる。第三章ではこうした東国における鉄炮普及の様態を考えたのである。

第五章では、小銃から大砲へと題して鉄炮だけではなく大型火器の問題をふくめて論及した。ふつう鉄炮といえば携帯できる小銃を指すが、鉄炮伝来の後、しばらくした頃から、合戦に大鉄炮が登場している。大鉄炮は重量が過大で兵士が携帯できる兵器ではなく、もっぱら陣中や城砦および軍船などに敷設して使用した大口径の鉄炮である。また戦国大名や織田信長・豊臣秀吉・徳川家康らは合戦に鉄炮とは構造を異にした石火矢と呼ばれる大砲を使用した事実がある。これも大きくみれば鉄炮の普及を意味しているが、ここでは統一政権の国内における合戦、海外出兵の文禄・慶長の戦い、徳川政権にとって基礎固めとなった大坂冬と夏の両陣などにおける大砲と鉄炮について考え、前代に比較していっそう鉄炮、つまり火器が普及した実体を明らかにした。ここでは鉄炮が伝来すると、土塁から石垣の城　郭に変容したとする従来の定説を正した。

そして第五章では火薬調合次第から砲術秘伝書と題して、日本の砲術の発生と成立の経緯について考えた。鉄炮は火薬がなければただの鉄の棒にすぎない。鉄炮を使用するには弾丸を発射させる火薬が必須であることはいうまでもないが、鉄炮伝来直後、日本では火薬が製造されていないから、火薬の供給はもっぱら外国に仰いでいたに相違ない。しかしその後、日本でも火薬が製造されるようになったことは火薬調合次第、つまり火薬製造法が相伝されている事実に明らかである。合戦における鉄炮保有の多寡が勝敗を決するまでに鉄炮が普及すると、それまで鉄炮秘伝書の内容といえば、火薬の調合法であったのが、それに加えて鉄炮をいかに上手に標的に当てるかという射撃の技術が盛り込まれ、明らかに鉄砲の秘伝書に変化がみられる。鉄炮の射撃法は大きな合戦を体験するにつれてひとつの体系ができ、ここに砲術が発生したのである。こうした砲術発生の経緯は鉄炮普及の度合いを鮮やかに示している。当初の砲術の稽古は実戦を旨としていたが、江戸時代の太平の世になると、実戦から遊離した稽古となった。江戸初期の砲術は隆盛と衰退、明暗がはっきり分かれている。

第三編　壬辰・丁酉の倭乱と朝鮮王朝の兵器の変容

はじめに

周知のように文禄・慶長の役、韓国では干支をとって壬辰・丁酉の倭乱と呼称している戦乱に関する研究は、多方面にわたり枚挙にいとまないが、兵器に関する研究成果となると意外に少ない。こうした研究の状況は、いままで、兵器史の研究が盛況でなかったことを示している。このように兵器史の研究は低調ではあるが、本文にはいるまえに兵器史の論考の幾つかを紹介したい。

朝鮮王朝の兵器に関する早期の研究としては一九三二年、昭和七年刊行の英国のJohn L. Boots氏の『KOREAN WEAPONS & ARMOR』をあげなければならない。本書の前半は旧石器時代の石鏃、石器時代の骨鏃、さらに朝鮮王朝時代の弓と矢を、後半において刀剣、鉄鞭、長槍、鋭鈀、火器、甲冑などの実物資料からその実態を明らかにしている。

それに対して韓国陸軍本部編『韓国軍制史　近世前期編』（一九八六年）は、第一章、近世朝鮮前期軍事制度の成立、第二章、近世朝鮮前期軍事制度の動揺、第三章、近世朝鮮前期の軍事装備と施設、の三章と「武芸図譜通志」の抄録からなる付録で構成され、本書は、高麗・朝鮮王朝の軍事制度の変遷を詳述している。ただし第三章、近世朝鮮前期の軍事装備と施設では、この時期に大きな役割を果たした火器の発達史を詳述している。ともに論文ではないが、韓国文化財管理局編『韓国火器図鑑』（一九六八年）、と同『科学技術報告書（Ⅱ）』（一九八七年）は、現存する朝鮮王朝時代の各種の火器の実物資料の写真、図面、計測データを多数掲載し、文献史料では知りえない具体的な知識を提供している。

以上の諸論考は朝鮮王朝の兵器を対象としているが、朝鮮王朝の兵器と密接した明国の兵器を考察した論考には、吉田光邦氏の「明代の兵器」(藪内清編『天工開物の研究』恒星厚生閣・昭和二十八年)がある。吉田光邦氏は明末は西欧文化の流入により兵器もその影響を受け、さらに北方満州族の興起によって、軍事技術に異常な注目が払われ、「武備志」「神器譜」「神器或問」などの兵書や軍事技術書が多く刊行されたとし、それらの諸書と「天工開物」所載の兵器の内容を比較考究し、さらに弓と矢、弩、各種火器の製作技術に力点をおいた考察をしている。

次に明国ばかりではなく、朝鮮王朝、ヨーロッパ、それに日本の火器の交流関係を論じた著書に有馬成甫氏の『火炮の起源とその伝流』(吉川弘文館・昭和三十七年)がある。本書の構成は「第一章、火薬発明以前、第二章、初期の火薬兵器、第三章、中国の近代兵器、第四章、朝鮮への伝流、第五章、東洋火器のヨーロッパへの伝流、第六章、ヨーロッパにおける火器発達の文化史的意義、第七章、西洋火器の伝流、第八章、火器起原論弁妄」の全八章からなるが、本編の第一章、鉄丸銃筒の製造と訓練、第二章、明国兵器の受容と活用、第五章、日明兵器の定着、の各章と密接する部分は、次の三つの章の一部である。すなわち、第三章、中国の近代兵器、五、神機営の制度、六、その他二三の明代火器について、第四章、朝鮮への伝流、四、現存の朝鮮銃筒について、第七章、西洋火器の伝流、二、仏狼機伝来事情、三、東洋の仏狼機となっている。有馬成甫氏は「第三章、中国の近代兵器」の「五、神機営の制度」では、はじめに明国の火器を管掌する神機営の組織図をあげて内容を説明し、以下、個々の火炮について、材質、形式、計測、銘記、伝来のそれぞれを記して考証をくわえている。本節では十六世紀末、朝鮮王朝に伝来する虎蹲炮にふれている。すなわち、この虎蹲炮は「昭和五年ころ、京城の古玩店より購入して所蔵しているものである。これは中国において造られたか、朝鮮において造られたか不明であるが、手法から見ても朝鮮で造られたようである。しかし朝鮮の特長は加味されておらず、中国固有の形式に依って造られたものである（同書一八八―一九〇頁）。さらに虎蹲炮の在銘年記が「崇禎四年、十月日鋳」とあるが、中国はこの時期、すでに西洋砲術が伝来し、耶蘇会士の鋳砲や、紅夷砲の紹介もあり、他方徐光啓らの手によって西洋砲術書の翻訳並びに著作が行なわれ、その知識も普及せられるに至った時代であるにも係わらず、明朝兵制の主流たる神機営の兵器に、依然として明初の原始型式が流れていることは、余りにも時代錯誤の感無き能わざるものである。

有馬成甫氏は中国の火炮は極めて保守的とみなされたのである。ここでは明国火器の記述が中心であるために、虎蹲炮がいつ朝鮮王朝に移入されて、製造され、実戦に使用されたかといった問題には言及していない。したがって本編では朝鮮王朝の虎蹲炮について詳細に論じた。

ついで同章の「六、その他二三の明代火器について」では、はじめに明末の兵書が火器を重視して多種多様な火器を記載するが、それらの火器の名称と構造に関する記事は雑駁で的確さを欠くとし、たとえとして茅元儀の武備志の内容を批判し、いわばこの兵書ははさみと糊で切りはりしたに過ぎないとし、さきの方法、すなわち、材質、形式、計測、銘記、伝来の一々に考証を加えている（同書一九五～二〇五頁）。そして同章七では、朝鮮王朝で製造された三眼銃を考察した。すなわち、三眼銃の名は、万暦十五年重修の大明会典には見えないので、万暦二十五年撰修の神器譜に見えているから、おそらく文禄役のころ、すなわち万暦二十年頃に初めて作られたものではないかと思われるとみなし、実物資料の三点を紹介している（同書二〇二～二〇五頁）。

第四章の朝鮮への伝流では、朝鮮の火器は全く中国の直系である。それはあたかも他の文化諸系列の両国関係におけるものと同様である。されば中国に伝世のものが失われた場合にも、朝鮮におけるこれと同種のものの遺品によって、溯って中国の源流を尋ねることができる。この点に朝鮮火器研究の重要さがあると、研究の意義を強調し（同書二二五頁)。以下、朝鮮王朝の火器の沿革を説き、現存の(一)勝字銃筒、(二)天字銃筒、(三)地字銃筒、(四)玄字銃筒、(五)黄字銃筒、(一部省略)、(九)碗口、(一〇)震天雷、(一三)虎蹲炮及び仏狼機などに考証を加えている。そして高麗末期に明より伝えられた火器が、李朝に入って進歩発展を遂げ、その源流の型式より脱胎して、一種の朝鮮式なる型式を造り上げたことが明かにせられたと信ずる。しかしてこれらの重火器が文禄・慶長役において水軍の手により、よくその真価を発揮したことを記憶する必要がある。これは中国において発明された火器のおそらく最後の、功績というべきものであろうと指摘されている(同書三〇七・三〇八頁)。

なお、有馬成甫氏は勝字銃筒を説明して照星と照門とが付いているが、これは文禄役の最中に造られたものであるから、日本の鳥銃からヒントをえて在来の勝字銃筒を改良したものであろうと思われる(同書二七〇頁)と新説を提示している。しかし本編において詳述するように文禄以前の勝字銃筒のなかには照星と照門が付けられたものが存在するから、この説は成立たない。むしろこの点は鉄丸を放つ銃筒の場合は、照準をつける必要から、照星と照門が付属したと考えた方が妥当である。

「第七章、西洋火器の伝流」の「二、仏狼機伝来事情、三、東洋の仏狼機」においては仏狼機がヨーロッパから中国へ伝来した経緯と、極東に現存する仏狼機の実物資料三十五点に考証を施している。そして(三)朝鮮の仏狼機の項では、朝鮮は十六世紀に直接ポルトガル人と接触しなかったから、朝鮮の仏狼機はヨーロッパ式より影響を受けたものとは思われない。朝鮮式は中国式を加味した独特の型式をなしている。文禄・慶長役に我軍が鹵獲した数多い仏狼機はポルトガル製と中国製とであって朝鮮式は一つも見当らないところから考えて、朝鮮は文禄役(一五九二)に初めて仏狼機を造ったのであろうかと推定するとされている(同書五六一・五六二頁)。しかし本編で詳述するが、韓国の陸軍博物館には、明宗十八年の銘をもつ仏狼機の子砲が現存しており、有馬成甫氏の説は訂正されなければならない。また島根県津和野市の津和野神社には有馬成甫氏の目にふれなかった亀井氏所伝の仏狼機三門が現存している。すでに筆者は前編でこの仏狼機に考察を加え、新しい説を展開した。

洞富雄氏の『鉄炮伝来とその影響―種子島銃増補版』（淡路書房・昭和三十四年）は日本に伝来した鉄炮普及の経緯を多くの史料を駆使して詳述しているが、同書、封建制統一国家の成立と鉄炮の章で、附説＝朝鮮役における鉄炮の役割〔和銃の威力〕を設けて（同書二〇七頁）、「文禄の役における日本軍の鉄炮隊」「鮮明軍における鳥銃の有無」「役中、朝鮮側鉄炮の整備につとむ」「日本軍大砲装備に劣る」「慶長の役と鉄炮」に分けてこの戦乱における鉄炮の位置を明らかにされた。

洞富雄氏は本章で「なお、前章第四節で触れたことであるが、西原利造氏は、明治三九年、慶尚南道昌原郡馬山浦で万暦戊子（一六年、わが天正一六年）の銘をもつ、原始的手銃と鳥銃とも両型式を併用した特殊な一銅銃をえている。この銅銃の尾部は原始的手銃に見られるような袋柄になっているが、その他の部分は鳥銃の型式をそのままとって、注目すべき遺品である。おそらくこれは和銃いぜんの中国式鳥銃の一形式を示すものであろう。この一銅銃は、朝鮮役において明兵のもちいたものと考えられなくもないが、このころ中国では、すでに日本式の鳥銃を製造していたのだから、これはやはり中国からつたえられた旧式鳥銃の製法によって朝鮮で製作されたものと解しておく方が穏当と思われる。だが、この種の鉄炮の発見はただ一例がしられるだけであるところからみると、朝鮮軍がこれを多数装備していたとは考えられない」とされた（同書二一四頁）。

洞富雄氏はこの銃筒の存在は一例を知るに過ぎないとしているが、韓国の博物館には銘文のある、同型式の銃筒が数点現存している。すなわち、慶熙大学校博物館には「万暦丁亥六月日、小勝三斤七両、薬三戔、丸三、匠官」が、また陸軍博物館（旧称「軍事博物館」）には「万暦丁亥七月、小勝三斤九両、薬三戔、丸三、匠官」が、国立中央博物館には「万暦丁亥六月日、小勝三斤七両、匠俊金、薬三戔、丸三」と「万暦丁亥七月、小勝三斤六両、匠」が、さらに東亜大学校博物館には「万暦戊子六月、小勝三斤八両、薬三戔、匠丈」が所蔵されているのである。

ただし洞富雄氏があげた写真版の側面には何かあるようだが、ともかくこの遺品は、韓国に現存する型式と同様であり、銘文の「万暦戊子年六月日、小勝三斤二両、薬三錢、丸三、匠西倹斤」は東亜大学博物館所蔵のそれに近い。したがってこの銃筒は壬辰・丁酉倭乱以前から、朝鮮王朝で多数製造されていた小勝字銃筒とみなせる。洞富雄氏は中国の鳥銃の影響を受けたとされるが、型式的には明確でないように思われる。

なお、宣祖三十六年夏に韓孝純が著した「神器秘訣」の「鳥銃解」には「鳥銃は中国にはなく、倭より伝来した」との記述があり、中国からの鳥銃伝来説を否定している。

次に本編の第三章、兵書「紀効新書」の学習と密接する石原道博氏の「壬辰・丁酉倭乱と戚継光の新法」(『朝鮮学報』第三七・三八輯・昭和四十一年)をあげなければならない。日本の侵略を受けた朝鮮王朝は自主防衛に努めたが、来援軍の明将から戚継光の戦法が善く倭を制している事実を教示され、この戦法、すなわち、紀効新書の学習に着手した。

石原道博氏の論考の要梗によると、一五九三―一六〇五年にかけての宣祖実録は、明の戚継光の紀効新書の講解・貿得・弁質・撰訳・学習・考講・撮要・印出のこと、および戚制・戚法による置軍・教軍のことが盛んにみえる。これはいわゆる壬辰丁酉倭乱期における宣祖朝の対日策の一環とみられるものであり、すこぶるわたしの注意をひいたが、結局は朝鮮の山川風習・人心物力が明国と異なるということで、一六〇五年戚法による教軍はついに停止された。以上の史実を、第一、中朝関係からみると、中国の政教・文教は、この場合も隣国朝鮮へつよい影響を与えていたこと、中国における嘉靖倭寇―万暦倭寇の考え方は、朝鮮でも倭寇―壬辰丁酉倭乱という関連において把握されたこと、などの一傍証をつけ加えたと思うが、ここで注目されるのは、朝鮮が、中朝諸条件の異同を弁別し、最後には自主的に戚法の取捨選択を行なった点である。第二、日朝関係からみると、中国の備倭・防倭策を朝鮮が借用したこと、すなわち、中国の歴史的な対日策を、朝鮮が現在的な対日策に援用・応用したということ。第三、日中朝三国関係からみると、明の紀効新書・錬兵実紀などは、まず朝鮮に流伝し、さらに日本にも将来され、その撮要・評註・印出が行なわれたが、これは三国の文化交流・溝通・受容に関する一典型でもあった。

世宗末年、咸鏡道節制使金孝誠は中国の古例にならって車戦を駆使すれば、女直野人との戦いに有効であると力説したが、ほんらい車戦は中国のような平原地帯の地勢で活用されるものであり、山川高険にとむ朝鮮の地勢では活用は難しいと批判されて、金孝誠の主張の実行は中止された。

石原道博氏は朝鮮王朝が戚法の学習を停止したのは、こうした地勢の理由によるとされた。確かに「宣祖実録」の記事にはそうあるからそうした要因もあったに相違あるまい。詳細な説明は本編の第五章、日明兵器の定着に譲るが、宣祖三十七年（一六〇三）十二月の訓錬都監の啓によると、朝鮮八道の内、京畿・忠清・全羅・慶尚の四道では紀効新書の法を、そして江原・黄海・平安・咸鏡の四道では錬兵実紀の法を教習するとある。まだ南方では完全に日本の脅威が払拭したわけではないから、従来どおり禦倭の兵書紀効新書の法の実行を説いたのである。そしてこの戦乱末期ころから興隆をはじめた女直の防禦の必要を生じた朝鮮王朝は、こんどは北方の外敵、女直を防禦するために錬兵実紀の法の学習に着手したのである。つまり紀効新書の学習が停止されたのは戦いの相手が倭寇から女直に変化したためなのである。それにしても石原道博氏の説かれるように、朝鮮王朝は自主的に紀効新書、つまり戚法の取捨選択を行なったことは兵器ばかりではなく、中国文化交流の一端を明示する事実として注目すべきである。

この他、直接、兵器を対象としてはいないが、壬辰・丁酉の倭乱を戦史として記述した参謀本部編の『大日本戦史文禄・慶長の役』があり、また水軍の将李舜臣の事跡を詳述した趙仁福氏『李舜臣戦史研究』（鳴洋社・一九六四年）、金義煥氏『人間李舜臣』（研文出版社・一九七二年）などがある。

本編第四章の降倭懐柔策と鉄炮の伝播では降倭と兵器の関係を考察したが、降倭については、内藤雋輔氏「壬辰丁酉役における謂ゆる「降倭」について」（『朝鮮学報』第三七・三八輯・昭和四十一年）、中村栄孝氏「朝鮮役の投降倭将金忠善—その文集の伝記の成立—」『日鮮関係史の研究—中—』（吉川弘文館・昭和四十四年）などがあり、降倭の幅広い活動の諸相が明らかにされている。

以上、本編とくに密接する諸論考を兵器交流史の視点から筆者の意見を加えて簡単な整理を試みた。諸論考の意図は、必ずしも本編と同じではないが、いずれも兵器史研究の上から参考にすべきものである。

壬辰・丁酉の倭乱、すなわち、文禄・慶長の役が十六世紀末の東アジア世界に及ぼした歴史的意義については、すでに中村栄孝氏が「この戦乱が東アジア世界に与えた影響は甚大で、日本では豊臣氏が滅んで、徳川氏が覇権確立の素地をつくり、朝鮮王朝では財政が破綻して国勢が衰退し、北方満州の地には女真族が勃興し、明朝から清朝建国という王朝の交替を促す契機をなした」と説かれている（同氏「豊臣秀吉の外征」『日鮮関係史の研究—中—』同上）。

前後七年に及んだこの戦乱の行方が武力行使の道具である兵器の優劣に係っていたことは否定できない。にも関わらず兵器に関する研究論考は既述のように少なく、ましてこの乱における中国・朝鮮王朝・日本の三国間の兵器交流の実態を詳述した論考にいたっては、なお僅少である。この戦乱が東アジアに与えた影響は甚大であったが、兵器の場合もそれは同様であった。

第一章　鉄丸銃筒の製造と訓練

第一節　朝鮮王朝の防御兵器

宣祖二十五年（一五九二）十月四日、宣祖王は諸臣を引見して軍議を開いた。前日、慶尚道の嶺南に駐屯していた豊臣秀吉の軍勢が、釜山・金海に集結して、晋州に接近したためである。(1)

以我国人不可接戦、賊徒一百名出来、則前鋒百人持鉄丸・環刀、其余後行、皆無兵器、我軍誠冒死突入、勝之必矣、而先為遁走、故毎毎見敗矣、

李恒福は回避すべき理由を賊徒の前鋒が鉄丸と環刀の兵器を所持するためとしている。同時期の別の啓にも「倭奴只用鉄丸・長剣、無他技也」とあるから、(2)豊臣秀吉の軍勢の主要武器は鉄丸と環刀にあったことは間違いあるまい。

宣祖二十六年六月、政院の教は豊臣軍の威勢を「賊酋平秀吉必欲呑拠、我国以窺　中原此其志、初非偶然、寇盗之比、以彼不道之術、言之（中略）其兵力極盛、器械極妙、士卒極錬」と、そして対抗する王朝側の防御の現実を「以我国無教之兵、禦之無異於螗狼之拒、轍万無討対敵之理」と伝えている。(3)豊臣秀吉の軍勢は海外出兵以前、国内統一戦を体験してきたから国王の発言は説得的である。この時、国王は「且賊之全勝、只在火炮、天兵之震畳、亦在於火砲、我国之所短、亦在於此」と述べ、倭賊全勝の根本は火炮にあり、我が国の短所も、またここにあると、火器が

戦いの行方を決定すると指摘している。

このように壬辰倭乱の豊臣秀吉の軍勢の主要兵器は日本刀と鉄炮であったが、王朝側の主要兵器は、宣祖二十五年五月、国王が諸臣に防禦策を下問した時、崔滉が「兵家各家有長技、賊善於剣、我長於射、而不以弓馬長技」と答え(4)、翌六月、背後に賊勢を受けた巡辺使李鎰が平壌の守備を憂慮して「竊念、平壌城地池浅畢、必須別加防備、乃可守禦、請多設弓家、以禦攻城之賊」と馳啓し(5)、さらに宣祖二十八年（一五九四）九月、左議政金応南が「大抵我国之長技、莫如弓矢、今日錬兵之要、弓矢為上、鳥銃次之、刀槍又次之、三者固不可廃」と述べているから(6)、伝統的な弓矢にあったとみなければなるまい。

これ以前の宣祖二十四年二月、兵曹は火器の充実を期して鉄丸銃筒の訓練の実施を啓した(7)。

我国三面受敵、戦用之具、無如鉄丸之利、而所習不過火炮匠若干人、若有緩急、則応敵者甚少、議者、以為鉄丸習放、則人皆為之云、今後、出番諸色軍士等、自本曹与軍器寺提調一同、試習何如、大臣之意、亦然、敢稟、伝曰、依啓、

我が国は三面に受敵しながら、鉄丸のような有利な戦具がなく、火炮匠の若干が習うに過ぎない。これでは緩急の場合、応敵する者は甚だ少ない。今後、出番諸色の軍士に鉄丸を試習させるべきと、兵曹は力説しているのである。

弓矢と鉄丸銃筒の威力の差は、宣祖二十六年（一五九二）六月、備辺司が「至於器械、則禦敵之用、莫要於弓矢、而若其声威震畳一挙鏖滅、則各様火炮、乃其上也、此等之器物打造之役」と各種火炮の製造の必要性を説いた啓に明白である(8)。大臣が兵曹の意見に賛意を表し、兵曹が鉄丸銃筒の訓練履行を力説したのは、まさに備辺司の指摘のとおり弓矢だけでは、日本の鉄炮に対抗できないためである。しかしこの時期の朝臣が、弓矢を防禦兵器の要と信じて疑わない事実は、鉄丸銃筒の装備が広く行渡っていない証拠である。だからこそ兵曹は鉄丸銃筒の訓練の必要を強調し

たのである。

第二節　朝鮮王朝の放箭銃筒

朝鮮王朝初期の成宗五年（一四七三）に編纂された「兵器図説」は、四箭銃筒と八箭銃筒を図示して、次の説明を加えている。(9)

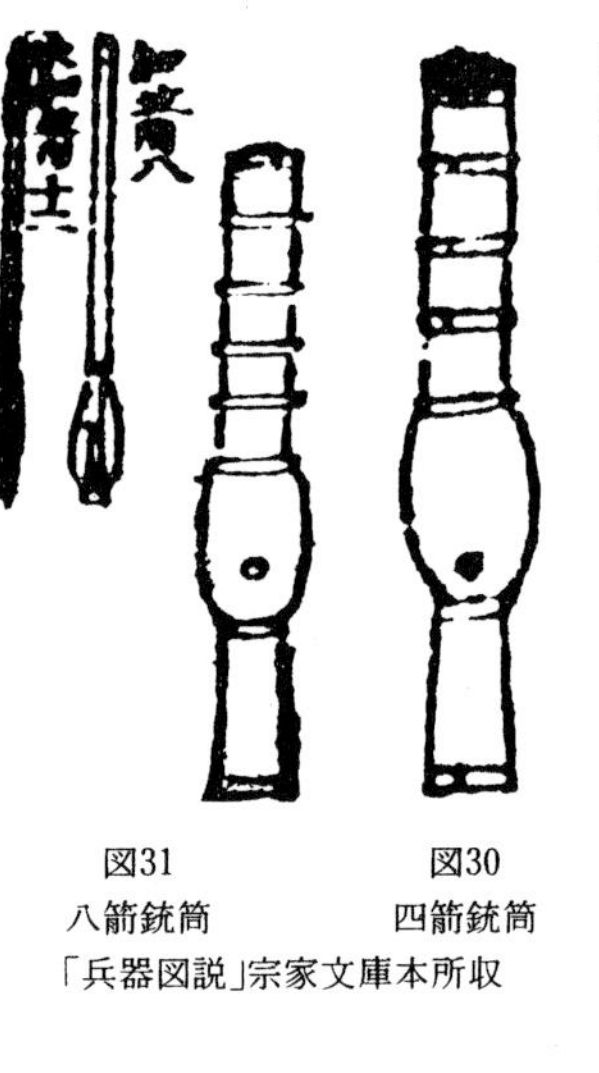

図30　四箭銃筒　図31　八箭銃筒
「兵器図説」宗家文庫本所収

四箭銃筒、細箭四、次細箭六、図説見上、

薬筒長一寸五分半、深一寸三分二厘、外圍三寸四分三厘、内径六分八厘、厚二分、下端低帯広一分三厘、低七厘、底隔厚二分三厘、薬線穴径七厘、激木筒長七分四厘深同、外囲三寸二分二厘、内下径六分八厘、厚一分八厘、内上径七分、厚一分四厘、上下端帯広一分三厘、厚二厘、觜長三寸九分一厘深同、外圍三寸二分二厘、内径七分、厚一分四厘、帯三、上端帯広二分六厘、厚二厘、其余激木筒帯同、冒柄長二寸二分二厘深同、厚一分、上外囲二寸九分、内径七分四厘、下外囲并帯厚三寸六分四厘、内径九分三厘、下端帯広二分六厘、厚二厘、共長八寸四分二厘、重一斤六両、

八箭銃筒

薬筒長一寸四分八厘、深一寸二分八厘、外囲四寸一分八厘、内径八分七厘、厚二分、下端低帯広一分三厘、低一分、底隔厚二分、薬線穴径七厘、激木筒長一寸八厘深同、外囲三寸九分、内下径八分七厘、厚一分七厘、内上径九

図32　四箭銃筒・銘文（国立歴史民俗博物館所蔵）

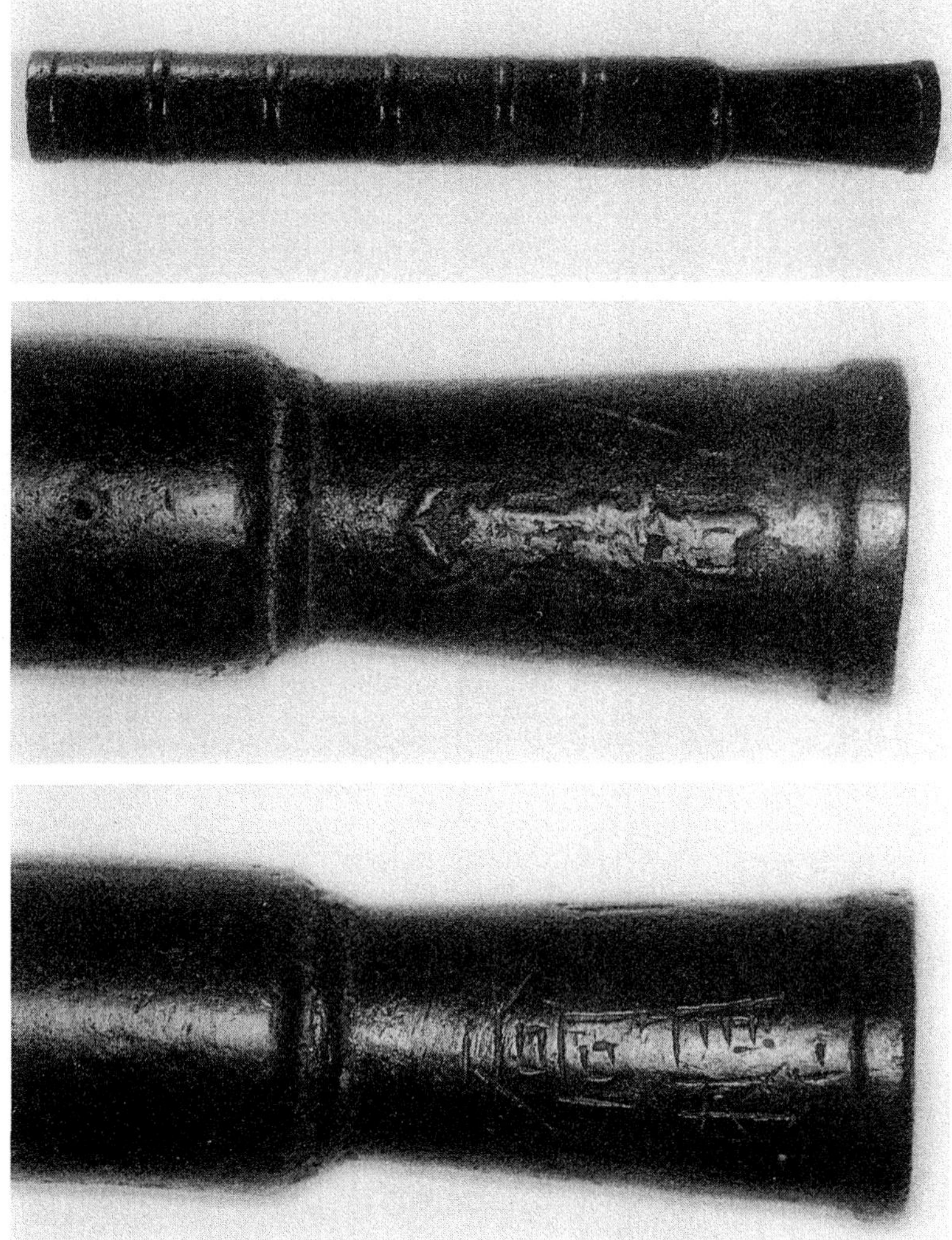

図33　八箭銃筒・銘文(国立歴史民俗博物館所蔵)

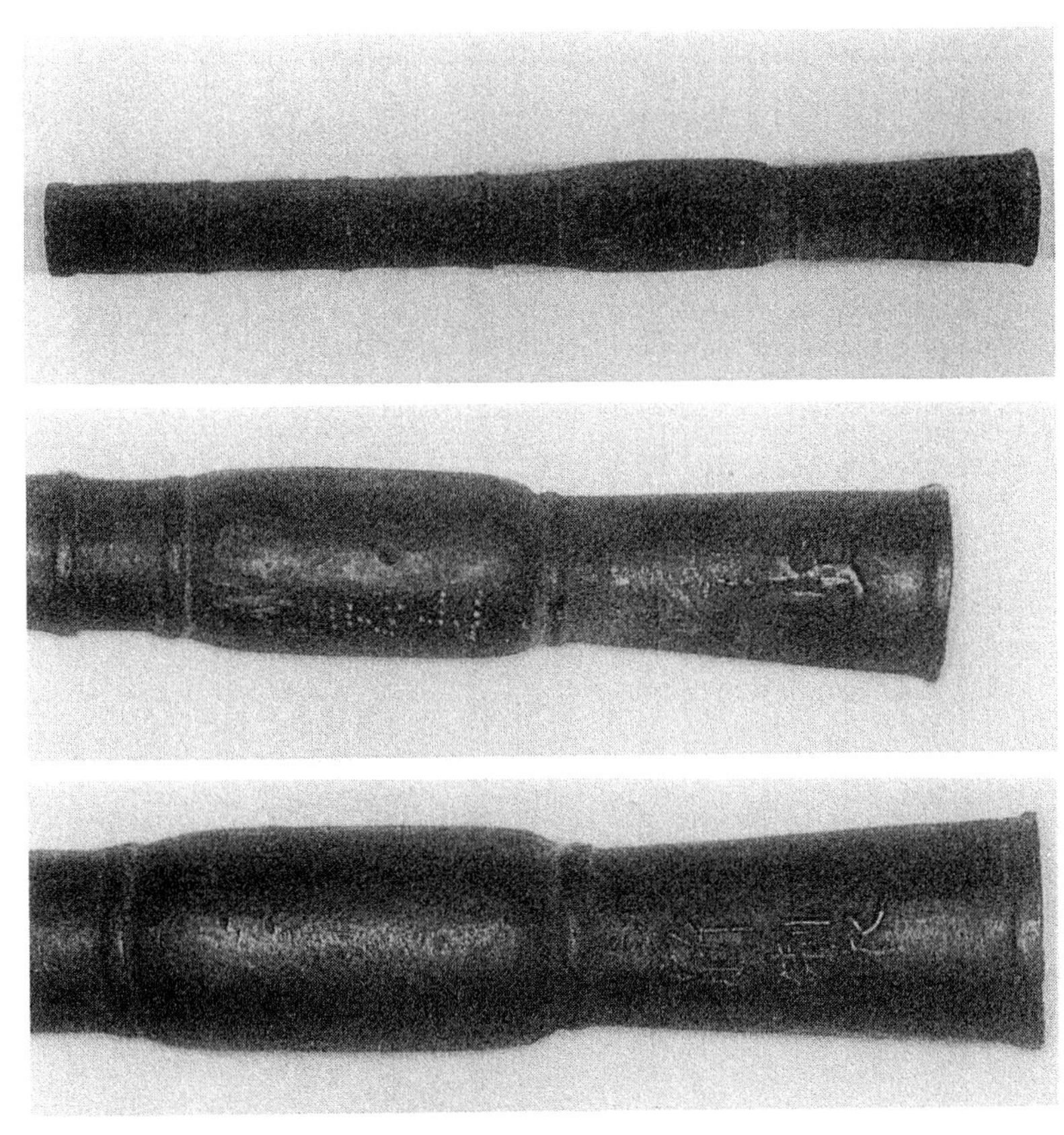

図34　新製銃筒（国立歴史民俗博物館所蔵）

分四厘、厚一分三厘、上下端帯広一分九厘、厚六厘、觜長五寸一分七厘深同、外囲三寸九分、内径九分四厘、厚一分三厘、帯四、上端帯広三分、厚六厘、其余与激木筒帯同冒柄長二寸三分深同、厚一分三厘、内径七分七厘、下外囲並帯、厚四寸一分、内径一寸七厘、下端帯広二分六厘、厚二厘、共長一尺三厘、重二斤三両、〇細箭、用竹為之、長六寸三分、囲八分、鏃重三銭、長七分、根一寸三分、翎用羽為之、闊一分三厘、長二寸一分、〇次細箭、用竹為之、長六寸三分、囲七分半、鏃重一銭五分、長七分、根一寸三分、翎用羽為

之、闊一分、長二寸一分、

あえてここに「兵器図説」所載の銃筒の説明を引用したのは、鉄丸銃筒との差異を明らかにするためである。すなわち、さきの宣祖二十四年（一五九〇）二月の兵曹の啓では、鉄丸習放とあるが、王朝初期の銃筒は鉄丸ではなく、箭を放つ火器なのである。

放箭銃筒使用の事例は枚挙にいとまないが、その実際を知るために世宗二十七年（一四四四）八月、王朝政府が諸道に監練官を派遣して、火炮の改鋳を命じた一条だけを次に引用しておこう。(10)

分遣監錬官于諸道、鋳火砲論監司、節制使曰、火砲軍国所重、前比制作之術、未得其要用、薬費而矢不及遠、今更新其制、薬小矢遠、比昔倍、徒国家之利、無踰於此、当今無辺境之虞、而使民興事慮有弊焉、然安不忘危保国之策、禦悔之方不可少弛、茲不獲、已分遣監錬官、火砲一依新定制度改鋳、以備不虞、

本条は新制度の火炮の改鋳の指示を述べたものであるが、文中に「其制、薬小矢遠」とある。こうした放箭銃筒は世宗二十七年に限らず、度々改良を施されたが、当時の明国の火炮と比較すると、欠点が多かった。

第三節　新兵器鉄丸銃筒の移入

中宗三十九年（一五四四）九月、判中枢府事宋欽が八十六歳の老軀を押して、弛緩した朝鮮王朝の武備を意見した一条で「火炮年久、薬力無效、視彼唐人之砲、真児戯耳」と述べ、(11)また明宗即位年（一五四五）十一月、済州島に漂流した唐人から鉄丸銃筒のことを王朝は聞き出している。(12)

済州漂来唐人、有能解瀝青者、通事雖曰、伝習大綱、然既伝而、又伝於他人、則恐不得精也、（中略）唐人亦、有

能解銃筒者、通事亦伝習大綱、然非箭矢也、乃鉄丸也、請令該司匠人等伝習、且能解此等事、唐人当於最後運入送、

記事は瀝青の製法にも言及しているが、銃筒を解する唐人が通事をして、王朝に大綱を伝えたと書いている。ここで注目すべきは唐人の火炮は箭ではなく、鉄丸と明記している点である。文字から両者の相違は明らかにしえないが、実物資料の観察によって構造上の差異が明瞭である。すなわち、前者は砲身の肉が薄く、後者の場合は厚い。砲身の厚薄は火薬の爆発力の強度の反映である。また鉄丸は照準を設けるが、放箭銃筒にはそれがないのがふつうである。判中枢府事宋欽は薬力の無力だけを欠点としているが、こうした鉄丸と放箭の相違も児戯とみたに相違ない。

明宗即位年十一月の啓は、王朝の明国火器伝習の一端を示すが、同年同月の軍器寺提調の啓もまた唐人からの火炮伝習を伝えている。(13) 恐らくこの唐人は前月、済州島に漂流した人物であろう。

軍器寺提調啓曰、今日唐人処伝習火砲、於于慕華館、別無猛烈之気、立標四十歩而放之、皆不中、我国之砲一中防楯、而還退唐人等云、中原用杉木灰、故迅烈、而此以柳木灰、故不至猛発云、且其器械鈍、甚不如我国之砲、伝曰、知道、

記事は唐人の火炮は猛烈の気がなく、四十歩の標的にあたらないと、不首尾を伝え、王朝側の火炮は防楯に命中したとある。試射を終えた唐人等は、中原では杉木灰を用いるので薬力が強烈であが、王朝では柳木灰を使うために猛発には至らないと、試射不成功の理由を説明している。そして王朝の器械、すなわち、火炮は鈍であって、我が明国の火炮と甚だ違うとも指摘している。明国火炮の伝習に王朝が熱意を持ったのは、明国の火炮が優れていたからに他ならないが、軍器寺提調の啓から判断する限り、この時、すべてを伝習できたか疑問といわざるをえない。

しかし、その後、明宗元年四月、侍読官尹仁恕が「鉄丸火砲、唐人之所作用之、水戦甚便、破敵尤妙、請軍器寺、

詳究制度造作、蔵諸沿辺各官、以備不虞、如何」と啓している。(14) 啓の冒頭には「済州漂流人、至琉球国、刷還到上国時、見福建道水車之制、而伝習之今、若制作激木甚便、請令戸曹、造作下送、各道救民、何如」とあるから、この鉄丸火炮を伝えた人物は済州島に漂流した唐人であることは疑う余地がない。尹仁恕は鉄丸の火炮は水戦に甚だ便であり、破敵に妙であるから、軍器寺で詳細に研究した上で製造して、沿岸の各官に蔵して不虞に備えるべきを主張した。このようにして朝鮮王朝は明宗初年に明国の鉄丸火炮の伝習に努めたのである。

明宗十年（一五五四）五月から七月にかけて、全羅道の南海岸霊巌管下の達梁浦と周辺諸郡県を倭寇が襲い、兵馬節制使の本営を陥落させる事変が起こった。事変は乙卯の変と呼ばれ、被害は朝鮮半島最南端の済州島にまで波及した。事変は短期間の内に終息したものの、事変が王朝の兵制や兵器に与えた影響は少なくなかった。すなわち、戦時の機動性を強化するために「制勝方略」が定められ、築城や兵器の補強がはかられ、備辺司の中央常置が実施され、辺境の事情に精通した大臣による集団指導の体制がとられたのである。(15)

乙卯・達梁の事変の前年、明宗九年（一五五三）十二月と、(16) 翌十年五月、備辺司は銃筒に関する啓をだした。(17)

備辺司啓曰、倭人信長所造銃筒、制度雖精、而薬穴入火不易、発丸不猛、其言曰、薬不良故也、明年更来、試之云、厚待還送事、請令礼曹、議定、伝曰、可、

備辺司啓曰、日本倭人平長親、所持来銃筒、至精巧、所剤火薬、亦猛烈、不可不賞、請従其願、以授堂上、何如、

答曰、如啓、

倭人信長は精巧な銃筒を製造したが、薬穴に着火せず猛烈に発火しなかった。薬が不良なためと述べ、明年再び試したいとある。そして後者は倭人平長親が持参した銃筒は精巧であり、火薬の威力も至って強烈である。備辺司は彼のこの功績を認めて堂上の位を授与すべきを啓したのである。三年後、嘉靖三十四年五月、日本年号の弘治元年、信

長は再び精巧な銃筒を持参し、その調剤した火薬が猛烈であったので、その功を賞されて、堂上官の折衝将軍僉知中枢府事を授けられている。(18)

倭人信長の消息は明宗十年六月の全羅道都巡察使李浚慶への諭書に「倭司猛信長留館者也」と伝えている。(19)

このように朝鮮王朝は唐人の火炮を伝習する一方で、倭人からも火炮に関する技術援助を受けていたのである。ところで、倭人が銃筒を進上した明宗九年は、日本年号でいえば天文二十二年にあたっている。したがってすでにこの時期、日本には倭寇によって東南アジア系の鉄炮が渡来しているから、倭人進上の銃筒は日本の鉄炮と考えられなくもないが、その可能性は極めて薄い。まず第一に鉄丸を発射する砲身は物理的に鉄より軟度のある物質、銅を用いる方が適合性があること、また王朝の銃筒が鋳造で製造されるのに対して、日本の鉄炮は鍛造技術によっており、この時期、果たして王朝において鍛造技術を駆使して砲身を製造しえたかどうか疑問である。もっとも両者の記事をよく読むと、銃筒の砲身ではなく、発射薬、つまり火薬の善悪だけが問題にされている。仮にこの時、平長親や信長が日本の鉄炮の製造技術、つまり鍛造法を取得していれば、壬辰倭乱の時、王朝が日本の鉄炮の製造法の取得にそれほど苦慮する必要はない。

このように倭人が王朝の兵器の製造に深く関与していたことは、次の明宗十四年（一五五八）六月、備辺司が乙卯・達梁の事変以後、各道で捕虜とした倭人の処置を啓した記事からも肯首できる。(20)

　備辺司啓曰、各道生擒倭人、以其情犯観之、則所当殲戮無遺、然其中、亦有能言其国事、可因採験賊情者、有吹錬銅鉄者、解造瀝青者、解採石硫黄者、鉄匠・船匠、則不無利益於国家、備辺司之策、請令監司、更加究問、処置、何如、伝曰、如啓、

各道で捕虜とした倭人のなかには、日本の国事を語り、銅鉄を吹錬し、瀝青を解し、硫黄の採石を解する者、鉄匠・

船匠などがいる。彼等を活用すれば国家の利益になる。したがって、さらに監司に究問させて処置すべきを備辺司は啓している。啓は実施に移された。恐らくこれらの工匠は、さきの状況から銃筒などの兵器製造に関与したと考えてもよい。

第四節　鉄丸銃筒の鋳造

乙卯・達梁の事変の前年、明宗九年五月、咸鏡北道節制使李思曽が、造山・慶興の地の作賊を馳啓してきた。そこで大臣・兵曹・備辺司および知辺事の諸臣は、前虞候崔豪を助防将に任命し、軍官五人を添えて、造山に留防させ、ついで南道軍士の武才者を選抜して事変に備えた。

咸鏡北道節制使李思曽の要請に王朝は助防将崔豪を現地に派遣したが、この時「玄字銃筒及鉄丸、量授助防将下送」とか、「亦令本道多造鉄丸、常常習放、以禦敵、兵将此意下諭、何如」とある。(21)すなわち、乙卯・達梁の事変の前年、野人と緊張関係にあった朝鮮王朝は、造山・慶興の地において鉄丸銃筒を使用し、野人との係争地の咸鏡道では鉄丸を多く製造して常時訓練しているのである。

明宗十二年（一五五六）五月、司醞署奉事金大観は三年間にわたる銃筒監造の功績を賞されて、軍器寺相当の職を授けられた。(22)

銃筒監造官司醞署奉事金大観、素有巧思、監造銃筒、今已三年、凡機械制作、皆極精巧、且能尽心、所事終始不懈、如此之人擢抜用之、置軍器寺専掌監造、則其於軍器寺等事、必能精造有益於国、此人有孝友之行、亦合崇奨故、敢啓伝曰、如啓、金大観軍器寺相当賞職除授可也、

啓によれば、金大観は明宗十二年の三年前から銃筒の監造に従事し、彼が製造した銃筒はすべて精巧であったと伝えている。三年前といえば、乙卯・達梁の事変の前年、つまり造山・慶興の地に野人が侵入した年である。金大観の銃筒製造は野人や倭寇の侵攻を防禦する兵器補強の一環である。

その後、宣祖十六年（一五八二）五月十三日、賊胡二万余騎が鍾城を取囲んで、軍官権致礼と多数の土兵を殺害した。王朝は京畿水使の李撥を嘉善助防将に任命して、公私賤雑類で射に優れた二百人を選抜して戦場に派遣した。この後、王朝と賊胡との戦闘は幾度となく繰返された。すなわち、五月十六日、賊胡五千余騎が防坦堡を包囲し、万戸崔浩・助防将李薦・端川郡守李永琛等が力戦して賊を撃退し、さらに翌十七日、賊胡が鍾城を取囲んだが、賊胡の孝汀が会寧酋尼介の出陣の虚をついて、賊の廬舎を焼いて胡兵を退去させた。一日おいた五月十九日、賊胡栗甫里が数万騎を率いて、潼関鎮を囲んだが、僉使鄭鯤・助戦将朴官が力戦して賊を退けた(23)。

度重なる賊胡の来襲に巡察使と北兵使は、戦闘の経過を報告して、堂上官の遊撃将を鴨緑江の上流と下流に分駐させるように応援を要請した。鉄丸銃筒の使用は、藩胡の孝汀が奮戦した五月十七日だったことが、次の北兵使の書状に明らかである(24)。

北兵使書状、賊胡等四面囲城、乍進乍退、我軍乗城、拒守寂若無人、賊胡等、争進城下急発、銃筒鉄丸等乱射如雨、胡人等皆退走、尋聞藩胡孝汀、本与会寧酋尼湯介作讐、乗其空虚之時、焚湯其廬舎、於是賊胡等、撤兵皆渡江而去、方其退兵時分作三屯、自一二屯、次次渡江、最後一屯、則走馬疾渡、我兵不得追撃事入　啓上嘉孝汀等向国之誠、令厚賜賞賚、

事変のさなか、故兵使金の子息に贈職があった。「故兵使金墀新製勝字銃筒、今者北方事変、却敵時多頼其用」の功績が認められた結果である。その後、宣祖二十年（一五八六）十月、「以前兵使金（李）墀創勝字銃筒、有関於却敵、

因其子上言、贈墀兵曹判書官其子」とある。[25] 死後、金墀は兵曹判書の官を追贈されたのである。したがって宣祖十六年以前に金墀が新製した銃筒とは、勝字銃筒とみなしてよい。

宣祖十六年（一五八二）五月十七日付の北兵使の書状は賊胡との戦いにおける銃筒使用の状況を「銃筒鉄丸等乱射如雨」と伝えていた。韓国の梨花女子大学博物館所蔵の勝字銃筒の銘文には「薬七戔、中丸則八、小丸則十」とある。[26] つまり勝字銃筒は中丸ならば八箇、小丸ならば十箇の鉄丸が発射できる一発多丸の小銃なのである。

一発多丸に関連して玄字銃筒に言及する必要があろう。明宗九年五月、王朝は咸鏡北道節制使李思曽の馳啓に応えて助防将崔豪に「玄字銃筒」と鉄丸を添えて派遣した。韓孝純が宣祖三十六年（一六〇二）夏、咸山武学堂で著した「神器秘訣」は玄字銃筒を次のように説明している。[27]

玄字銃

毎一位、火薬四両、中薬線五寸、小鉛子三十枚、

銃歌、一、洗銃、二、入薬線、三、下火薬、四、下覆紙、五、下送子軽、六、下鉛子、七、下土隔、八、下送子

用力築銃完候、令燃発、

すなわち、玄字銃筒は火薬四両、中薬線五寸、小鉛子三十枚とある。銃歌以下は発射までの手順である。弾丸の数量は「火炮式諺解」[28]や「戎坦必備」[29]の記載と異なるが、玄字銃筒は一発多丸の大型火器なのである。したがって北兵使の書状に「銃筒鉄丸等乱射如雨」とあるのは筆先の形容ではなく、事実を表現しているのである。

金墀が新製した銃筒は勝字銃筒であるが、「神器秘訣」は勝字銃筒を三種あげて、次の説明を加えている。

大勝銃

毎一門、火薬六銭、小薬銭三寸、小鉛子三四枚、
銃歌、一、洗銃、二、入薬線、三、下火薬、四、下覆紙、五、下鉛子、六、下土隔用力築、余同前法、

次勝銃

毎一門、火薬四銭、小薬線三寸、小鉛子二三枚、
銃歌、大勝銃同、

小勝銃

毎一門、火薬二銭、或二銭二三分、小薬線三寸、小鉛子一枚、
銃歌、一、洗銃、二、入薬線、三、下火薬、四、下棚杖軽、五、下鉛子、六、下紙丸、七、把銃柄、対眼入平視、後照星対前照星、前照星対賊人打発、

ただし現存の小勝字銃筒をみると、たとえば慶熙大学博物館のそれには「万暦丁亥六月日、小勝三斤七両、薬三戔丸三、匠官」とあり、また高麗大学博物館のそれには「万暦戊子四月造、小勝五両、薬入四戔、匠未叱同、泰汝上」とあって、火薬と弾丸の数量は必ずしも一致しない。(30)「神器秘訣」は宣祖三十六年の編纂にかかるから、この間に火炮の制度に改定があったと推測される。

なお、勝字銃筒は日本の鉄炮の影響を受けたと有馬成甫氏は次のように主張されている。(31)

一四、第十四号勝字銃（第百八四）イ、材質青銅

これは第一乃至第三型式に至る朝鮮特有の勝字銃とは全く異なった形式のものである。（一）箍状隆起が一つもない。（二）木柄を挿入する銃尾が無い。（三）照星と照門が付いている。これは文禄役中の最中に造られたものであるから、日本の鳥銃からヒントをえて在来の勝字銃筒を改良したものであろうと思われる。懲毖録巻七の「火

車以備戦用状」の一節に「新様造作勝字銃筒」とあるのは、このような形式のものを指すのではなかろうか、右状啓に日付は、壬辰九月十四日となっており、またこの銃筒の製造年月日が「壬辰九月日造」となっているのは偶然の一致ではなかろうと思う。私は仮りにこれを新様勝字銃筒と呼びたいと思う。

有馬成甫氏は銃筒の製造年月日が、たまたま「懲毖録」所収の「火車以備戦用状」の一節の「新様造作勝字銃筒」に該当していることから、このように主張されたが、これと同形態の小勝字銃筒は、すでに宣祖二十年（一五八六）六月に製造されており、日本の鉄炮の影響と考えるのは無理といわざるをえない。

朝鮮王朝は明宗と宣祖年間、北方野人や南方倭寇を防禦するために、明国の鉄丸火炮を研究して、新様の銃筒を鋳造した。王朝初期の放箭銃筒に比較して威力があった鉄丸銃筒は外敵の防禦に活用されたが、その後、武備の弛緩から鉄丸銃筒の訓練と鋳造は停滞した。この事実は初めにあげた宣祖二十四年（一五九〇）三月の備辺司の啓に「我国三面受敵、戦用之具、無如鉄丸之利、而所習不過火炮匠」の文言に明瞭である。

第五節　原料銅鉄の確保

鉄丸銃筒の訓練と鋳造は王朝の戦備強化の施策であったが、銃筒の鋳造には基本的な問題があった。すなわち、銃筒の材料となる銅鉄の確保である。火器の原料確保の問題は、その後、壬辰倭乱まで尾を引く問題となった。

明宗十年（一五五四）五月、慶尚道監司安玹と領相沈連源は国王に倭寇防禦策を下問されて、次のように答えた。(32)

安玹曰、倭奴下陸、其鋒不可当、必従其間道、破其賊船、然後、庶可禦也、今也、銅鉄匱乏、銃筒難備、備之不預悔之無及、連源曰、古者、倭船以薄板為之、故破之、甚易、今則与唐人交通、造船極牢、銃筒終不可破也、

安玹は倭の威勢が強いために正面から攻撃ができない。間道から賊船を破壊すれば防禦は可能である。今は銅鉄が著しく不足して、銃筒の配備が難しい。また連源は昔の倭船は装甲が薄いので銃筒で撃破することは容易であったが、今は唐人と交通して船が極牢となったので、銃筒では破壊できないと述べている。

慶尚道監司安玹は現在、王朝では銅鉄が不足しているから銃筒が配備できない。すなわち、多くの銃筒の鋳造は難しいと述べているのである。こうした状況を乗切るために王朝政府は明宗十年五月から十四年七月にかけて、銅鉄の確保に奔走している。

明宗十年五月、諫院が銃筒鋳造について次の意見を啓している。(33)

諫院啓曰、今聞銃筒鋳造、国無儲鉄分貿市、上怨咨之状、所難形言、東大門及南大門城上、棄置之大鍾、請鋳成銃筒、使無貿鉄之弊、答曰、既令貿鉄、不須破鍾不允、後両界累月論啓、不允、

また備辺司が次のように啓している。(34)

備辺司啓曰、諫院所啓、欲以大鍾鋳銃筒、其言当矣、貿諸市上似為騒擾、雖或貿之、亦非正鉄鋳成、兵器恐不堅利、大鍾本是棄置、無用之物、破鋳銃筒勢、甚便易、請先破南大門城上、大鍾以鋳何如、答曰、久遠之物、不可破也、内需司所儲銅鉄、可以鋳也、不允、

前者、諫院の啓は、国には銅鉄の備蓄が無いから、東大門と南大門に棄置かれている大鍾を銃筒の鋳造に用いれば、貿鉄の弊害が起こらないと述べ、後者、備辺司の啓は、諫院の主張は正当であり、鉄を市上に貿すれば騒擾になるし、貿したとしても正鉄ではないから、兵器としては堅利さがない。大鍾は棄置かれている無用の物だから、銃筒を鋳造するのは容易であると、南大門上の大鍾の改鋳を申請したのである。これに対して王朝は大鍾が「久遠之物」であるから改鋳は許可できないとした。

明宗十年（一五五四）六月、政院は無用の鍾を毀して禦敵の道具とするのは備患の長策である。大臣・六曹・侍従・台諫らが備患の長策の実施を願ってすでに久しいが、いまだに許可がえられないので、臣等は悶鬱としている。兵器の備えは今日の急務であり、銃筒の鋳造は必須である。諸市に貿すれば民に重困が生ずるので、不安であると啓した(35)。

政院啓曰、毀無用之鍾、為禦敵之具、実備患之長策、大臣・六曹・侍従・台諫啓、請已久、未得蒙允、臣等不勝悶鬱、兵器之備、今日之所急、竊恐銃筒之鋳、無時可已、則豈可毎貿諸市、以重困民生乎、在平時、尚不可犟下之言、況当多事之日乎、至為未安、敢啓、

この時、王朝は「答曰、雖無用之物、亦不可軽破、不允、今者賊勢如此、若有良将、善為措置、則賊心不至於恣行而、今乃退散如彼」と答えている。すなわち、防禦は良将の善き措置によるというのである。

しかし政院の危惧したとおり銃筒の配備の有無が現実の戦いの勝敗を大きく左右している。それは乙卯・達梁の事変の明宗十年六月、宣伝官朴世賢の啓に全羅道巡察使李浚慶の伝言を「倭賊敗北於鹿島之時、無天字・地字銃筒故、不能破其賊船、致令遁去、極痛憤云」と伝え(36)、また事変後、明宗十年九月、済州牧使金秀文が軍官姜侶を派遣して国王に戦捷を報告したなかで「牧使善為防備、又多驍勇之人故、如是捕倭、其所捕獲之状、尓其悉陳、侶啓曰、賊倭過海謀欲作耗、秀文遣臣等、領軍乗船進撃、以銃筒焼破賊船、倭皆焚溺而死、遂斬五十四級」とあるからである(37)。

その後、全羅左道防禦使南致勤が同道の寺刹の鍾を改鋳したいと啓したが、王朝はやはり「久遠之物」という理由から願いを退けた。その啓を次に示そう(38)。

伝于政院曰、今観南致勤啓、本則欲破仏鍾鋳為銃筒云、夫物久、則神古来流伝之物、破用未便、自京多鋳下送之意、言于備辺司、政院啓曰、伝教以為物久、則神此乃仏家之物、而教之如此、不可以此言、伝于備辺司使之書、

布中外極為未安、答曰、凡于久遠之物、則俗語、必以為物久、則神此泛称之言也、然削此四字可也、雖曰仏家之鍾、而久遠物不可軽破、以此意、言于備辺司、

諸臣が大鍾の改鋳を幾度にもわたって懇願し続けたのは、王朝の国土では銅の産出が少ないからであるが、大鍾の銅が銃筒の素材に適合していたからでもあった。この事実は明宗十年六月、舎人李瑛が三公の意をもって大鍾改鋳を述べた啓の内容に明瞭である。[39]

舎人李瑛以三公意啓曰、南致勤請破其道仏寺之鍾、以鋳銃筒、而不賜兪允、但教以自京多鋳下送、然天字・地字銃筒、不可以雑鉄鋳也、雖鋳之、必以水路輸送、則非、但稽緩、而倭寇退泊於諸島、又有見奪之患矣、大抵、近日所鋳皆以雑鉄鋳之、故習放於江上、而皆為破裂、今欲鋳成、則非、諸寺之鍾不可也、且銃筒之鋳、必多入鑞鉄、而後可也、寺刹之鍾、多入鑞鉄、故致勤啓請矣、成敗甚関、而国之危亡、在呼吸、雖有用之物、尚可破用況無用之鍾乎、請従其啓、以其道諸寺之鍾、鋳成何如、前日、臣等請破大鍾、台諫亦為啓、請而自 上至今留難物情未便、若破京外之鍾、彼此交鋳、則勢甚便易、敢啓、答曰、大鍾雖曰無用、久遠之物、不可軽破、不允、

李瑛の啓の主旨は南致勤の寺刹の大鍾改鋳の懇願に対して、王朝が大鍾は無用久遠の物であるから、軽々に破壊することはできないことを述べたものだが、文中には大型の天字・地字の銃筒は雑鉄で鋳造してはならない。現在、鋳造される銃筒は雑鉄を使用しているために、果たして江上で試射すると、殆どが破裂するとある。そして南致勤が寺刹の鍾の改鋳を願うのは「寺刹之鍾、多入鑞鉄」のためとある。鑞鉄は錫であり、粘り気のある物質であるから、火薬の爆発力に耐える強度があったのである。

この時も王朝は大鍾の改鋳の願を退けたが、銃筒の鋳造に無関心であったわけではない。なぜならば本啓の冒頭に「但教以自京多鋳下送」とあるからである。明宗九年（一五五三）六月、済州牧使南致勤は沿海に賊船が絶えず出没す

るから兵器を下送して欲しいと願って、銃筒が中央から済州に輸送されている。銃筒鋳造の状況から、この銃筒は寺刹の大鍾を改鋳したものではあるまい。(40)

このように明宗王の治世では寺刹の大鍾は銃筒に改鋳されていないが、これ以前の太宗・世宗・中宗の場合には、大鍾の改鋳が実施されている。たとえば「太宗実録」の同王十五年（一四一五）三月条に「命収亡寺鍾鋳火㷁」とあり、(41)また「世宗実録」の同王二十七年（一四四四）六月条にも次のようにある。(42)

論諸道監司、火砲禦辺制敵之器、本国銅鉄不産、由是火砲不多、今欲加鋳、道内各官破銅器、及廃亡寺社銅器、無遺計数以聞、

そして「中宗実録」の中宗七年（一五一二）六月条には、次のような左議政柳順汀の意見がみえる。(43)

順汀別啓曰、近教以興順天・興徳両寺、故基許人造家、臣以為聖朝事也、其所懸大鍾、請鋳成軍器、伝曰、令工曹鋳銃筒、分送両界及三道、防禦緊急処、分蔵諸鎮、以備他日之用、

冒頭の太宗十五年三月条の亡寺鍾火㷁改鋳は、同年六月に倭船二十三艘が済州を襲撃した時、済州人の宋全時が火㷁を使用して賊を退去させたことと無関係ではあるまい。つまり倭寇防禦のために亡寺の梵鍾が火㷁に改鋳されたのである。

この時の梵鍾の改鋳は大規模に実施されたらしい。というのは太宗十五年七月の左代言卓慎の兵備事宜の第四条目に次のようにあるからである。(44)

其四、軍器監火㷁、雖巳至万余柄、各道城子百余、各浦兵船百六十余隻、及山河険阨設備処、其用甚多、万余柄、猶為不足、以余在鋳鉄二万余斤、来八月始鋳成、以足其用、伝習人用別軍箇月、已満未去官者、

軍器監が鋳造した火㷁は万余に達するが、各道の城子は百余、各浦所属の兵船は百六十隻、その他、山河の要害の

地にも火を配備する必要があるから、甚だ入用であり、なお不足しているから、余りの鋳鉄を以て、来る八月から鋳成すると、卓愼は述べている。この時、亡寺の鍾が活用されたに相違あるまい。世宗二十七年六月と中宗七年六月の両条の場合も同様の理由、すなわち、倭寇や女直野人の防禦策の反映である。

第六節　困難な銅鉄の確保

大鍾を改鋳しなければ、王朝政府はどのように銅鉄を確保したのであろうか、はじめに明宗十一年（一五五五）十月の憲府の[45]、ついで諫院の啓を示したい[46]。

憲府啓曰、禦敵之策、莫大於銃筒、則備辺司之欲為多鋳、果為当矣、然用兵之道、在於固結民心、而不徒在於器械也、括民之銭適足、以召涇州之兵、当今、　聖代固無慮外之事、然徴発太急、則民不得不怨民怨既深、則在上之人、亦豈可視之、契烈然而、不為動念乎、今者銃筒之鉄、至於十万斤之多、而結綵一戸之所納、至於千斤、朝令夕納急、於星火結綵之人、雖曰富実、而即弁千斤之鉄、其勢尚難、況貧富之不同、而近於俾出童羖乎、況無用之鍾、尚不破用、而責出於民間可乎、官庫之物、板蕩一空、而前年戦船之造、銃筒之鋳、費用太甚、将無以継、而又出十万斤之価、未知国家何以弁之乎、若以為無事、則銃筒不須鋳也、若以為有事、則銃筒之外、調度供億之費、尤不可不慮、而専用力於銃筒、豈不難哉、以民情言之、民怨已深、以国計言之、国用不敷、臣等之意、以為姑為半減而鋳之、庶使官庫之物、尚有所余以需他日之用、而且分定責納之際、不為多定、於一人量、其多寡均定、於市廛俾無怨讟、則庶乎、其可矣、請令備辺司商量処之、答曰、如啓、

諫院啓曰、国家懲前日倭寇之変、鋳成銃筒以為禦敵之具、亦出於不得已也、但以一国之富、銅鉄無儲、至貿於民

間、固為国家之羞、若以廃寺之鍾、鎔為銃筒分、於外方、則可以禦寇、而臣僚之奏請皆拒、而不納使民間之什器、寸累銖積尽輸、於都監怨呼之耳、不絶僅過一年、又以所鋳銃筒、不足徴納民間銅鉄、民間所蔵、只有此数去年、既已竭尽、而今年徴納之数、又多於去年、将何以弁出、蹙頞之容、呼憫之語、不忍聞見、借曰貿鉄、雖不可不為公私両便、然後民楽為之、今者都監折価綿布一四、納鉄四斤、凡物之価、随時不同、今年銅鉄、貴於去年、以今市直言之、綿布一四、決不能易銅四斤、於市則不能易、而都監則督納、此民之之以抱寃罔極者也、銃筒雖可鋳、而去年聚一怨、今年又聚一怨、其於　聖上愛民之意、何如、況王者蔵富、於民何必、争其多少、於価折之間哉、請令該司、量価改磨錬、以便於民、答曰、如啓、

右の両啓は民間に銃筒の材料である銅鉄の供給を求める困難な実情を語っている。すなわち、憲府の啓では、当今、銃筒の銅鉄は十万斤の多きに至り、一戸が負担する結は千斤になる。この額は富者でも弁ずることは難しく、貧者においては尚更である。無用の鍾を破却しないで、民間に責出するのか、官庫の物が板蕩一空となり、さらに前年には戦船を造り、銃筒を鋳造して費用が太甚である。継ぐ暇もなく、また十万斤の価を出せというが、国家はなにをもってこれを弁ずるのかと批判し、臣等は民情を考慮して姑の間は価を半減して鋳造すべきと述べている。

また諫院の啓では、銃筒が禦敵の道具であるにも関わらず、銅鉄の貯蓄がない。民間に貿するのは国家の羞である。廃寺の鍾を銃筒に鋳造すれば禦寇になるので、臣下は再三奏請したが、すべて拒否された。一年で銃筒に不足を来したからといって、民間に銅鉄を納入させるにしても、民間所蔵の銅鉄は、ここ数年で尽きている。その上、今年、徴納を多くさせるのは問題だと意見を続けている。

明宗十年五月、備辺司は市上に銅鉄を課せば騒擾になると言を尽くしていた。こうした事態は、両啓からも容易に首肯しえる。

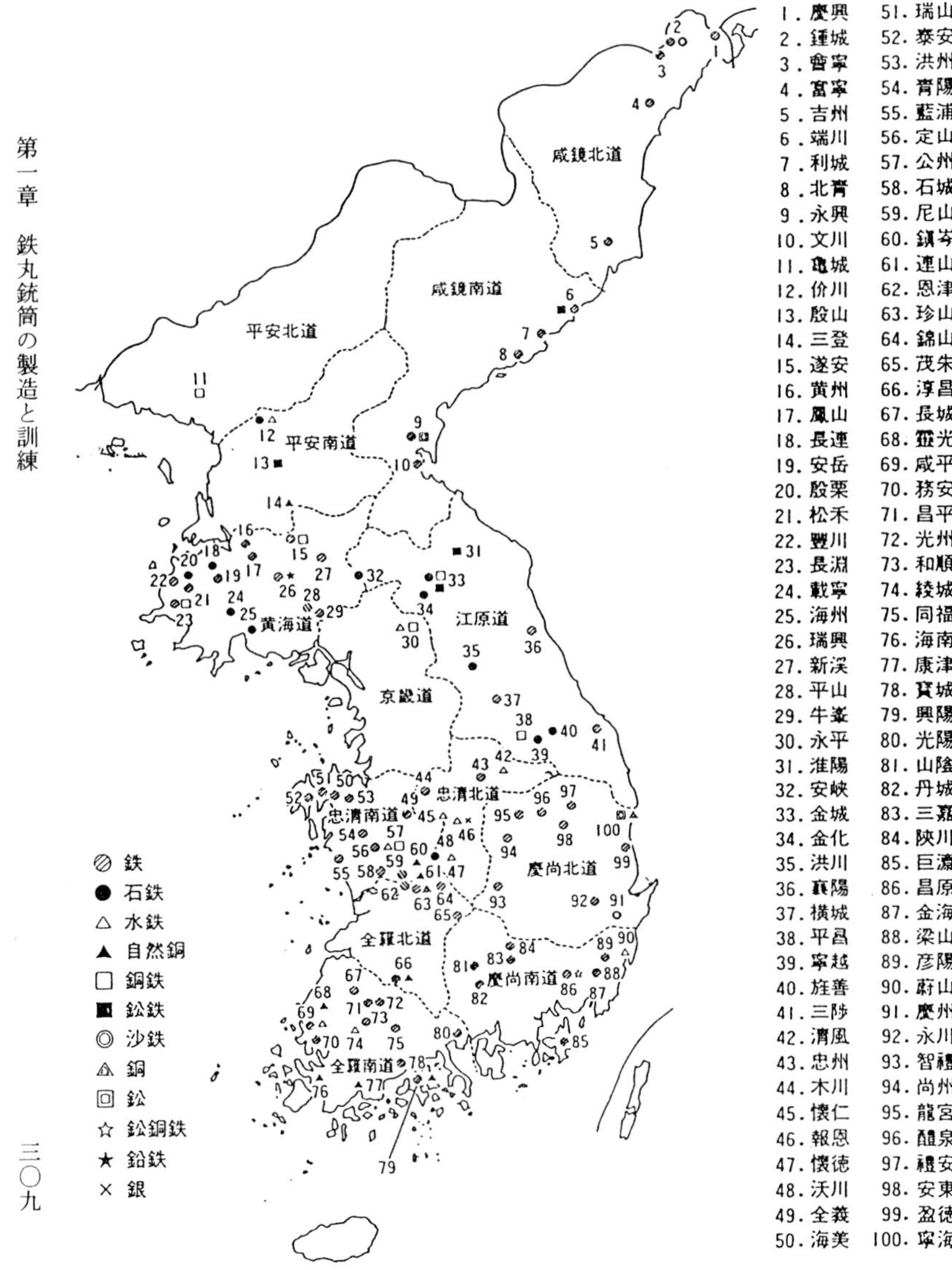
咸鏡北道
咸鏡南道
平安北道
平安南道
黄海道
江原道
京畿道
忠清北道
忠清南道
慶尚北道
慶尚南道
全羅北道
全羅南道
鉄
石鉄
水鉄
自然銅
銅鉄
鉛鉄
沙鉄
銅
鉛
鉛銅鉄
鉛鉄
銀
1．慶興
2．鍾城
3．會寧
4．富寧
5．吉州
6．端川
7．利城
8．北青
9．永興
10．文川
11．亀城
12．价川
13．殷山
14．三登
15．遂安
16．黄州
17．鳳山
18．長連
19．安岳
20．殷栗
21．松禾
22．豐川
23．長淵
24．載寧
25．海州
26．瑞興
27．新渓
28．平山
29．牛峯
30．永平
31．淮陽
32．安峡
33．金城
34．金化
35．洪川
36．襄陽
37．横城
38．平昌
39．寧越
40．旌善
41．三陟
42．清風
43．忠州
44．木川
45．懐仁
46．報恩
47．懐徳
48．沃川
49．全義
50．海美
51．瑞山
52．泰安
53．洪州
54．青陽
55．藍浦
56．定山
57．公州
58．石城
59．尼山
60．鎮岑
61．連山
62．恩津
63．珍山
64．錦山
65．茂朱
66．淳昌
67．長城
68．靈光
69．咸平
70．務安
71．昌平
72．光州
73．和順
74．綾城
75．同福
76．海南
77．康津
78．寶城
79．興陽
80．光陽
81．山陰
82．丹城
83．三嘉
84．陜川
85．巨濟
86．昌原
87．金海
88．梁山
89．彦陽
90．蔚山
91．慶州
92．永川
93．智禮
94．尚州
95．龍宮
96．醴泉
97．禮安
98．安東
99．盈徳
100．寧海

図35　鉱物産出地図

表4　鉱物産出一覧

鉱物名	京畿道	忠清道	慶尚道	全羅道	黄海道	江原道	咸鏡道	平安道
鉄		忠州、木川 全義、定山	梁山、永川 彦陽、安東	錦山、珍山 光州、長城	黄州、平山 瑞興、鳳山	三陟、嚢陽 横城	永興、文川 端川、利城	
		連山、恩津 尼山、石城	醴泉、盈徳 礼安、竜宮	咸平、務安 昌平、淳昌	安岳、遂安 新渓、牛峯		北青、吉州 会寧、鍾城	
		洪州、瑞山 泰安、青陽	尚州、智礼 陜川、三嘉	茂朱、宝城 光陽、興陽	海州、豊川 松禾、長淵		慶興	
		藍浦	山陰、丹城 金海、昌原	同福、和順				
			巨済					
石　　鉄		懐徳			載寧、長連 海州、殷栗	旌善、寧越 洪川、金城		价川
						金化、安峡		
水　　鉄	永平	清風、沃川 懐仁、報恩	蔚山	咸平、綾城				价川
		公州						
自然銅		連山、鎮岑		霊光、康津 海南、淳昌				三登
				興陽				
銅　　鉄	永平	公州			遂安、長淵	平昌、金城		亀城
鈆　　鉄						淮陽、金城	端川	殷山
沙　　鉄			慶州				鍾城	
銅			寧海	珍山				
鈆			寧海				永興	
鈆銅石			昌原					
鉛　　鉄					瑞興			
銀		報恩						

王朝は銅鉄の確保を民間に求めたが、そのいっぽうで銅の産出地に採銅敬差官を派遣して確保を計った。明宗十四年（一五五八）七月、銃筒の銅をえるため校理成義園を採銅敬差官に任命して、全羅道に派遣している。ただしこの時は、未曾有の旱災により採銅は中止を余儀なくされた。この事情は、次の憲府の啓(47)と、政院の伝に詳細である(48)。

憲府啓曰、今年旱暵下三道、尤甚、

民間方備草食、以為救死之資、今者採銅敬差官、将向全羅等道、銅鉄亦関於国用、雖不可廃採、非其時、民受其害、今若駆飢餓之民、荷持畚鍤入、于深山窮谷之中、則是填民於溝壑、而使之死也、況経筵近侍之官、弘文館副校理成義園、為採銅敬差官、採銅称号亦甚苟、且請勿遣敬差官、答曰、啓意似当然、銃筒於国家、禦敵甚関、採銅不可緩也、雖経幄之官、可送者送之、亦何妨当、更問于備辺司、処之、
伝于政院曰、今年採銅之役、不得已乎、問于備辺司以啓、備辺司回啓曰、近日、旱災前古所無、下三道尤甚、憲府所啓至当、今則以京中開城府、貿易鋳鉄用之、採銅敬差官、姑勿送、伝曰、此意、言于憲府、

前掲の地図は「新増東国輿地勝覧」記載の銅・鉄・水鉄等の産出地を表示したものである。採銅敬差官が派遣された全羅道は多産とはいえないが、他道より銅の産出がある(49)。

世宗二十七年（一四四四）七月、王朝は銅鉄に関して諸道の監司に、銅鉄で兵器を鋳造することは軍国の重物であるとして、次のように諭した(50)。

諭諸道監司、銅鉄鋳兵器軍国重物、我国産出之地、非一、其数不多、吹錬之術、未得其要、国用不胆、是可恨也、若有告産銅之地、及吹錬之要者、量功軽重、重者良民則賞職、郷吏免役、公私賤隷、自願賞給、入居抄出、未行者、即令悉免功、軽者随宜賞給、雖所告不実勿罪、道内州郡郷里村落、徧令暁諭、

産銅の地を告げた者、吹錬の術を解する者は優遇するとあるが、この事実は王朝国内における銅の産出の少なさを明示している。銅鉄の不足は明宗の治世に限った現象ではないのである。大小の銃筒を大量に鋳造するには「新増東国輿地勝覧」のあげる所々だけでは供給が不十分であったのである。

ところで「新増東国輿地勝覧」は巨済県の記述に銅の精練に関する興味深い次の記事を載せている。

銅、出県南十五里、本国旧無銅、令上時統制使李之馨、募人学倭工鼓鋳法得銅穴、於法得布焉、

これ以前、世宗年間編纂の「慶尚道地理志」「世宗実録地理志」の両書は、巨済県の貢物としての銅の産出は一言も伝えていない。

「新増東国輿地勝覧」は中宗二十五年（一五三〇）の編纂にかかるから、「倭工鼓鋳法」の事実は、この間ということになる。

第七節　倭人と兵器の製造

世宗即位年（一四一八）八月の「世宗実録」は「倭人司表沙貴卒、其国銅鉄匠来」[51]と、倭人司表沙貴が日本人の銅鉄匠を率いて来朝した事実を伝えている。すでに明宗元年（一五四五）前後に倭人が銃筒を進上している事実をみた。そして明宗十四年（一五五八）六月、各道で捕虜とした倭人の処置を述べたなかに「吹錬銅鉄者」を活用すべきとあった。こうした幾つかの事実と「新増東国輿地勝覧」の「倭工鼓鋳法」の記事を繋げると、再三日本人の銅鉄匠が渡鮮している様子が髣髴とされ、彼等の技術が軍国の重物銃筒の鋳造に関与していたと推測されるのである。

倭人司表沙貴が銅鉄匠を率いて渡鮮した世宗即位年八月、対馬島敬差官李芸が火㷁碗口の鋳造を啓している。[52]

対馬島敬差官李芸啓、火㷁碗口、唯以銅鉄鋳造、而銅鉄我国所不産、因此火㷁碗口、未易鋳造、臣至対馬島、於賊倭処得中国所鋳水鉄火㷁碗口以来、請以水鉄鋳火㷁碗口、分置諸州鎮、命軍器監試之、

火熕碗口は銅鉄で鋳造するが、我が国では銅が産出しないから鋳造できない。臣が対馬島に行った処、賊倭が中国で鋳造した火熕碗口を持参してきた。我が国でも水鉄の火熕碗口を鋳造して、諸州に分置すべきで、軍器監に命じて試すべきと李芸は請うた。さきの鉱物土産の地図によると、水鉄は京畿道永平・忠清道清風・沃川・懐仁・報恩・公州、慶尚道蔚山、全羅道咸平・綾城、平安道价川に産出している。李芸の進言どおり、水鉄で火熕碗口が鋳造できれば銅鉄の不足が補えるはずである。

ところが、世宗二十六年（一四四三）十一月、水鉄で火炮を鋳造せよと命ぜられた軍器監提調李蔵が、その結果を次のように啓している。[53]

十一月丙子朔、軍器監提調李蔵啓、今承伝旨、銅鑞非本国所産、以水鉄鋳火砲試之、臣尽心布置、然水鉄性、強不堅、故未易錬鋳、臣聞、北方野人以水鉄農器易、軟鉄為軍器者頗多、本国未知其術、宜令礼曹、問於野人来朝者、若不以実告、則慶城人伝習、野人者亦多、宜駅召才良者、伝習為使下礼曹、

すなわち、命を受けた李蔵は心を尽くして、水鉄で火炮を鋳造したが、水鉄の性質が堅くないので、未だに錬鉄できないと啓している。そして李蔵は伝聞によると、北方の野人は水鉄で農器を造り、軟鉄で軍器をなす者が頗る多い。ところが、我が国ではこうした技術を知らない。したがって礼曹は来朝する野人から、その技術を聞き出すべきと述べているのである。

その後、朝鮮王朝は水鉄による碗口の鋳造に成功しているが、[54]李芸が進言した水鉄の火熕碗口の鋳造は失敗し、野人から水鉄の技術を学ばなければならないのが、この時期の現状であった。

宣祖二十八年（一九九四）、王朝は梵鍾を用いて火器を鋳造しているから、その後も依然として銅鉄の不足に苦慮していることが明らかである。新式の鉄丸銃筒が鋳造され、実戦に使用されたが、壬辰倭乱のさなかの宣祖二十五年（一

五九一）六月、全羅道節度使崔遠の馳啓に「去四月二十八日、各陣諸将一時発船、今五月初七日、逢賊船于玉浦前津、光陽県監金泳潭、連放銃筒発矢如雨、倭賊依岸登陸北走、焚其船四隻」とあり(55)、旧来の放箭銃筒が使用されている。

豊臣秀吉軍の使用する鉄炮に対抗するために朝鮮王朝は鉄丸銃筒を鋳造し、また訓練を奨励し、さらには実戦にも活用した。が、しかし日本の鉄炮には抗すべくもなかった。そこで王朝は明国の南方兵士から武技や火炮を学習して、豊臣秀吉の軍勢に対抗しなければならなかった。

注

（1）「宣祖実録」二二－五五〇頁。
（2）「宣祖実録」二一－五一八頁。
（3）「宣祖実録」二三－二一頁。
（4）「宣祖実録」二一－四九五頁。
（5）「宣祖実録」二一－四七九頁。
（6）「宣祖実録」二三－五六二頁。
（7）「宣祖実録」二一－四七七頁。
（8）「宣祖実録」二二－二二頁。
（9）「国朝五礼儀序列」（宗家文庫）長崎県立歴史民俗資料館所蔵。
（10）「世宗実録」四－六三三頁。
（11）「中宗実録」一九－一三二頁。
（12）「明宗実録」一九－三六二頁。
（13）「明宗実録」・一九－三六三頁。
（14）「明宗実録」一九－四一一頁。

(15)中村栄孝「柳成竜の壬辰・丁酉倭乱史料」『日鮮関係史の研究―中―』吉川弘文館　昭和四十五年。
(16)「明宗実録」二〇―二五〇頁。
(17)「明宗実録」二〇―二七四頁。
(18)黒田省三「在韓対馬史料について」『古文書研究』第六号、一九七三年。
(19)「明宗実録」二〇―二七九頁。
(20)「明宗実録」二〇―五二一頁。
(21)「明宗実録」二〇―二〇〇頁。
(22)「明宗実録」二〇―四一四頁。
(23)『朝鮮史』第四編第九巻三一二～三一四頁。
(24)「宣祖実録」二一―三九〇頁。
(25)「宣祖実録」二一―四三八頁。
(26)『科学技術文化財調査報告書Ⅱ』韓国文化財管理局編　一九八六年。
(27)韓国ソウル大学図書館（奎章閣図書）所蔵。
(28)李曙筆写本、韓国・高麗大学校中央図書館所蔵。
(29)韓国・国立中央博物館所蔵。
(30)『科学技術文化財報告書Ⅱ』（前掲）。
(31)有馬成甫『火炮の起源とその伝流』第四章、朝鮮への伝流、二七〇頁　吉川弘文館、昭和三十七年。
(32)「明宗実録」二〇―二六九頁。
(33)「明宗実録」二〇―二七五頁。
(34)「明宗実録」二〇―二七五頁。
(35)「明宗実録」二〇―二七九・二八〇頁。
(36)「明宗実録」二〇―二八三頁。

(37)「明宗実録」二〇－二九七頁。
(38)「明宗実録」二〇－二八三頁。
(39)「明宗実録」二〇－二八四頁。
(40)「明宗実録」二〇－二〇六頁。
(41)「太宗実録」二－五五頁。
(42)「世宗実録」四－六二一頁。
(43)「中宗実録」一四－五九四頁。
(44)「太宗実録」二－七五・七六頁。
(45)「明宗実録」二〇－三六四・三六五頁。
(46)「明宗実録」二〇－三六五頁。
(47)「明宗実録」二〇－五二三頁。
(48)「明宗実録」二〇－五二三頁。
(49)『韓国地理志叢書、全国地理志、東国輿地志③』韓国学文献研究所編、서울亜細亜文化社、一九八三年。
(50)「世宗実録」四－六二三頁。
(51)「世宗実録」二－二六二頁。
(52)「世宗実録」二－二六二頁。
(53)「世宗実録」四－五九二頁。
(54)韓国陸軍博物館には「道光二十五年、乙巳、八月日、訓錬都監洞、趙等内別備監董前兵使任泰瑛監董嘉義、原豊、別有従前営将、姜興五、焼炉匠辺首柳嘉俊、水鉄匠辺首金亨業、大碗口二坐、重各五百三十斤、玄字銃筒、重一百六十斤、黄字銃筒、重一百三十斤」とある。
(55)「宣祖実録」二一－五〇七頁。

第二章　明国兵器の受容と活用

第一節　来援軍明兵の武装

宣祖二十五年（一五九二）七月、明国の遼東副総兵祖承訓が兵士五千を、ついで十二月には李如松を大将とした総勢四万余の明軍が平安道の義州に着陣した。王朝の臣下司錬李幼澄は、翌八月、祖承訓麾下の兵士の武装を次のように観察した。(1)

臣路上見南兵来到、皆是歩軍、所持器械、皆便捷、多帯倭銃筒・火炮諸具、其人皆軽鋭、所着巾履、与遼東北京之人不同、有駱遊撃者領来、其人善使八十八斤大刀、力挙八百斤号、為駱千斤云、南兵渡江時、臣則未及見、下人等見之、皆不肯上船、只持所持之物、於船中遊泳而渡、或有不捨所持之物而遊泳者、極為従容、渡渉云矣、

すなわち、李幼澄は南兵はすべて歩兵で、所持する器械は倭銃筒と火砲の諸具、出立は巾履の軽装で、遼東北京の北兵と相違し、特に駱遊撃が領して来た兵士は八十八斤の大刀を巧みに使うなどと述べ、さらに李幼澄配下の目撃談によると、南兵は遊泳が達者とある。同月、別の朝臣は「両老爺手下南兵六百、皆買勇撃剣之士」と述べている。(2)李幼澄の言葉に駱遊撃の兵士が大刀を巧に使うとあり、この記事と合わせると、南兵は撃剣が得意であったとみなせる。

なお、李幼澄の観察に南兵所持の火器を倭銃筒と表現しているが、中国にも日本の鉄炮と型式を異にした鉄炮があった。かれは南兵が所持する火砲の名称を正確に知らなかったために、日本の鉄炮と表現したのではなかろうか。

宣祖二十五年八月、明国の沈遊撃が宣祖王に平壌の賊の攻撃を要請した際、「尓国以礼義之邦、不知兵法、故是強請他、凡用兵之道、不可軽易」と述べた。(3) 兵法に通暁していないから王朝は明国に援兵を強請するのであり、用兵の道は軽易にすべきではないと批判されたのである。沈遊撃の批判に触発され、あるいは李幼澄の観察に接したためと推測するが、宣祖二十五年九月、国王は大臣・備辺司堂上の諸臣に「剣術則雖不可易学、我国仍此剣伝術也」と、剣術の伝習を説き、(4) 翌十月の政院の教には「駱参将来在城中、可抄精鋭、学其剣術」とか、「我国絶無剣手、而天将来、此非偶然、令人限来月学習、試才而有成就者、直赴殿試」とある。(5) 国王は駱参将の在城中に精鋭を選んで剣術を学ばせ、王朝には剣手が絶無だから、天将の到来を好機として、来月から軍士に剣術を学習させ、成就した者は直ちに殿試に赴かせるとしたのである。

その後、王朝の軍士は明将について剣術を学習したが、宣祖二十六年（一五九二）六月の国王の言葉に「又曰、以国我生疎之卒、学剣術、未易習熟、駱将在義州、教我国人時、手執其剣而教之、必得如駱将者、学其妙術、則庶可習熟」とあり、期待した程の成果が上がっていない。(6)

豊臣秀吉の軍勢は鉄炮と共に日本刀を主要武器としていたから、接近戦を展開する場合、王朝の軍士が剣術を学習する意義はあるが、これまでの王朝の戦術は弓矢や銃筒を主体としていたために刀剣の用法は、あまり発達していない。こうした現実が王朝軍士の剣術の取得を困難にさせた一因である。

第二節　明国兵器学習の意図

宣祖二十六年二月、明経略賛画劉黄裳は炮車を製造して王朝に送った。国王は兵曹に精壮の軍丁四、五十名を選ばせ、劉黄裳について炮車の戦法を学習させ、同月、備辺司が義州判官権慄に州内治江防守の士兵を徴発して、やはり劉黄裳から戦車の法を学習したいと要請している。(7)

そして宣祖二十六年六月、軍器寺の砲匠が京城に在陣中の明参将駱尚志から砲術を習い(8)、同年八月、備辺司は、諸道上番の軍士は都元帥金命元の営中において明将劉の節制を聞き、明兵と起居を共にして、衣甲器械と起伏撃刺法の訓練を受けさせると啓した。(9)

備辺司啓曰、兵久不解財用、先竭南辺戦士潰散、相継到今、対塁只有　天兵　天将前後丁寧分付、唯是募兵聚士、以助声勢、而不惟不能募聚重、以削弱漸至於無、今観経略咨文首、以此為言、以今事勢聚兵非難、而饋餉最難、今雖駆聚、必将旋散、常時、下三道上番軍士、忠清道五百余名、全羅道九百余名、慶尚道三百余名、合一千七百余名、陣亡逃散外、今之所存毎番、必不下千余両、朔休番各有奉足、京畿・江原・黄海、則宿衛亦重、自当依例上番矣、忠清・全羅・慶尚道上番軍士、令各其道監司、照例抽出、依京上番例、定日起送、于都元帥処、一聴劉総兵節制、兼与南兵同其起居、衣甲器械漸習与同、且令訓練起伏撃刺之法事、　下諭于三道監司都元帥処何如、上従之、

当時、領議政の要職にあった柳成竜は、こうした明国兵器の学習の必要性を「天兵退駐平壌後条列軍中事宜状」の一条で、次のように説いている。(10)

一、倭賊全以鉄丸為長勝之技、我国弓矢、不能相及、所以累敗、近日、竊観中原之兵、亦惟浙江兵砲手、以火箭・火車・虎蹲砲・筤筅等器械制倭、頃者査惣兵、分送火箭六百箇于全羅陣、又令南方砲手数人、同在陣中、臣通于権慄、使之厚待、南兵且令通事一人、在其処、細問各項器械、用砲之術、別為詳録、以備伝習之資、但我国火薬不多、石硫黄・焔硝、亦須多多預備、而分送於忠清・全羅・慶尚等道、然後可以備用、伏乞　下該司、或以銀両

多数、貿来于遼東等処、移咨求請、及時出送、

すなわち、柳成竜は、倭賊は鉄丸を長勝の技としており、我国の弓矢では対抗できずに累敗している。近日、中原の兵を観察すると、浙江の兵砲手は、火箭・火車・虎蹲砲・筤筅の器械で倭を制している。最近、査大受は火箭六百箇を全羅道の陣に分送し、南兵の砲手数人を同陣させている。臣（柳成竜）は権慄に南方の兵を厚待させ、通事をして各種の器械や用法の術を細問して、細かに書留めて伝習の備えとした。

また我国には火薬が多くないから、石硫黄・焰硝を多備して、忠清・全羅・慶尚の諸道に分送し、不足の火薬は遼東に多数の銀両を送って貿易すべきと述べている。柳成竜の書状は、明兵の兵器が倭を制していると指摘している。だからこそ王朝は明国の武技と兵器の取得に意を尽くしたのである。

その後、宣祖二十六年六月、柳成竜は錬兵の事、浙江の器械に倣って火炮の諸具を多造すべきを再び上書した。書状の全文を挙げよう。(11)

再乞錬兵且倣浙江器械、多造火炮諸具、以備後用状、

臣久患危病、精神昏塞、外間文報、皆未得知、昨日始因人伝、聞南辺消息、賊兵屯拠釜山東萊之間、尚無渡海之期、桀逆滋甚、又聞天将李提督以下、惣兵還到忠州、無意追撃、駱参将・葉遊撃諸将、已還漢都、今日劉員外又為還去、因訳官伝言、聞胡沢等、張皇賊勢、至欲以釜山委賊、更為防守於遼東天津等処云、此言若実、則其為我国之憂、有不可勝言、一朝天兵尽去、而賊気益驕、嶺南一道之勢、岌岌甚殆、而湖南・湖西、当次第受兵、此乃危急存亡之秋也、不勝寒心、近日、駱参将、聞臣有病、毎遣訳官問訊、且言今日我国之所当行者、縷縷不已、意甚誠歎、大要以為、天兵尽去、而賊復至、則尓国将何以禦之、不如乗此南兵、未還之前、急急学習操練、火炮・筤筅・長槍・用剣・鳥銃器械、一一伝習、以一教十、以十教百、以百教千、則数年之後、可得精卒数万、倭雖再

来、而勢可防守、不然則尓国之事、将無可為者、其説甚多、而無非為我国深憂遠慮、欲備後患、臣聞之、不勝感泣、計今日南方之勢、大段危迫、防守之策、当如救焚極溺、国家掃置万事、専心於禦賊一事、如駱参将所言、然後庶或有望、於万一矣、往時校書正字李自海、在開城府時、監造鳥銃、其精巧与倭銃無異、而又造虎蹲砲、其制亦似中国之砲、臣在東坡、又令火砲匠数人、造火箭百余筒、亦甚可用、而皆以事力窘竭、不能加造、権慄在坡州、亦学於南方、造火輪砲、此等器械、皆切於戦用、而不能多造、恐無所益、臣意以此匠人、分送於南方州郡之財力完実、如羅州・南原・全州・順天兵水営等処、多数聚会匠人、使如自海者、昼夜監造、仍於各邑、抄出有胆勇之人、勿論公私賤士族庶孽、広加学習、如使一道之内、得銃手数千、則足可以禦敵、而以此推移諸道、次次相伝、其打造匠人及善於放火者厚加賞典、優恤妻子、使無厭苦之弊、至於南方禦倭器械陣法、自募抄択数百、及南兵之未還、別定勤幹武将一人、配於天将、昼夜学習操練、其他守城之要、旗幟之色、一倣浙江砲手、使賊有所畏憚、則誠為万幸、我国之事、事急則倉皇失措、事過則解弛無為、此前後大弊也、今則賊猶在腹心、天兵若去、更無所恃、失今不図、後雖欲悔之、恐不可追、且我国兵乱之後、銃筒・火薬・器械、一切蕩然、一時措備極難、今番大軍之来、火薬之輸在開城府諸処者、其数甚多、亦望移咨于宋経略、使之仍為留下、以為之禦倭用、而其不足者、急速貿易于　中朝、広布両南、然後可以足用、駱参将又云、尓国土痩民貧、百姓無所頼、而所用不過米布、民安得不貧、宜即山採銀、通物貨於東、則糧穀百物、流行潅注、而数年之間、民生可救矣、此言則未知利害何如、而亦関於国計民産、故敢此並陳、大抵今日之事、只有禦賊保民一事而已、上所陳諸条、先為得将、委任責成、勿許時刻怠緩、以副臥薪嘗胆之意、若如前悠々、大事日去、臣病甚羸憊、不能成語、僅以念慮所及、不勝憂悶之至、粗達所聞一二、惟在　朝廷参商善処、引而伸之、以為保邦之道、

再度、柳成竜が上書したのは、駱参将が明の全軍が撤退したら、王朝はどのように国を守備するのか、明兵が帰還

する前に火砲・筤筅・長槍・用剣・鳥銃等の器械を学習し、一人が十人に、十人が百人に、百人が千人に教授すれば、数年内に数万の精卒がえられ、倭賊の再来を防禦できると説いたからである。

以下、柳成竜は李自海が開城府で倭銃に異ならない鳥銃と中国の虎蹲砲に似た火炮を監造し、自分は東坡で火炮匠数人に火箭百余筒を、また権慄が坡州で南方の火輪砲を製造した事実を列挙し、これらの器械はすべて戦用に役立つが、財力の不足から多くを製造できなかった。そこでこれらの匠人を財力の完備する南方の羅州、南原・全州・順天の兵水営に分送して、さらに多数の匠人を聚めて、昼夜を分かたず器械を監造し、各邑にあっては身分の別なく胆有の人を選んで、学習すれば、銃手数千が得られ敵を防げる。そして火薬の不足は明国から入手すべきと対日防禦策を述べている。

柳成竜のこの書状と先にふれた一連の事実から、王朝が学習したのは、明国の剣術だけではなく、それ以外の武器や戦法・錬兵の事など、広い範囲に及んだことが明瞭である。

さきに王朝の兵士が刀剣の用法に習熟しえない理由は、戦陣における刀剣の用法が未発達なためと指摘したが、柳成竜が二度も、明国兵器学習の必要性を力説しなければならなかったのは、王朝の為政者の武に対する考え方を反映した結果でもあった。沈遊撃が朝鮮王朝は礼儀の邦で兵法を知らないから、明国に援兵を強請すると述べたことにも、その一端が表われている。こうした為政者の武に対する考え方は王朝内でもしばしば問題となった。たとえば、柳成竜が「記鳥銃製造事」のなかで、壬辰倭乱直後の為政者の鳥銃の理解を次のように伝えている。(12)

我国之人、素号善射、而前世倭、但以長槍・短刃、来寇、我以弓矢、制之於数十歩之外、而有余、至於守城、左称我国所長者、亦以我有弓矢之技、而賊之所持皆短、無与我相敵者也、及壬辰之変、内外靡然、旬月之間、都城失守、八方瓦解、雖出於昇平百年、民不知兵而然、実由於倭賊有鳥銃之利、能及於数百歩外、中必洞貫、来如風竃、而弓矢莫能与之相較故耳、齟錯所謂器械不利、以其卒与敵、其謂是敵、今世之人、既不知五兵相衛之義、又不知火器之利勝於弓矢、毎以為我国、本有長技、何待於他耶、殊悶嘆、

内容の主旨は次に引用する「備忘記」の記事と同様だが、すなわち、柳成竜は為政者のなかには、我が国には弓矢の長技があるから、他国の鳥銃を学習する必要がないと説く者がいると、火器に対する認識不足を慨嘆しているのである。この見方は明国の兵器についても同じとみて大過あるまい。

そして宣祖二十六年（一五九二）正月の「備忘記」は、火炮訓練の必要性と為政者の武略に対する意識を述べた記事を載せている。[13]

我国崇習虚文末節、武略不競、致有今日之禍、近日陳疏歴挙、諸弊無一人、言及于此者、苟因此習、今雖恢復、他日之守、未可期也、賊之長技、唯在於火炮、我軍遇輒驚潰、只在於此、今宜移咨都司張三畏、或李提督前、須習煮取焔硝之法、作銃放丸之制、一辺下令能習、其制者陞堂上、如何、此意、前日、面諭於左相、而未見其挙行矣、

「備忘記」は我が国は虚文末節を崇めて武略を競わない。今日の災禍に遭遇してさえ、この弊害を陳疏する者は誰一人いない。賊の長技は、只火炮にあるのであり、我が方が容易く瓦解するのも、また火炮のためである。但し文末に「未見其挙行矣」とあって、この意見は実施に移されていない。

宣祖王は同王二十六年六月、明国兵器の学習を停滞させるこうした王朝の為政者の武夫の見方を早急に改めるべきと説いた。[14]

上曰、我国儒生、平日視武夫、如異端待之如奴隷、惟事迂闊高談、我国文弊極矣、其弊、慶尚道為尤甚、前聞尹卓然之言、則尚州只有射手三人云、又有一言、昔在経筵故宰相李俊民語辺事、俊民曰、上憂弊乎、倭不足憂也、

予曰、何故、俊民曰、倭人短衫、短剣跣足、以趁他無長技、此豈足為賊者乎、臣叔曹植常如是言之、予曰、然則有阿只抜都奈何、俊民曰、阿只抜都不料主客之勢、深入敵国、安能逃於　太祖節制之下乎、此非豪傑也、予曰、唯唯俊民以儒将見、重其言尚如此、予意取生員進士者、将以陞于大学也、孔子之教、非射御乎、陸象山教人、必使門人習射、今後、取生進時、並試武芸、如貫革入格者取之、比不易之理議、

国王は儒生が武夫を異端視して奴隷のように考え、迂濶を高談して文弊が極っている。特に慶尚道はその傾向が甚だしい。以前、尹卓然の言によると、尚州には射手が三人だけという。往昔、宰相李俊民が経筵の時、倭人は長技がないから、憂慮する必要はないと辺事を語り、国王が倭寇の首領阿只抜都の人物を問うと、考えもなく敵国に深く侵入したのだから豪傑ではないと論断した事実をあげ、この見方は儒者の偏見に過ぎない。以下が国王の意見である。すなわち、王朝の生員進士は大学を以て登用しているが、孔子の教には射御がない。したがって今後、明の陽明学者陸象山が門人に必ず習射を義務付けた古例に倣って、王朝でもそうすべきを提案したのである。

しかし宣祖二十六年（一五九二）十月の備辺司の啓によると、進士の初試に武芸を課すとした国王の意見には異論があった。異論とは、すなわち、人の気禀にはそれぞれ強弱があり、気禀があっても孱弱で弓を挽けない者がいる。射御の後、生進に赴かせるとしたら、終身生進を受けられない者がでる。今は武科を設けて、広く庶孽公私賤雑類の輩から兵士を取るべきで、生進の科に武を雑えるのは穏当でないと、備辺司は以下のように述べたのである。(15)

備辺司啓曰、伏観　聖教生進初試並試武芸事、出於禦敵保邦之、　聖意、但人之気禀、強弱大相不同人、或有禀気孱弱、専不能挽弓者、如此之人、概以射御試之、然後、許赴生進、則必有終身、不能赴挙者、似非　聖朝文武並挙随才、奨成之意也、且　祖宗朝科挙事目、繊悉備具前者、或有以一時意見紛紜、改定而終帰無益、多有弊病故旋罷不行、其由盖出於比法、非不具而、只玩愒墜廃而然也、今者屢設武挙、広額取人至於庶孽公私賤雑類之輩、

皆令以武技進取文士、則又有　祖宗朝試射之規、今又於生進之科、雑以武事、恐非穏当也、答曰、生進試武才不可不為、雖或聞有孱弱者、豈可為比数二、孱弱者不立如比美規哉、況武才只試於生進、不試於文科、亦有其意、孱弱而、不能挽弓者、自当赴於文科、有何遺才之歎乎、蓋生進乃棟択幼学陞補太学者孔子之教、人豈独為操觚雕篆射御非六芸之才乎、我国末学文弊不可言矣、軽蔑武士恰如唐末挽二石之弓、不如識一丁字、今日之致此正由、於是且所謂試武才者、非必如武挙挽強馳馬、只試以歩射数巡使之、無習武芸而已、男子生而桑弧蓬矢、以射天地四方、豈如我国文士之為哉、此理甚明、請勿拘滞断然行之、如是而、猶憚而不為則所吾末如之何已矣、

以上のような武略に対する朝鮮王朝の為政者の意識が、他国の兵器と武技の学習を消極的にさせたことは疑いあるまい。

第三節　火炮製造策の実施

この時期における朝鮮王朝の為政者の明国兵器に対する知識は、宣祖二十六年二月、国王が接判中枢府事李徳馨・平安道監司李元翼・左承旨洪進の諸臣に諸政の意見を求めた時、軍器に関することが話題となっており、一部の為政者ではあるが、その発言から理解の度合いが知れる(16)。

上曰、天兵火炮之制、何如、如我国大将軍炮耶、元翼曰、其制百般、不可容易学得也、其放之声、声似有倫理、及其斎放也、天地裂破不可形言、　上曰、我国放炮之時、人多驚動、其時、人馬不為驚動耶、元翼曰、北軍以是厭之、馬多驚躍、　上曰、中原多被㺚子之患、而北軍不習其炮、何耶、元翼曰、㺚子亦能騎戦云、而不習放炮、未知其意也、国家恢復之後、火炮等事、必常時閑習至当、上曰、其制何由学得、元翼曰、可於唐兵処学習也、洪

進曰、我国之人、紀綱掃地、雖有器具、人不習放奈何、元翼曰、我軍矢力、未及之処、鉄丸能利、故民先潰散、是以柳成竜、亦曰、其一慰撫民心、其次、器械不可不尽也、上曰、賊兵持銃筒、而来者幾許、元翼曰、数百人中持銃筒者、不過百余人矣、上曰、虎蹲炮、何如、其制放鉄丸耶、如将軍石耶、徳馨曰、如虎之蹲踞、而放鉄丸矣、上曰、城中放炮、随処起火云、然耶、元翼曰、以石丸為之、或以鉄為之、火薬之上、以泥土充之、挿火則石出而飛散、火随以熾烈、上曰、如我国震天之類耶、元翼曰、臣未知其要領也、但以鉄釘為之、如造燭之制、而去其釘、則其中洞然、可以填築、上曰、銃之穴何以為之、元翼曰、鉄釘以火合而圜之出之、則成穴云矣、但疑其人不知其制而言之、或秘而言之、未可的知也、上曰、若然則為匠者、熟不為之、而唐人必貴之何也、焰焇之制、亦何以為之、元翼曰、海潮白漚多聚而煮之、上曰、此煮塩之事也、豈曰、焰焇乎、（中略）上曰、馳突之際、放銃何以為之耶、徳馨曰、最遠放丸、其次以槍触之、最近処以刀斫之、上曰、銃筒之声不与　天兵之火炮同耶、徳馨曰、倭銃之声、雖四面倶発、而声声各聞　天兵之炮、如天崩地裂、山原震蕩不可状言、上曰、城石亦可触破耶、元翼曰、触之無不裂破犯之、無不焦爛、洪進曰、此地距平壌似不近矣、而於此、亦聞其声云矣、

諸臣の意見のなかには、日本の鳥銃に対する理解もあるが、明国の兵器に関してみると、たとえば唐人の火炮の制は百般あって、容易に学習できないこと、明国の虎蹲砲は石丸か、鉄丸を発し、泥土を詰めて発火すれば、石丸が飛散し、火は熾烈であること、ただし虎蹲砲の要領は詳しく知らないこと、焔硝製造法のこと、明国の火炮は天を崩し地を裂く勢があり、城石を破壊することなどとある。これらの為政者のなかに、果たして他国の武技を敢えて学習する必要がないと考えた人がいたか定かではないが、ともかく朝鮮王朝の明国の兵器に対する理解度はそれほど深いとはいえない。

宣祖二十六年六月、国王は政院に教を下し、平（豊臣）秀吉の兵力は極盛にして、器械は極妙、士卒も極錬であっ

て、我が国無教の兵では、まさに蟷螂の拒で敵対しえないと述べ、備辺司に次の施策を命じた(17)。

且賊之全勝、只火炮、天兵之震畳、亦在於火炮、我国之所短、亦在於此、今宜於平安・黄海・忠清・全羅等道、各設都会、多煮火薬、一辺教人放砲、教一而教十、教十而教百、教百而教千万、如此、則不出数年、皆化為砲手、此外勧奨武芸、

すなわち、国王は平安・黄海・忠清・全羅の諸道に都会を設け、多くの火炮と火薬を製造し、放砲を教授して砲手を育成し、さらに武芸の学習を進めたのである。王命を受けた備辺司は、すぐに火炮製造策に着手した(18)。

至於器械則禦敵之用、莫要於弓矢、而若其声威震畳、一挙鏖滅、則各様火炮、乃其上也、此等器物打造之役、則令各道監・兵水使次知、先於其本営為都会、亦令道内各官大処、則設都護、如黄海道則海州・安岳、忠清道則洪州・公州・林川・舒川、平安道則義州・成川・江界・亀城、慶尚道慶州・安東・晋州、江原道則江陵・春川・原州・三陟、咸鏡道則吉州・端川・永興・会寧等邑、皆可設也、

備辺司は禦敵の器械である火炮は、監・兵水使の本営を都会とし、道内各官の大処には都護を設け、黄海道・忠清道・平安道・慶尚道等の諸邑をして製造させるとしたのである。「東国輿地勝覧」によると、これらの諸道には、兵器の原料として貴重な鉄・水鉄・鋼鉄・沙鉄・鉛等が産出しているから、王朝の火炮製造策は火器の原料を産出する地方を拠点に進められたとみなせよう。

火炮製造策の実施は、翌七月の備辺司の啓に明らかである(19)。

備辺司啓曰、尹根寿状啓、中経略令我 国知会産鉄及有匠人、各邑一面計開、以報欲造砲云、各処物力已為空竭、本道价川等邑、及広梁等処、雖有正鉄、其数不敷、聚匠起炉弊、必不貲、然経略、既已言之勢難違逆、且不無、因比伝習之理、令工曹正鉄及匠人参酌、以報、上従之、

ところが、右の啓によると各所では物力が空竭し、本道（平安道）の价川等の邑では、正鉄の産出が少なく、聚匠起炉に弊があるから、工曹に命じて、正鉄と匠人を参酌して造砲させてはと消極的である。平安道は他道に比較して鉄の産出が少ない地方であるが、備辺司のこの啓は国力の疲弊から王朝の火炮製造策が、当初より難行している状況をよく伝えている。

第四節　大型火器の製造―虎蹲砲と仏狼機砲―

宣祖二十六年四月、兵曹判書李恒福の問いに劉総兵は明国の支配下にある諸蛮の武器と武技を披露した。[20]

臣問、所領各処、苗蛮名号、所用技芸、則総兵即呼暹羅・都蛮等諸藩向化、擺列左右各執其器、次次来呈、殊形恠状、種種不一、眩曜人目、有扁架弩・担弩・諸葛弩・皮甲・雷雪刀・関刀・月牙剗・丫槍・藤牌・活拿人棍・拿人撾郎筅・打拳天・蓬剗・揚家槍等、名号又有四楞鞭、七十斤偃月刀・袖箭等器、則総兵所自用也、

そして宣祖二十六年十月、柳成竜と金命元は明国から到来した火炮を実見して「其中多有我国未有之制」[21]と、さらに年末、劉総兵が送って来た兵器を見た国王は「諸戎器奇形異制、皆非我国人所能用」と述べている。[22]これらの兵器は多種多様な明国兵器の一部に過ぎないが、王朝にとっては何れも新兵器であり、用法や製造法については不案内であった。だからこそ朝鮮王朝は明国の将兵が着陣するやいなや、明将から武技を学習し、武器を移入して製造に尽力したのである。

さきに宣祖二十六年二月、国王と諸臣の間で虎蹲炮の議論があったことを触れたが、この時、国王は「虎蹲炮何如、其制放鉄丸耶、如将軍石耶」と問い、李徳馨が「如虎之蹲踞而放鉄丸矣」と答え、さらに国王が虎蹲砲の威力を「城

中放炮随処、起火云然耶」と問うと、元翼が「以石丸為之、或以鉄為之、火薬之上、以泥土充之、插火則石出而飛散、火随以熾烈」と答えていた。この後、国王は虎蹲砲は我が国の震天の類かと問い、元翼が「未知其要領」と返答していた。

国王と諸臣の議論から、虎蹲砲が虎の蹲踞した形から名付けられ、鉄丸を放ち、攻城に優れている火器で、火薬と泥土を詰めて、点火すれば石丸が飛散すると、王朝は理解していたとみなせる。しかし議論の内容から判断する限り、知識は正確とはいえない。いみじくもこのことは元翼自身が虎蹲砲の要領を知らないと答えている事実からも肯首できるのである。

これも既述したが、宣祖二十六年六月、柳成竜が錬兵のことと浙江の器械に倣って火炮を多く製造すべきと認めた書状の一節に、校書李自海が開城府で中国の虎蹲砲に似た火炮を監造したとあった。李自海は虎蹲砲ではなく、虎蹲砲に似た火炮を監造したとある。この事実は王朝が中国の虎蹲砲に強い関心を寄せていた証左になる。王朝が虎蹲砲の製造を考えたのは、柳成竜の書状に中国浙江の砲手が虎蹲砲を使用して、豊臣秀吉の軍勢を圧倒していると述べたからに他ならない。

宣祖二十六年十月、柳成竜と工曹判書金命元は奏請使黄璡に明国出来の火炮について下書した[23]。

下書督令馳去矣、中国出来火砲、非独還為輸去貽弊一路、其中多有我国所未有之制、臣偶遇倭館後、見路辺空家積置唐軍器、其数極多、而無人守直、方欲自軍器寺　啓請移置一処、以為後用、今聞有査還之咨、極為缺然、此亦、急急移咨、于経略請留置、以備国用為当、　上従之、

右の記事は中国出来の火炮の輸送には弊害がある。このなかには王朝にない火炮が多々ある。臣は倭館裏の空家に積置かれている唐の軍器を見たが、これらの火炮と一緒に軍器寺に移置して後用に備えたいとある。下書のいう中国

の火炮の詳細は不明だが、「其中多有我国所未有之制」とある。したがって、この時点、つまり宣祖二十六年十月の段階で、王朝が理解していた中国の火炮は一部に過ぎなかったといえよう。

柳成竜が指摘したように中国出来の火炮は倭との戦闘に、あるいは兵器製造の研究に供されたが、翌宣祖二十七年（一五九三）正月の伝は、王朝の武技学習と火炮製造の状況を次のように伝えている。(24)

上在貞陵洞行宮、伝曰、刀鎗剣術不可不急急学習、駱総兵、既不得挽留、宜告于総兵願、得部下一人、姑為仍留使之教悔、此意問于総兵、且 天兵各様火炮出来、数年無一人留意学得、其無遠慮甚矣、一朝尽載而還帰、則無従伝習、前者伝教非一、而未見挙行、総兵捲捲、於我国之事、少無内外宜及、総兵未還之前、習各様火器制度、雖不能造作而試之、須請於総兵各様之制、一一詳録、非文字所能形容処、則令画工模写、以啓、且焰焇煮取之法、並請詳悉書示、且聞山東地方以海水煮取云、並詳問其法書啓、

本伝の冒頭では刀槍・剣術の学習を、文末では焰硝の製法にふれているが、その間で火炮の学習状況と必要性が強調されている。すなわち、中国の火炮が出来して数年、誰一人留意して火炮を学習しない。総兵が帰還する以前に火器の制度を習ったが、未だ製造して試すまでには至っていない。だから総兵から各種の火炮の制度を詳しく聞いて、記録に留め、形容できるところは文字だけではなく、画工に模写させるべきとある。この伝は宣祖二十七年正月だから、この時点においても朝鮮王朝は中国火炮の製造と学習に苦慮している状況が明らかである。

その後、王朝で虎蹲砲が研究され、同炮に対する理解が深まったらしいことは、宣祖二十七年四月、国王が大臣・備辺司堂上から諸般の意見を聞いた時、降倭から入手した大鳥銃に関連して虎蹲砲に言及している事実にうかがえる。(25)

上命出降倭大鳥銃、以示諸宰曰、此穴中容鉄丸二十個及小石四個、若於陸戦載車、以放則不可当也、徳馨曰、力則有大砲之勢、中則有鳥銃之炒、誠不可当也、上曰、此銃応入火薬幾許、徳馨曰、虎蹲砲入四両、此砲、亦可入

四両、我　国大銃以木箭放之、則唐人見而笑曰、何不納大椽乎、

ここでの国王と諸臣の最大関心事は、大鳥銃の威力と火薬の容量にあったが、この時、李徳馨が虎蹲砲は四両の火薬が必要だから、大鳥銃の場合も同量と答えている。このように虎蹲砲に使用する火薬の量が引用されていることは、それだけ虎蹲砲に対する理解が深まったと受取れる。

ところで、王朝が理解に苦慮した明国の虎蹲砲を、明末清初の天啓元年（一六二一）刊行の茅元儀の「武備志」は「火器図説」のなかで次のように説明をしている。[26]

虎蹲砲

長二尺、重三十六斤、大釘毎根長一尺二寸、重三斤半、鉄絆毎根長一尺二寸、重三斤、火縄毎根長二丈五尺、重四両、鉄錘毎把重三斤、此器、因其形得名也、国初分在辺方、有所謂三将軍鏤子砲者、近時有所謂毒虎砲者、固亦利器、倶体軽易躍、毎発必退回二三十歩之後、我軍当挙此砲時、必出営壁安置、凡営墻内外大小砲火、皆不敢発、発之適足以中傷出撚此砲之人、且砲大小不可多、得数砲又不能退虜、而羣砲又不得斎発、適敗我事、将欲置前砲于壁畳間、則火発易躍、必傷我営後之人、故用之適以害之、且重至三十斤、歩兵行水田中、尤難載重、鳥銃雖速準、而力小難

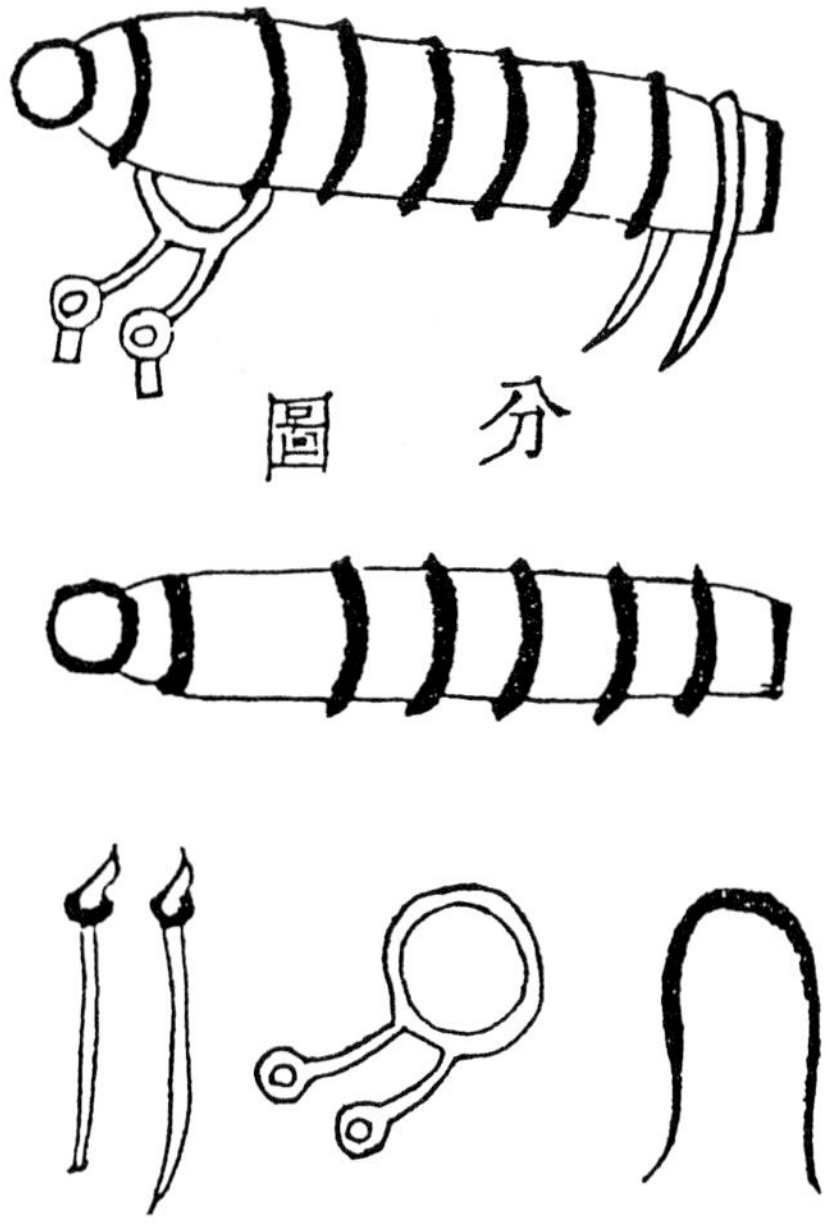

図36　虎蹲砲分図「武備志」所収

禦大隊、難守険阻、難張威武、仏狼機更重、更難於扛行、今創此虎蹲砲、器内呑百子、毎子亦五銭、子小而口大、則出散無力、上用大石子一、或鉛子一、約重三十両、大子石鉛不両用、石子体軽、則小子如数、鉛子体重、則小子減半、蓋薬力有限也、此仏狼機而軽、此鳥銃一可当百、南方五百兵中駄扛三位、以備守路截険甚妙、習法先用薬線縛之以布、次用薬七八両、上用木馬以合口者為準、送至二箍平、上用土少許、入鉄子一層、又用土少築、再下鉄子一層、子以五十丸為限用、合口大鉛子一枚、下口一半、慢慢築入、口平而止、後尾稍用鏝、去土三四寸不等、相地方高低前下、二爪釘後、用双爪尖絆在下四箍後、将前爪上活箍与後絆、倶各抵砲身実箍之肩、庶不退走、此砲只去人五寸無慮矣、庶燃挙大小砲之人不必避、此砲可退敵則已、倘此砲用尽、則諸鎗砲可以併発、而此砲又可取装如前、倭賊之来、毎二三五百結為一簇擁来、再不顧四面、只衝一路、任有若干兵列、若干長、必不能禦、但衝処径能潰圍、臨時得此一砲大妙、其訣曰、一洗鉋、二入薬線、三下薬、四下覆、五下送子軽、六下木馬、七下送子、用力打至薬前第一箍及止、八下子一層、下土下送子、九下子一層、下土下送子、十下子一層、下土下送子、十一下子一層、下土下送子、十二下子一層、下土下送子、十三下大子、下送子、用力打入口平、銃完侯放、

「武備志」の「火器図説」よると、虎蹲砲は長さ二尺、重さ三十六斤、大釘の根長一尺二寸、重さ三斤、火縄根の長さ二丈五尺、重さ四両、鉄錘把の重さ三斤と諸元を記している。そして名称の由来は、李徳馨が国王に答えたように形から付けられたといい、虎蹲砲製造の経緯を次のように書いている。

国初には将軍砲の類が、近時では毒虎炮の利器があったが、何れも重量が軽いために発射時には、二三十歩も後退する。そこで我が軍はこれらの砲を使用する時は、必ず営壁外に置いて発射する。営壁内で使用すると後退して人を傷つけて害があるからである。虎蹲炮は重量があるので歩兵の使用には耐えない。鳥銃の威力は小さくて大隊を防御できない。仏狼機砲は威力は強大だが、重量があって運搬には不便である。だからこうした虎蹲炮を創製した。

分図にみるように虎蹲砲は砲身の外を鉄枠で巻いて破裂を防ぎ、鉄爪四個を付して地上に固定し、砲身の後退を防ぐ工夫がなされている。

その後、宣祖二十九年（一五九五）正月、備辺司は前年の火炮軍器の整備と製造の困難さを啓した。(27)

火砲軍器整備事、上教極当、雖有砲楼、而此物不具、則与無楼同、軍器寺前年、所造大小砲合、一百九十余、又有収拾天地字以下、大砲数十余位、此亦不足、於用所当連続多鋳、而鍮鉄已尽、事力不具、未能卒弁、且鍾楼破鍾埋在地中、往時欲並取鋳砲、而都民或有恋、其旧物而不欲破用者、故軍器寺以檜蔽之鍾破鋳、此鍾則尚埋於地中、将成無用之物留、亦何益請令軍器寺、日暖後、准備炭石、以此破鋳添鋳大砲為当、咸興・安辺・端川鉛鉄及忠清道忠州、鉛鉄所産処、下書各道監司、多数採取上送、以備急用、

備辺司は大小の砲を鋳造するためには鉄が不足しているから、鍾楼破鍾の活用と鉛鉄産地からの材料確保を要請しているが、啓によれば、この前年、大小の砲の内容は判然としないが、宣祖二十八年（一五九四）に鋳造された大小の砲の総数を百九十余と書いている。ところが、宣祖二十九年六月の啓では、製造した軍器の数量と種類が次のように明記されているのである。(28)

啓曰、黄海道殷栗県鉄物興産、故別設都会、除出点之役、自前年十一月至今朔、各様軍器打造、而都計、則百子銃三十六柄、鳥銃三十八柄、鋭鈀九柄、倭槍刃一百三十柄、虎蹲砲二柄、三眼銃五柄、仏狼機二柄、鍮大勝字銃十柄、鍮中勝字一百柄、鍮小勝字十柄、鍮三眼銃三十柄打鋳、鳥銃及各様器械取来看品、則果為可用、其打造匠人等、以累月立役、願為施賞、累次号訴遠方為役之人、似当慰悦其心、以勧来效、且前頭将有大砲打造之役、請依訓錬都監匠人論賞例、監造色保人金応寿、及冶匠免賤李竜等軍職除授冶匠寺奴李、今後免賤後、仍為役使、何如、答曰、依啓、同日、

すなわち、鉄物を産出する黄海道殷栗県では、前年の宣祖二十八年（一五九四）十一月から同王二十九年六月までの間に上表に示す各種の軍器を製造したのである。

表5　黄海道殷栗県軍器製造数

名称	数量	名称	数量
百子銃	三六	仏狼機	二
鳥銃	三八	鍮大勝字	一〇
鋧鈀	九	鍮中勝字	一〇〇
倭槍刃	一三〇	鍮小勝字	一〇
虎蹲砲	二	鍮三眼銃	三〇
三眼銃	五		

ここで注目したい事実は、表中に虎蹲砲二柄が存在することである。本啓と前掲の宣祖二十九年（一五九五）正月の備辺司の啓の内容から、朝鮮王朝は宣祖二十八年十一月から翌二十九年六月の間に明国の虎蹲砲を製造したのである。

果たしてこの事実を裏書するかのように宣祖三十一年（一五九七）五月に「上曰、内城未可以大砲撞破、雲翼曰、城在山上、地勢高峻、大炮高放、則越過於城者、其高二十余丈、雖屢放万無得中之理矣、霹靂炮・虎蹲炮、亦無数放之、皆不中矣」とある。城が山上にあって、諸砲の効果は不振ではあったが、虎蹲砲が実戦に使用されている(29)。

なお、この間、宣祖三十年（一五九六）九月、中国の将兵が漢江で虎蹲砲の試射を行なった。試放を実見した国王は虎蹲砲の威力に驚愕しているが、こうした明国軍の示威は王朝側に虎蹲砲の必要性を、いっそう痛感させたに相違あるまい(30)。

又令　天兵試放虎蹲砲、於江辺吹角一声、各放一砲声震天地、経理曰、此何如、　上曰、至於今日得見　天威之雄壮、彼賊不足乎、深幸経理提督曰、若多設這様砲子、於此辺則賊何敢得渡乎日暮　上与経理・提督、先後入城是這様砲子砲、

ところで、朝鮮王朝時代の虎蹲砲は現在、三門が知られている。この内、かつて有馬成甫氏が所蔵し、その後、吉岡新一氏の所蔵に移り、国立歴史民俗博物館の所蔵に帰している一門は青銅製で砲身末端に「崇禎四年（一六三一）

十月十日鋳成趙士南虎蹲炮第二十位、重四十九斤足重四斤六両」の刻銘があって、鋳造時期と法量と砲匠名が明記されている。

韓国の陸軍博物館と牙山顕忠祠展示館の虎蹲砲は鋳鉄製で国立歴史民俗博物館所蔵の虎蹲砲と材質を異にしている。さきの宣祖二十九年（一五九五）六月の黄海道殷栗県の軍器打造の啓を見ると「三眼銃五柄」と書く一方で「鍮三眼銃三十柄打鋳」とあるから、この時期の三眼銃は青銅製と鋳鉄製があり、虎蹲砲の場合も両様の存在がある。

図37　虎蹲砲·銘文(国立歴史民俗博物館所蔵)

第五節　仏狼機砲の伝来

宣祖二十九年六月の黄海道殷栗県の軍器製造の啓のなかに「仏狼機」二門があった。仏狼機はヨーロッパにおいてはすでに十五世紀に盛行した火器であるが、この時期になると、朝鮮王朝の公文書にその名を現わすから、仏狼機は東アジアに伝播していたことになる。

「武備志」は仏狼機の明国伝来の経緯、構造と威力、鋳造の方法などを次のように記している(31)。

顧応祥云、仏狼機、国名也、非銃名也、正徳丁丑、予任広東僉事、署海道事、驀有大海船二隻、直至広城懐遠駅、称係仏狼機国進貢、其船主名加必丹、其人皆高鼻深目、以白布纏頭、如回回打扮、即報総督陳西軒公金臨広城、以其人不知礼、令於光孝寺習儀、三日而後引見、査大明会典、並無此国入貢、具本参奏、朝廷許之、起送赴部、時武廟南巡、畱会同館者将一年、今上登極、以其不恭、将通事明正典刑、其人押回広東、駆之出境去訖、其人在広久、好読仏書、其銃以鉄為之、長五六尺、巨腹長頸、腹有長孔、以小銃五箇、輪流貯薬、安入腹中、放之銃外、又以木包鉄箍、以防決裂、海船舷下、毎辺貯置四五箇、於船艙内暗放之、他船相近、経其一弾、則船板打砕、水進船漏、以此横行海上、他国無敵、時因征海寇、通事献銃一箇、並火薬方、此器曽於教場中試之、止可百歩海船中之利器也、守城亦可持、以征戦則無用矣、後汪誠斎鋐為兵部尚書、請於上、鋳造千余、発与三辺、其一種有木架、而低可昂、可左可右者、中国原有此制、不出於仏狼機、毎座約重二百斤、用提銃三箇、毎箇約重三十斤、用鉛子一箇、毎箇約重十両、其機活動、可以低、可以昂、可以左、可以右、及城上所用者、守営門之器也、其制出於西洋蕃国、嘉靖年始得而伝之、中国之人、更運巧思而変化之、拡而大之以為発鉱、発鉱者、及大仏狼機也、約而精之、以為鉛錫銃鉛、錫銃者乃小仏狼機也、其制雖若不同、実由此以生生之耳、其石弾之大如升、力気小於発鉱、而大於鉛錫銃、若関隘人守堅不可過者、以此攻之（以下略）、

また「大明会典」によると、世宗の嘉靖二年（一五二三）に鋳銅製の長さ二・八五尺、重さ百余斤の仏狼機三十二個が子銃と共に試製され、嘉靖七年（一五二八）には三十五斤程度の小型の仏狼機四千が防禦用に鋳造されて配備され、さらに嘉靖二十二年（一五四三）には中型の仏狼機が、ついで翌年には馬上用の小型仏狼機千が鋳造されたとある。明国ではヨーロッパ渡来の新兵器を盛んに活用しているのである。(32)

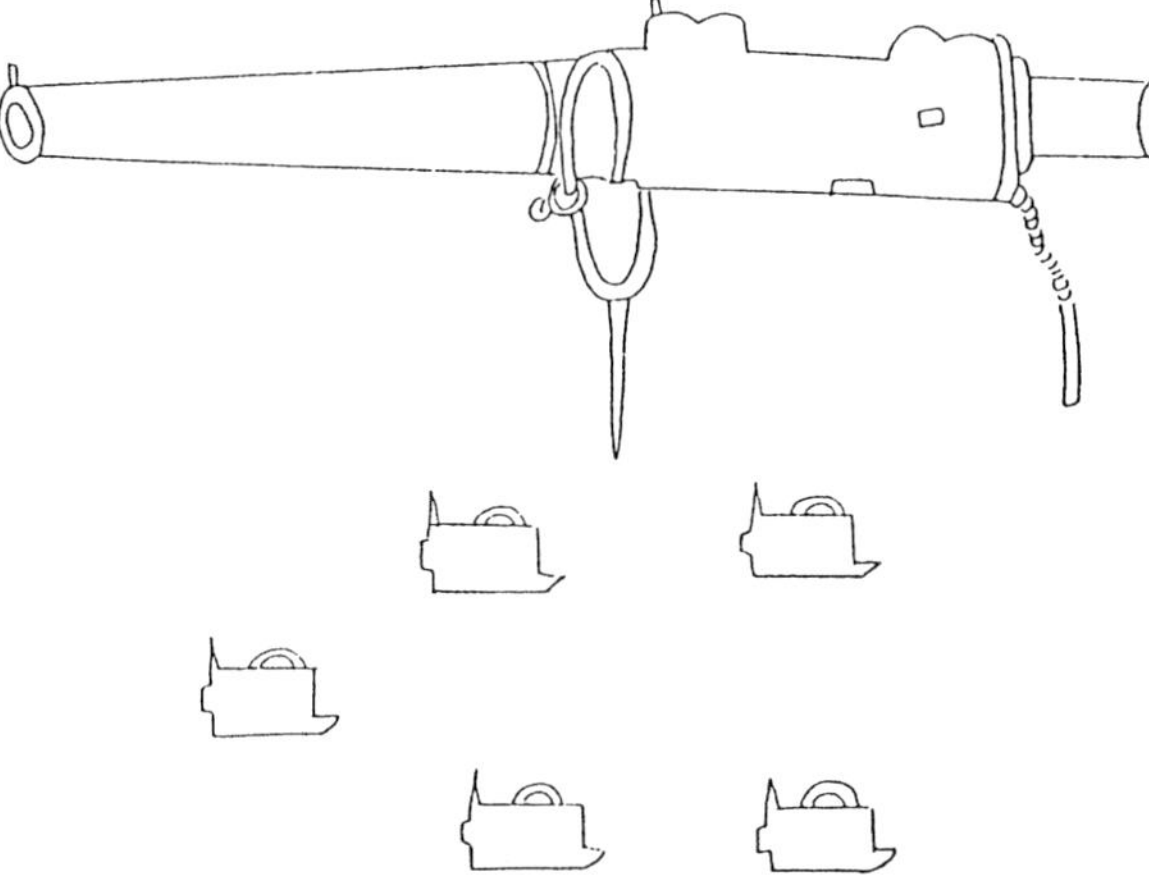

図38　仏狼機・子砲図「火器都監儀軌」所収

図39　子砲（国立歴史民俗博物館所蔵）

朝鮮王朝の光海君七年（一六一四）（明・万暦四十二年）、銃砲を製造するために設置した火器都監の儀軌は、朝

鮮王朝の仏狼機と子砲の図を載せて説明を加えている[33]（図37）。

四号五十位、毎位重九十斤、長三尺一寸七分、周営造尺他同、子砲五門式、二百五十門、毎門重十二斤、中薬線半条、火薬三両、鉄丸一個、（以下略）。

ヨーロッパから明国に伝えられた仏狼機は明国で改良されたが、「火器都監設置儀軌」では、子砲の数を五門としている。「武備志」はヨーロッパから仏狼機が伝来した時、子砲の数をやはり五門としている。したがって朝鮮王朝の仏狼機は中国経由で伝えられたと考えられる。王朝と中国の仏狼機の共通点は子砲の形態からも指摘できるのである。

表6　現存韓国仏狼機および子砲一覧

名称	時代	全長（cm）	所蔵
子砲	明宗一八	四三・五	陸軍博物館
仏狼機	宣祖三八	一〇〇	国立中央博物館
子砲	粛宗三	三〇・三	陸軍博物館
仏狼機	粛宗三	一〇三・八	陸軍博物館
仏狼機	粛宗六	一〇四	仁川市立博物館
仏狼機	高宗一一	七八	陸軍博物館

ところで、現在、韓国には在銘の仏狼機と子砲が六点ある。一覧を示すと上表の通りである。

この一覧で注目すべきは表中の冒頭の陸軍博物館所蔵の子砲三門の「嘉靖癸亥地筒重七十八斤八両匠朴命長」の銘文である。嘉靖癸亥は明国年号の嘉靖四十二年（一五六三）、朝鮮王朝の年号では明宗十九年にあたっている。銘文からこの子砲の母砲仏狼機が王朝で製造されたことは疑いあるまい。したがってヨーロッパから明国に伝来した仏狼機は、約半世紀後には、確実に王朝に伝わっていたのである。その点から表中の子砲三門の存在極めて貴重である。

「火器都監設置儀軌」の図に仏狼機の構造は明らかだが、「紀効新書」の「布城諸器図説編」の記事を次に引用しよう[34]。

此及天下通有利器、今所以重図者旧製之、未尽精微也、其妙処要、丹銃管長、長則直而利遠、子銃在腹中要、両口対合則火気不泄、子銃後方用半筝転入者、毎放時多撃出、子銃数大傷人、必用鉄門者佳、其妙処在今添出、前後二照星、後柄稍従低、庶不礙托面以目照、対其准在放銃之人、用一目看後照星孔中、対所打之物、又子銃内、用木馬後下鉛子、苟子馬倶大則難出、出則力大要、坐後而人力不而能架之、若子小則出口鬆而無力、歪斜難准今法、止用鉛子、預将鉛子照子銃合口微大一分製、就用時入薬之後、即以子下口、用凹心銭送、捍打下入口一寸、即入母銃放之、此法既省下木馬煩難之功、又出口最易而、且鉛子合母銃之口緊、激直利便遠成功、凡鋳銃之法、子銃口大則子難出、要破母銃、母銃口大而銃口小則出子無力、且歪務要子母二銃之口、図経分毫不差乃為精器也、切記切記、

すなわち、仏狼機は母銃と子銃が分離した後装砲で、二個の照星があって、照準の確実化が計られ、砲架に据えて、自由に上下左右に回転させることが可能である点に特徴があったのである。

そして「紀効新書」の舟師の項は戦船の装備を「福船応備大仏狼機六座」「海滄船応備大仏狼機四座」「蒼山船応備大仏狼機二座」と記している。中国では仏狼機は戦船の主砲になっているのである。宋応星の「天工開物」の記事でも仏狼機は海上戦に使用されると明記しており、[35] 明国初伝の仏狼機がポルトガル船の艦載砲であった事実からもこの点は肯首できよう。後に仏狼機は陸戦にも使用されたが、当初は海戦に多用された火器なのである。

ところが、王朝の記録に仏狼機の使用が認められるのは、壬辰・丁酉の倭乱の宣祖二十七年（一五九三）六月、明国軍が平壌を攻撃した状況を国王と臣下の李徳馨が語った時である。[36]

徳馨曰、平壌陥城時見之、則雖金城湯地、亦無奈何、上曰、以何器陥之乎、徳馨曰、以仏狼器・虎蹲砲・滅虜砲等器為之、距城五里許、諸砲一時斎発、則声如天地動、俄而火光触天、諸倭持紅白旗出来者、尽僵仆而、天兵駢

闌入城矣、

明国来援の提督李如松は宣祖二十六年正月、敵は鳥銃を恃みとするが、我が軍は大砲で攻撃すると柳成竜に語り、正月八日、三営に伝令して平壌城の攻撃を開始、大砲を発射して七星門を破壊して城内に侵入した。国王と李徳馨の仏狼機砲・虎蹲砲等で平壌城を攻撃したとの話題は、この時の戦闘を指したと推測する。ただしこれは明国軍の仏狼機使用であって王朝のそれではない。

宣祖二十九年（一五九五）九月、数件の「紀効新書」をえた王朝は本書を徹底的に研究して活用に努めたが、「紀効新書」には仏狼機の記事がある。したがって仏狼機のことは王朝で研究されていいはずである。

宣祖三十年（一五九六）十月、備辺司は海上の通路を遮断する良策として亀船に多数の火砲を装備すべきと啓した(37)。

賊勢無復有後顧之慮、而任意猖獗、古云前事不忘、後事之明戒、今者亦当乗、此冬月、汲汲修整、船隻器械厚、集水軍之勢、亀船不足、則昼夜加造、多載大炮、仏狼機・火箭器具、以為遮截海道之計、此乃最為救急之良策也、

かつて明国軍が仏狼機をもって平壌城の七星門を破壊したように豊臣秀吉水軍の軍船の破壊が備辺司の意図であった。この備辺司の啓から、宣祖三十年十月ごろに仏狼機が鋳造されたとみてよいだろう。宣祖二十九年正月、備辺司は前年の火炮軍器の整備と製造を啓したが、宣祖二十八年に鋳造された大小の火炮を百九十余と記していた。宣祖二十八年十月の海上通路遮断の備辺司の啓の内容から、このなかに仏狼機が含まれていたと思いたい。

ヨーロッパから明国に伝来した仏狼機は、その後、半世紀後には朝鮮王朝にもたらされた。明宗十年（一五五四）五月、連源は、最近の倭船は唐人と交通して装甲が厚くなり、銃筒では簡単に破壊できないと述べていた（第一章五節　原料銅鉄の確保参照）。推測に過ぎないが、倭寇の侵攻に悩まされて王朝は、海上戦に甚だ威力を発揮する仏狼機を鋳造したのではないだろうか。明宗十八年（一五六二）の子砲の存在がそれを立証している。ただしその後、仏狼

機の製造を知らせる記録は壬辰・丁酉の倭乱まで見当たらない。ヨーロッパにおける仏狼機の使用は艦載砲として多用されたが、戦船の防禦力が増強した十七世紀になると、使用が激減した。ところが、朝鮮王朝では、王朝末期まで仏狼機が使用された。ヨーロッパの火砲、というより明国の火砲がこのようにして朝鮮王朝に定着したのである。

第六節　三眼銃について

三眼銃は三穴銃とも称し、銃筒三本を合体させた多身銃筒で、中国から王朝に移入された火器である。明国に三眼銃以外の多身銃が存在したことは「大明会典」に軍器局で鋳造した多身銃を「四眼鉄鎗嘉靖二十五年（一五四六）造、十眼銅銃嘉靖二十五年造、七眼銅銃嘉靖二十八年（一五四九）造、十眼銅砲右同」とみえ明らかである。

有馬成甫氏は「三眼銃の名は、万暦十五年（一五八七）、重修の大明会典には見えないので、万暦二十五年（一五九七）撰修の神器譜に見えているからおそらく文禄役のころ、すなわち万暦二十年（一五九二）頃に初めて作られたものではないかと思われる」と述べている。断定はされていないが、壬辰倭乱の時期に三眼銃は明国で鋳造されたらしいというのである。(38)

ところが、戚継光の「紀効新書」の軍法の項の「応備什物」に「毎陸路軍、毎一名自弁三眼手銃一把、好起火之技、火繩随時弁用、毎人灯籠一盞、小黄旗一面、雨具一副」とみえる。兵士自弁の三眼手銃とは三眼銃に相違あるまい。戚継光が本書を編纂したのは、当時の衛所の軍卒が弱体なためだが、彼はそのため嘉靖三十五年（一五五六）と同三十九年の二度、総兵官胡宗憲に訓練の公移を申請して厳しい訓練を実施した。(39)この時の体験をまとめたものが、すなわち、「紀効新書」だから、三眼手銃、つまり三眼銃は有馬成甫氏の指摘されるように万暦二十年頃ではなく、すでに嘉靖三十年代、明国に存在していたとみなければならない。

ところで、朝鮮王朝が三眼銃を製造した事実は、宣祖二十六年（一五九三）十二月の備辺司の啓に見える。(40)

> 備辺司啓曰、制敵之要、莫急於器械、而我　国器械本不精利、経変之後、挙皆板蕩、弓箭・焔焇造備事、則前者已為知委各道、而至火銃諸器、則時無打造之、令各様火器之中、最要於戦用者、鳥銃為上、三穴銃筒次之、但鳥銃則制造極巧、如不得暁解精工、則難以粧造三穴銃筒造作、不至甚難、冶匠熟手人、人猶可為之、黄海一道多産鉄物、令兵使打造、正月望前畢造開数、啓聞後、或留本道、或為取来、宜当非、但黄海道如平安道・全羅道産鉄地之邑、亦令本道監司卜定打造鉄丸、亦令造作、此意移文、黄海兵使及平安・全羅監司何如、答曰、依啓、我国所造鳥銃、皆麤造無用、今勿如是、以倭鳥銃之精妙者、為准的一依其様製造可矣、

啓の主旨は鳥銃製造の難しさを述べたものだが、関連して三穴銃に言及している。すなわち、備辺司は各種ある火器のなかで、鳥銃が戦用に最も必要な火器であり、ついで三穴銃というのである。鳥銃の製造は極めて難しいが、三穴銃の場合はそうではないとある点に注目したい。備辺司は黄海一道は鉄物が多産するので兵使に火器の製造を命じた。鳥銃製造の詳細については後章で扱うが、この時、間違いなく三穴銃が製造されている。というのは、備辺司の啓と同時期の銘文「万暦癸巳十二月、日造、重五斤、毎穴薬六戔、鉄丸二、匠全信金」を持つ三眼銃の実物が韓国・国立慶州博物館に所蔵されているからである。(41)

さきの備辺司の啓では鉄物で三眼銃を製造するとあるが、本資料は青銅製であるから三眼銃の素材は青銅と鉄の両様があったことが明らかである。すでにこの事実は黄海道殷栗県の軍器打造の啓の「三眼銃、五柄、鍮三眼銃、三十柄」を引用して指摘した。

宣祖二十七年（一五九三）三月の備辺司の回啓は「制敵之技、莫如炮手所当、急急操練、鳥銃雖未多得、三眼銃・

勝字銃筒相雑習放」と訓練都監の火炮訓習の状況が書かれている。(42)現在、鳥銃が不足しているので三眼銃と勝字銃筒を混えて火炮の練習をしているというのである。鳥銃の不足からではあるが、三眼銃は鳥銃に次ぐ威力があり、製造が容易であるとある。この点から三眼銃は訓練に使用されたのである。柳成竜は宣祖二十七年四月、軍兵の訓練の必要を啓したが、啓のなかで「砲手五百余名所持者、大半三穴・勝字而巳」と都監所持の火器の大半は三穴・勝字銃筒と述べている。この訓練状況は宣祖二十七年三月の備辺司回啓に見える訓習を指しているが、三穴銃筒は実戦にも使用された。

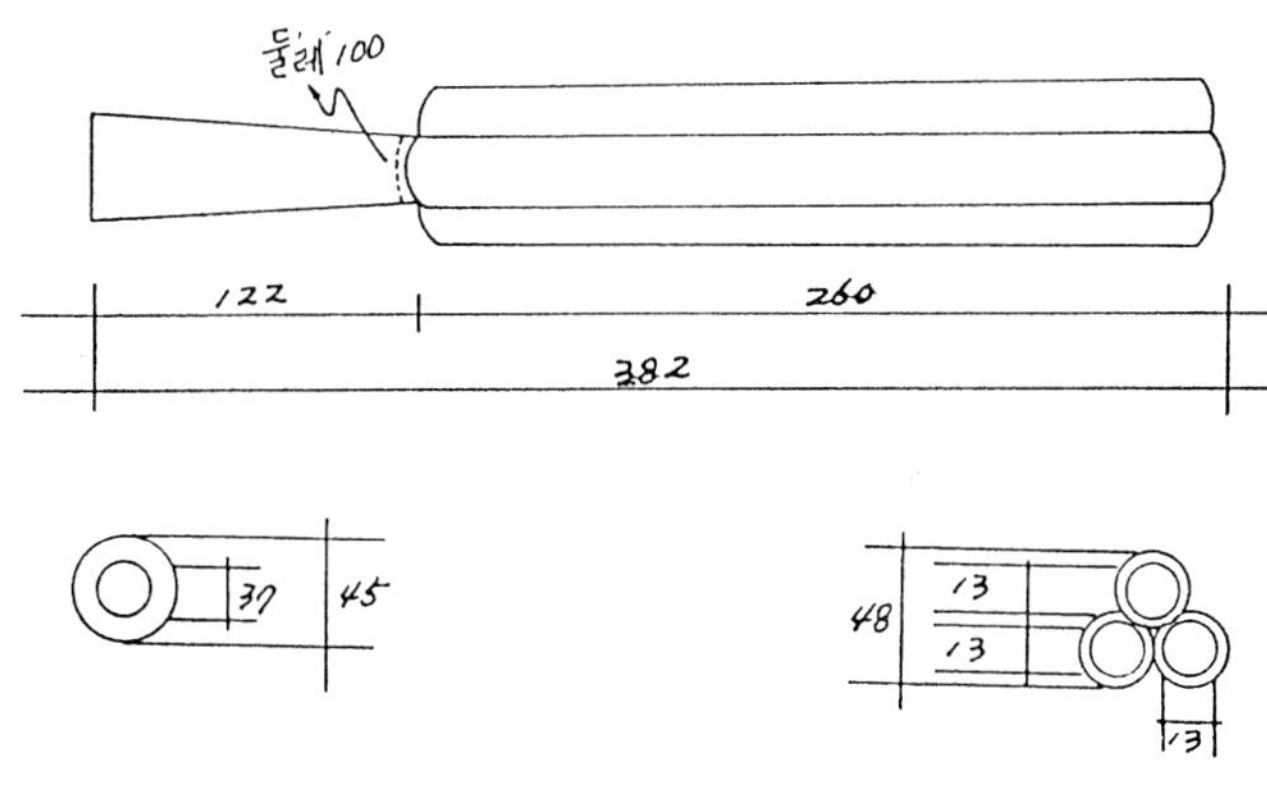

図40　三眼銃実測図「科学技術文化財報告書」所収

朝鮮王朝が明国の兵器を容易に取得できない理由は、それまでの王朝の主要兵器が弓矢にあったためでもあるが、王朝の為政者のなかに敢えて他国の武芸を学習する必要がないと考えていた者の存在も無関係ではあるまい。さらに戦乱による疲弊から兵器の材料が充分に確保できない事情もある。たとえば宣祖二十七年九月、国王が大臣・備辺司堂上を引見して、倭の処置を論議した時の国王と柳成竜の火器に関する意見に次のようにある。(43)

上曰、砲手下去南方時訴曰、都監給鑰銃筒、此則無用、願得正鉄銃筒、予給、百字銃一柄・三眼銃一柄以送矣、百字銃甚好、何不造作乎、予令炮手以都監所造鑰銃筒、眼前試放、砲手一人傷目、一人傷額、鑰銃不可用矣、百字銃・三眼銃何不多数造作乎、成竜曰、物力不至蕩竭、

則処処造作可也、而物力残破、已甚不得打造矣、

すなわち、都監支給の鍮銃筒は無用なので、正鉄の銃筒が必要であること、訓錬都監鋳造の鍮銃筒を試放したが、砲手一人が目を、他の一人は額を傷つけた。だから鍮銃は使用すべきではないこと。百字銃は良い火器なのに、なぜ三眼銃と共に多造しないのかと国王が質問している。それに対して物力が払底して多造できないと、柳成竜が述べているのである。

宣祖二十七年三月の備辺司の啓と翌四月の柳成竜の軍兵訓練の啓から、訓錬都監では鳥銃の不足から三眼銃を使用した事実が明かだが、宣祖二十八年（一五九四）五月の政院の伝によると、三眼銃は禦敵の良器だから砲手が習うとある。三眼銃の製造と練習は鳥銃の不足を補うためであったが、同時に威力も評価されていたのである。(44)

伝于政院曰、三眼銃禦敵之良器、亦不可不習入直砲手、自来月習放三眼銃、循環数度而止、論賞与鳥銃同、此意、回啓、言于訓錬都監、入直殺手、欲於後苑別試才論賞、未知其人監試等第、且殺手元数幾許、且殺手譜諺解使人、人易知事伝教、日月已久而至今不為、殊為未便、此意、言于訓錬都監、回啓、

その後、三眼銃が多造されたことは、宣祖二十八年十一月の移に明らかである。(45)

一、為相考事武学事目、頃日、移文知委于監兵使矣、本県正当山堡要害之地、練兵一事、尤不可少緩、勿論出身両班庶孼郷吏公私賤丁壮可為実、軍者依事目、尽為編伍、従其附近処、各里各於束為幾隊、一辺措備軍器、刷新訓錬為乎矣、火器鉄丸最為要急、鳥銃及小長勝字・三穴・百字諸銃乙、多数鋳成為遣端川鉛鉄、亦量宜輸入優備鉄丸、用以習放留上待変向事、

虎蹲砲・仏狼機は南方明国の火器だが、趙士禎の「神器譜」巻二原銃では、三眼銃を「北方馬上三眼銃、以禦虜騎頗畏之、然放畢、挙以撃頭、重起艱利害相半、兼之甚難討準、往往虚発」と説明し、北方系の火器と理解できる。(46)

そして万暦三十四年（一六〇六）に著された「兵録」は、なぜ三眼銃が北方で使用されたかを書いている。[47]

（上略）其次則三眼銃与鳥嘴銃、鳥嘴宜南、不宜北、三眼銃宜北而、不宜南、何也、北方地寒風冷、鳥嘴必用手撃、常易為力、一開火門、其風甚猛、信薬已先吹去、用碾信則火門易壊、一放之後、虜騎如風而至、又不便執此為拒敵之具、近有制竹鳥嘴銃及自閉火門鳥銃亦一時之奇然終是費事、惟三眼銃一桿三銃、毎銃可著鉛子二三個伺敵三四十歩内対準方放一砲三放、其声不絶未有不中者、虜馬闖至則執此銃、以代悶棍虜縦有鉄盔鉄甲、雖利刃所不能入者、惟此銃能撃之、故在北方鳥銃不如三眼銃也、（下略）

「兵録」の記事によれば、三眼銃は北方の騎馬戦に用いたとあるから、王朝に移入された明国兵器のなかには、北方のそれも存在したのである。

以上述べた虎蹲砲・仏狼機・三眼銃は明国火器の一部に過ぎないが、朝鮮王朝は倭を制するこうした火器を移入して、自国で製造して対日防禦策を推進したのである。

第七節　創意工夫の震天雷

宣祖二十六年（一五九二）十二月、国王は「頃者所下鉄鞭可合戦用、如震天雷・蒺藜砲、亦宜多造」と命じた。[48]最近、陣に下送した鉄鞭を震天雷や疾離砲と同じように合戦に使用するために多造せよというのである。

同月十六日、明の副総兵劉挺は自国の兵器を朝鮮王朝に送った。王朝はこれらの兵器をみて「諸戎器奇形、異制、皆非我国人所能用」と述べる一方で、さらに次のように述べた。[49]

其中有鉄鞭、（制如我国農人打稲鞭）我国無兵所謂兵者、只是農夫、農夫能用都里鞭、（即打稲鞭、俗名也）若此器我国無不用矣、我国人不知剣槍之術、安能一朝学成莫、如此器之便、於運用示于李鎰如以為可用下両湖造用、如以為不可用還入回　啓曰、招李鎰示之、則守城及戦傷、皆可用、今当賚去造用云、

すなわち、明国到来の兵器の鉄鞭は王朝の農民が使用する打稲鞭に似ている。王朝の兵

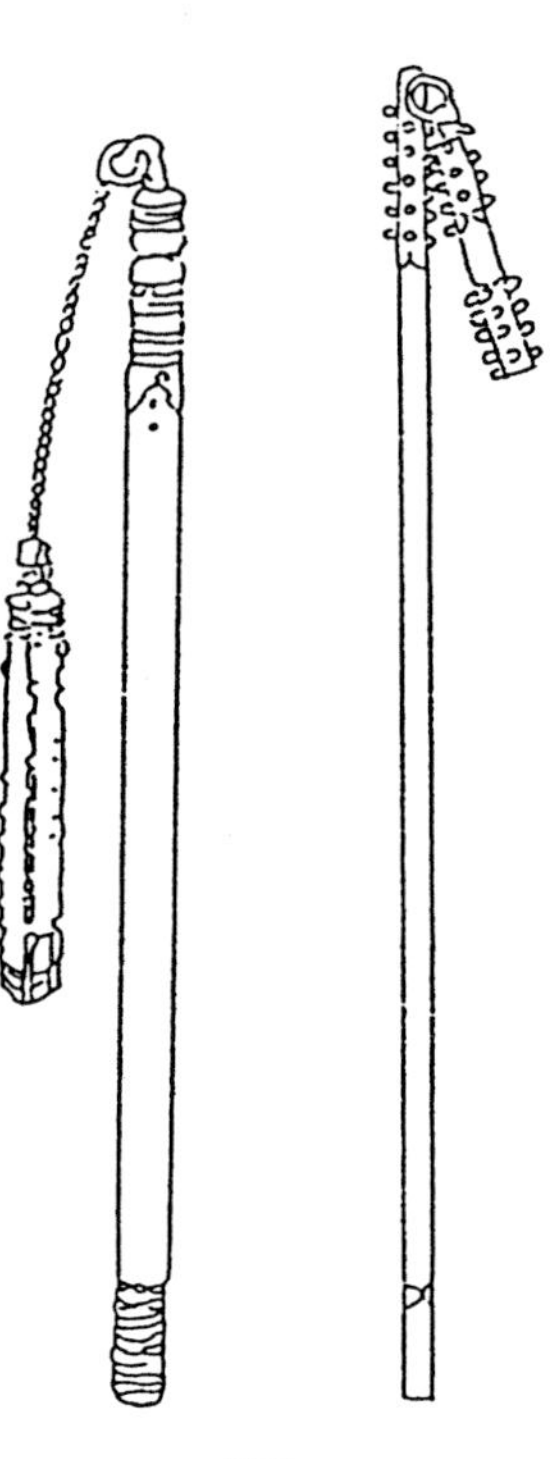

図41
鉄鞭図「武備志」「戎坦必備」所収

士は農夫である。農夫は都里鞭（打稲鞭）を使い慣れているから鉄鞭を用いるべきである。我国の人は剣槍の術は無知だから学習したとしても一朝には会得できない。だから明国の鉄鞭を両湖の地に送って製造させるとしたのである。

また同月、柳成竜は鉄鞭を高陽の人と碧蹄館の兵士が実用して威力を発揮した事実を伝えている(50)。

上曰、我国不能用槍剣、一、二年間、不可教習革罷、槍軍持杖而戦猶可矣、成竜曰、唐人所用鉄回鞭、（前日、伝教中所称者）甚好、高陽人名命会者、其父死於倭発憤、殺倭幾四百余、嘗以此鞭為好、臣在碧蹄時、有一軍士亦言鉄鞭之好、上曰、我国以農夫為兵、農夫皆用回鞭、必能用、此予嘗伝教矣、今聞領相言、与予意正相符矣、成竜曰、鉄鞭人皆以為齟齬、臣知其可用、

柳成竜は数ある明国兵器のなかで鉄鞭が王朝の農具の打稲鞭に似ており、王朝の兵士は農民出身だからこれを学習すれば会得できると主張した。その結果、鉄鞭の多造となつたのである。

鉄鞭の打造を命じた文書に震天雷の名があった。すでに震天雷は壬辰倭乱以前、明国から王朝に伝来した火器である。伝来の正確な時期は不明だが、成宗五年（一四七三）の「兵器図説」には記載がないから、それ以後のことであ

る。

宣祖二十六年（一五九二）二月、全羅道巡察使権慄は高陽の幸州山城によって、豊臣秀吉の部将宇喜多秀家・吉川広家・石田三成等の諸隊と戦闘を交えた。この時、王朝軍は「我軍射矢、投石連放大・小勝字銃筒及震天雷・紙神砲・大中発火等、各薬火器、猶不却賊」と震天雷を使用している。(51)

また宣祖二十六年九月の慶州の戦闘では、朴晋が震天雷を用いて敵に多大な被害を与えている。(52)

朴晋卒左道兵満余、進薄慶州、賊潜出北門掩軍後、晋奔還安康、夜又使人、潜伏城下、発飛撃震天雷入城中、堕於客舎庭中、賊不暁其制、争聚観之、相与推転諦視、俄而炮自中而発声、震天地鉄片砕星散、中仆即斃者三十余人、未中者顚仆良久而起、莫不驚与、不測其制、皆以為神、明日遂挙軍棄城、遁帰西生浦、朴晋遂入慶州、得余穀万余石、

そして宣祖二十六年十二月の伝にも震天雷が都元帥の営に送られた事実を伝えているのである。(53)

伝于備辺司曰、卿等既令挙事、此国家莫大之挙而了、無措置之策、卿等処事、何如、是耶非火薬、不能制此賊、今宜下送砲手数百、火薬数千斤、火箭・震天雷、称是送都元帥処、召集四方勇力之士、

前掲の宣祖二十六年十二月の国王の言にあるように震天雷は多く製造されて、豊臣軍との合戦に使用されて威力を発揮したのである。柳成竜の「懲毖録」は震天雷の製造について興味深い内容の記事を載せている。(54)

飛撃震天雷、古無其制、有軍器寺火炮匠李長孫創出、取震天雷以大碗口発之、能飛至五六百歩、墜地良久、火自開而発、敵最畏此物云、

すなわち「懲毖録」によれば、飛撃震天雷の制は古くからあった訳ではなく、軍器寺の火炮匠李長孫が考案したものので、大碗口から震天雷を発すると、五六百歩飛行して地に落ち、稍暫くして爆発する。この震天雷は敵が最も畏怖

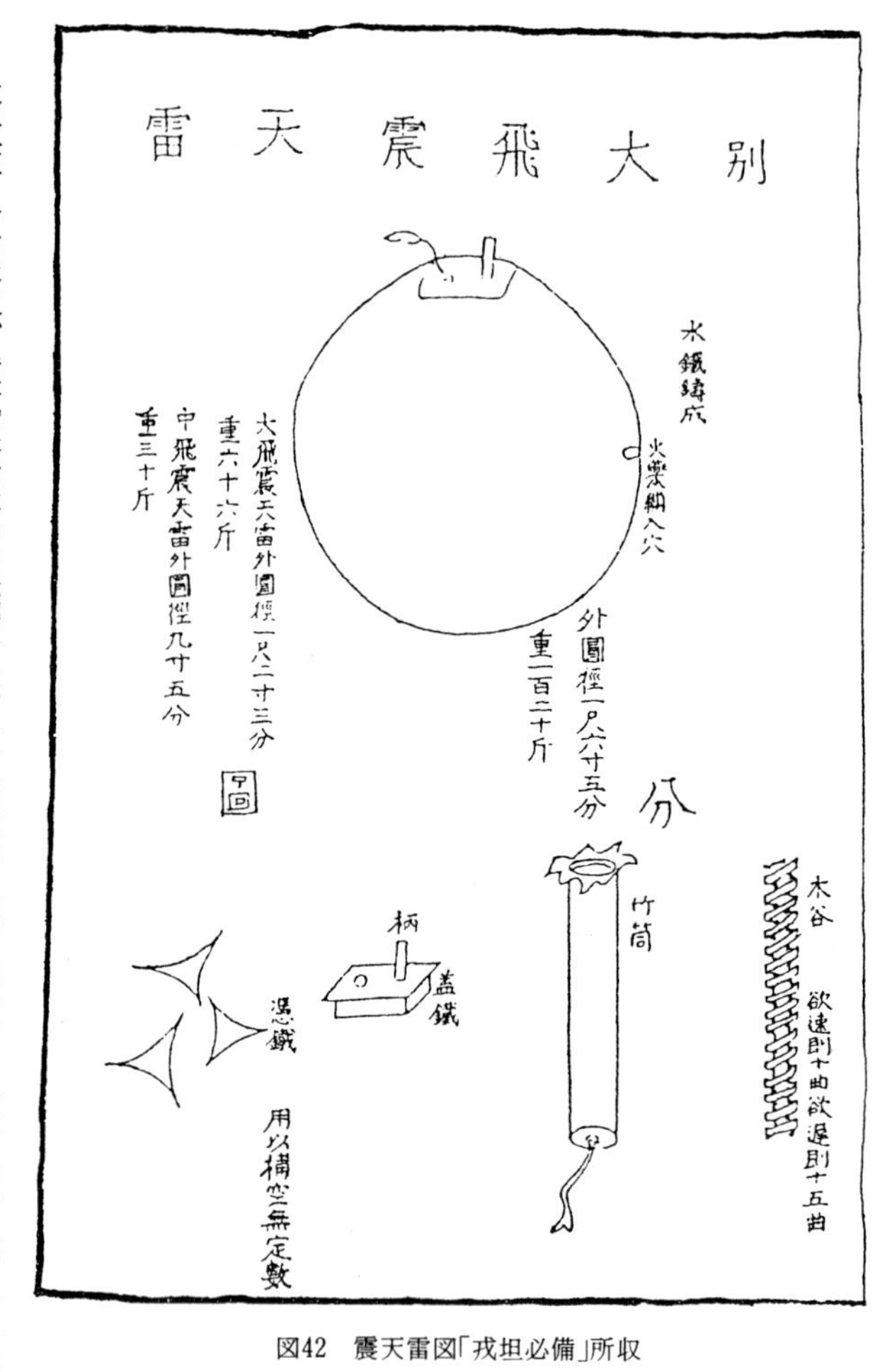

図42　震天雷図「戎担必備」所収

する武器であるという。震天雷の威力については慶州の戦いに明瞭だが、構造は判然としない。「戎担必備」は震天雷の構造を図入りで次のように説明している。(55)

飛震天雷倣於古昔火雷砲・地雷砲衝天雷等神法而造、蓋賺賊之火具、蔵於大碗口而用其放也、煙飛火烈声如轟雷、林木皆震故曰飛震天雷、放落敵陣人馬遇之、撞成虀粉非但遇斃落後、敵人聚玩雷砲、逾時而自錠中発菱鉄箇石噴撲、傍近尽劉無遺、是之謂賺賊之火具、以水鉄鋳成、体円如丸、重一百二十斤、円径一尺六寸五分、上開方口口円径三寸八分、火薬五斤、有蓋鉄重十両、砲口有内外絃、以一節竹立於砲底、限内限折之、竹節傍穿線穴、且椴木用鉅刀作谷、欲速則十曲、欲遅則十五曲、遅速在於此、以中薬線三尺、随谷回縛納於筒、以其薬線両端、一穿竹筒線穴、一出竹筒上口、納竪砲口中到底、竹筒外面砲口内絃、幸有隙以紙塡之、毋有罅隙、然後以蓋鉄堅塞其口、竹筒上口之線引出蓋鉄穴外、毋過二寸、火薬五斤作末、自腰間穴漏入面、面充納打檄木塞穴、後中碗口載放、則去三百歩地、良久自裂天地、声震、挿火則先燃震天雷線、後燃碗口線、恐碗口火滅故二処穿穴、

「戎担必備」は震天雷に類似した火器は古来から中国にあったと記している。しかし王朝の震天雷の特徴は、木谷と称する螺旋状の発火装置を用いることで、説明によると「欲速則十曲、欲遅則十五曲」とある。早い爆破を期せば、木谷に火線を十巻し、遅くならば十五巻にする。発射までの手順は、火線を巻いた木谷を竹筒に納め、火線の両端を首尾から出して、弾腔内に固定し、上端の薬線の先端を震天雷の外に、さらに発射具の碗口の火門から外部に出すのである。そして発放は、まず震天雷の薬線に、ついで碗口の薬線に点火するのである。震天雷のこうした発火装置の創意工夫が李長孫の考案によるものではなかろうか。

朝鮮王朝は虎蹲炮・仏狼機・三眼銃にはこうした工夫を施していないから、震天雷改良の事実は、明国の兵器が王朝独自の兵器に変貌する事例として極めて注目すべきである。

宣祖三十年（一五九六）五月、雲翼が虎蹲炮を用いて山城を攻撃した状況はさきに述べた。虎蹲炮と共にこの時、霹靂砲が使用された。「武備志」は飛雲霹靂砲の概要を次のように記している。(56)

砲用生鉄鎔鋳、其大如碗、其円如毬、中容神火半斤、以母砲発出、飛入賊兵営寨、霹靂一声、光火迸起、若連発十砲、則満営皆火、賊必自乱、中蔵法薬飛火法火烈火毒火爛火神烟随宜用之、

ところが、霹靂炮は、すでに中宗王の同十六年（一五二一）正月、直提学の徐厚が創造しているのである。(57)

霹靂炮水戦時所用也、皆可試用、伝曰、此物我国所無、今創造来献、令兵曹与大臣議之、使定其教習節目、鞭条箭・霹靂炮、可令軍器寺造作也、

記事によると、霹靂炮は水戦用の火器で、王朝にはなかったが、最近、造られて献上された。国王は兵曹に霹靂炮の教習の節目を定めて軍器寺で製造せよと命令したとある。新兵器を創造した徐厚が、この時期兵器に通暁した人物であることは、この直後、すなわち、中宗十九年（一五二四）八月、国王から春秋館襲蔵の兵書「聖制攻守之図術」について意見を求められている事実に明らかである。(58)

聖制攻守之図術書名曰、此冊蔵于内巳久、而其所載、予所難暁、似乎中原火炮之事、其招徐厚問之、以啓、

王命を受けた徐厚は「聖制攻守之図術」所載の兵器を詳細に検討し、「此冊所載兵家制度所無之事、而唐宋之前所未有也、序中有中統年号、必元世祖也」と述べ、「大抵皆元時之制也」と指摘し、さらに「此冊所載之器、可以施行者寡矣」と述べた。つまり、これらの兵器のなかで、現在、活用できる兵器は寡少と徐厚は断言したのである。果たして「武備志」にいう飛雲霹靂炮が徐厚の創造した霹靂炮と同じかどうか、確定はできないが、徐厚が中国兵器について見識をもつ人物だから、中国兵器を研究して創造したと考えても不自然ではあるまい。

注

（1）「宣祖実録」二一―五三二頁。
（2）「宣祖実録」二一―五三三頁。
（3）「宣祖実録」二一―五三三頁。
（4）「宣祖実録」二一―五四五頁。
（5）「宣祖実録」二一―五五七頁。
（6）「宣祖実録」二二―六頁。
（7）『朝鮮史』第四編第十巻五二頁。
（8）「宣祖実録」二一―七頁。

(9)「宣祖実録」二二一七一頁。
(10)「西崖集」『古典国語全集』一二三、四五・四六頁、財団法人民族文学推進会、一九八四年。
(11)「西崖集」四八頁(前掲)。
(12)「西崖集」三四頁(前掲)。
(13)「宣祖実録」二一一六一七頁。
(14)「宣祖実録」二二一一二一頁。
(15)「宣祖実録」二二一一一〇頁。
(16)「宣祖実録」二一一六三九・四〇・四一頁。
(17)「宣祖実録」二二一二一頁。
(18)「宣祖実録」二二一二二頁。
(19)「宣祖実録」二二一五五頁。
(20)「宣祖実録」二一一六八五・六八六頁。
(21)「宣祖実録」二二一一〇九頁。
(22)「宣祖実録」二二一一八六頁。
(23)「宣祖実録」二二一一〇九頁。
(24)「宣祖実録」二二一二〇二・二〇三頁。
(25)「宣祖実録」二二一二五四頁。
(26)「武備志」天啓元年本、印影本、華世出版社、一九八四年。
(27)「宣祖実録」二二一六三九頁。
(28)「軍門謄録」下、朝鮮総督府編、八五頁、昭和八年。
(29)「宣祖実録」二三一四四二頁。
(30)「宣祖実録」二三一二九三頁。

(31) 「武備志」天啓元年本、印影本、華世出版社、一九八四年。
(32) 吉田光邦「明代の兵器」『天工開物の研究』藪内清編、一八五頁、恒生社、昭和二十八年。有馬成甫『火炮の起源とその伝流』二〇二頁、吉川弘文館、昭和三十七年。
(33) 「火器都監設置儀軌」韓国ソウル大学図書館所蔵、『朝鮮図書解題』によると「光海君七年乙卯銃砲を製造するため都監を設け其顚末を記したものなり」とある。
(34) 「筆記五編紀効新書」中華民国六十五年八月。
(35) 『天工開物の研究』、吉田光邦「明代の兵器」(前掲)。
(36) 「宣祖実録」二二一―二四〇頁。
(37) 「宣祖実録」二二一―五八六・五八七頁。
(38) 有馬成甫『火炮の起源とその伝流』二〇二頁(前掲)。
(39) 石原道博「壬辰丁酉倭乱と戚継光の新法」『朝鮮学法』第三七・三八輯、昭和四十一年。
(40) 「宣祖実録」二二一―一七五・六頁。
(41) 『科学技術文化財調査報告書(Ⅱ)』韓国文化財管理局編　一九八六年。
(42) 「西崖集」一二三、六三頁(前掲)。
(43) 「宣祖実録」二二一―三四〇頁。
(44) 「宣祖実録」二二一―五〇二頁。
(45) 「軍門謄録」朝鮮総督府編　二八頁。
(46) 「神器譜」巻二原統、和刻本、清水正徳、文化四年。
(47) 「兵録」巻之十一火攻　清・崇禎五年、国会図書館所蔵。
(48) 「宣祖実録」二二一―一九一頁。
(49) 「宣祖実録」二二一―一八六頁。
(50) 「宣祖実録」二二一―一九〇頁。

(51)「宣祖実録」二一－六四六頁。

(52)「草本懲毖録」朝鮮史編修会編、朝鮮史料叢刊第十一、三八・三九頁、昭和十一年。

(53)「宣祖実録」二三－一九〇頁。

(54)「草本懲毖録」(前掲)。

(55)韓国・国立博物館所蔵本。

(56)「武備志」(前掲)。

(57)「中宗実録」一六－一二頁。

(58)「中宗実録」一六－三二八頁。

第三章　兵書「紀効新書」の学習

第一節　「紀効新書」の活用

宣祖二十六年（一五九三）夏、柳成竜は国王に訓錬都監の設置を上奏した。武技を組織的に訓練して、王朝軍の強化を計るためである。同年八月、宣祖王は壮丁を抄発して、百の武芸を教訓することを備辺司に議した。(1)

備忘記曰、今日賊勢、有万可虞、備辺司自前処事弛緩、経賊二年、未嘗錬一兵修一械、只望天兵、惟竢賊退、無乃不可乎、前日錬兵事伝教、而予言不得施矣、雖然、似不可、如是悠悠、以待其亡、今　山陵都監已畢、予意、別設訓錬都監、差出可合人員、抄発丁壮、日日或習陣、或放炮、凡百武芸、無不教訓、事議処、

国王は明の李如松から倭との戦いには北方の防胡の戦法は不利であり、南方の戚書の禦倭の戦法が、すでに倭に全勝していると聞いて、訳官に密命して李如松旗下の人から戚書を購得し、ついで柳成竜に本書の講解効法を命じた。柳成竜は従事官李時発と討論し、戚書の内容の疑問については儒生の韓嶠を郎庁に任命し、明将衛門に問わせた。ここにいう戚書とは、明末の北虜南倭の防禦に功績のあった武将戚継光が著した兵書「紀効新書」である。

朝鮮王朝は戚継光の戦法が倭に全勝している事実に着目して「紀効新書」の内容を研究し、かつ同書の戦法を訓練の手本にして戦備を固めたのである。この事実は、宣祖二十六年八月の訓錬都監の事目に明瞭である。(2)

以訓錬都監事目、　伝曰、錬習火炮、固当為之、然火薬未敷、不必偏習火炮、如騎射・歩射、或踴躍撃刺、或追遂超走、皆可為之、惟在教之者、誠心尽力、而習之者、日日不怠時、加賞格、以激勧之而已、昔戚継光之教士、其法非一而、嚢沙懸於足使之習走、漸加其重以為常、故臨戦趫捷無比、即其非一也、蓋人性各有所長、訓錬士卒、宜多方以教之、且不必武士、如本官人抄出丁状、数百除其身役、教訓試之、如何、並斟酌施行、

事目によると、訓錬都監では火炮以外に歩騎射・槍剣を訓練し、訓練を解怠なく指導し、或いは訓練に励んだ者を論賞し、兵士の長所に即応して武技を学習させ、訓練の兵士は武士に限らず、幅広い階層から用いることなど、戚継光の戦法が重視されたことが明瞭である。但し、柳成竜は、訓錬都監の事業は一時中断したと述べているから、こうした事目の内容の履行は遅延したと推測される。

宣祖二十六年九月の伝に戚継光所選の「紀効新書」数件を得たが、これらの書物は詳細と省略があるから、王世貞作序の「紀効新書」を入手したいとの記述がある。(3) 王朝では訓練の教本に活用するために「紀効新書」の善本を求めたのである。その後、王朝が念願の王世貞序の「紀効新書」を得たかどうかは判然としないが、確かに「紀効新書」が訓練の教本となり、さらに研究されていることは、宣祖二十六年十月の訓錬都監の啓に明瞭である。(4)

なお、王世貞（一五二六－九〇）は明朝の文人として高名で、字は元美、号は鳳州、また州山人といい、李攀竜と共に李・王と並び称せられた人物である。(5)

訓錬都監提調啓曰、訓錬節目、其載紀効新書者、至詳至密、今当一切依倣為之、但其文字及器械名物、有難暁処趑、此天兵未還之前、令聡敏之人、多般弁質、洞然無疑、然後可以訓習、此意前已、啓達、今朝、使郎庁李自海往質于駱参将（尚志）留営之人、駱尚忠称云者、尚忠乃参将親属、又有宋侍郎所送金文盛七人、同在一処、見自海言、以侍郎之命、将就劉総兵之営、訓錬我国之軍、来此数日、而粮料支待疎闊、多有怨恨之色、至欲還去、以

此、未得発言而退、（中略）且質疑時事、知訳官一人、与自海同為往来、質正疑処如何、且金文盛最暁陣法、人物亦甚温籍云、亦令接待堂上親去問其来由、使之訓誨為当、故敢啓、伝曰、此意至当、依此啓辞為之、

訓錬都監の啓によれば、訓練の節目に記載されている「紀効新書」は極めて詳細であり、これに依拠して訓練を実施しているが、文字や器械の名物が難解で不明な箇所がある。明国の将兵が帰還する以前に聡明な人物を選んで「紀効新書」の多くの疑点を明らかにし、その後の訓練に支障がないように、使郎庁の李自海を駱参将の計らいをえて、劉総兵の営に赴かせ、明兵の訓練を実見させている。ところが、王朝側が明兵に充分な糧食を支給しないために、営内には怨恨の色があって、ついに李自海は目的を達することができなかった。そこで今後、李自海と訳官が明の営所に往来して「紀効新書」の疑点を聞けるように啓したのである。その後、引続いて王朝の兵士は明国の将兵から武技を習い「紀効新書」の徹底活用に努めた。次に活用の事実の幾つかを挙げたい。

宣祖二十六年（一五九二）十月、国王は海州に砲楼を設けたいが、砲楼の制とは、どのようなものかを柳成竜に質問した。すると「且紀効新書有之城、外周回築垣、如牛馬墻、上穿大銃筒穴、下穿小銃筒穴、千歩置一、賊犯近、則一時倶発、且設於壕内、故賊不敢毀矣」と柳成竜が答えている。(6)

また同年十一月の訓錬都監の騎射の法に「紀効新書」が活用されている。すなわち、当初訓錬都監では、砲手の教誨は、営を左右に分け、各々に訓錬知事の李鎰と趙儆に分掌させ、訓練する予定であった。ところが、営を二営に分割して訓練するほどの軍数がえられなかった。そこで都監ではやむなく営を一つにして李鎰に訓練を担当させたが、この時、「紀効新書」の騎射の法を用いて訓練が実施されている。(7)

そして同月、国王が諸臣に諸般の意見を求めた時、柳成竜が「紀効新書法、若軍多則、分為五衛、以五五二十五分定、雖百万可以通制、若少則雖五人、亦可為一隊」と、「紀効新書」所載の隊伍の記事を説明している。(8)

宣祖二十六年閏十一月、国王は戦備の不安について、我が国は、只管書を読むばかりで、兵法を知らないばかりか、剰え弓矢を執る者を卑しむ傾向が強い。賊の長技は鳥銃にあるが、どうすればこの威力のある鳥銃を防禦できるかと、不安を述べると、柳成竜は「紀効新書言莫能当云矣、且鳥銃放時火箭、一二千一時放之、烟気散於賊陣、則賊必驚乱、此時万衆突入撃之、則必取勝矣、烟気収捲、賊若突入、則必敗矣」と答えた。(9)この事例は「紀効新書」の活用ではないが、戦いに関する事柄は何事も、「紀効新書」がひもとかれたのである。

政界を退いた柳成竜は、宣祖二十六年九月の慶州の戦闘で使用された火器震天雷の欠点を次のように指摘している。(10)

但其斤重、難運倉卒、原野之中用、亦非宜、今於紀効新書得、子母砲其制、与震天雷相瀕、而頗簡省易致、蓋其母砲子炮、皆減震天雷三四分之二三、若乗夜襲賊営、密遣勇力之士、多持此炮、従四面乱放、如飛雹散落於賊陣、所触尽死傷、賊必洶駭、因以乗之、蔑不勝矣、紀効新書、所謂用之驚営、或夜間放入賊塁、少停于賊塁中、銃発無制之兵、烏合之衆、奪気之冠、勢必驚惶、我得乗之、此器最妙誠哉、是言至於我軍城守、或拠山城、賊徒外来圍、夜間用之、亦可驚散、因使精卒、翼而射之、左好、但新書所載木信之制、不可暁、今以天兵遣下子炮観之、用薬線自内垂下、一端於外使之燃火、若燃早則在母砲炸裂、然遅則在空中閃風自滅、黒夜中心手忙慌、点火発放、似難適、宜今更以我国震天雷之制、参商増損、使子砲腹稍大、而中置斡刻木信、以火線纏之、至底而出少、籠以竹甬令与瓶薬相撃、外口用鉄葉之中、穿小穴、以通火線於外、而鉄葉外用土堅実之、至砲口而止、其外紙糊之、預為蔵薬、多多為善、臨時用之無窮、制勝之具、無火放此、覧者詳之、

すなわち、震天雷は重量があって、簡単には運搬できず、また原野での取扱いも容易ではないというのである。柳成竜は、現在、「紀効新書」記載の子母砲を入手したが、この砲は震天雷に類似しており、取扱も簡単である。但し威力は震天雷に劣るが、夜陰に乗じて勇力の軍士に子母砲を多く所持させて、賊陣を攻撃すれば、賊は気を奪われて

勝利を得ることができると、子母砲の積極的な活用を説いた。

宣祖二十九年十一月、国王が臣下の元翼に飛虎子母砲のことを質問している。(11)

上曰、今下飛虎子母砲矣、右相未見其制耶、元翼曰、臣未之前見也、上曰、砲有柄乎、元翼曰、無之、上曰、此則有柄母砲、則状如鍾子、其下蔵薬以土塡之、以子砲薄於母砲置火、於母砲則子砲之心空中発毒、似若震天雷、然子砲四十九、母砲則一箇、而箇便可用、設使虚放、亦無害矣、此乃宋経略応昌所造試一放声、同震天雷可以此提去置軍中、或夜放或昼放、以是備盗、則人必震駭、元翼曰、震天雷、亦甚好、慶州之戦、倭子見歎云、

国王が元翼に子母砲実見の有無を問うと、未だかつて見たことがないと答えている。「軍門謄録」所収の宣祖二十九年正月三十日の啓の一条に子母砲の記載がある。(12)

一、海州邑城甚好、但不設砲楼、亦非万全之策、開城門新設云、如未畢役、依下送城図為之事、右良辞縁軍官金汝律、火牌准授下送為去乎、此外魚塩・生穀等事、各別趂時施行為斎、子母砲一具付送、豊川・殷栗両官良中、依様打鋳為斎、鉛鉄自願募納者、空名告身以多数貿得上送事、

さきの記事に較べて、この記事の内容は構造、形態、用法が詳しい。すなわち、子母砲は母砲と子砲に分れ、母砲は鍾子の形をしており、母砲に火薬を蔵した後、土を装塡し、母砲を納めて点火すれば、母砲内の子母瓶が空中に発して破裂する。子砲は四十九個に対して母砲が一個であり、操作は簡便とあるのである。

元翼は初見というが、「軍門謄録」所収の宣祖二十九年（一五九五）正月の啓では、産鉄地豊川・殷栗で見本の子母砲を得て鋳造するとあるから、それ以前、子母砲は朝鮮王朝に移入されていたとみなければなるまい。

柳成竜の指摘をまつまでもなく、子母砲は図入りで「紀効新書」に明記されているから、国王の子母砲の知識の出所は実物と「紀効新書」からと推測される。

「宣祖実録」の子母砲の記述は具体性に欠けるので、国王が見た「紀効新書」所載の子母砲の図と説明を次に引用したい。(13)

此砲用木信、雕成螺絲、転形為渠、以薬線随上纏、足下露線一節、在底上露出信之上、用褙紙信外巻緊、与子銃口合、乃将好薬入瓶八分、将信送入口、即将瓶覆向下、揺揺按入其信、若仰瓶装信、則信底有薬、放時薬催信出、

装放子母砲法

此用驚營或夜間遠遠放入賊壘少停於賊壘中銃發彼無制之兵勢必驚惶我得乘之誠信妙之器也

總形

子

母

瓶

内為刻木信以藥線纏之外用搆紙捲緊合口

母砲

柄

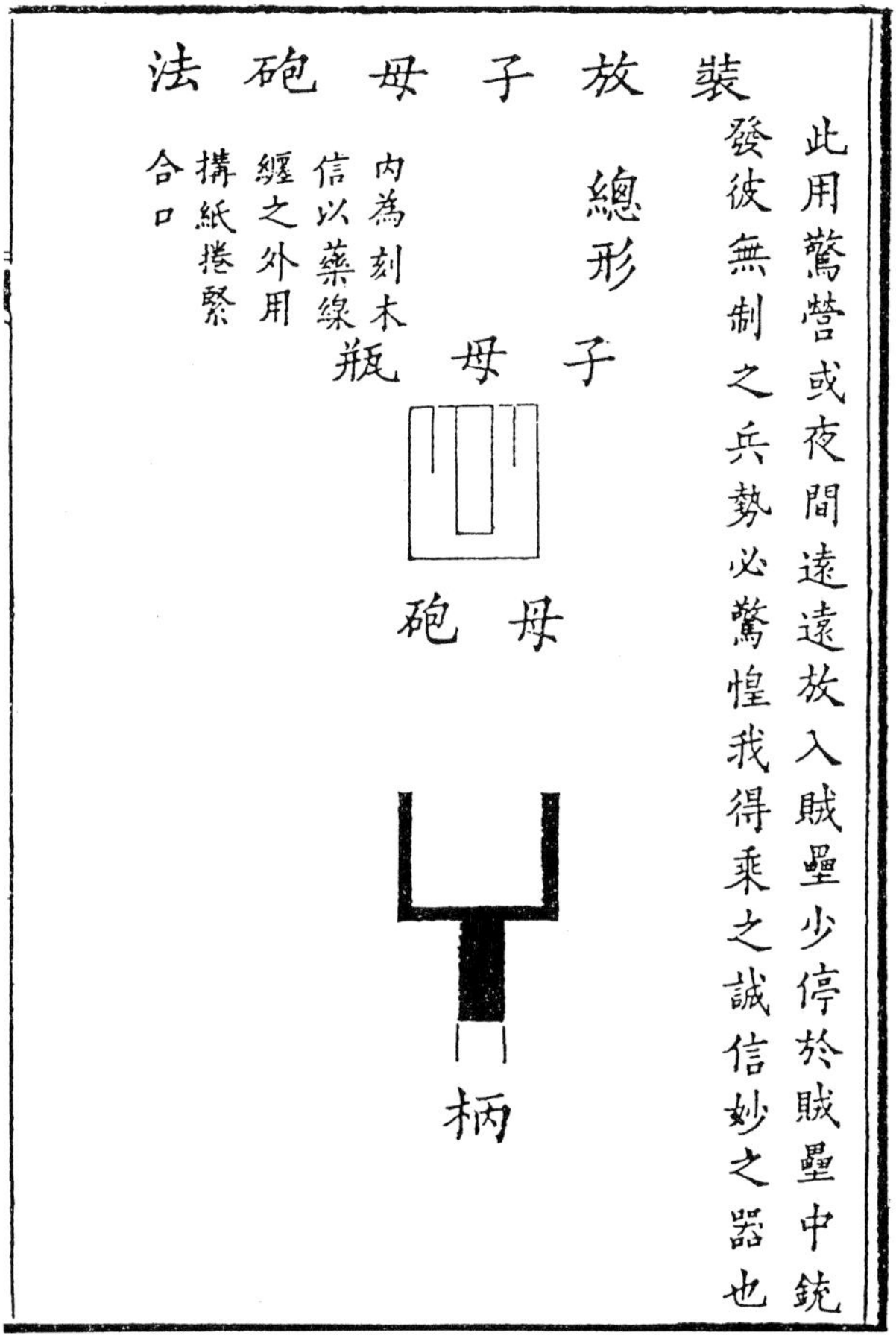

図43　子母砲「紀効新書」所収

而瓶不破響、惟覆装其信、則将信務入到底、庶底下無薬、薬在週圍、信線燃入薬、乃作破子瓶、其放時、先用木馬、将大銃装畢、以瓶入上大口、先点瓶線、燃入木信不見、即点母砲線打去、若瓶線点早、母線太長、則瓶不出口、而響矣、若点瓶線太遅、未及燃入打去、則閃風而滅矣、又有

一法、共拴一線居中点火、終是不斎、還是両点為妙、

宣祖二十九年（一五九五）正月以前、子母砲を入手した王朝が「紀効新書」に依拠して、同砲の機能を研究したことは、柳成竜の著した「子母砲」の一節に「新書所載木信之制、不可暁、今以天兵遣下、子砲観之、用薬線自内垂下、一端於外使之燃火」とあって明瞭である。そして記述は「今更以我国震天雷之制参商」とあって、王朝独自の震天雷を参考に子母砲に改良を加えたとある。記述の内容から発火装置が改良されたに相違あるまい。

明国から朝鮮王朝に伝来した子母砲は震天雷と同様、王朝で改良されたが、製造にあたっては「紀効新書」が活用されているのである。

第二節　唐兵教師と「紀効新書」

宣祖二十七年（一五九三）一月、国王は明将駱尚志配下の将士一、二名の訓錬都監への駐留を願い、剣術や火炮の制度の取得を訓錬都監に命じた(14)。王命を受けた訓錬都監は明総兵駱尚志に部下の中軍賈大才・千総聞愈の駐留を願った。両名は同月、兵曹判書李徳馨の啓に「駱総兵手下深於各様火砲、及剣槍之技者、三四人留駐教兵事、臣於談話間、毎為懇請、則各兵倶有帰思、総兵難於強留、従自願留置云、有中軍賈大才各様武芸妙絶無雙、千総聞愈自戚継光時、従事於行陣之間、暗錬火砲制度、両人甚温雅才」と伝えている(15)。中軍賈大才は各種の武芸に通暁して、その技は絶妙無雙であり、他方の千総聞愈は戚継光に同陣して、火炮の制度に熟知した人物とある。聞愈が「紀効新書」の著者戚継光に従っていた事実は、王朝に戚継光の戦法、つまり「紀効新書」の実技が着実に伝流する経緯を示していよう。

宣祖二十七年二月、兵曹判書李徳馨は「紀効新書」の積極的な活用を説いた(16)。

兵曹判書李徳馨啓曰、近来人議紛紜、皆曰、教兵何為、都是無用之技、弛緩之輩、不楽鈴、束胥動辞説衒惑、群聴者非一、上年始教鳥銃、人皆笑其難成、且賤鄙其事、入属之人、相継謀避、自　上特為勧奨、又磨錬於科挙、然後、両班頗有来学者、今此各様武芸、用剣用槍之法、能中紀効新書規式者、別為論賞並試、於科挙以変沉痼難改之習、恐不無利益、答曰、観此啓、辞可見、卿不避人言尽心、職事之誠良用嘉焉、人言之如此、予已知之、

啓の前半では王朝の武芸の弛緩の状況を述べているが、李徳馨は各様の武芸の法は「紀効新書」によって論賞して、科挙を受けさせることを説いた。李徳馨は「紀効新書」による王朝の武芸の充実を意図したのである。

宣祖二十七年四月、国王は訓錬都監に其身残、力弱、体鈍、足重、年多の人を淘汰して、精壮の者を取って、必ず歩を伝習させよ、と命じている。(17)これは「紀効新書」巻六「比較武芸賞罰篇第六」の「凡平時各兵須学趨一気、不気喘、纔好如古人賚、以沙漸漸加之、臨敵去沙、自然軽便、是練足之力」に依拠している。(18)このように王朝は「紀効新書」を積極的に活用したが、王朝の「紀効新書」の理解には疑問がないわけではない。というのは宣祖二十七年三月、兵曹判書の李徳馨に国王が意見を求めた時、「紀効新書兵判解見乎、徳馨曰、未尽解」とあるからである。(19)前に宣祖二十六年十月、訓錬都監郎庁李自海が「紀効新書」の難解な箇所を明将に質そうとしていた。さらに宣祖二十七年三月の撫軍司状啓に次のようにある。(20)特に後者の備辺司の回啓に注意したい。

但訓誨之法、　朝廷不用五陣法、皆倣紀効新書之制、自此亦依此規、然後、庶無両処抵捂之弊、而一行既無新書、無所取、則紀効新書及槍手剣手、成才者、各二三人急急下送事、

そして備辺司の回啓にも次のようにある。(21)

槍剣手、則雖有一、二成才之人、而時未習熟、難於成陣訓誨、更加成就、然後、哨官一員、軍人並起送紀効新書、則巻帙支繁、未易暁見、令訓錬都監刪煩抄要謄書下送、上従之、

訓錬都監郎庁の李自海は、その後、明将から「紀効新書」の疑点の教示をえたと思うが、宣祖二十七年五月、訓錬都監が李自海と同職の韓嶠に「紀効新書」の撰出翻訳の完成を命じている。(22)

訓錬都監啓曰、郎庁韓嶠問、千総教師唐人、失其姓名在時、将紀効新書、専意学習、頃令専掌撰出翻訳之事、而渠有父母、以病俱歿、所任之無復、如嶠之尽解而能撰者、請起復給料、使之畢其役、伝曰、依啓、

翻訳を担当した韓嶠は栗谷の門に遊び、性理の学を講じ、「小学続編」「家礼補注」「四七図説」「洪範衍義」を編んだ当時の儒者で、兵書にも通暁していた。(23)李自海が明将に「紀効新書」の疑点を聞き得たのは、彼が兵書に通じていたからであり、韓嶠が選ばれて明の千総に就いて「紀効新書」を学習したのも同様の理由からである。

訓錬都監の啓は「千総教師唐人失其姓名」とあるが、同年一月、訓錬都監は明総兵駱尚志に武技の達者な二名の駐留を懇願した。その一人が、すなわち千総の聞愈であった。聞愈は戚継光に従い「紀効新書」の実際を熟知した人物であった。断定は控えるが、韓嶠が就いた唐兵教師の千総とは、聞愈かも知れない。

宣祖二十七年（一五九三）七月、宣祖王は遼東回咨の事について領議政の柳成竜の意見を聞き、請兵、請糧を決定したが、この時、山城修築のことを柳成竜に質問している。(24)

予亦於前曰、条陳計策時言之矣、修築山城亦是保民之道、而南原山城中止其役云、天下事、豈有無弊、而為之者哉、成竜曰、山城甚好、如水原・仁川・幸州等処観之、則可以知山城之不可不守也、上曰、彼賊攻城之器、甚是凶巧、平地城郭、決不可保如晋州之城、予嘗言其難守、卒果陥没如延安、則賊来者不多故能守矣、晋州将士、豈不及於延安、而見陥哉、賊若合攻、以我国城池、雖欲守之、予知其不能守矣、成竜曰、紀効新書中原城制、与前古異矣、古之攻城、或以雲梯衝車地道而已、此賊則多放鳥銃、使人不敢近而、任意攻之所以難守也、新書之城制、蓋為禦倭而設也、許儀後之疏云、関白先為土楼以攻城、最不可禦之云、此言是也、乃使軍人負土積成一楼、俯臨

城中、多設楯於其上、乱放鉄丸、故難守矣、辛慶晋之行、使為砲楼之制、而若土楼則難敵矣、至若山城、則非土楼所可攻、而鳥銃亦難仰而放之、守之似易、　上曰、南原府使趙誼不合守禦云、果何如耶、柳成竜曰、趙誼誠不合、李福男可以差送矣、

国王は山城の修築は保民の道であるのに、南原山城の役を中止したのは、天下に弊がないかと柳成竜に質問した。山城は水原・仁川・幸州に見るように甚だよく、山城の守りは大事であると柳成竜は答えた。また国王は賊の攻城の器は、甚だ凶巧であり、平地の城は晋州城のように保全できない。予は嘗て守備の難を説いたが、果たして陥没してしまった。延安の場合は賊勢が少ないために守備できた、と述べ、さらに国内の城池はどのようにして守備すればよいのかと、柳成竜に質問している。

ここで注目すべきは、柳成竜が「紀効新書」記載の城制により以下のように答えている点である。すなわち、「紀効新書」の城制は前古と異なる。中原の古の攻城は、専ら雲梯や衝車を用いたが、今の賊は鳥銃を多数放ち、敢えて接近せずに攻城するので守備が難しい。新書の城制は倭を防禦するものである。許儀後の疏に土楼の城は攻められないとあるのが、城の制である。したがって軍人に土を積ませて一楼を造り、城中を俯臨して、多数の楯上に鉄丸を乱放すれば守備し難い。慶州と晋州の辛は砲楼の制によって、土楼を造れば敵の攻撃を受けなかった。もし山城に土楼がなければ攻められ、あれば賊は鳥銃を仰いで放つために守備は容易い。つまり柳成竜は「紀効新書」によって山城に土楼を設ければ賊の攻撃が防禦できると国王に答えたのである。

唐兵教師は「紀効新書」に依拠して王朝の軍士を訓練した。そして訓錬都監は武芸の充実を期して明将の武芸に熟達した者の駐留を願った。朝鮮王朝の弛緩した戦備を考えれば、李自海や韓嶠が「紀効新書」を解釈したり、翻訳することは急務に相違ないが、王朝が真に必要としたのは机上の空論ではなく、戦場で役立つ実用としてである。した

がって「紀効新書」の講読だけではなく、武芸の実技を軍士が会得することが、何よりも必須であった。唐兵教師を招いて武芸を学習するのはそのためである。が、しかし王朝軍士の明国武芸の取得は簡単ではなく、紆余曲折があった。これも「紀効新書」の活用に他ならないので、以下、その状況を簡単に追ってみたい。

宣祖二十七年七月、国王は注書南以信を遣わして、唐兵教師の胡汝和・王大貴・李二・張六三を招いて宴を設けた。王朝の将士に武芸を教授してもらうためである。この時、教師等は教授にあたって、次のように述べた。(25)

注書南以信啓曰、臣進教師天将処致辞曰、今日節日也、寡君具簿物、遣近臣送呈、且令都監設酌、胡汝和・王大貴・李二・張六三倶出接曰、俺等練兵無效、而平時饋遺絡繹、今遣近臣設宴、多謝厚意、仍言曰器械不具、如長槍・三枝槍・筤筅等、物願加備、且本国中軍把筤等官、皆有職、武臣近来頗違、俺等節制、請依聞千摠例一聴節制、則庶可号令、若如前因循違誤、則俺等徒受　国王厚恩、而空留何益願、以此意、啓知、

問題の一つは長槍・三枝槍・筤筅等の器械が不足していること、他の一つは本国の中軍把総と聞愈千総の節制に頗る差異のあることである。唐兵教師等は聞愈千総の節制に従うとした。そして同月の伝には、王朝の将士は唐兵教師の節制に厳重に従うべきと見える。(26)

伝曰、観此教師差官之言、則軍中之解弛可知、極為駭愕、今後、令教師差官我国将官以下、違節制不用命者、一依軍法綑打事告、于差官兵曹・訓錬都監、亦知、委于将官以下兵曹、更為厳加約束、軍中以厳為主、違節制怠慢者、兵曹亦宜厳杖、言于兵曹訓錬都監、

すなわち、将官以下が唐兵教師の節制に違背なく武技を学習すべきを厳命したのである。冒頭には軍中の鮮弛は駭愕とあり、節制の違犯者は軍法にもとづいて厳罰に処すとある。明国の武芸を学習する王朝の並々ならない決意を明示している。

ところが、同月、兵曹判書沈忠謙の啓は、訓練の問題は軍中の弛緩や器械の不足ばかりではないことを述べている。(27)

兵曹判書沈忠謙啓曰、臣受任未久、因他務浩繁、其於練兵之事、未職遂日親、自操演毎勅常仕提調及各該将官、照旧施行、教師所謂軍律解弛、未知指為何事、極為驚駭、当初教師有聞愈手下胡汝和・王大貴二人、其後、李二者追到、又有駱参将逃軍張六三者、自劉捴兵営来到、無端以教師、自処一日所支米五升豆七升、日設虚名冒受、家丁馬匹料、於江監非但虚費甚多、挟娼作弊事、甚可悪、接待都監覚、其為逃軍減去、其料教師輩呈帖、于臣請因以教師待之、臣答以教師、既有　啓知之数、未敢擅便云、則六三以減料、疑臣所為昨昨授帖、於領議成柳成竜語、頗侵臣、至有進賢退奸等語、其譸張可恠、臣与領相相議、還給其料而不許、其仍留使通事厚待、以送其所不満之意、多出於此、且今教師輩欲受、其節制如待聞愈、聞愈乃有職将官、而人物与技芸、皆可観、此輩乃廝役賤卒、別無技能、臣之妄意、　国家恐不可以待、聞愈者待之、臣於錬兵一事、非不欲尽心、而性実愚暗処事、不敏区区素志、徒欲務実而反致天将不職之譏、惶恐待罪、且有所懐不敢不直達、伝曰、此曲折不能知之与天朝人何足較、但胡王二人、則国家初既不以為廝役賤卒、而待之以教師、使諸軍習焉、則其有職無職似不須論、如以為廝役無技能云、而待之賤悪則不如関遣之為、愈大凡人之学於彼者、只学其道而已、其人之貴賤似不係焉、挙大者而言之、

兵曹判書沈忠謙は明兵教師中には聞愈のように有職の将官で人物、技芸ともに優れた者もいるが、なかには雑従賤卒の輩で、武芸のない者がいると不満を述べている。

宣祖二十七年（一五九三）八月、備辺司は唐兵教師胡汝和等の意見を得て、武芸に習熟した兵士を旗隊総とし、旧熟した旗隊を各道に派遣して新兵を操練するとした。(28) しかし備辺司の啓によれば、糧食や兵士の確保が問題になっているが、この時、「急務長槍・筤筅・藤牌之類、作速整飾者、其説亦是矣、但当初物力蕩竭之時、許多器甲之、未備

者号衣長短之、不均者勢、難一時斉整、此則姑勿施行何如、答曰教師之言、不可不従、其中不至於甚難者施行矣」とあるように、訓練に使用する長槍・筤筅・藤牌及び器甲の類を早急に備えて唐兵教師の言に従って訓練を施行せよとある。ところが、兵曹は同月、武科別試の初試の問題を議している。(29)

兵曹啓曰、武科別試・初試規矩、既已落点啓下矣、但剣・槍・筤筅・藤牌・鎲鈀等技、外方時未暁習、非徒挙子不解其法、並与其器、而無之、為試官者、亦不知取之之法、至於刀槍両技、別無定規第其高下、極為無拠科挙至厳難以一時所見容易、等第何以為之、敢、稟、伝曰、断不可不試、或分送教師試取、

すなわち、兵曹は剣・槍・筤筅・藤牌・鎲鈀の武芸に習熟しておらず、器具がない。また未だ試官は試の方法を知らない。特に刀槍の両技も定規があるわけではなく、一時に行なうことは難しいと、これに対して国王は試の実行を命じ、教師を分送して試取せよと厳命している。

そして宣祖二十七年十月、備辺司は前兵使趙仁得が得た精兵四千名の操錬を「紀效新書」の束伍の法をもって行なえと黄海兵使李慶濬に命じた。(30)

備辺司啓曰、聞黄海前兵使趙仁得之言、在本道時、抄択精勇之兵、其数満於四千、此軍則緩急可以足用、而其中炮手成才者、亦数百云、仁得雖逓来、而新兵使李慶濬、必以此額操錬不廃矣、今人習見、壬辰以来兵興之後、士卒喜於潰散、以為我　国之軍性、本儒愞雖操錬難用於戦陣、此論一行一唱百和主、以錬兵之事、為無用之倶、而守令中、自以為高見者、尤不思操錬軍兵、習俗之難暁、而人心之惰愓如此、誠可寒心、今以中原之事、観之江南之兵、最号儒怯不如北方之健児、自古有言矣、故嘉靖年間、浙兵数千不能当一倭、誠若真不可敵及戚桂光以一偏裨之将、起於行伍設法操錬数年之後、浙兵之強甲、於天下至今所恃、以禦倭者、不在於燕代、而在於江南以此論之兵、豈有常勢哉、其強弱勇怯、唯在於将帥之運用如何、尓欲其軍卒之不為潰散、則其最所緊要処、唯在於束伍

紀効新書中所論、将家之事、其説多矣、然其精神尽在於束伍一篇、今人徒知多聚軍卒、則可以禦賊、而不知有束伍分部之法、故参差紊乱、不成頭緒、以此而可望於赴湯蹈火乎、故我　国士卒之善潰、其罪不在於士卒而在於将帥、其時不知有束伍之法故也、黄海道四千精兵、雖果驍健而、若但以名数依前紛雑不為束伍、則臨時亦不可用矣、李慶濬方為兵使継任、其責未知於治軍一事、及於念慮与否矣、然　朝廷不可不更加申飭、請別為下書、以前日趙仁得已抄精兵四千名、各以所在一処、及隣近之軍、分為隊伍一依紀効新書、使隊長統一隊使旗総統三隊、使哨将統三旗、平時依法、操錬考、其成才分等、啓聞其隊長旗総已上、皆以可堪統衆者差定成冊上送、旗隊統以下軍人、亦依紀効新書腰牌之規、令各自佩持使相識別、而不相混乱何如、且紀効新書束伍篇付巻、今已印出二件、為先下送而束伍解一欵、則臣等頗為翻訳務、令易曉、並為謄書下送、使之依放行之、此意監司処請並　下書　答曰、依啓、

王朝は「紀効新書」の束伍法に依拠して軍士を操錬したのである。すなわち、王朝の軍士は懦怯であり、戦陣に役立か疑問であること、かつて中原の江南の兵は北方の健児に及ばない兵士であったが、嘉靖年間（一五二二〜一五六六）、戚桂（継）光が行伍操練法を案出して、江南の兵が最強になったこと、兵の強弱勇怯は将帥の運用にあること、我が国兵士が善潰するのは将帥が「紀効新書」の束伍による隊卒編制の要領と、「紀効新書」の束伍篇付巻を印出した事実に触れている。

この年末、宣祖二十七年十二月、国王は明兵教師を各道に派遣して、砲・射・殺の三手技法を王朝の軍士に教習させ、兵士は哨軍、あるいは束伍軍を設置して、良民公私賤人の区別なく、壮を選んで充足させ、戚書の制、つまり「紀効新書」に依拠して教練させると明言した。(31)

遣教士于各道、訓習三手技法（砲射砍法）置哨軍時、京城設訓錬都監、募兵訓錬、而外方、亦置哨軍、或束伍軍、毋論良民公私賤人、選壮充額、束以戚書之制、教錬三手分遣、御史試閲、自是軍額、頗増益矣、本朝六軍之法、只抄良

民着籍給保、三人試芸、而授軍職、其技則弓矢、其陣法、則用　世祖大王所定陣書法、兵農不分、無事則上番京師、有事則属鎮管出征而巳、然而賤人従母之法久行、良民日縮、軍額大耗、至是、尽用公私賤人、入束伍、而戚氏之制、又与陣書異同、京軍則自官廩養、兵農巳分、外軍則既有本役、又入束伍無給保、無廩食、被抄者怨若、逃亡相継、為州県之弊矣、

改年した宣祖二十八年（一五九四）は、特に「紀効新書」の活用が際立っている。そこで宣祖二十八年三月の「備忘記」を引用したい。(32)

備忘記、伝于政院曰、朱千総依其執籌、可送于平安道、蓋唐官雖才高而意勤、在我無人則難期、其有效、不可不商量、而処之、且毎道共遣二員可也、至於寧辺、別送一派、未知如何、朱千総既往平壌、則一道之軍、自当総摂訓錬、何必於寧辺別送乎、且如是分送、而独無江原道、亦未知如何、且我国所習剣槍之術、乃其糟粕、所見齟齬、故別請教師、於経略之挙、初出於予意、正在於欲尽伝、中国剣槍之妙法、今若有司、悠悠泛泛、非予初意也、教師十二員中、精於剣槍諸芸二、三員、須留于京中、使都監諸軍、日夜学習、期伝白猿之術、

「備忘記」記載の本伝は、朱千総を平安道に分送すべきこと、あるいは唐兵教師がいても、我が方に人がいないと効果のないこと、寧辺と江原道への唐兵教師分送の有無と各道分送のこと、さらに我が国が学習する剣槍には齟齬があるので、特に教師を要請すること、国王の初意は明国剣槍の妙法の会得にあり、明兵教師の剣槍に詳しい二名を京中に滞留させ、都監と諸軍の兵士は日夜にわたって、白猿の術を学習し、明国剣槍の取得すべきを述べている。ここにいう白猿の術とは「紀効新書」巻十、長兵短用説篇第十に「白猿拖刀勢」の槍法を「乃伴輪詐回鎗法、逆転硬上騎龍順、歩纏欄崩、靠迎封接進、弄花鎗就是中平也破」と説明しているこれであろう。(33)

そして次の訓錬都監の啓は、教師の各道派遣には種々議論があったこと、京中滞留の武芸絶妙の教師は把総楊貴と

陳伯奇が冠たる者で、昨日、各芸を試したが、楊貴が最善で、双刀・偃月刀・槍筅の諸技は陳伯奇が優れていること、今来た教師の多くは、武芸絶妙の人はいない。王大貴らは夷にして及ばない。浙江の兵の各様武芸は、錬手錬足に習熟して、心担を練ることに努め、特に法があるわけではないが、浙江の兵の驍健者は、兵の運用に優れている。今の殺手の各兵は槍筅の扱いを知る者は少ないが、各譜を詳しく教示すれば熟練するから問題はない。要するに錬兵は賞罰を明白にして懈怠なく実行するだけである。

続けて啓は、各教師の評価と運用を説いている。すなわち、全羅道には唐人が多いから、招集して訓練すればよいが、李二・張六三は営陣の法を解さない。葉大潮は武芸人に優れ、かつて戚継光の軍中にあって、多くを見聞しているから、まず葉大潮を全羅道に赴かせた後、慶尚道の教訓を担当させてはどうか、京城においての火箭・火器の人は陳千総親丁の呉天明・呉守仁がいるが、陳千総応竜を慶尚道に派遣することを記している(34)。

訓錬都監啓曰、教師分道派遣事、昨日習陣罷後、更為斉会商議、則議論紛起、争詰未定、多般措辞、開論如是、磨錬以啓矣、但教師等、今雖下帰、而在我欲誠心、稜待着実、看事之人、則徒貽弊、往来而巳、此極可慮、所当別択、勤幹官員、帯同下去、有所料理経営、而恰当之人、亦未易得、更為商量、随後以啓、黄海道粗有錬兵之形、而教師無留住之処、頃日、問其形止於鄭光績、幸若請送、則在京人一二員可派遣矣、其中武芸絶妙之人、欲特留京城、教訓各哨軍兵、則把総楊貴・陳伯奇為其類之冠、昨日措辞、請観更試各芸、則楊貴最善於雙刀・偃月刀、至槍筅諸技、陳伯奇似勝、大概今来教師等、別無武芸特妙之人、俱是王大貴等夷、而或有不及者、浙兵各様武芸、元以錬手錬足熟之、而錬心胆為務而巳、似無別法、其中驍健者、則善為運用、観見似好矣、今殺手各兵、雖解操槍筅、而知譜解少、但当精教各譜、使至於錬熟、則自然無齟齬之弊、其要則惟在頻示賞罰、勤而不懈耳、全羅道地唐人多、如光・羅州等処、善為招集訓錬、則可以大挙、李二・張六三雖執籌如此、而二人不解営陣之法、葉大潮武芸勝人、曽従事於戚継光軍中、多有所聞見之事、葉大潮先往、全羅教訓、後及於慶尚、則何如、京城造火箭、火器之人、則陳千総親丁呉天明・呉守仁、不譲於陳応竜、故応竜派分慶尚道矣、

第三節　「紀効新書」の撮要

宣祖二十七年（一五九三）三月の備辺司の啓に「紀効新書」の巻帙支繁は理解できないが、同所の煩を削り要を抄した謄書を作成して、成才の人に下送するとあった。「紀効新書」の要点を纏めて明国の戦法や兵器を王朝の軍士に学習させるためであった。そして宣祖二十七年十二月の備辺司の啓に「紀効新書束伍篇付巻、今已印出二件、為先下送而束伍解一疑、則臣等頗為翻訳務、今易曉、並謄書下送、使之依放行之」とあり、さらにその後、宣祖二十八年（一五九四）六月にも「紀効新書」は訓錬都監で印行されている。(35)

備忘記曰、習陣節次、一依　天朝陣法、且以此作陣書印出、言訓錬都監、○訓錬都監都提調（都提調柳成竜・提調李徳馨・晬金・趙儆）啓曰、都監方抄紀効新書為撮要一巻、以便観覧、又抄操練変陣之法為一書、且逐条図画、使之一見了然、又別図各様器械、而詳解行用勢、譜於其下、分為三巻、始出初草、而其間多有証正講究曲折、未得速完、令承　上教、更加着力督成之意、敢啓、上曰、然則甚好、

「紀効新書」を撮要して一巻となし、また操練変陣法を抄して一書となし、逐条に図画して「紀効新書」の内容を一目了然とさせ、各様の器械は別に図示して、行用の勢を詳解し、その下に譜をつけて三巻本となしたのである。訓錬都監は便覧するため「紀効新書」を翻訳したが、啓の末尾の文言では、この初草本は証正講究が不十分と記している。

ちなみにソウル大学図書館蔵の奎章閣文庫に「紀効新書節要」の一書がある。『朝鮮図書解題』の子部・兵家類の説明は「明人戚継光の紀効新書に就き其煩を刪り其要を節し以て編輯せしものなり」と簡潔に記述しているだけで、どのような事情から、本書が何時刊行されたかなどには言及していない。(36) ソウル大学図書館本の「紀効新書節要」を見ると、巻首に「紀効新書節要目録」とあり、巻末に「紀効新書節要終」とあるだけで刊記がない。記述した「紀効新書」の移入と学習状況から、宣祖二十七年三月の成才の人に下送したものか、あるいは翌二十八年七月に訓錬都監が編輯したそれかも知れない。

朝鮮王朝は宣祖二十六年九月に「紀効新書」を得て以来、鋭意その研究と活用に専念し、同書から兵事の多くを学習した。当初、「紀効新書」の理解は深くなかったが、活用の幅が広がるにつれて理解が深まった。

宣祖二十八年六月の備辺司の啓は訓錬都監における「紀効新書」の講究を伝えている。(37)

備辺司啓曰、前日抄択有将来堂下武臣、学習紀効新書于訓錬都監、被抄者二十余人、其後因外任、出去者甚多、而年少武士中有志、自願来学者、連続有之、夫兵法亦豈有生知而不学者乎、故自古以名将見称者、無不先学兵法、苟使此路甚広、而人人興起於学習、則雖教百得一二、猶可応用、請更為加抄、啓下毎月一次、依平時、賓庁講書之例、聚会考講、且令兵曹一依唐陣之法、第其高下、以行賞罰、上従之、

備辺司の啓によれば、堂下年少の武臣を加抄して、毎月一回、庁において講書の例に倣って、「紀効新書」を考講するというのである。

そして翌七月の政院の伝は「紀効新書」の学習を文士に勧奨している。(38)

伝于政院曰、聞平壌有真定槍法・剣術、亦多端、槍法亦、豈可独学浙江一技、平壌善於真定槍法、数人令監司上送都監、殺手学習事、平日有文臣試射之規、変後全不為之、此何時文士、豈但弄柔翰而已、似当抄選勧奨如紀効

新書、頃日、令武士学習矣、文士、亦勧奨以為、他日儒将之用、尤好弁、言于訓錬都監、議啓、

この一年後、宣祖二十九年（一五九五）八月、体察副韓孝純は訓錬都監の教軍に用いるための「紀効新書」の給送を求めている。(39)

訓錬都監啓曰、体察副使韓孝純、要得紀効新書中朝継光所撰用以教軍、此則元戎幕府錬兵之地、給送若干件、以為講習之資、敢稟、伝曰、一件給送、

宣祖二十九年といえば、壬辰倭乱が勃発して五年目にあたっている。倭乱はこの後、宣祖三十一年（一五九七）まで継続するが、この間、明国の兵書「紀効新書」を徹底的に活用したのである。

注

（1）「宣祖実録」二二一七八頁。
（2）「宣祖実録」二二一七九頁。
（3）「宣祖実録」二二一一〇三頁。
（4）「宣祖実録」二二一一〇八頁。
（5）石原道博「壬辰丁酉倭乱と戚継光の新法」『朝鮮学報』第三七・三八輯、昭和四十一年。
（6）「宣祖実録」二二一一一三頁。
（7）「宣祖実録」二二一一二八頁。
（8）「宣祖実録」二二一一二八頁。
（9）「宣祖実録」二二一一三八頁。
（10）「西崖集」『古典国語全集』一二三、財団法人民族文学推進会、一九八四年。
（11）「宣祖実録」二三一一一二・一一一三頁。

(12)「軍門謄録」朝鮮総督府編　昭和八年。

(13)「筆記五編紀效新書」中華民国六十五年八月。

(14)「宣祖実録」二二一―二〇一頁。

(15)「宣祖実録」二二一―二〇五頁。

(16)「宣祖実録」二二一―二二〇・二二一頁。

(17)「宣祖実録」二二一―二〇五頁。

(18)「筆記五編紀效新書」(前掲)。

(19)「宣祖実録」二二一―二〇四頁。

(20)「宣祖実録」二二一―二四〇頁。

(21)「宣祖実録」二二一―二四〇頁。

(22)「宣祖実録」二二一―二七二頁。

(23)『朝鮮人名辞書』朝鮮総督府編、昭和十二年三月。

(24)「宣祖実録」二二一―三一四頁。

(25)「宣祖実録」二二一―三〇八頁。

(26)「宣祖実録」二二一―三〇八頁

(27)「宣祖実録」二二一―三〇九頁。

(28)「宣祖実録」二二一―三二〇頁。

(29)「宣祖実録」二二一―三三四頁。

(30)「宣祖実録」二二一―三八二頁。

(31)「宣祖修正実録」二五―六五三頁。

(32)「宣祖実録」二二一―四六六頁。

(33)「筆記五編紀效新書」(前掲)。

(34)「宣祖実録」二二―四六七頁。
(35)「宣祖実録」二二―五一〇頁。
(36)『朝鮮図書解題』朝鮮総督府編、大正八年。
(37)「宣祖実録」二二―五〇四頁。
(38)「宣祖実録」二二―五三七頁。
(39)「宣祖実録」二三―四六頁。

第四章　降倭懐柔策と鉄炮の伝播

第一節　伝統的降倭懐柔策の実施

朝鮮王朝は猛威を振るう鉄炮と日本刀に対抗するために鉄丸銃筒の鋳造と訓練を履行したが、必ずしも多大な成果を収めてはいない。そこで王朝は防禦体制の充実を期して明国の兵器と戚継光の「紀効新書」を学習して、豊臣秀吉の軍勢と対峙したが、それでも日本の鉄炮と日本刀に苦戦しなければならなかった。

開戦前後、宣祖王は連日、諸臣と倭賊防禦策を議した。宣祖二十五年（一五九一）五月、兵曹判書金応南らを引見して、豆只渡把守を論じたのもその一例に過ぎない。この時、諸臣はつぎのような意見を述べた。(1)

引見兵曹判書金応南副護軍李薦、左承旨盧稷、検閲金善余、金義元、合議、豆其渡把守事、薦曰、不過五六千可以把守、但今之軍兵、皆農夫、不習軍旅、且小臣秩卑、以臣領之、則必潰散、賊無他長技、惟鉄丸短兵而已、以生牛皮為防牌、則鉄丸可避矣、　上曰、各官可及造耶、応南曰、菱鉄黄海道為之可也、若到平壌当申飭将士、使無得槍掠人家、　上曰、李薦若無所帯軍兵、則以本道卒領如何、薦曰、欲与黄海道監司同行、上曰、与大臣議之、依李薦言施行、賜酒而罷、

すなわち、李薦は守備の兵の人数が少ない上に、軍兵は皆農夫の出身で、軍旅を習っていない。臣下が彼等を率いても、必ず敗退する。賊の長技は鉄丸短兵であるから、牛の生革で防牌を造れば防げるといい、金応南は菱鉄を黄海

道で造らせると述べている。国王は李薦の意見を施行するように命じた。

また柳成竜の「懲毖録」には、ある人の建議した防禦策が記されている。(2)

建議曰、賊善用槍刀、我無堅甲、而禦攻不能敵、当為満身甲、以厚鉄為之、長不膚被手、入賊陣賊則無隙可刺、而我向勝矣、衆曰、然、於是召募工匠、往軍器寺昼夜打造、

賊は槍や刀を巧みに使うが、我が方には、これを防ぐ堅甲がない。分厚い鉄の満身甲を造って、賊陣に入れば、賊は我々を刺すことができないから、勝利がえられるというのである。この意見を聞いた人々は納得し、多くの工匠が軍器寺に集められて、夜昼を継いで満身甲が製造された。分厚い甲を着用しては、重量に耐えられないばかりか、身動きも不自由だから、賊は殺せないと柳成竜は常識外れの満身甲の製造には強く反対した。(3)

余揚以為不可曰、与賊斗雲合鳥散、貴於捷、然既被満身甲厚、其重不可勝身、具不能運殺賊、

この他、王朝は弓射が特技であるから、防禦は弓矢によればよいと主張する者もいたが、(4)牛革の防牌といい、満身甲の製造といい、開戦前後の王朝の対日防禦論は、豊臣秀吉軍の鉄炮と日本刀の威力を正しく理解してはいない。

宣祖二十五年（一五九二）十月、備辺司は生擒倭人に関する処置の案を提出した。(5)

備辺司啓曰、今此生擒倭賊、非徒　天朝入見之、至於越辺佟参将亦知之、似当献俘都司而生致、以往恐有意外之事、請令承文院為文書、送于地方官佟参将如何、答曰、生擒倭献俘事、卒倭殺之無益、献俘而無益、予意、則銃筒製造放砲等事、及賊情、詳加誘問、或解剣術者、則問而伝習何如、再議処之、回啓曰、佟参将欲見生擒、昨日送之、則因留不還、必欲転報遼東、勢不可中止、請為呈文、仍送之、上従之、

国王は備辺司の案に対して捕虜とした倭は殺さず、また明国に献上する必要はないと述べ、彼等から銃筒（鉄炮の意）の製造や砲術と剣術の技を伝習すべきと説いている。中途半端な防御兵器に頼るより、日本の捕虜を懐柔して鉄

炮と刀剣の製造法を取得した方がより現実的である。ましてこうした懐柔策が壬辰倭乱以前、すでに王朝初世の太祖・定宗・太宗（一三九二〜一四一八）の倭寇対策として採用され、その後の伝統的な政策であることを考えると、その感がいっそう深い。(6) しかし伝統的な降倭懐柔策を実施して、日本の武器の用法と製造法を取得することは、それほど簡単に実現したわけではない。とりわけ新兵器の鉄炮の製造は試行錯誤が繰返されたのである。

壬辰・丁酉の倭乱における降倭の総数は数千人に及んだという。彼等は向化倭・帰順倭とも称され、戦乱のなかで幅広い活動を展開した。(7) 戦乱の経緯を考える場合、降倭の活動は重要であるが、本章では、とくに鉄炮の製造と用法の取得が降倭懐柔策のなかでどのように進展したのかを解明したい。

宣祖二十六年（一五九二）四月、豊臣軍と明軍との間で、竜山の停戦協定が結ばれて、豊臣軍が京城を撤去し、長期駐留のため慶尚道の釜山周辺に居陣したが、和議の間、豊臣軍は慶尚道の要地晋州城を攻略したり、示威保障の態勢を持続させていた。(8) 翌五月には参軍葉押の陣所に二十七名の倭人が投降してきた。(9) また同月、工曹判書韓応宣・同知中枢府事李徳馨の馳啓は「倭賊陸続投降」と投降倭人の続出を伝えている。(10) これら一連の現象は竜山の停戦協定の反映である。

前年宣祖二十五年十月、宣祖王は倭人の捕虜を活用して、日本の情勢をえ、また武器の用法取得を明言していたが、宣祖二十六年三月には倭人の捕虜の処置を述べている。(11)

上教曰、鳥銃之制、則已為伝習矣、焰硝煮取法、未能伝習、今次生擒倭人、知其煮法云、此倭殺之無益、宜貸其死、速令呉応林・蘇忠漢等率匠人、尽得其法、此意密言于兵曹判書李恒福、

すなわち、宣祖王は鳥銃（鉄炮の意）と焰硝の製造法が伝習できないのならば、今度捕虜にした倭人は焰硝の煮取に通暁しているから、無益に殺さず、速やかに呉王林と蘇忠漢が匠人を率いて倭人から製造法を取得せよと兵曹判書

李恒福に命じたのである。したがって前年、国王が揚言した降倭懐柔策は確実に実行されているのである。宣祖二十六年五月の降倭続出の際も、国王はこの懐柔策で対応したことが、同年六月の国王の教と、軍器寺の啓に明らかである。はじめに国王の、次に軍器寺の啓を示そう。(12)(13)

上教政院曰、前有生擒倭二名、一名煮取焰焇、一名造作鳥銃、煮焰焇者、送于寧辺、保授官人、自秋為始焰焇多数煮取、造鳥銃者送于産鉄某邑、亦令保授官人鳥銃多数造作事、言于軍器寺、議于提調、以啓、且聞其倭至今猶係足鎖云、若許不殺、則不必如是解鎖、何如、此意並問軍器提調、

軍器寺啓曰、降倭二名造出、焰焇・鳥銃之制、而率行於　大駕所到之処、似為不便、送于寧辺似合事、宜寧辺元戎所駐之地、凡百軍物造出不難、軍官及官人保授、自秋為始煮焰、優備取鉄造銃、極為便当、

前者の教によれば、倭人の捕虜一名を焰硝の、他の一名を鳥銃の製造に当たらせること、焰硝煮取の倭人を寧辺に送り、官人の保授をえて、秋から焰硝を多数煮取らせ、鳥銃製造の者は産鉄の邑に送り、やはり官人に保授させて多数の鳥銃を製造させることを軍器寺に伝えている。軍器寺ではこの問題を論議するが、命を受けた軍器寺では、捕虜の足鎖の処置を尋ねている。

後者の軍器寺の啓は、焰硝鳥銃造出の降倭二名は寧辺に送るのが適切であること。なぜならば寧辺の地は戎所で軍器製造は難しくないからであると述べ、共に秋から軍官と官人に保授させて製造させると答えている。

第二節　金徳澮臓物押領事件

ところで柳成竜は戦乱直前の軍器寺における火薬の在庫と兵器の焼失を伝えている。(14)

壬辰変前、軍器寺有火薬、二万七千斤、及賊入京、城中市民、先焚軍器寺与他器械、一夕煨燼、

戦乱の勃発と共に王朝では火薬二万七千斤と器械を悉く焼失したのであるが、こうした兵器損失の状況は、間もなく戦乱に見舞われる諸道の営鎮でも同じ状況を呈した。鉄丸の火炮が少ない上に、戦乱によって数多くの兵器を失った王朝は、こうした荒廃の中から鳥銃を含めた火炮と火薬の製造に着手しなければならなかったのである。

宣祖二十五年（一五九二）七月、謝恩使申点は欠乏する兵器と火薬を明国から入手すべきと啓した。[15]

> 謝　恩使申点啓曰、臣等（中略）且臣伏念、我　国兵器火薬、必多缺乏、不可不貿来、故臣与書状官鄭期、遠唐陵君洪純彦同議、逐以一行、免宴銀四十五両、及用余盤纏雑物貿得、弓角一千三百八片、焰焇二百斤以来矣、

啓には銀と雑物を以て弓角と焰硝を明国から輸すとある。灰尽に帰した火薬の量とは比ぶべくもないが、王朝は不足する火薬と兵器を明国との貿易によって補ったのである。それでも絶対量が不足するので、火薬の製造に降倭を動員したのである。王朝が日本の火薬と火炮に深い関心を寄せていた事実は、宣祖二十六年二月の金徳澮一味の臓物押領事件に明らかである。[16]

この事件の発端は、金徳澮所持の雑物から、玉帯と鉤と鉄丸が発見されたことにあった。果たして事件を究明すると、金徳澮らは附賊で委官の調査によると「金徳澮窮兇極悪、自初附賊、結為腹心、賊鋒所向、無不前導、金応灌与徳澮、久在賊中、凡百兇謀、無不預知、端男徳澮之子、安琢徳澮之同婿、並刑推」の罪状であった。委官の報告を受けた国王は、金徳澮らは賊状に詳しい筈だから「凡賊情及焰硝・鳥銃造作之法、刀剣取色之法、斯速一一」推問すべきと厳命した。賊勢の情報もさることながら、焰硝や鳥銃・倭刀の造法に、より深い関心があったと思わせるが、確かにそうなのである。

宣祖二十六年（一五九二）二月、委官は取調べの結果を国王に報告した。それによると、首魁金徳澮は、前年五月、

平義智（対馬・宗義智）の陣に入り、その後は小西行長に随行して平壌に至り、また金応灌は澮と行動を共にし、平壌では李徳馨が賊将と会見した際、賊の側にあり、徳澮の子金端男は直接事件に関与してはいないが、倭賊延時羅に従って、兇逆は応灌に異ならないなど、三者ともに始終附賊の状が明々白々であった。

そこで委官は案獄の常規に依拠して、すぐに極刑を執行すると上申したが、国王は「上曰、不須処殺、如賊情・賊将・軍器等一応事、詳細窮問後、殺之拿去推問」と答えた。つまり国王は賊の情勢・賊将及び軍器等について、なお詳しいことを窮問した上で刑に附せよと命じたのである。王命を受けた三省委官は、すぐに「賊情及兵器制造事反覆窮問」に移った。賊の情勢については三者が見聞したままを述べたが、「鳥銃鉄筒何以造作、火薬亦何以化成、在平壌所造幾何、亦令何匠人次知乎」の問には、金応灌も金端男も「不得知」と申し述べ、首魁の金徳澮だけが、次のように答えた。

且鳥銃鉄丸銃筒、一不造成、但以火薬如松烟墨者、盛之盤上、用刀柄砕之、擣於砧裏曰、以為事、此不知為何事也、

簡潔なのは裁判記録であるからと思うが、火薬の事はともかく鳥銃の鉄筒（砲身）は何を材料に製造するかとの尋問は、本来ならば鳥銃は鉄を材料に、どのような技法で製造されるのかを委官は問べきであろう。

以上のように附賊金徳澮一味の取調べの状況から、朝鮮王朝が日本の鳥銃、つまり鉄炮と火薬の造法に強い関心を持っていた事実が指摘できる。そして委官の尋問は王朝の鳥銃に対する理解の程度を示してさらに興味深い。

第三節　火炮製造策と降倭の処置

降倭が鳥銃製造のため鉄の産地に送られたのは、宣祖二十六年六月だから、降倭の処置は王朝の火炮製造策に歩調

を合わせたとみなせる。翌月、倭賊が朝鮮王朝は鳥銃を学ぶべきを次のように述べている。(17)

又曰、倭賊言、　天朝鳥銃長鎗為可畏云、貴国亦可学也、前日、開城倭賊擄貴国人民、造作銃筒云、貴国亦知此妙、而学之則必能矣、俺等出去、則貴国無所頼、速令訓習為佳、

すなわち、倭賊は明国の鳥銃と長槍は畏るべきものである。貴国はそれを学ぶべきである。前日、開城で倭賊が貴国人民を捕虜にして銃筒を造らせたという。したがって貴国は、すでに銃筒の妙を知っている。鳥銃を学べば、必ず効果がある。我々が去れば、貴国は頼るところがない。速やかに訓習すると佳であるというのである。

そして七月、備辺司が砲手の編成を啓したなかで明国の兵部員外郎劉黄裳の言葉を引用している。(18)

備辺司啓曰、禦敵之用、莫過於砲手、劉員外亦言、天朝鳥銃・長槍倭賊之所畏、伱国亦可学也、近日、我　国莫当、於賊鋒者、皆是物也、此不可不素習而、致諸用也、先設砲手二百名、勿論閑良公私賤、亦以朝官性勤者、抄択試放不能者退之、一如常時破陣軍之例、而令兵曹歩兵二名、依例給与以為衣食之資、此時民物散尽、不合急充姑以是立法、漸漸取試許補、

倭賊と劉黄裳は期せずして、王朝が明国の兵器、なかんずく鳥銃、つまり鉄炮の製造と訓錬を自主的に進めるべきと説いたのである。この両者の言は王朝の火器の不備を証言している。しかし王朝では、これ以前、降倭を鉄の産地に送って、鳥銃の製造に従事させ、また国力の疲弊をおして明国の駱参将の意見を入れて、火炮製造策に着手しているから、両者の意見は云わずもがなの感がある。もっとも備辺司は物力が空竭して火炮製造策が順調に進展していないと述べていたから、まだ効果が表れていないことも充分予想される。とすれば日中将士の言は、図らずも火炮製造策の進捗状況を述べているとも受取れる。

朝鮮王朝は宣祖二十六年（一五九二）三月、中外の軍士に鳥銃の学習を義務づけ、(19)同年七月には武科の試取に課し

ていた木箭の射技を新兵器の鳥銃に替える意向を表明してる。[20]そして「武科総要」は宣祖二十六年、東宮駐全州別試の初試の規矩を「鉄箭百三十歩・五矢三巡以上・騎射一次二中以上、若不中者、鳥銃三柄一中以上」とし、方法を「鳥銃一百歩、○毎一中給七分半、貫則倍給、○的長七尺・広二尺」と定めている。[21]威力のある鳥銃に対する王朝の思い入れの深さを示している。

宣祖二十六年の夏から秋にかけて竜山の停戦協定を反映して降倭が続出したが、この間、慶尚道の大丘（大邱）の営では降倭による傷害事件が発生している。この事件は接判使尹根寿らの馳啓によると、概要は次のようである。[22]

又曰、倭賊四名、詐降大丘営、一賊不意用刀、打副惣李寧之腿上而走、劉副将盛怒、持大剣走馬、追及砍賊及三段剉其臓腑之、又殺其三倭、

すなわち、倭賊四名が詐って大丘の営に降った。一賊が不意に刀で副惣李寧之の腿部を斬りつけて逃走した。劉副惣が激怒して、大剣を持ち騎馬で追い付き倭賊四名を殺したというのである。馳啓には倭賊四名が詐って投降したとあるから、当初から敵将を斃す意図が倭賊の狙いであったことは疑いあるまい。

こうした暴発降倭の行動は、王朝の降倭に対する警戒心を抱かせ、懐柔策に影響を与えたことは否めない。たとえば事件の日、国王は政院に「生擒倭速為行刑」と捕虜の速やかな行刑を命じたのも事件の反映に他ならない。[23]そして同日の備辺司の啓にも事件の影響が明白である。[24]

備辺司啓曰、被擄倭調于汝文等供辞、有先陥朝鮮、入拠其地、然後仍犯　中国、而　中国之兵、来救朝鮮、倭兵多死、故関白使之回来等語、報知経略無妨、　上曰、不須報之、報之則必取去此倭、此倭自称、能知鳥銃・焰焇之法、留使伝習可矣、回啓曰、伏見　聖批、其養鋭禦敵之意盛矣、但此賊別種兇毒之物、在我固、不可一日容於覆載之間、其包蔵兇悪、死猶未已、頃日劉副惣軍中之事、可以鑒矣、請即梟斬、上従之、○倭賊臨刑、奪行刑之

刀、斫傷観光之児、

すなわち、備辺司はこの倭は鳥銃と焔焇の法に通じているから、留めて伝習すべきところだが、兇毒の物である。最近、劉副惣の軍中の事件に鑑みて、梟斬すべきを主張し、国王もその説に従った。刑場に引出されたこの倭は刑吏の刀を奪って見物の児童を傷つけた。また同月の司憲府の啓には「生擒倭賊行刑時、宣伝官沈応裕押去、全不検察諸具致令凶賊奪人佩刀、斫所傷二人、将至死域、極為駭愕、請罷、上従之」とある。(25)

降倭のなかには王朝の懐柔策を知らずに捕虜となった者もいたに相違ない。いっぽう王朝側にしても国王の揚言した懐柔策の真意を誤解したりして、意図的な降倭の行動は別にして両者の不一致が降倭の暴発を招いたのであろう。この状況は越年した、宣祖二十七年（一五九三）二月の伝からも肯首できる。(26)

又伝曰、中国之将、則不殺生擒之倭、而我国之人、則擒輒殺之、以絶其投降之路、非但度量狭隘、縁此他国之技、不得伝習、前在永柔、偶得生擒倭二人、適皆迷下者、有司請殺之、予力止之、其一教煮焔焇、其一教造鳥銃、鳥銃者病死、焔焇者、今在寧辺矣、此其一験也、今因言端、偶及之、此意更議、今後生擒倭、兇狡難制者外、其余械送京師、或誘致納降、

伝は今後、捕虜は兇狡にして制し難い者の外は殺さずに、国王が捕虜を活用したようにして、他国の技を伝習せよと、宣祖二十五年（一五九二）十月に揚言した降倭の活用を繰返し、本国では捕虜を安易に殺してしまうが、これは降倭の路を絶つことになる。度量狭隘では他国の技術が伝習できない。さきに永柔で捕虜二名をえたが、処置に困って有司に下して殺すことを請うてきた。予はこれを止め一人を焔硝、他の一人を鳥銃の製造に活用した。鳥銃の者は病死したが、焔硝の者は、現在、寧辺にいる。これは他国の技術を伝習した一例である。したがって今後、捕虜の兇狡で制し難き者の外は、すぐに殺さず、京師に送り、あるいは納降誘致せよと述べているからである。

朝鮮王朝は宣祖二十六年二月、附賊金徳澮から火薬製造の方法を聞き出し、同年六月、焰硝煮取を特技とする降倭の消息が軍器寺の啓にみえ、さらに「懲毖録」では大豊孫が賊陣に入って火薬を製造した罪で江華島に流されたと伝えているから(27)、これらを契機に日本の焰硝の造法を伝習したに相違ない。焰硝取得の事実は次の宣祖二十六年（一五九二）九月の「備忘記」の記事が裏付けている(28)。

我国之技、不過控絃射矢而已、須及唐将在時、多抄年少可合之人、必学伝精鋭日日錬習、若一朝撤還追之、無及更難不学此一事、似為視之、悠悠宜各別用意程督一雖学百技、勇士如雲、非火薬決不可当、此焰焇一事、曾為留意、幸而伝習倭法、而唐焰焇海水煮成之法、則至今無人伝習、今宜各別、下令果能伝習、其海水煮成法者、則有職人陞堂上、其下、除授高職事、

この記事は王朝の武技は、ただ弓射のみであるから、唐（明）将が在国中に年少者を選んで、日々学習させることを述べた後に百技を学んでも、火薬がなければ当をえないと焰硝の重要性を指摘し、まだ明国の焰硝の製造法が取得できていないから命を下して伝習させ、伝習しえた職人を堂上に陞せ、その下の者には高職を授けるとある。ここで注目すべきは「曾為留意、幸而伝倭法」の文言である。すなわち、すでに王朝はこの時点、つまり宣祖二十六年九月以前に日本の焰硝の製造法を伝習している。倭の製造法が取得できたから「備忘記」は明国の焰硝製造法の伝習を強調したのである。

宣祖二十六年十月、国王は諸臣を引見して諸般の意見を聞いたが、やはり火薬の製造法に関心がある(29)。

上曰、如欲禦倭非火砲不可、而火薬難措中原、則海水煮取矣、前在定州時、試令煮取能煮者、令陞授堂上掛榜知会、而未有能煮者、何以則能使火薬足用乎、成竜曰、火薬極易、中原法則燥三歇五、我国則燥四歇二、休日例令伐木、煮焰如此、則火薬自尓多矣、且江華多有牧子、而別無所幹、令監牧官卒領煮取為当、完城君李憲国曰、

中宗朝有焰焇防納、且給価募聚矣、今則国儲已竭貿易極難、令城中之人、家家煮取可也、

柳成竜と完城君李憲国は焰硝に関する意見を述べているが、依然として明国の焰硝の製造法は取得できていない。打続く戦乱と武科の試取や訓錬都監などで消費する火薬の量は莫大で、常に焰硝は不足していたのである。一か月後、柳成竜は「無火薬極悶」と述べ、明国から火薬を入手すべきを主張し、また兵曹判書李恒福は「火薬已絶、軍器寺、只有三百斤、而皆不用之物云矣」と火薬不足の厳しい現実を伝えている。(30)

朝鮮王朝が火炮の製造策を実施するのは、宣祖二十六年六月であるから、鳥銃の製造時期も正式にいえばこの年月になるが、柳成竜の「再乞錬兵、且倣浙江器械、多造火炮諸具、以備後用状」の一条に「往時校書正字李自海、在開城府時、監造鳥銃、其精巧与倭銃無異」とある。「西崖先生年譜」では、この書状を宣祖二十六年六月としているから、李自海が鳥銃を監造したのは、それ以前である。(31)さきに倭賊が開城府の人民に鳥銃を造らせていた事実に触れた。「宣祖実録」は開城における鳥銃製造の記事を宣祖二十六年六月に収め、前日の出来事と書いている。前日とは柳成竜のいう、往時であるまいか。

第四節　倭銃製造の試行錯誤

豊臣秀吉の軍勢が進撃を続けて開城に入府するのは、宣祖二十六年五月であるから、この頃、開城府の人民は鳥銃を製造させられたのであろう。もとよりこの時、李自海が開城府に居たか定かではないが、居たとすれば鳥銃製造の技術を取得する機会があった。ともかく李自海が精巧な鳥銃を製造したのは、宣祖二十六年六月以前なのである。国力の疲弊から火炮製造策は順調ではなかった。宣祖二十六年八月、水軍の将李舜臣が正鉄の銃筒を進上している。李

舜臣の「封進火炮之状」を次に引用しょう。(32)

云々謹啓、為上送事、臣累経大戦、倭人鳥銃、所得優多為白乎等用良、常伴目前、験其妙理、則以体長之故、其穴深遂之故、炮気猛烈、触之者必砕、而我国勝字・双穴等銃筒段、体短穴浅、其猛不如倭筒、其声不雄乙仍手、同鳥銃乙、毎欲制造為白如乎、臣矣、軍官訓錬主簿鄭思竣、亦思得妙法、冶匠楽安・水軍李必従・順天私奴安成・避乱営居金海寺奴同之、巨済寺奴彦福等率良称、正鉄以打造為白乎亦中、体制甚工、炮丸之烈、一如鳥銃、其線穴挿火之具、雖似少異為白良置、数日内畢造、功役亦不甚難、舟師各浦良中、為先一様造作亦為白有在果、当今禦敵之備、莫過於此乙仍乎、同正鉄鳥銃五柄乙、監封上送為白去乎、朝廷以各道各官、並令制造為白乎矣、監造軍官鄭思竣、及同冶匠李必従等乙良、各別論賞、使之感動興起、争相效制為白乎去、忘料為白臣事是良尓、謹具啓聞、

万暦二十一年八月　日　　節度使冶李

この啓は、大戦で捕獲した倭銃の多かったこと、倭銃は砲身が長く、銃腔が深いから砲気が猛烈で、これに触れれば、必ず砕けてしまう。ところが、我が国の勝字・双穴などの銃筒は銃身が短く、穴が浅いために勢は倭銃に及ばない。軍官鄭思竣が妙法をえ、冶匠楽安・水軍李必従・順天私奴安成らを指揮して、正鉄の銃筒を製造した。その体制は甚だよく、また炮気の勢も強烈で、まるで鳥銃のようであった。ただ線穴と火縄挟の器具は、倭銃と多少異なったが、数日で製造を終えた。舟師の各浦で一様に製造させ、一柄を前巡察使権慄の処に送り、各官で製造させる。現今、鳥銃は禦敵の備えだから、今回完成した鳥銃五柄を監封上送する。朝廷では各道・各官に命じて鳥銃を製造させるべきとある。そして末尾では、この正鉄銃筒の製造に従事した軍官の鄭思竣と同冶匠李必従らの論賞を願っている。啓のなかには大戦でえた倭銃が多いとあるから、李舜臣の軍官らは日本の鉄炮を丹念に研究して、倭銃に近い鳥銃を完

成させたのである。

李舜臣の日記「乱中日記」は宣祖二十六年（一五九二）八月の鳥銃製造の事実を備忘書として簡潔に記している。[33]

一、正鉄銃筒、最関於戦用、而我国人、未詳其造作妙法、今者百尓思得、造出鳥筒則最妙於倭筒、唐人到陣、試於無不称善、則已得其妙、道内一様優造事、巡察使・兵使処、見様輸送、移牒知委為乎事、

「乱中日記」は、正鉄の銃筒は最も戦用に重要であるが、我が国の人は、未だに其製造法を詳しく知らない。熟慮の末、いま鳥銃を製造することができた。唐人の陣で試射したところ、唐人も驚く出来栄えなので、道内で一様に製造すべく見様を巡察使・兵使の処に輸送すると製造の状況を書いている。日記の「今者尓得造出鳥筒」の言は、まさに王朝における鳥銃製造の難しさを語っている。

なお、ここでこの戦乱に使用された日本の鉄炮を一瞥しておく必要があろう。なぜならば水軍の将李舜臣は豊臣秀吉の水軍との戦闘でえた鉄炮を製造の見本としたからである。

李舜臣は宣祖二十五年五月上旬、玉浦の海戦で豊臣氏の水軍三十余艘を撃破し、下旬には元均と共に泗川で、十三艘を焼崩し、翌六月上旬、唐項の海戦では亀井真矩の水軍を破り、さらに七月上旬には閑山島の海戦で脇坂安治の水軍を、続く同島の海戦でも七十三艘を撃破、安骨浦では九鬼水軍を攻撃し、九月に入ると転進して、釜山の水軍を攻撃した。陸において苦杯を喫した王朝軍は、李舜臣が海上に督戦して、多大な戦果を上げていたのである。[34] さきの宣祖二十六年十月付「封進火炮之状」の大戦とは、こうした一連の海戦を指している。

文禄二（宣祖二十七）年七月二十七日付、豊臣秀吉朱印状「唐嶋之内一城」の軍器注文の鉄炮百挺の内訳によると、この戦乱で豊臣軍が使用した鉄炮は各種あった。[35]

可ら嶋之内一城　　さつまの侍従
一、弐千人
一、百ちょう内　　てつはう
壱丁　大つゝ　五丁　廿目
五丁　五十目　拾丁　六文目
五丁　卅目　弐丁　十三文め
七拾弐丁　二文半目

表7　文禄二年七月二日付、豊臣秀吉朱印状「軍器注文」鉄炮玉目表

玉目	口径(mm)
50	33.039
30	26.994
20	23.582
13	20.482
6	15.786
2.5	11.790

この朱印状は薩摩島津氏宛だが、同日、加徳本城と端城を守備する安芸の小早川氏宛に同一の鉄炮内訳が収められている。鉄炮、すなわち、火縄銃の玉割は砲術の流派によって多少の差はあるものの、前掲の鉄炮注文の玉目を井上流によって示すと次表のようになる。(36)

冒頭の大筒は玉目を明記していないが、百目筒である。百目の玉割は口径四〇・三三九mm、重量があって置筒として使用され、火縄ではなく差火によって発火させる大型火炮である。鳥銃の所得は李舜臣の戦績から極めて多かったに相違ない。戦利品として上送された日本の鳥銃、つまり鉄炮は豊臣秀吉朱印状軍器注文に記載された鉄炮類なのである。こうした鉄炮が戦乱のなかで威力を発揮したが、その実況は浅野幸長の家臣が認めた「蔚山籠城覚書」に明らかである。(37)

一、船手之御衆並肥後守殿御衆、船ゟ鉄炮二三百挺、陸ゟ三丁計揚り、一立打申候処、唐人馬を入、船はた迄おったて、夫ゟ人数三手二分、唐人引取申候、
一、唐人のき申候ニ、唐人の死骸御帳ニ被付候処、蔚山の城廻り、並たいさん一里余り之内ニ、死骸一万七千余

御座候、死骸ニ鉄炮之薬をかけ、焼候而退申候、

李舜臣は完成させた正鉄の鳥銃五柄を監封して中央に送ったと書いているから、朝廷では、この鳥銃を参考にして製造を試みたに相違ない。ところが、宣祖二十六年（一五九二）十一月、宣祖王は新製した鳥銃を柳成竜に送り、鳥銃の必要性を説きながら製造の難しさを述べている。(38)

上教柳成竜曰、鳥銃者天下之神器也、第其蔵薬不易、而若或絶線、則已為敵矢所斃矣、予為此慮、偶作此銃一人手放、一人蔵薬、更出迭入其丸無窮、但草創制度不巧、今送于卿幸備一晒、自古中興之主、必以延攬英雄、務悦民心為急、不徒区区於器械之精備也、鳥銃之禦敵、雖関而若人君自論、其工拙、則不幾於昧本末之道者乎、況威天下不以兵革、今日務亶不任此、而為大臣者阿意承順黙無一言、可勝痛哉、

国王は鳥銃が天下の神器にも関わらず、火薬や火線の取扱が不首尾では、忽ち敵矢に斃される。そこで一人に炮放させ、一人に火薬を装填させ、さらに弾込めをさせてみた。ところが鳥銃は草創の制度だから巧に製造できないと述べている。国王親製の鳥銃は火薬や火線が素速く機能しないとあるから、機関部に欠陥があったのだろう。李舜臣が完成させた鳥銃も火線が倭銃と異なるとあったから、王朝は鳥銃の機関部の製造に苦慮したのである。

確かに王朝が鳥銃の製造に苦慮している状況は、宣祖二十六年十二月の備辺司の啓にもうかがえる。(39)

備辺司啓曰、制敵之要、莫急於器械、而我　国器械本不精利、経変之後、挙皆板蕩、弓箭焔焇造備事、則前者已為知委各道、而至火銃諸器、則時無打造之、令各様火器之中最要、於戦用者鳥銃為上、三穴銃筒次之、但鳥銃則制造極巧、如不得暁解精工、則難以粧造、三穴銃筒造作、不至甚難冶匠熟手人人、猶可為之、黄海道一道多産鉄物、令兵使打造、正月望前畢造開数、啓聞後、或留本道、或為取来、宜当非、但、黄海道如平安道・全羅道産鉄之邑、亦令本道監司卜定打造鉄丸、亦令造作、此意移文黄海兵使及平安・全羅監司何如、答曰、依啓、我国所造鳥銃、皆麤造無用、今勿如是、以倭鳥銃之精妙者、為准的一依其様製造可矣、

啓の冒頭では戦乱で器械類は板蕩して、すぐに火銃の諸器が製造できないと、宣祖二十六年七月の備辺司の啓と同じ内容を伝えている。啓はこの後、火器のなかで鳥銃が戦用に最たるものでありながら、機構が複雑なために鳥銃に暁解した精工をえなければ、製造は難しいと説き、とくに黄海道は鉄物が産出するから、そこで製造させると述べている。ここで注目したい箇所は、文末の部分、すなわち、我が国所造の鳥銃は、皆、麤造で無用である。だから今後は、倭の精巧な鳥銃に依拠して製造せよと、ある点である。王朝は降倭を活用し、また戦陣でえた多くの倭銃を研究して製造に努めたが、製造しえた鳥銃の数は少なく、多くは無用の鳥銃であった。

第五節　降倭の続出

宣祖二十七年三月、備辺司と国王の間で降倭の処置が問題とされた。(40)

備辺司啓曰、降倭非我族類之人、混処城中未安、或送於咸興・鏡城・寧辺等、使之教習放砲無妨、姑令属于竜山舟師将金友皐手下、訓習火砲焔焇等事、答曰、此倭乃砲手、其放砲之法、神速無比、亦能頗解刀槍等法、属訓錬都監給料、伝習不得已、然後隋後処置可也、不必過疑英雄手段、豈如是乎、

備辺司は始めに降倭は族類の人ではないから、城中の同陣は不安だと述べ、降倭は北方の咸興・鏡城・寧辺の地に送るか、舟師の配下に属させることを啓した。それに対して、此倭は放炮の法と刀槍の法に優れているから訓錬都監に配属させると答えている。そして宣祖二十七年（一五九三）四月、国王は再度、降倭殺害の無益を強調して、降倭懐柔策の推進を力説したのである。(41)

上曰、降倭之殺甚無益也、此意、予前已言之、金応端適不殺而、已成八、九名、金忠敏、亦有六名云、出来者必

須給粮、使不飢餓、亦当除職、以慰其心可也、倭国嗜殺、人皆自危苦、聞風則出来者、必多矣、多数誘出者、亦可論賞矣、成竜曰、降倭処空名告身、及青布巳下送矣、上曰、聞要叱只之言、則似非卒倭矣、

国王は前年の六月に公表した降倭懐柔策を確認し、金応端が八、九名、金忠敏が六名の降倭を誘出したと述べ、このように多数の降倭を誘出した者は論賞するとし、とくに降倭が多発する慶尚道では、兵使の手許に空名の告身と青布を下送して、兵使の専断で授職できる措置をとるなどして、降倭を歓迎しているのである。(42)

王朝の降倭歓迎策は捕虜の暴発を未然に防ぐ効果があったに相違ないが、宣祖二十七年三月、備辺司が国王に降倭は族類の人ではないから同陣は不安だと述べた懸念は容易く払拭できなかった。それは宣祖二十七年五月の宣伝官元宗義らの啓に次のようにあるからである。(43)

宣伝官元宗義賚有　旨、往都元帥処、回還書啓曰、探問賊勢、則降倭六十余人、分付於諸将、而其倭自持大小剣、常時則解佩収納、若戦闘之日、則還給、有名要叱其者、防禦使金応瑞軍官称号帯卒、別無反帰之意、但狡情巨測常慮不弛云矣、

すなわち、降倭は行動を警戒されて、戦闘の開始を待って、初めて佩剣が許されたのである。

宣祖二十七年四月の降倭歓迎策は日明の講和問題の情勢変化によって、同年六月ごろから消極的となったが、降倭が続出して王朝は対応に苦慮しなければならなかった。その状況は宣祖二十七年七月の司憲府の啓に明らかである。(44)

司憲府大司憲金宇順、執義申欽、掌令沈源河、持平李慶涵、朴承宗啓曰、降倭入城者多、至四十余人、而久不処置、任其行止、或徴酒食而少、不如意、則輒肆其毒、誠為痛惋、且嶺南列邑、無処無之、瀰満分布、漸至滋蔓、此豈喜有帰順之心、而然哉、出来之後、猶有桀驁陵慢之色、到処作弊人、不堪其苦、竊聞、頃者我軍与倭賊接戦時、降倭之為我前鋒者、馳入賊中、相話良久以出云、難測之状、於此可知蛇虺之種、終非我用養虎之患、不可不慮、議者、或以為当分送、于両界等

処、両界終無可虞之地耶、請　令備辺司急速処置、

啓は降倭の入城者が多く、接待に苦慮していること、瀰満した降倭に帰順の心があれば良いが、最近、我が軍の先鋒となる降倭のなかには倭賊と内通している者がいて、態度が計り難い。まさにこれらの降倭は蛇虺の種であり、養虎の患であるから、両界に分送することを備辺司は懇願している。

さらに宣祖二十七年（一五九三）八月、司憲府は慶尚道嶺南の降倭続出を啓している。[45]

司憲府啓曰、（中略）降倭久留城中、横行閭里、奪掠財物、人心驚惑、訛言屢勝、備辺司不即処置、請堂上郎庁推考、且聞嶺南降倭連続出来、而上来之際、沿途作弊之事、不可形言人、皆以為養虎遺患、亦備辺司十分量処俾、無後悔、上従之、

司憲府は降倭が久しく城中に止まって、閭里を横行し、財物を掠奪するために、人心が穏やかではない。また嶺南の降倭の上来は沿道に弊害があると指摘している。こうした状況に対して備辺司は、翌月、降倭の処置を啓して施行されている。この啓が前掲の司憲府の啓を受けたことはいうまでもあるまい。[46]

備辺司啓曰、降倭初欲入送于深僻処、皆令上送京中、仍送両界、其数已多、非徒道路伝送之際、貽弊多端、両界郡邑、一様残破、許多、降倭尽皆入送、亦非物力之所堪、今後来降而其才技、恭順可使者、留置陣中、其余則収其刀剣、入送于閑山島舟師所在分置、諸船以為格軍、如有情状、可疑者、令諸将登時善処、上従之、

降倭は都に送られるのが原則であったが、多数の降倭が都に向かえば、沿道の諸邑に弊害があった。そこで備辺司は降倭の京中上送は沿道伝送の弊害が過多だから、才技ある者は、そのまま陣中に留置し、それ以外の者は刀剣を没収して、閑山島の水軍基地に送るべきとしたのである。

次の備辺司の啓は、宣祖二十七年七月付だが、特技をもつ降倭の処置を伝えている。[47]

備辺司啓曰、降倭中解剣・槍・鳥銃・煮焔焇留置事、累次 下教、而先来四十七人中、惟也叱已最能、用剣・煮焔焇、当留置、而今聞李栄白之言、則一行倭人非此、倭勢難領卒云、故使之領去、而栄白来時、還帯来之意、已為分付矣、

すなわち、備辺司の啓によれば、降倭のなかで剣・槍・鳥銃・焔硝を解する者は京中に留置くとあり、降倭四十七人のなかで、とくに也叱已が剣と焔硝を解する者だから京中に留置するとある。降倭也叱已は訓錬都監に配属されて、倭刀の用法や焔硝の煮取りに従事したのであろう。前掲の司憲府と備辺司の両啓から考えて、特技を持たない降倭四十六名は北方の両界に分送されたり、舟師、すなわち、水軍に編入されたに相違ない。宣祖二十七年上旬における王朝の降倭に対する処置は、兵器の製造技術をもつ降倭を兵器製造の地か、訓錬都監、ないしは軍器寺に、そうでない者は辺境地帯の諸営鎮や水軍に編入したのである。王朝の降倭懐柔策は前年に比較すれば、一歩進んだのである。

李自海や李舜臣のように直接、降倭の手を借りない鳥銃の製造もあったが、降倭が兵器製造の地に送られたり、訓錬都監や軍器寺に配属されているから、やがて日本の鉄炮の用法や製造法が降倭の手を通じて王朝に伝播するのは、まさに時間の問題であった。

第六節　訓錬都監における鳥銃訓練の実情

鉄炮の用法と製造に熟達した降倭は訓錬都監に配属されたが、訓錬都監における鳥銃訓練の状況は宣祖二十七年三月の兵曹の啓にみえる。(48)

兵曹啓曰、訓錬都監練習之軍、鳥銃左右司、各一哨官、殺手左右司、各二哨、以此合為一営、設陣進退蹠、其行

列迭為出入、若使射手、各一哨、居鳥銃之後、殺手之前、敵至最遠、則以鳥銃之制、次以弓矢継之、迫近者以長短相制、則各様器械、無不兼具、而軍心有所恃矣、公私賤設科事、前日有、　伝教而尚未挙行規矩磨錬従速試取以入格之人、編入射手隊伍一様訓錬則勇力之人、無遺漏之患而軍勢漸盛矣、其中才芸出群者別為破格収用、或禁軍除授以為聳動之路、未為不可敢此並啓、伝曰、甚当、

それぞれ弓矢と刀剣と鳥銃の長短を考慮した訓練の方法であるが、こうした訓練には多量の鳥銃が必要であった。ところが、この段階では、まだ王朝では精巧な鳥銃の量産に成功していない。李舜臣の「命進鳥銃諭書」によって、宣祖二十六年（一五九二）十一月、彼が戦陣でえた倭銃を上送した事実が知れる。さらにこの諭書は、当時の軍器寺と訓錬都監が保有する鳥銃の数量と訓練の実情を次のように述べている。(49)

鳥銃在軍器寺及都監(訓錬)、合二百六十余柄、修葺破壊、次次分給訓之事、而軍士応募者、送日増加、勢難遍給、大抵器械不足、則難欲訓錬、必不能如意、聞本道前年舟師之戦、奪取賊銃、其数極多、往往竜頭、木架懐破之故、虚棄不収云、極為可惜、卿其収拾上送、

すなわち、諭書は軍器寺と訓錬都監が保有する鳥銃の数量を二百六十余柄、壊れた倭銃は修理を加えて、訓練の兵士に分給しているが、応募者が日々増加して、器械の不足から訓練ができないと記し、李舜臣は前年の海上戦で捕獲した龍頭や木架が破損している倭銃を収拾して上送したとある。

次の宣祖二十六年閏十一月の李舜臣の啓はこの諭書と関連している。(50)

承政院開折　　具銜臣李

去十月初三日、成貼右副承旨書状内、京中遺在倭銃筒、非但数少、唐将亦救(求)之、卿所得鳥銃、択其精好上送事有旨、及去十一月初七日、成貼左副承旨書状之内、聞朴晋之言、慶尚之人、雖得鳥銃、放炮則未知其法云、在京時

方教訓、卿其鳥銃上送事、有旨是白乎味書状是白乎等用良、倭鳥銃中抧其精好者参拾柄、監封上送為白去乎、詮次以善啓向教是事、

この啓の冒頭の十月三日、右副承旨の書状に「京中遺在倭銃筒、非但数少」とあるのは、諭書の二百六十余柄であり、李舜臣所得の鳥銃から、とくに精巧な物を選んで上送した物も王朝の命令があったからである。そして十一月七日の左副承旨の書状では、慶尚監司朴晋の言として、慶尚の人は鳥銃をえても、放炮の法を知らない。官では在京したときに放炮を教訓するので、やはり鳥銃の上送を李舜臣に命じている。李舜臣は命に従って、戦陣でえた精巧な鳥銃三十柄を監封上送した。王朝はまだ精巧な鳥銃の製造に成功していないから、訓練は王朝が製造した精巧でない鳥銃と戦闘で捕獲した倭銃によって実施する他なかったのである。

李舜臣の書状によれば、戦陣で捕獲した鳥銃は中央に送られ、訓錬都監や軍器寺で活用されている。ところが、宣祖二十七年（一五九三）二月の備辺司の啓の一節に「前日各陣所得鳥銃、皆送於元帥処、大半為応索天兵之資、今後、戦陣所得鳥銃濫一一収拾、各陣軍士逐日学習、漸次成才、一以教十、十以教百、其中特異者記名」とある。(51) この啓によれば、戦陣所得の鳥銃の多くは明国軍に送られたとあるが、続いて今後、戦陣で所得した鳥銃は一つの無駄もなく収拾して、各陣の軍士の鳥銃の訓練に充当して才を成せとある。さきの李舜臣の啓には、慶尚道監司朴晋の言として、慶尚の人は鳥銃をえても放炮の法を知らないとあった。この啓を契機に慶尚道にも鳥銃が下送されて、鳥銃の学習が実施されたであろうが、慶尚道の例に洩れず、諸道は中央以上に鳥銃の不足が目立つた。たとえば、宣祖二十七年三月、江原道観察使尹承吉が王命によって江原道の錬兵の現状を述べたなかに、鳥銃不足の状況が明記されている。(52)

上御便殿引見、江原道観察使尹承吉、上曰、卿赴任凡事、尽力為之、如錬兵等事宜法、平安監司可也、（時李元翼為平安監司、民甚便之錬兵等事、亦称上意故特褒之使為他人標準也）承吉対曰、竊欲竭力為之、而只恐才不建也、　上曰、勧耕亦須勉之、承吉曰、方今最急

之事、唯在錬兵勧耕、而民必有食、然後、可做他事、則勧耕尤為最急、本道在平時、素是凋残之地、而当此之時、餓莩相望耕農等事、尤宜汲汲種子全乏処、臣下去当尽力措置、但錬兵一事、以備辺司公事見之、則砲手教訓之数、大邑二百名、中邑一百名、小邑五十名、大概分定矣、此数雖不得一時処充而、若募得十名、則当用鳥銃十柄、百名則百柄、而本道時無一柄云、器械措備之間、教訓砲手恐或遅延、

鳥銃の不足を補うため備辺司は、砲手教訓の定数を大邑では二百名、中邑では百名、小邑では五十名とした。備辺司の砲手教訓の公事に対して江原道監司尹承吉は、この定数を一時にはえられないが、もし十名をえれば鳥銃十柄を、百名をえれば鳥銃百柄を用いて教訓するが、本道、つまり江原道では鳥銃が一柄もないから、器械を備えるまで砲手の教訓は遅延すると答えている。

宣祖二十六年（一五九二）八月に設置された訓錬都監と諸道における鳥銃の訓錬は、鳥銃の不足から大規模には進められなかった。そこで備辺司は宣祖二十七年三月、次の事目の公布を啓した。(53)

備辺司啓曰、近者別設都監、訓錬火砲当初議者、皆以為齟齬難成、数月之後、亦頗有効、其中成材者、与浙江之善手者無異、以此知錬兵之、不可不為也、但生財之路已竭継餉之策、末由惟当另為方便、経費之外、措置軍食、然後軍兵可聚忠清道寺刹凡四十余処、其位田、皆為空閑無用之物、或為奸民所冒、秋来所獲尽入於私、他道位田、姑不可尽属請、忠清道寺社位田限数年錬兵間、尽属於訓錬都監、給民耕作秋成之後、別遣郎庁摘奸災実計数収入、以為軍食、且外方監兵使水営、及各官各以人衆多寡随、便招集願為砲手之人教習、放砲一依近日訓錬都監勧奨之規、其有成材者分其優等、或為禁軍、或免賤免役使人楽属其間、監司守令兵水使、如有尽心、訓誨灼有成効者、朝廷別加褒賞、不勤奉行而成財数少者、輙加譴罰、則四方聞風、不多日内、砲手成群矣、且交戦之際、鳥銃最為利器、近日、都監所用鳥銃、皆収拾倭物、其数不多、而往往破毀日至耗少、雖欲分教四方之人、若無利器、何以

成効、若択取京中善手鉄匠五、六人来習、於都監芸成之後、分送於黄海・忠清沿海、各官炭鉄有裕処、設都会連続打造、因使精巧勤幹暁解鳥銃之人、為守令専掌其事、責其成效則鳥銃之用、其路日、広而人無不習、此等条件、皆係今日之急務、請別為事目広布、中外刻日、施行、上従之、

すなわち、備辺司は訓練の充実を意図して二つの事項、忠清道内の寺刹四十余所の位田を錬兵の数年間、訓錬都監に所属する軍士の軍食に充てること、それに火炮・鳥銃・教誨・製造のことを建議したのである。

ここでも「近日、（訓錬）都監所用鳥銃、皆収拾倭物、其数不多而、往往破毀、日至耗少、雖欲分教四方之人、若無利器、何以成效」と鳥銃の不足を述べている。それ以下が建議の内容である。つまり備辺司は京中の善手の鉄匠五、六人を選んで、都監で鳥銃の製造技術を教え、鉄匠が技術を取得した後、黄海・忠清沿海の産鉄地に分送し、そこの守令には鳥銃に暁解した人物を任命して、都会を専掌させ、連続して鳥銃を製造させれば、訓練が順調に行なえるとしたのである。そしてこれらは今日の急務だと備辺司は啓を結び、国王は備辺司の啓に従った。

宣祖二十七年（一五九三）四月、柳成竜は軍兵の訓練を啓した。三月の備辺司の啓と重複する部分もあるが、訓練の実態が詳しいので全文を示そう。(54)

請訓錬軍兵啓甲午春

国家遭此無前之禍、今欲治兵制敵、以為恢復之計、其勢可謂難矣、若非振励奮発、朝廷上下、労心焦思、共惜分陰、則日月易過、事機愈遠、将有無窮之悔矣、今之至重至急者、莫過於錬兵一事、兵若未錬、則雖有人丁百万、此如駆羊攻虎、其不格明矣、近者別設都監、訓錬火砲、当初議者、皆以為疎闊難成、数月之後、亦頗有效、其中成材者、与浙江之善手者無異、以此知訓錬之不可不為也、誠使糧餉有余、而広為招募、分部定将、画為一定之規、昼夜訓錬、不至中廃、一月当有一月之功、一年当有一年之功、数年之後、皆成節制之師、器械倶備、糧餉粗完、

国耻可雪、而賊患可禦矣、不然而因循婾婀、如日将暮、今日不為、明日不為、日趨於危難之地、雖有智者、莫能善其後矣、今者生財之路已竭、継餉之策末由、唯当別為方便、於経費之外、措置軍食、然後軍兵可聚、忠清道寺刹、凡四十余処、其位田、皆空閑無用之物、或為奸民所冒占、而秋来所穫、尽入於私、極為可惜、他道位田、姑不可尽属、請忠清道寺社位田、限数年錬兵間、尽属於訓錬都監、給民耕作、秋成之後、別遣郎庁、摘奸灾実、計数収入、以為軍食、如成均館学田養士之例、則軍餉可継矣、且外方監兵使・水営及各官、各以人衆多寡、随便招集、願為砲手之人、教習放砲、一依近日訓錬都監勧奨之規、其有成材者、分其優等、或為禁軍、或免賤免役、使人楽属其間、監司・守令・兵水使、如有尽心訓誨、的有成效者、朝廷別如褒賞、怠慢不勤奉行、成材数少、而教誨無效者、輒施譴罰、則四方聞風、不多日内、砲手成群矣、但守城・守険・攻塁・破堅、当用大砲、至於交戦之際、鳥銃最為利器、如我国前日所有勝字銃筒者、則紀效新書所載快槍之類、新書云、鳥銃命中穿楊之妙、五倍於弓矢、而十倍於快槍、北人性坌、不耐学習、毎以快槍、勝於鳥銃、恐此説行、於南方云云、今之所謂勝字銃筒、只可虚放以助軍声、不可以命中、而我国之人、猶執勝字、勝於鳥銃之説、不務学習、其亦北人性坌之類也、但鳥銃為器、極為精巧、造作甚難、故紀效新書、亦以一月鑽穴為上、是鳥銃一柄、用一人一月之力、然後方為可用、其難成而可貴也、如此、近日、都監所用鳥銃、皆収拾倭物、其数不多、而往往破毀、日至耗少、雖欲分教四方之人、若無利器、則何以成效、近日、都監有匠人一名、自開城府来到、精於製造鳥銃、而縁無事力、至如炭石鉄物、皆不具、故不能新造、砲手五百余名所持者、大半三穴・勝字而已、頃者砲手二十名、已下於金徳齢陣中、各持鳥銃而去、今又欲加送数十人、鳥銃之留在都監者益少、将何以錬習哉、若択取京中善手鉄匠五、六人、来習於都監、匠人芸成之後、分送黄海道忠清道・海辺、各官炭鉄有裕処、為都会連続打造、使精巧勤幹暁解鳥銃之人、為守令、専掌其事、責其成效、則鳥銃之用、其路曰広、而人無不習、此等条件、皆係今日急務、請別為事目、広布中外、

刻日施行、何如、

とくに、啓の後半部分に注意したい。すなわち、柳成竜は守城・守険・攻塁・破堅には大砲を用いるべきだが、交戦には鳥銃が利器である。我が国が保有している勝字銃筒は「紀効新書」にみえる快槍の類である。快槍に比較して鳥銃は五倍、弓矢には十倍の威力がある。中国の北人は快槍を学習しないから、快槍が鳥銃に優れていると説くのは中国の南方の人である。現今の勝字銃筒は、ただ虚を放って軍声を助けるのみで命中しない。それにも関わらず、我が国の人は、なお勝字銃筒が鳥銃に優れているとみなして学習に努めない。これはまさしく中国の北人が威力のある快槍を学習しない態度と同様である。ただし鳥銃の器は極めて精巧で造作が難しい。たとえば「紀効新書」は一か月を費やして銃身を鑽穴するとあるから、鳥銃一柄を造るには、一人が一か月の力をかけた後、はじめて使用できるのである。鳥銃の製造は難しいが、とにかく貴重な兵器であることは間違いない。ところが、近日、訓錬都監が保有する鳥銃は、殆ど倭物であり、なおかつその数は多くなく、破毀の鳥銃も多々あり、日々の消耗も目立っている。王朝全土に鳥銃の分教を命じても利器がなければ、効果を顕すことができない。近日、開城府から来た都監の匠人が精巧な鳥銃を製造しようとしたところ、材料の炭石や鉄物がなく新造できなかった。都監の砲手五百名が所持する火炮の大半は三穴・勝字銃筒である。また最近、都監の砲手二十名を金徳齢の陣中に鳥銃を持たせて送り、さらに数十名の砲手の加送を願っている。都監が保有する鳥銃の量は、益々少なく、どのように練習すればよいのかと述べ、このあと柳成竜の啓は備辺司の啓にみえた施策の実施を願っている。

柳成竜は鉄物と炭石が不足して鳥銃が新造できないと述べている。したがって鳥銃の製造は技術的な問題だけではなく、材料の欠如も鳥銃製造の大きな障害になったとみなければなるまい。訓錬都監には鳥銃の製造と用法に熟達した降倭が所属していたが、柳成竜の啓には、開城府から来た匠人は精巧な鳥銃を製造するとあるから、降倭に限らず、王朝の匠人も集められたようである。

この月、国王は李徳馨に鳥銃一柄を与えた。李徳馨が炮放・刀槍の訓練に成果をあげたからである。この時、「上曰、我国若勤教錬、則亦何有不能学之理哉、仍山孫所造鳥銃賜李徳馨曰、此山孫之製造好矣、卿宜持去」と、李徳馨に与えた鳥銃の製造者の名を国王があげている。(55)恐らく山孫なる人物は呼び名から判断して、王朝の匠人というより降倭であろう。この二月、国王は狂暴で制し難い降倭以外は投降を受入れ、倭の特技を伝習せよと明言しているから、山孫は降倭の可能性が濃厚である。鳥銃製造の特技を持った山孫は、訓錬都監か軍器寺に属して鳥銃製造を指導し、また自らも鳥銃を製造したに相違あるまい。

なお、山孫の日本名は不明だが、韓国語ではSANSONと発音するから、三蔵にあてることもできる。ただしこれは憶測にすぎない。

このように王朝は鳥銃の製造技術を持った王朝の匠人や降倭を軍器寺や訓錬都監に集めて鳥銃を製造した。しかし鳥銃の製造は技術と材料の問題から順調に進んでいない。柳成竜は銃身の鑽穴は「紀効新書」によると一人で一か月を費やさなければ加工できないと述べていた。王朝がどのように銃身の穿孔を行なったか不明だが、「紀効新書」は訓練だけではなく、火器を含めた器械製造の教本にもなっているから、こうした方法を採用したかも知れない。柳成竜は啓のなかで訓練の砲手の人数を五百名と記している。「紀効新書」の言でいえば、砲手全員の鳥銃を造るには、工匠五百人が一か月を費やさなければならない勘定になる。訓錬都監や軍器寺にどれくらいの鳥銃の工匠が召集されていたか分らないが、とにかく多くの鳥銃を製造するには大きな労力と資材が必要であったのである。

宣祖二十七年（一五九三）三月の備辺司の啓は「制敵之技、莫如炮手、所当急急操錬鳥銃、雖未多得三眼槍・勝字銃筒相雑習放」と伝え、(56)柳成竜の啓は、大半は三穴と勝字銃筒と述べ、訓錬都監における訓練は銃筒と鳥銃をまじえて行なっていると語っていた。備辺司と柳成竜は京中の鉄匠に鳥銃製造の技術を教授した後、産鉄地に分送して、地方でも鳥銃の製造を進めるべきと啓した。ところが、翌宣祖二十八年（一五九四）二月、黄海道観察使光績の啓は、鳥銃製造の難しさを次のように述べている。(57)

黄海道観察使鄭光績啓曰、錬兵一事為当今急務、而外方守令不閑軍務之事昧、於操錬之法、生疎齟齬成就無期、誠為可慮、臣議于訓錬都監堂上李徳馨則以為行護軍呉応鼎、久於中軍之任、稍解錬兵之規、而今以砲殺手試才事、帰在海州、仍留数三朔使之訓錬軍卒、則不無所益云、呉応鼎請、以軍官帯卒、以責錬兵之任、且鳥銃試放、必器具精緻、火薬優備、然後、平時庶可錬卒、臨戦足以制敵、竊聞、本道所造、僅成形体、而失其制度、火薬則遺在絶乏、不得習放云、請令都監京匠人中、能煮焰焇、善造鳥銃者、各数人、急急下送、除治戎器、以備戦用如何、伝曰、依啓、

すなわち、観察使光績は、錬兵のことを種々述べた後、鳥銃試放に言及しているのである。光績は鳥銃試放の器具は、まず精緻でなければならないし、火薬も備えなければ、平時における訓練はできない。そこで黄海道の実情をみると、果たして本道で造られる鳥銃は制度を失い、かつ火薬も乏しい。これでは習放ができないから、京匠人のなかで焰硝と鳥銃の製造に優れた者を下送して欲しいと、訓錬都監に懇願しているのである。

柳成竜と備辺司の啓では訓錬都監で京中善手の鉄匠に鳥銃製造の技術を取得させて、産鉄地に送るとあった。しかし中央の訓錬都監や軍器寺でさえ鳥銃に不足を来し、工匠の人員も多くはなく、鳥銃の多造は、決して順調ではない。その上、産鉄地は平安・黄海・忠清・全羅の諸道に分散しており、それぞれに投入できる工匠の養成が進んでいない結果と、黄海道観察使光績の啓は読取ることができる。

第七節　投順軍の創設と降倭の忠節

宣祖二十七年上旬から翌二十八年初頭の鳥銃製造の様態をみたが、それではこの間と、その後の降倭に対する政策はどのように展開したのであろうか、さきの宣祖二十七年四月の国王の言に「要叱只言、則似非卒倭矣」と降倭の消息があった。要叱只は翌五月の宣伝官らの啓に「有名要叱其者、防禦使金応瑞軍官称号帯卒、別無反帰之意」と伝えており(58)、防禦使金応瑞の軍官と称し、つねに防禦使に随行して反意がない人物とみえる。そして宣祖二十七年八月、国王は「降倭要叱出来、此非尋常倭卒、優待可也、我国待降倭甚薄、彼必生異心矣」と要叱只を優待すべきと述べた(59)。要叱只が王朝の優待策を受入れて王朝に忠誠を尽したことは、宣祖三十年（一五九六）十一月の権慄の状啓に窺える(60)。

権慄状啓、立功自效金応端馳報内、咸安屯賊、夜斫之後、依元帥伝令、領軍将向雲峯、而因降倭、賞物賚来、宣伝官印元忱、聞有　召命、停行治装之際、又聞、倭賊万余名、自雲峯、踰入咸陽、直下山陰・三嘉等処、応瑞即卒軍兵、与降倭、或由径路、或由直路、分道馳進、則本賊、自山陰、直下宜寧、半渡鼎津、　天兵数十人適到、与戦士・降倭等及前県監李瀞之軍合勢、一時突入薄戦、射矢如雨、賊多中箭、棄甲退北、我軍酣戦、不覚襲没、賊以馬兵趕到圍抱、我軍兵与　天兵数十人、並入圍中、幾不得脱、降倭及戦士、　天兵等、血戦潰圍、出身楊淵、力戦而死、副正鄭夢星、満身逢剣、左右手掌、皆逢刃、一指断絶、降倭孫時老、逢丸、自左乳下貫、出右膝下、命時不絶、降倭延時老、落馬逢剣即死、副正林玉青、逢剣暫傷、　天兵与降倭等、所斬多至七十余級、而奔遑進退之間、幾尽散失、　天兵斬二級、倹僉知沙古汝武斬二級、訓錬副正李雲、降倭同知要叱其、僉知沙也加、降倭念之、各斬一級、倭旗紅白黒白、大小旗三面、槍一柄、剣十五柄、鳥銃二柄、牛四首、馬一匹、我　国被擄人百余名奪来、且出身楊淵三和之人也、

宣祖三十年十月、金応瑞は降倭を率いて山陰から宣寧に直進して、洛東江の鼎津を渡河した豊臣軍と交戦した。権慄の状啓は、この激戦の有様を活写しているが、ここで斬首の功名があった降倭のなかに同知要叱只の名が記されている。

国王が要叱只の優待を述べた一か月後、宣祖二十七年（一五九三）九月、備辺司の啓に降倭也汝文のことがみえる。[61]

備辺司啓曰、降倭也汝文、取招時見之、則頗有計慮、如此之人、似当厚待、以繫其心、令該司、急速措給衣服・笠子等物、且授司正告身、而刑曹賊人妻給配、使之慰喜尽力、如何、答曰、依啓、

右の啓によれば、也汝文は計略のある人物と認められ、衣服や笠子、司正の告身、妻を給される厚遇をえている。そしてその後、宣祖三十二年（一五九八）四月、降倭也汝文は戦馬・衣資・弓箭・火薬・鳥銃を支給され、北方の咸鏡道の防備に従事している。[62]

洛東江の鼎津の戦いに活躍した降倭は、働きに応じて、要叱只や也汝文とおなじ厚遇をえたに相違ない。当初、捕虜や降倭のなかには、反意を抱いて投降したり、処置の不安から暴発する者が少なくなかったが、国王が降倭の活用を基調とした降倭懐柔策を貫徹したため、しだいに効果があらわれ、要叱只や也汝文のような王朝に忠節を励む降倭が増加したのである。

この点から、宣祖二十七年十月の投順軍創設は注目すべきである。[63]

備忘記曰、側聞京畿両湖等処、土賊処処屯結、官軍不能討、此乃肘腋之疾、非細慮也、自古黄巾・赤眉、莫不因微、而起終至滔天、況今　国勢危、如綴旒、不可不致遠慮、前日所教撫恤降倭、別作一隊事、人固駭之、而不無

其意也、昨日本司、始以李栄白定将、領卒降倭、甚善、然五、六之倭、緩急何急、宜稍増其数、別択勇鋭、而性順者、令栄白領之、恒加撫恤、名之曰、投順軍、常時、亦参於習陣如何、至於出身武士、多散在外方、亦宜招集京師、除授禁軍可也、如此等事、留意処之、議啓、言于備辺司、

「備忘記」は京畿の両湖で土賊が蜂起したが、官軍の武力では鎮圧できないので、降倭の集団で一隊をつくり、宣伝官李栄白に統率させて、土賊を討伐させるとあり、この部隊に因んで投順軍と名付けたとある。投順軍の創設は降倭が王朝国内の土賊鎮圧に巧に利用されたことを示しているが、この事実は降倭が王朝の内部にあってしだいに重要な役割を担いつつあることを物語っている。

朝鮮王朝にとって降倭が意義深い存在であったことは、翌宣祖二十八年（一五九四）正月の国王の政院の伝からもうかがえる。(64)

伝于政院曰、倭人用剣、児童抄出伝習事、前日伝教矣、慶尚監司処、有倭将称号倭来降者、其倭能於用剣、非卒倭之比、此倭斯速上京、除職厚撫、使之教誨如何、且其倭頗知日本事情、不可不上京而詳問之、非卒倭之人、賊窟近処留置、亦恐有意外之慮、与備辺司同議為之之意、言于訓錬都監、

すなわち、慶尚監司の処に倭将が投降してきた。この倭は剣をよくすること、卒倭の比ではない。だからこの倭を速やかに上京させて、職を授け、剣術を教授させてはどうか、さらに日本の事情にも精通しているから、それについても詳問すべきである。賊陣の近くに留置して意外があるといけないと述べている。

降倭山所祐は宣祖二十八年七月、国王から熟馬一匹を賜わった。(65)右の政院への伝の「倭人用剣、児童抄出伝習事」を褒賞されたのである。前年、宣祖二十七年七月、備辺司の啓は倭人の剣術学習の状況を伝えている。(66)

訓錬都監議処、倭人剣術学習事、近因多事、未得挙行、然於降倭中、如有能用剣者、令都監別為伝習、

そして、次の「備忘記」の記事によると、同年十二月、倭剣の学習が論議されている。(67)

備忘記曰、我国之習、不喜学他国之技、或反撓之、倭人剣術所向無敵、前日、降倭多数出来時、其中多有用剣極抄者、抄択可人、定将学習、別為一隊事、或伝教、或親教、不一不再、終不施、皆散遣、其倭讐賊未退、而時習、如此可歎、今吏判李徳馨在都監、足以有為、若抄出一将、抄択児童若干人、作為一隊、伝習倭人剣術、日夜勧奨、尽得其妙、是敵国之技、為我所有、豈無其益乎、言于訓錬都監、

柳成竜は「懲毖録」のなかで、日本刀の威力の強さを強調していたが、「備忘記」でも「倭人剣所向無敵」と評価している。宣祖二十八年正月、慶尚監司の所に剣術を善くする倭将が投降してきたと伝えていたが、倭剣学習のことは、前年の二十七年七月以来の懸案であった。

宣祖二十八年六月、国王は降倭についての教を政院に発した。(68)

上教政院曰、降倭引出、於我未有所損、於賊不無其害、此可為而不可止者、我国素多迂議、近未有出降者、得非本司不能善処、令止之耶、予意多般歓賞、使投降者日衆、未為不可、豈無可処之策、況賊若渡海、不無乗此隙而欲投来者、尤不可止之、其中或通解剣術、或善造兵器者引出、則破格重賞事、暁諭于都元帥以下諸陣事、議啓、言于備辺司、

この教の末尾では降倭のなかで、剣術に通じた者、あるいは兵器を善造する者を誘出した者は破格重賞するとある。この文言は開戦直後の降倭懐柔策が、その後も一貫していることをうかがわせているが、この背景には、王朝が対日戦ばかりではなく、この頃から勢力を伸張してきた、北方女直野人に対する戦備を考慮に入れていたことは疑いあるまい。

すでに宣祖二十七年（一五九三）八月、王朝は北方胡人撃破に降倭を利用したが、北境江辺の防禦体制は宣祖二十

八年（一五九四）以後も実施され、多数の降倭が動員された。宣祖二十八年十一月下旬、武臣の申忠一が建州衞に派遣された。次の史料は、彼の偵察報告の一部で、ヌルハチ管下の馬臣との問答である。(69)

一、馬臣曰、伱国沿海地面、留置降倭、云然耶、臣曰、然、馬臣曰、其数幾何、臣答曰、約五六千、馬臣曰、縁何留置沿江地面、臣答曰、倭奴慕義行降、我国皆給与衣食、俾得安揷、渠輩感恩懐恵、留住辺上、為国禦侮、我国嘉其誠欵、分置沿江諸郡矣、馬臣曰、倭子等、状貌状大云、然耶、臣曰、形体甚小、能潜行草間、放丸必中、馬臣曰、雖且小、能中否、臣曰、倭銃能中飛鳥、故曰鳥銃、馬臣、出鉄盔以示曰、能透得這否、臣曰、鳥銃放丸、能穿両重真木防牌、籠以薄鉄者透過、此盔何足道哉、馬臣曰、豈至於此乎、諸胡之立於左右者、皆相顧愕然、

申忠一の報告は、王朝国内の降倭の人数を五六千と答えている。そして降倭を、なぜ留置しているかとの質問には、倭人は王朝の義を慕って投降してきたといい、我が国では降倭に衣食を給して厚遇するからだと答えている。この後、日本人の身体の特徴にふれ、申忠一は倭銃は善く飛鳥に命中するので鳥銃というと威力を説明している。すると馬臣は鉄盔を示して、倭銃でもこの鉄盔を貫通できるかと尋ねている。それに対して鳥銃の放丸は二枚がさねの真木防牌を穿つから、この薄鉄の鉄盔なら貫通すると答えた。それを聞いた馬臣と居並ぶ胡人たちは顔を見合わせて愕然となったと記している。申忠一は胡人を威嚇する積りで降倭の人数を五、六千人といい、鳥銃の威力を強調したのかも知れない。それはともかくとして、申忠一の偵察報告は降倭のもつ鳥銃が朝鮮王朝にとって有効な武器になっていることを語っている。

宣祖三十二年（一五九八）四月、降倭也汝文ら十名が咸鏡道に派遣された。備辺司の啓は「降倭也汝文等十名、当入送此道、不可無戦馬毎各一匹、亦令該曹量宜題給、其中三名無鳥銃云、都監所在三柄並給送」とある。(70)このうち三名は都監所有の鳥銃を支給されている。同年五月、備辺司は北虜の戦備を述べている。(71)

備辺司啓曰、北虜之所甚畏憚者、無逾於火器、明川県監李适、今将下去本処、方有事変、防禦正急、鳥銃及石硫黄等物、令該司量宜給送、以備戦用何如、伝曰、允、

申忠一の偵察報告にあったように北虜は鳥銃の威力に恐怖を抱いていた。だから咸鏡道に派遣された降倭には鳥銃が支給されたのである。宣祖三十二年は、日本の年号でいえば、慶長四年である。したがって前年、日本の全軍は朝鮮半島から撤退していた。壬辰・丁酉の倭乱で投降した降倭は、その後、朝鮮王朝の外征に従軍して大きな役割を果した。

注

(1) 「宣祖実録」二一一 - 四八七頁。
(2) 「草本懲毖録」朝鮮史編修会編、朝鮮史料叢刊第十一、昭和十一年。
(3) 「草本懲毖録」(前掲)。
(4) 「宣祖実録」二一一 - 四九三頁。
(5) 「宣祖実録」二一一 - 五五四頁。
(6) 田中健夫『中世海外交渉史の研究』東京大学出版会、昭和三十四年。
(7) 中村栄孝『日鮮関係史の研究—中—』吉川弘文館、昭和四十四年。
(8) 『朝鮮史』第四編第十巻東京大学出版会、昭和五十年。
(9) 「宣祖実録」二一一 - 七〇九頁。
(10) 「宣祖実録」二一一 - 七〇九頁。
(11) 「宣祖実録」二一一 - 六六一頁。
(12) 「宣祖実録」二二一 - 一二頁。

(13)「宣祖実録」二三一一二頁。
(14)「西崖集」『古典国語全集』一二三、財団民族文学推進会、一九八四年。
(15)「宣祖実録」二一一五一九頁。
(16)「宣祖実録」二一一六三三頁。『朝鮮史』第四編第十巻（前掲）。
(17)「宣祖実録」二三一三頁。
(18)「宣祖実録」二三一五四頁。
(19)『朝鮮史』第四編第十巻（前掲）。
(20)「宣祖実録」二三一三四頁。
(21)「武科総要」韓国文化財管理局、蔵書閣、貴重本影印本、서울亜細亜文化社、一九七〜一九八頁。一九七四年。
(22)「宣祖実録」二三一二六・二七頁。
(23)「宣祖実録」二三一二七頁。
(24)「宣祖実録」二三一三〇頁。
(25)「宣祖実録」二三一三一頁。
(26)「宣祖実録」二三一二二四・二二五頁。
(27)朴鍾鳴訳注「懲毖録」東洋文庫三五七、平凡社、昭和五十四年。
(28)「宣祖実録」二三一九六頁。
(29)「宣祖実録」二三一一一三頁。
(30)「宣祖実録」二三一一二八頁。
(31)「西崖集」（前掲）。
(32)「壬辰状草」朝鮮史編修会編、朝鮮史料叢刊六、昭和十一年。
(33)「乱中日記草」朝鮮史編修会編、朝鮮史料叢刊六、昭和十一年。
(34)『朝鮮史』第四編第十巻。

(35)「島津家文書」二―九五六『大日本古文書』家わけ第十六。

(36)所荘吉『図解古銃事典』雄山閣、昭和四十七年。

(37)「浅野家文書」二五四『大日本古文書』家わけ第二。

(38)「宣祖実録」二二一―一二一頁。

(39)「宣祖実録」二二一―一七五・一七六頁。

(40)「宣祖実録」二二一―二三一頁。

(41)「宣祖実録」二二一―二五四頁。

(42)中村栄孝「朝鮮役の投降倭将金忠善」『日鮮関係史の研究―中―』吉川弘文館、昭和四十四年。

(43)「宣祖実録」二二一―二六四頁。

(44)「宣祖実録」二二一―三一四頁。

(45)「宣祖実録」二二一―三二六頁。

(46)「宣祖実録」二二一―三四六頁。

(47)「宣祖実録」二二一―三一八頁。

(48)「宣祖実録」二二一―二四二頁。

(49)「壬辰状草」朝鮮史編修会編（前掲）。

(50)「壬辰状草」朝鮮史編修会編（前掲）。

(51)「宣祖実録」二二一―二二五頁。

(52)「宣祖実録」二二一―二四二頁。

(53)「宣祖実録」二二一―二三一頁。

(54)「西崖集」一二二（前掲）。

(55)「宣祖実録」二二一―二五四頁。

(56)「宣祖実録」二二一―二四〇頁。

(57)「宣祖実録」二二—四四二頁。
(58)「宣祖実録」二二—二六四頁。
(59)「宣祖実録」二二—三三三・三三四頁。
(60)「宣祖実録」二三—三四一頁。
(61)「宣祖実録」二二—三四九頁。
(62)「宣祖実録」二三—五九九頁。
(63)「宣祖実録」二二—三八〇頁。
(64)「宣祖実録」二二—四二三頁。
(65)「宣祖実録」二二—五三五頁。
(66)「宣祖実録」二二—三一一頁。
(67)「宣祖実録」二二—四一四頁。
(68)「宣祖実録」二二—五〇九頁。
(69)「宣祖実録」二二—六四三頁、中村栄孝「朝鮮役の投降倭将金忠善」（前掲）。
(70)「宣祖実録」二二—五九九頁。
(71)「宣祖実録」二三—六一六頁。

第五章　日明兵器の定着

第一節　内憂外患と降倭の活動

文禄・慶長の役、すなわち、壬辰・丁酉の倭乱に遭遇した朝鮮王朝は国土を保全するために明国と日本の兵器と武技を積極的に学習した。しかし当初、為政者の武に対する意識が欠如していたり、戦乱による国力の疲弊から兵器の原料が充分に調達できず、その上技術の差異があって、必ずしも学習は順調ではなかったが、宣祖二十八年（一五九四）頃から、日本と明国の兵器の一部が中央の軍器寺や訓錬都監で、また諸道の産鉄地で製造されるようになり、さらに降倭懐柔策もしだいに効果が現れはじめていた。

朝鮮王朝は壬辰・丁酉の倭乱を終えると、それまで燻っていた北方女直と武力衝突を起こし、また国内では李适の変があり、さらに後金（清朝）の侵略を受けるなど、しばらくは内患外憂の緊迫した状況が継続した。壬辰・丁酉の倭乱を契機に学習した日・明の兵器や武技、また降倭は、戦後のこうした内乱外寇の過程において朝鮮王朝に確実に定着していったのである。

宣祖二十九年（一五九五）九月、僧将惟政が引率してきた降倭は、焰硝を煮取り、鳥銃をよく放つので、訓錬都監に留置して恤養し、この頃、京中に滞在している降倭には冬衣が支給された(1)。

備辺司啓曰、僧将惟政、降倭一名帯来、此倭善煮焰焇、能放鳥銃云、令訓錬都監、依他倭留置恤養何如、伝曰、

依啓、徒為留置而不加撫恤、欲得其心難矣、京中留在、前後降倭、各給冬衣次、可也、

宣祖三十年（一五九六）八月の「備忘記」の記事に「今降倭等、皆先登力戦、多数斬賊、至於其身被傷而、不顧是、降倭独、能效忠也」とある。降倭が身命を顧みずに、皆先登力戦して忠節を尽くしているのであるが、これらのことを国王自らが称揚し、斬賊力戦の降倭を堂上官に陞すとともに、賞銀を与えることを命じたと記事は続けている。王朝国内では、ややもすれば降倭の行動に疑念を抱く議論があったが、降倭の忠誠の深さがわかるにつれて、国王はこの命令を出したのである。(2)

備忘記、伝于金信元、前日降倭事、人莫不疑之、多有囂囂之説、予独明其不然、使之多数引出、而為羣下所沮、終莫能行、到今降倭等、皆先登力戦、多数斬賊、至於其身、被傷而不顧、是降倭、独能效忠如、果如廟堂之説、内応乎、引賊乎、斬賊及力戦降倭、皆陞堂上、其次、賞銀事、急急磨錬、施行、

そして翌九月の慶尚右兵使金応瑞の馳啓は降倭の忠誠ぶりを語る出来事を伝えている。(3)

慶尚右兵使金応瑞馳啓曰、今観降倭之至誠、討賊極為嘉歎、今年三月、清正管下倭人沙白沉　称名倭一名投降、臣陣臣無所儲之物、接済為難、金海府使士白霖処移送矣、今此黄石之敗、力放鳥銃殺四倭、後金海之人、与賊内応、先為逃走、府使白士霖則肥頓無用、将未免兇鋒之至、沙白鴎引士霖蔵身岩穴、遮以黄石茂、以草木使賊不知其存、日、又将明入城之倭、守四門禁断、故沙白鴎又為出、謀結縛士霖身、作倭人之体、引出衆賊中、詰守門倭賊曰、汝等守門何所事、朝鮮盗賊入在城中、而不得捜捕、汝罪当斬剣、背打其背、則守門之倭、半死哀乞曰、我等遠来労苦沉眠、不覚遂為　朝鮮盗賊、濫入城中罪、則極矣、上官、若知此奇、必不饒貸、上官、勿告我等所失以救人命、開門出送、沙白鴎引出城外、山中潜置之後、無縁出帰終不還来、府使意以為還、投賊中実言事状、以其類引来、我処斬殺、欲取其功、悚懼方極、手足胼胝、不得運身、纔移二十余歩、林下隠身則三更、沙白鴎自山

下来、巨瓢盛稲・食塩醬菁根、陶瓶盛冷水、又持米斗、見府使無有本処、頓足歎息、潜呼府使、府使方知其無異心、答曰、無乃沙白鵖乎、即為走入抱府使腰曰、上官無本処、必以為賊擄去、上官無事、在此、他無慰言、上官飢渇已逼故、我還作倭形入倭陣曰、我是安陰結陣、将倭卒下粮食、既乏日、且寒冷離郷之人、将不得生、君等陥城之時、覓得之物小恵、於我以救一残命、如何云、則衆賊曰、矜憐矜憐米斗及飯醬・襦衣両件出給持来云、以飯進於府使、以衣加其身、垂泣不絶、府使亦以厚意慰言、除飯而給之、則待府使畢、食後始乃食之、以此得生云、此時、我国有識之輩、不救其家長妻子、以無識胡越之輩、誠心如此人所可愧、沙白鵖特加重賞、以慰其心、降倭等已知保身之路、欲為久遠之計而姓名、朝鮮一様改号云、降倭賜姓事、朝廷斯速定奪下送事、啓下備辺司、

加藤清正の陣中から逃れて、慶尚右使金応瑞のもとに投降してきた沙白鵖という倭人が金海府使白士霖の処に移送され、苦心惨憺の末、同府使の危機を救ったありさまを馳啓は劇的に記述しているが、降倭懐柔の点から注目すべきは、文末の部分である。すなわち、金応瑞が降倭の人を推奨し、重賞を加えると同時に姓名を朝鮮の人と同様にするために降倭の賜姓について裁決を仰いでいることである。降倭は保身の路を考え、久遠の計を立てるために王朝と一様の姓名に改めたいと望んでいるのである。こうした降倭の要望は、国王の降倭に対する理解の在り方から考えて、新しい政策として実施されたに相違ない(4)。

宣祖三十一年（一五九七）四月、備辺司の啓は、山岳戦で降倭僉知其吾叱已が多数の倭人を投降させたと書いている(5)。

備辺司啓曰、以状啓考之、則余賊攀登、高峯攅石之間、放炮輾石、我軍不敢進、降倭僉知其吾叱已、冒進巌下、開陳禍福、則三賊下来、同知沙已所反覆論説至於要盟、則十四名解剣投降云、其功大略相同、而以難易之勢言之、則先入虎穴、試探順逆、非勇敢忘身者、則不能為、而既知其有可成之勢、然後継行勧諭、雖凡才猶可為也、其吾

叱已之功、似優於沙已所矣、伝曰、並為加資与否、議　啓、

備辺司は其吾叱已の功を称えて、彼に戦馬・衣資・糧・笠飾を与えている。降倭は続出していたのである。

さきに宣祖三十二年（一五九八）四月、降倭也汝文等十名が戦馬を支給されて咸鏡道に赴いたと述べた。二年前、宣祖三十年（一五九六）二月、北兵使呉応台が北方胡人の不穏な動きを伝え、あわせて咸鏡道吉州以北の九官の防備を説き、(6) 翌三十一年十二月には西路㺚子と建州衛老乙可赤（ヌルハチ）が約して、開元・瀋陽・鴨緑江以西の地を搶掠する行動にでた。(7)

そして宣祖三十二年になると、北方胡人との紛争が多発し、三月下旬、咸鏡道監司宋言慎が会寧藩胡の明看老等が国境を侵したので、北兵使の李鎰が姜億弼等三十余人で襲撃したと報告してきたのもそうした争いの一コマである。(8)まさに降倭也汝文等十名が戦馬を支給されて北方の咸鏡道に派遣されたのは、こうした緊張した時期にあたっていた。

壬辰・丁酉の倭乱とその後の降倭の行動は、既述のように「朝鮮王朝実録」にしばしば見られるが、何れも断片的な記述であって、一人の降倭の足跡を追うことは不可能に近い。降倭沙也加の名は「宣祖実録」の同王三十年十一月の権慄の状啓にみえるだけだが、中村栄孝氏の研究によれば、(9) この沙也加は、のち朝鮮の姓名を賜わって金忠善と名乗った人物で、後孫によってまとめられた金忠善の伝記「慕夏堂文集」は、従来説かれているように、全く架空のものではなく、実在の人物に関する所伝が中核となり、時代の要請を背景にしだいに潤色された伝記とされた。したがって伝記の内容を批判的に活用すれば、壬辰・丁酉の倭乱以後の金忠善の行動が理解できるばかりではなく、さらにこの時期の降倭の行動の理解にも繋がるのである。以下、中村栄孝氏の研究に多くを依拠しながら、降倭沙也加の足跡を追ってみよう。

「慕夏堂文集」の骨子は、金忠善の死後、二十五年目の一六六八年に孫金振鳴作の「墓誌」にあった。「墓誌」の

内容は、次の六か条からなっていた。

（一）加藤清正の入寇に先鋒となり、四月十三日に海を渡って来たが、東土礼義の俗を見、中夏文物の盛を慕って、ただちに慶尚兵使朴晋に帰附し、累りに奇勲を立てた。

（二）兵使が朝廷に啓聞して、嘉善大夫を超授された。

（三）都元帥権慄・禦史韓俊謙の褒啓によって、賜名があり、資憲大夫に陞授された。

（四）この頃、北虜（女真）の侵寇によって、たびたび辺警が起こり、志願して長期間警備にあたり、正憲大夫に陞進し、とくに国王の御筆を賜わって表奨された。

（五）甲子适変（仁祖二年＝李适の反乱）に、賊軍の副将徐牙之を捕斬して功を立て、朝廷から賜牌があったが辞退して、その土地を屯田とするため、守禦所に献納した。

（六）丙子の乱（清太宗の朝鮮征伐）に大功を立てた。

そして一六六九年に清道郡守愈秘の作った「墓碣」には次の一条が書加えられた。

又以鳥銃火炮搗薬之制、始教我国、自此以後、一国軍卒、皆得精鋭、為国家兵器之最利者、

その後、時代を経るにしたがって、金忠善の伝記は潤色が加えられていくが、（一）北辺の女真に対する警備、（二）鉄炮・火薬の製造、（三）李の内乱、（四）清国来侵に対する戦功の四項目が伝記の核心になっている。

一六七五年、長子敬元の「行録」は鉄炮・火薬の製造についてだいたい次のように記している。

○訓錬都監が、碧潼（平安道）の降倭（北辺警備にあたっていたもの）三百名を募入して、火薬を造り、鉄炮を習わせた時、金忠善が部下の金継守・金継忠らを各道に派遣して、教錬にあたらせた。

○江辺（漢江北岸の竜山）で、鳥銃・火炮を製造するさい、京城の鐘楼に昔の破鐘が埋めてあるという伝えにより、

これを発掘して、火器の鋳造に充用した。

金振鳴作の「墓誌」では鉄炮・火薬の製造にふれていないから、この記事は愈秘作「墓偈」の潤色である。

朝鮮王朝が豊臣秀吉の軍勢に対抗するために降倭を懐柔して、鉄炮と火薬の製造にあたらせたことは事実である。沙也加、つまり金忠善が、もし鉄炮や火薬の製造に熟練していたならば、当然、軍器寺か訓錬都監に配属されていていいはずである。ところが、彼は北方の警備に従事している。したがって金忠善は造兵よりも武人のそれを評価されていたとみなせる。このように考えると、鉄炮・火薬の製造記事は金忠善の事蹟ではなく、降倭のなかにそうした者がいた事実を金忠善に仮托したとみなければならない。

降倭沙也加の名は「宣祖実録」にみえるだけだが、朝鮮の姓名となった投降倭将金忠善の事蹟が「承政院日記」の仁祖六年（一六二八）（崇禎元）四月二十三日条にみえる。(10) 伝記のなかの金忠善の人物と合わせると、誠に興味深い。

御営庁啓曰、山行砲手十七名・降倭子枝二十五名、自陣上率来、並置本庁之意、曽已啓下矣、其時、降倭領将金忠善称名者、為人不特胆勇超人、姓亦恭謹、故适変時、逃命降倭追捕一事、其時、本道監司、皆委於此人、不労而能除之、誠為可嘉、聞其所言、其子枝中可用而、落漏者亦多、若有朝廷別抄作隊之事、則渠当招集、聞変上来云、此輩之今番従軍者、依前例、為先復戸一結、自中子枝之落漏者、亦令本道査出、成冊上送、所持鳥銃・環刀、以本道軍器所上中、択好分給、常行操錬、有変既為上送之意、本道監・兵使処、一体知委、何如、答曰、依啓（御営庁謄録）

仁祖六年は、後金（清）の第一回目の朝鮮侵略（丁卯の胡乱）の翌年にあたり、右の記事はこれに関連したことを述べたものである。すなわち、戦後に山行砲手十七名と降倭の子枝二十五名を陣中から連れてきて、御営庁に配属させた時のことを書き、さらに降倭の役属を論じた啓である。この上啓から金忠善の事蹟と人物が次のように浮び上がる。

（一）降倭領将金忠善という者があって、人となり、ただ胆勇人に超えていたばかりではなく、性質も恭謹であったこと。
（二）金忠善は、李适の変の時、慶尚監司李敏求の委嘱を受け、李适に属していた逃命の降倭を追捕して功を立て、今回の戦役にも、降倭を率いて従軍したこと。
（三）金忠善が、降倭の子枝中、用うべくして、まだ徴集洩れになったものが多いから、もし朝廷に特別部隊編制の意志があれば、自らこれを招集し、変を聞けば上来するといったこと。
（四）今回の戦役に従軍した降倭は、前例によって、まず毎戸一結を復し、同類子孫の落漏者は、慶尚道が調べ出して、降倭の籍を作り、中央に提出し、所持の鳥銃と環刀は、本道軍器所の備え付けを分給し、つねに操錬を行なわせ、事変があれば、中央に出動させるようにしたこと。

はじめにふれた金振鳴作の「墓誌」は金忠善の事蹟として、女真の北方警備にあったこと、李适の反乱と丙子の乱に戦功があったと記していた。その後の伝記には潤色もあるが、右の「承政院日記」の記事から、詳細な点はともかくとして、大筋は認めてもよいのである。沙也加から金忠善へと名を改めた降倭の事蹟は、まさに降倭が王朝内に同化定着していく過程を鮮明に示している。こうした降倭の王朝への同化定着の大きな契機は日本の鉄炮や戦法にあったから、得技をもった降倭が王朝に同化定着すればするほど、鉄炮や戦法が王朝に浸透していくことは当然である。

倭乱末期の宣祖二十九年（一五九五）二月十七日、訓錬都監の啓は降倭呂汝文から倭人の陣法を学習したと記している。(11)

訓錬都監啓曰、前日都監欲学倭人陣法、問於呂汝文降倭名、則其法、負旗者居前、持鳥銃者次之、持槍剣者又次之、整斎成列、而左右又巧設奇兵、毎於臨戦之時、負旗者擺列於左右、而持銃者放砲、持槍剣者乗気勢而突進、左右擺列負旗之軍、又繞出両辺、与左右伏兵囲繞敵後、酣戦罷散時、又多置伏兵于左右、而鳥銃・剣槍各為一隊、散伏草間、如鳥獣之隠伏挑戦之時、則必以小兵誘引俟、其陥於伏兵処、鱗次起戦、観其合散伏兵之状、甚為巧詐、宜令尽伝其技、而殺手児童、其数甚少、請令五部加抄、上従之、

呂汝文が説いた倭の陣法とは、啓によると、まず最前列に旗持が、二列目に鳥銃手、そして三列目が槍剣手の順で整然と並び、左右に奇兵を配した陣形とある。戦いが始まると、最前列の旗持が左右に散開し、銃手が放砲し、ついで気勢をみて槍剣手が突撃をかける。その間、左右に散開していた旗持軍が両辺から囲繞する。酣戦から兵を引く時は多くの伏兵を左右に置き、鳥銃手・槍剣手で各一隊を編成し、草間に散伏して、鳥獣が隠れ伏して戦いを挑む時のように戦う。そうすれば間違いなく小兵を以って誘引して陥れることができる。各所の伏兵は鱗次に起こって戦うという戦法である。訓錬都監は「観其合散伏兵之状、甚為巧詐」と感心し、人数の少ない殺手児童の数を五部に増加して、こうした倭人の陣法を学習したいと国王に請うたのである。

ここに登場した降倭呂汝文は、約一年前、宣祖二十八年（一五九四）六月の政院の教と[12]、訓錬都監の回啓[13]、にその名がみえる。

上教于政院曰、降倭呂汝文、前日伝教、其各別厚恤矣、未審検勅否、近聞、此倭得病見差云、此非常倭、待之不可不厚而、渠亦願尽力、宜出一哨官、抄定児童数十、専委汝文教習、李栄白、山所于為左右辺、凡於試才、相較勝負、等第論賞、則彼各逞、其才猶恐不勝、将不日伝習成就矣、如此事、何不経意為之、若曰、児童給料為難、則不緊之人、食料者多矣、又如射手庸雑無用者多、厠其間如此之人、亦可汰去、以其料給之、言于訓錬都監、

訓錬都監都提調柳成竜、提調李徳馨、金睟、趙儆回啓曰、呂汝文則、頃日多般救療、今已差復復依　上教另加厚待、而児童隊、更抄事、

則都監、亦欲加数募聚、而給料為難抄発、児童能習用剣者、都監時時才抜、其尤者、而論賞、則雖不作隊、給料而自為興起、学習者必多故、昨日聚会試才、則児童五十余名中、入格者多至十九名、自都監分給食物、使之勧励矣、今承、 上教以此児童別為一隊、統領専委学習於呂汝文、分辺試才、以示勝負賞罰為当、射手庸雑者、近日頻数試才、多有澄汰定額二百内編入之人、似難減下、此児童数十一時所給止七合、経費不至大段、令該司、随便題給、恐為無妨、 上答曰、依啓、其五十余名、児童及十九名入格、児童良賤姓名年歳並書、啓且二百名編入射手試射以、啓訓錬都監、啓曰、陳良璣誠心教錬、且欲採銀以資軍食、其奉委致力之意、不可不慰、令承文院善為措辞、回答、何如、 上答曰、 上国特差官人、於外国訓錬兵卒、魯於前史見此否、況如是誠心教錬、至於図絵陣形、以送不勝感激、固当作帖致謝而、不可不並致礼物、

右の史料に依れば、降倭呂汝文はいたく病気の身を心配されているから、国王から特別な厚遇を受けていたこと、訓錬都監に属して、専ら児童隊に剣技を教習する職にあったことが知れる。何時ごろ呂汝文が投降したか定かではないが、教に「降倭呂汝文、前日伝教、其各別厚恤矣」とある文言から推測して、これ以前としても、それほど遠くない時期であろう。

前章でふれたように宣祖二十八年正月、国王は承政院に命じて、特に部将と称して来降する者を京師に招いて除職して訓錬都監に置き剣技を教えさせることを命じていたから、この時かも知れない。したがって倭人の陣法を説いた約一年前、すでに呂汝文は剣技を認められて王朝に忠節を励んでいたのである。

もっとも、その後、宣祖三十一年（一五九七）三月の政院の啓は、呂汝文のことを「汝文在京有教錬之功、臨陣有体探之労」と述べている。呂汝文が在京して訓錬都監で児童隊に剣技を教習するのは日常的なことで、一旦、戦陣の人となると間牒として活動したことが明白である。間牒呂汝文の姿は同啓が次のように伝えている。(14)

政院以経理都監言、啓曰、呂汝文随経理、到義城、与宋好漢先入体探、而好漢、到数十里外、不能進入、汝文剃頭、還作倭形取着成允文陣下所蔵倭衣入看、城隍堂・島山・太和江三処、土窟賊衆多小、又手画形勢来報、於慶州経理下営処、経理極加歎奨賞銀十両、持其図示諸将、講論行兵、其夕麻提督起軍前進、更帯呂汝文以去、再送賊陣汝文、未及出来而、天兵已到搏戦、汝文又斬四級、而出擺遊撃殺之、而奪其首級、此則本国兵、亦有見者矣、経理到蔚山之夜、欲優賞銀両、而汝文已死乱兵中、経理門下人、倶称両日体探真実之功、蓋多焉、小云大即汝文同来勝太、而換称今名自汝文死後、終始効力陣、上誘賊累名其功、亦非細故、敢啓矣、伝曰、汝文在京有教錬之功、臨陣有体揆之労褒賞未挙而身先寃死不幸不幸、依昨日啓辞、

呂汝文は降倭として幅広い活躍をしていたのであるが、ともかく彼は倭人の陣法を積極的に教授しているから、日本の戦法が王朝に伝流したに相違あるまい。

第二節　鳥銃の定着

宣祖二十九年（一五九五）十二月、国王は政院に伝して訓錬都監の炮殺手の教習について改善すべき諸点をあげている。(15)

伝于政院曰、一、砲殺手所当揀選勇壮者而、冗雑不択残劣者居半、且私奴之残劣、別無妙才者、因其進上免其主公賤、此甚不可、今後各別精択進上者、亦勿軽許事、一、近観殺手所習者、唯長槍・筤筅等技、而習剣者無幾、於勢急倉卒之際、短兵相接莫剣若也、今後使諸軍、皆為習剣試才時、亦優取剣士事、一、所謂砲手者、豈可独習鳥銃一技而已、凡所謂砲者、皆可習、今後令砲手、皆習一応大砲以下諸砲、於朔試、或試放、或講問試放之法、

並計賞罰事、一、器械不精、則是以卒与敵、都監累年設置、軍器匠役而不無備数塞責多、不用意造作、閑消日子、徒費廪料之弊、今後、另加監督精造事、一、端川銀子連続上送、而未聞上送、鉛鉄聞有銀、則有鉛云、何不取納、其鉛以為戦用之丸乎、右諸条、言于訓錬都監、回啓、

すなわち、訓錬都監の砲殺手は壮勇でなければならないこと、今の殺手は、ただ長槍・筤筅などを学び、剣技を学ぶ者は少ないが、短兵は接近戦に必須の武器であるから、軍器寺の全員が学習すべきであること、砲手は鳥銃の一技だけを学んでいるが、大砲以下の諸砲も学ぶべきであること、以下、特に監督を置いて器械を精造すること、産鉄地の端川から鉛鉄を納めさせて戦用の丸とすること、とあるのである。

伝のなかで剣技の学習を国王が強調したのは、前年の正月に倭剣の学習を説いたことと無関係ではあるまい。ところで本伝によると、砲手は鳥銃ばかり学習して、大砲類を習わないと記している。大型火器の大砲類は城塞や軍船を破壊する有効な火器であるから、確かに国王のいうとおりだが、訓錬都監では鳥銃ばかりを練習しているという言に注目したい。つまり鉄炮が盛んに練習されているのである。降倭呂汝文の行動とこの伝の内容から王朝における倭剣の学習は積極的とみて差し支えあるまい。

「軍門謄録」所収の宣祖二十九年六月の伝は[16]、産鉄地の黄海道殷栗県の都会では、前年十一月から本年六月までの間に製造した兵器の種類と数量を記載しているが、このなかに鳥銃三十六柄がある。

そして同年八月二十日の殷栗県の移をみると「一、為相考事、県各朔打造鳥銃粧飾具三十二柄、内三柄応上」とあり[17]、同年末十一月の黄海道巡察使の移にも「為相考事、殷栗・豊川両都会鋳成鳥銃・倭槍刃時修蔵」とあり[18]、宣祖二十八年以後も他の兵器と共に鳥銃が引続いて製造されたことは明瞭である。

朝鮮王朝がこうした鳥銃の製造にあたっては、より精巧な倭銃に近い鳥銃の完成を目指したことは想像に難くない

が、宣祖二十八年（一五九四）以前に王朝で製造される鳥銃の多くは、粗末なものであり、精巧さに欠けていた。宣祖二十九年末、王朝は鳥銃ばかりではなく、大砲の必要性を力説していた。確かに宣祖二十八年以後は大砲の製造が目立つから、一見、製造の主体が鳥銃から大砲に移行したように考えられるが、その後、鳥銃は大砲と一緒に製造されているから、そうではなく、むしろ鳥銃に加えて大砲の製造が平行して進められたとみるべきである。そしてそうした鳥銃の記事の内容は製造の難しさを語るものはみえない。しだいに王朝でも精巧な鳥銃が製造されるようになった反映と思うのである。

宣祖二十九年（一五九五）六月、国王は別殿に明国の葉犞孫軍門差官を引見したが、この時、葉遊撃と鳥銃に関する会話を交わしている。(19)

又曰、此鳥銃倭人所用之物乎、朝鮮所鋳之物乎、　上曰、或有小邦所鋳者、或有奪倭人之所用者、遊撃曰、俺見之、此乃倭物也、　天朝初則無之、嘉靖四十三年、倭賊犯福建之後、始得此物耳、

すなわち、葉遊撃は鳥銃を示して、これは倭人が所用した物か、あるいは王朝で鋳造した物かと国王に聞いている。それに対して国王は、我が国で鋳造した物か、あるいは倭人の所用していた物を奪ったのであろうかと答えている。すると葉遊撃はこれは倭の鳥銃と言いきっている。国王の言葉は曖昧だが、別の見方をすれば王朝の鳥銃は一見しただけでは、倭物と区別しにくかったと考えることも可能である。やはり宣祖二十八年以後になると、倭銃に近い鳥銃が鋳造されるようになったとみなせるのである。

宣祖三十六年（一六〇二）、咸鏡道都巡察使韓孝純は訓錬都監から「神器秘訣」一巻を著した。(20)本書はこの時期、王朝で使用されていた火器類の用法と製造法及び解を説いたもので、奥書によると、編纂の動機は「三江郡有嘉靖四十四年所印銃筒式一篇、未知何人所為、其言太陋、加以薬数之分、両子数之多少、銃鎗装放之法、軍卒習錬之法、皆不

之詳為」からであった。この時期、王朝は北方女真族と戦乱の最中であり、王朝軍将兵が火器類の取扱に熟知する必要が大いにあった。「神器秘訣」刊行の意図には、こうした対女直戦の戦備からであることはいうまでもあるまい。

壬辰・丁酉の倭乱以後、確かに鳥銃が王朝に定着している事実は、韓孝純の「神器秘訣」に鳥銃の用法、および製造法が説明されていて明瞭である。長文にわたるが、重要なので、順次その部分を引用して王朝の鳥銃に対する理解の度合いを考えてみよう。

まず「神器秘訣」は鳥銃の附属品を次のように説明している。

鳥銃一門
朔杖一根　약당노됴춍입의조나모
錫鱉一箇　귀약통
薬管二十箇　약년논통
皮袋一箇
銃套一件　됴춍집
小鉛子随宜　됴춍입의마존털환
火縄随宜
火薬随宜

そして、次に鳥銃の発射までの手順と習法を説明している。

鳥銃
每一門、火薬二銭、或二銭二三分、小鉛子一枚、銃歌、一、洗銃、二、下火薬、三、以棚杖送薬実、四、下鉛子、五、以棚杖送鉛子、六、下紙、七、送紙、八、開火門、九、下線薬、十、揺火門、使門薬下合於身薬、十一、仍閉火門、十二、竜頭安火縄、十三、聴令開火門、十四、准賊人挙発、

鳥銃習法

銃口可容鉛子幾銭、用薬幾銭、載竹為筒、只侭薬為長短、預先較試、停妥装二十管、列在皮袋内、繋于腰将線薬研細用、更急于銃薬者、入錫鼇内繋、以縄与鉛子袋附腰内、鉛子預製光円、再自修合口子、閣銃口上、一半徴徴用力入腹、則不致傗出、照歌装、先用口吹銃、使腹内潔浄、取一筒薬入銃内、用棚杖用力送実方、下鉛子一枚、又棚杖送下至薬際、用紙一片成丸、送入塞住鉛子、将火門取開、用另蔵錫鼇内、細火薬傾入火門内、向上振揺薬入線門、将火門閉之、以火縄安入竜頭、前手托銃架中腰、後手開火門、即拿銃架後尾、人面妥架尾之上、用一隻眼、看後照星対前照星、前照星対所射撃之人、用右手大食指、撥軏向後軏入、竜頭落在火門、薬燃銃発、

鳥銃の附属品、発放までの手順、用法を説いた後、韓孝純は鳥銃の製造法や威力を次のように述べている。

鳥銃解

夫鳥銃之所貴在于造時、練鉄熟両筒相包、原孔甚小、用鋼鑽鑽之、一日鑽寸許、至底而止一月、鑽光者為上、腹内未曾用鋼鑽、鑽光以致鉛子不得到底、出口不直厚処不容子入、薄処遇火爆裂、甚至単筒捲成挙、即炸損入手、安敢托架、于前官給鉛子大小不一、子大而銃口小則子入不深出口、便落子小而銃腹大、火薬先鉛子而泄則鉛子無力、何以致遠、或鉛子鉛液于腹内、則為処虚発、其法毎銃口、以可容三銭鉛子、為准下薬、亦三銭子軽則薬減、子重則薬増、薬数同子、子重合口下口之半、強之入為得彀、若再加口大子、必重子重薬必多、則手不能持定口、小子小薬少則無力而不能射遠、此器中国原無伝、自倭夷始得之、此与各色火器、不同利、能洞甲、射能命中、猶

可中金銭、眼不独穿楊而已、夫透重鎧之利、在腹長、腹長則火気不泄而送出、勢遠有力、射能命中、在于出口直、出口直在于手托薬之前、火薬不能奪、所以手托腹前者、以有木為托、即有腹炸不能傷乎、方敢加手于木、銃身得木為托、則其迸躍之勢、自滅而弱、後手不用、棄把点火、則不揺動故、十発有八九中、即飛鳥之在林、皆可射落、因是得名、是鳥銃之所以為利器也、此鳥銃之所以較中、雖弓矢不如也、此鳥銃之所以洞重鎧、而無堅可禦也、馬上歩下、惟鳥銃為利器、雖比于教場、鳥銃中鵠、十倍于快鎗、五倍于弓矢、

鳥銃解によると、鳥銃は鍛造であること、銃腔の鑽孔は一日一寸、貫通するには一か月を要すること、砲身と鉛丸と火薬の関係のこと、鳥銃は中国にはなく倭より伝来したこと、その威力はよく甲冑を貫き、命中精度が高いこと、鳥銃は騎兵、歩兵の利器であり、快鎗に十倍、弓矢に五倍すること、などとある。

宣祖三十五年（一六〇二）十月、掌令権縉は鳥銃の試取を目撃して「鳥銃此射、甚遅一放之間、発矢則必多、若臨敵倉卒之際、則豈可専恃鳥銃、以為禦賊之具乎」と述べて、鳥銃の試取の量減を求めた(21)。国王は訓錬都監にこの件を議定させることとした。鳥銃が発放に手間どることは「神器秘訣」の記事から納得できるが、同書は鳥銃の威力は弓矢に五倍、快鎗、つまり銃筒に十倍とある。稀にみる威力をもつ鳥銃であるから、試取を加減すべきではなく、たとえば、鳥銃を交替で連続に発放するなどして、上手に運用すれば、やはり利器であり、権縉の意見は必ずしも当をえてはいない。

宣祖三十六年夏に韓孝純が著した「神器秘訣」の鳥銃に関する記述は詳細であり、日本の鉄炮が王朝に定着しつつある経緯を誠によく示しているが、その後、時を経るに従って鳥銃はますます王朝に浸透した。たとえばそれは仁祖三年（一六二五）十一月、李曙が鳥銃に関することを述べた次の記事に明らかである(22)。

（上略）曙曰、弓箭則自外方当造、而鳥銃・火薬、則鳥銃・火薬、則京中設成可矣、廃朝時、鳥銃一柄価、定以

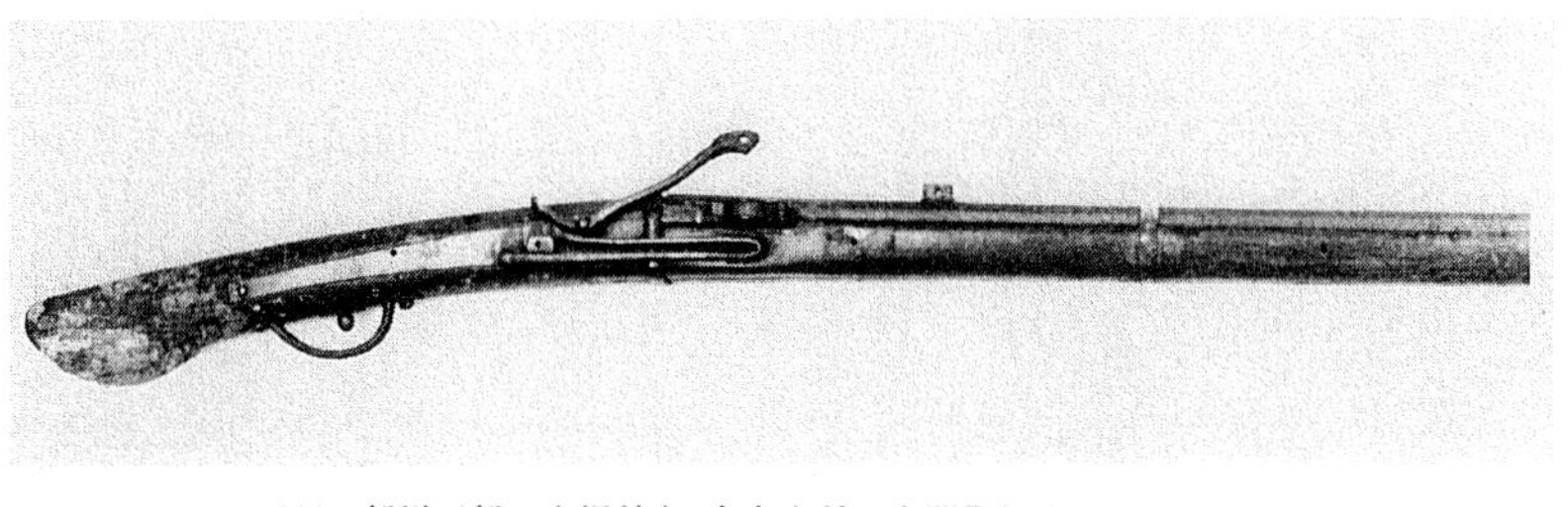

図44　朝鮮王朝の火縄銃（西之表市種子島開発総合センター所蔵）

十五疋之木矣、臣近取見之、倭鳥銃之於我国、懸殊、而臣別造百柄、亦極為精緻、或勝倭人所売鳥銃矣、今則鳥銃一柄価、減五疋、以十疋定之、火薬一斤之価、以一疋定之、措備運納、於訓錬都監、都監設局、鳥銃則打造、火薬則、或貿易煮取、例於歳末、分送外方、則皆可用矣、履之曰、外方月課軍器中、果有弓箭火薬、而未聞有鳥銃矣、上曰、自前都監打造分送于外方云、曙曰、自前防納、故尤為無形、外方所造中、済州所造、頗勝於他処、忠清兵営所造、甚不好、頃者申景祐、為慶尚兵使時、多造鳥銃、而皆貿於倭中、故甚為精好、臣今方粧飾矣、上曰、鳥銃火薬、如卿所言、則似乎着実、令該曹量宜挙行、上又曰、無論京外、惟在着実造成耳、往者自都監下送、而缺必無不用之鳥銃矣、

すなわち、鳥銃の記述に注意すると、まず倭の鳥銃は我国の鳥銃と比較すると懸殊であるが、臣が製造した百柄は精好で倭人の売る鳥銃に優れている。そして済州所造の鳥銃は頗る他処に優れており、忠清道兵営で所蔵される鳥銃はよくない。最近、申景裕が慶尚兵使の時、鳥銃を多造したが、皆、日本と貿易した物だから、甚だ精好とあるのである。

その後、仁祖六年（一六二八）十一月、訓錬都監大将申禎言が郎庁の徐弼文が鳥銃千六百六十九柄槍千三百七十柄を監造したと国王に報告しているから、諸道の営鎮ばかりではなく、軍器寺でも、壬辰・丁酉の倭乱の時以上に多くの鳥銃が製造されたのである。[23]さきの仁祖三年十一月の李曙の記事から、まさに鳥銃が完全に王朝に定着したとみなしてよいだろう。

孝宗五年（一六五三）二月、ロシアと対立して羅禅の役を起こした清国は朝鮮王朝に使者を派遣した。[24] この時、王朝は鳥銃の善手百人を選んで咸鏡道会寧府から昂邦章京（沙尔虎達）の卒領を聴いてロシア人を征し、三月十日には吉林省寧古搭に到着せよという要請であった。国王は清国の鳥銃手派遣の要請にしたがって、北虞候辺岌の率いる鳥銃部隊は清国軍に従軍してロシア人を所々で撃破して、孝宗七年に寧古搭に帰還した。これが朝鮮王朝の第一次黒竜江出兵であるが、この戦いで辺岌が火炮を使用したことはいうまでもあるまい。

ついで孝宗九年（一六五七）三月、王朝は再度、清国から黒竜江出兵の要請を受けた。咸鏡道観察使・節度使は鳥銃手二百名を選抜、鳥銃部隊に軍糧を支給して、吉林省寧古搭に集結させた。王朝の鳥銃部隊は清国軍と合流してロシア軍と戦った。王朝の第二次黒竜江出兵である。王朝の鳥銃部隊は再度にわたる羅禅の役に従軍して、鳥銃の威力を遺憾なく発揮させた。鳥銃を保有しない新興の清国は威力を誇る王朝の鳥銃を外敵との戦いにどうしても利用しなければならなかったのである。

こうした事実、つまり清国の王朝鳥銃部隊の活用は、羅禅の役後、中国の南方で呉三桂・尚之信・耿精忠らが起こした三藩の反乱鎮圧の時にもみられた。すなわち、顕宗十六年（一六七四）十一月、通官金徳之が張炫に、反乱軍呉三桂の勢が強く、清朝では防戦に苦慮している。だから皇帝は王朝の鳥銃を利用する意向があると述べているのである。[25]

（中略）通官金徳之附耳密謂張炫曰、兵部以呉兵日盛、欲取用朝鮮鳥銃之意、已達於皇帝而以 国王新薨、姑待請封嗣王後、可以取用云云、訳官問曰、只請鳥銃而、不請放銃之兵乎云、則答以此、則未有聞故、仍令訳官探得兵部題奏、則果如所伝、

顕宗十六年（粛宗即位年）十一月十三日、国王は諸臣を引見して清国の求める援兵・軍器の事を議した。諸臣の意見は区々であったが、当時、領議政の地位にあった許積は、次のような意見を述べた。[26]

壬申、引見大臣備局諸臣、上曰、進香使先来、別単有請兵之語、将何以処之、領議政許積曰、若只求軍器、則無辞可防、固当従略給之至、於請兵則事、甚難処、椵島錦州之役、皆送兵、此則出於万不獲巳、猶有可諉、今者呉三桂擁立、崇禎之子再造、大明、我乃興兵助伐非、但義理之所、不忍為、雖以利害言之、清国之勢、似難久保、大明興復之後、若有問罪之挙、則無辞自解、若慮此不従其請、則清国雖疲制、我則有余、以数万兵、侵軼我彊域、則将何以待之、彼果若請兵、則我以丁丑後、専抛兵政加之、以饑饉兵民散亡、無以調発之意、具奏以送、則使臣必有縶縶殺戮之患、而如是往復之際、可以観天下形勢而処之、

すなわち、領議政許積は軍器は送ってもよいが、軍兵の派遣は熟慮すべきと主張した。呉三桂は崇禎の子を擁立して明朝の復興を計っており、清国に味方して、呉三桂を討伐するのは義理から忍びないというのが、その理由であった。また利害を考慮しても、清国の勢は、まだ確定していないから、大明国が復興した場合は問罪にあうだろう。したがって天下の形勢を観た上でことを行なうべきと慎重論を説いたのである。新興の清朝と王朝の関係を表した許積の発言だが、それはともかくとして、王朝は清朝に鳥銃を送附すべきか迷っているのである。

なお、この間、顕宗十一年（一六六九）十一月、統制使金鏡が精巧でない鳥銃を製造して南海県に配流されている。(27)

統制使金鏡、監造進上鳥銃、上怒其不精製造、特命拿問論、以辺地充軍、配于南海県、

王朝はより精巧な鳥銃の製造に努めたのである。

清朝は建国以前、北方の建州衞にあった時、また近くは羅禅の役でも王朝の使用する鳥銃の威力を熟知していた。だからこそ清朝は朝鮮王朝が保有する鳥銃を借用して中国南方の三藩の反乱鎮圧を考えていたとみなせよう。越年した粛宗元年（一六七四）三月、呉三桂の乱の三年目、清使寿西泰・桑額阿達・哈哈等が王朝に到着した。この時、清使は王朝の鳥銃下送について次のように述べている。(28)

孝礼且曰、朝鮮事可恨、自有呉三桂叛乱、諸藩皆有所助、而朝鮮独無一事、若於前頭使行送、以数百柄鳥銃、則皇帝必大喜、永無疑阻之患、凡有所請無不見、従朝鮮何惜而不為云云、其意蓋指城池、修築事也、事雖忿恥如可以釈、彼之疑而、成我之計、則亦可為也、権大運曰、豈可只信渠説而軽送重器乎、

清使は王朝が数百柄の鳥銃を清朝に送れば、皇帝が大いに喜ぶと述べている。翌日、国王は清使を慕華館に迎えた。この時、臣下の尹鑴は「国之利器不可以假人、我国火器一可当千百可以当万、実天下之利器、豈可軽易、与敵況彼之巧詐、未可知也、雖給千金鳥銃、則決不可給」として、鳥銃の下送に強く反対した。[29] 臣下のなかには、僅かの鳥銃ならば、差し支えがないと主張する者もいたが、尹鑴は断固反対しているのである。

三月下旬、御書講の後、尹鑴は国王に「北人求火炮、臣猶以数柄為多、聞所給将至五十柄、国之利器、軽易与人流、毒中華得罪天下、豈非慨然之甚乎」と同様の主張を繰返した。[30]

既述のように中国南方の三藩の反乱をめぐる清朝と王朝の交渉のなかに、鳥銃が確実に王朝に定着している状態が認められる。

図45は、英祖朝（一七二四～一七七六）の治世に高官の朴宗慶が編纂した「戎垣必備」所載の鳥銃の図である。[31] 日本の鉄炮との相違は弾金の下部に火門の掃除針が付属しているくらいで殆どない。まさにこの図は日本の鉄炮が完全に朝鮮王朝に定着したことを明示している。

なお、この間、日本の刀の研究も熱心に進められていた。正祖朝（一七七六～一八〇〇）に編纂された「武芸図譜通志」は王朝では弓矢だけを重視して、槍や剣などの諸技にあまり力を尽くさなかったといった意味の記述を序文に載せている。刀剣の用法が未発達なために壬辰・丁酉の倭乱で苦戦した体験とその後の内乱外寇における武技の必要性から本書は編纂されたが、興味を惹く点は、本書の倭剣の項で、日本刀について次のような名所を付した図をあげて

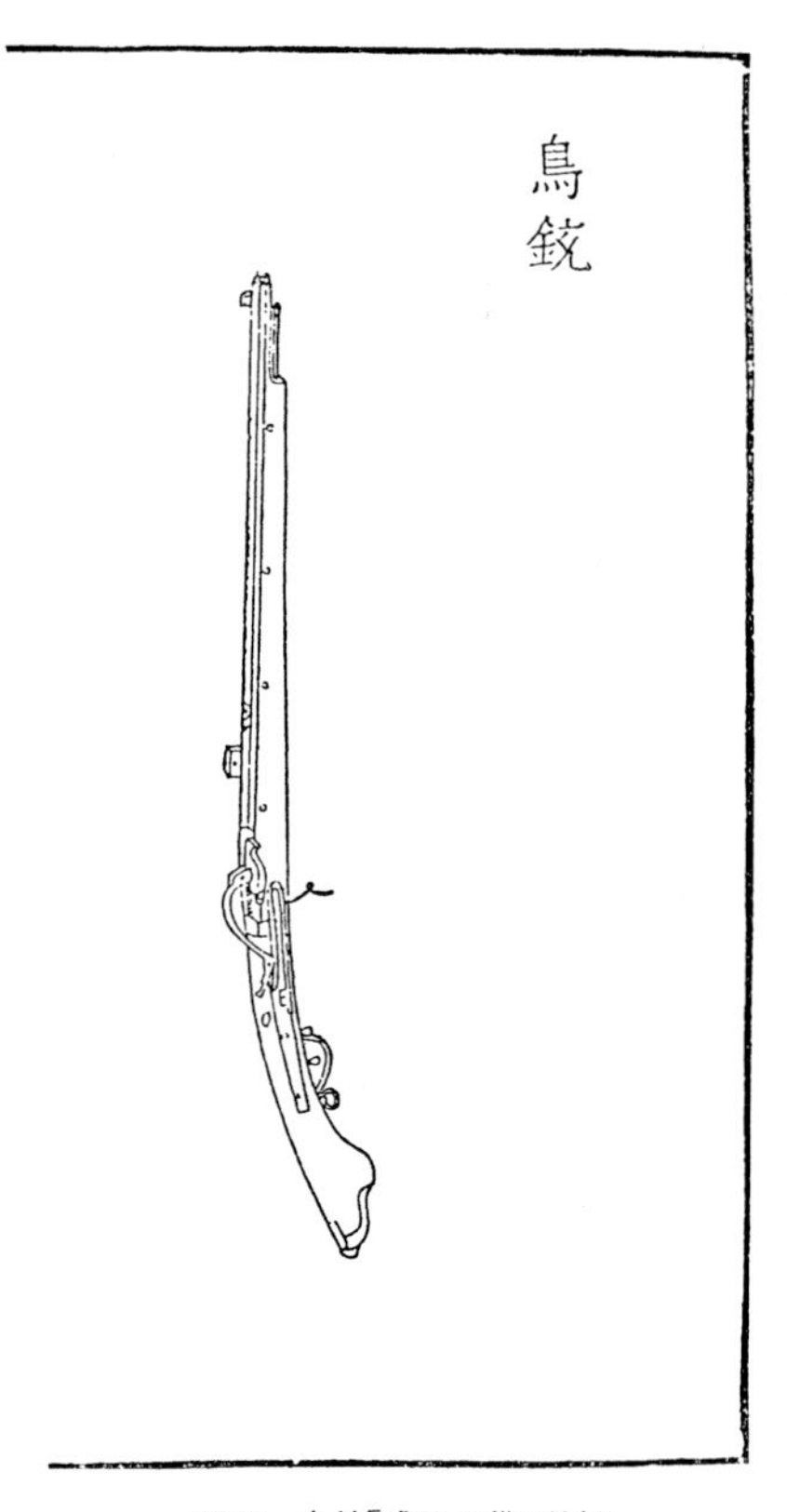

図45　鳥銃「戎垣必備」所収

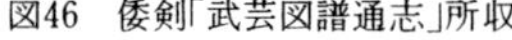

図46　倭剣「武芸図譜通志」所収

いることである。[32]

図46は、日本で正徳二年（一七一二）に著された「和漢三才図会」からの引用である。周知のように本書は江戸時代の百科事典であって、刀剣の専門書ではないが、それでも王朝は倭刀の武技を学習するために活用しているのである。正宗朝といえば十八世紀から十九世紀にかけての治世である。王朝が日本の刀剣の製造法に関心を抱いたのは十五世紀中葉である。もちろん、この間断絶もあったが、じつに長期間にわたって王朝は日本刀の製造法と用法を学習していたのである。知られざる日朝関係史の一面であるが、この事実は極めて興味深いといわなければならない。

第三節　明国兵器の学習

宣祖二十九年（一五九五）八月、韓孝純は訓錬都監に若干の「紀效新書」の給送を依頼した。同書を要約して教軍に使用するためであった。翌宣祖三十年七月、訓錬都監の啓に答えた国王の言葉によると、「紀効新書」に止まらず、明国武技の幅広い学習が強調されている。(33)

呉総兵処、其時即令中軍趙詎往請教師、則総兵即発軍中善、於武芸者六人、連日来教、於都監、其言用槍之法、亦稍与紀效新書有異、新書則以槍梢軟顫者為上、而此則以軟顫為非大概、以為我国之軍、於諸技頗已向熟、只是手法・足法有些少、未通処云、新書中殺手之技、有花法・正法、未知前後、唐人所教孰正、孰花耳、其時連五、六日、来教於都監、都監亦以酒饌供饋、問其留教歟哉、否則似有難色、故不敢請留、而今則已下忠州矣、蓋都監軍所習之法、出於聞兪・陳良璣・乃駱家軍中之法、今又改学他技、則既不知孰為勝負而未抄、恐成邯鄲之歩、此亦可慮、近日更観、天兵各陣之法、取其所長、漸次慣熟、則似為便益敢啓、上曰、依啓、都監不日、将閲陣、其十分整斉慎之、領相以下提調当任其責、我国之事、未有不如児技者、恐為唐人抵掌棒腹、且所謂学歩邯鄲者是矣、雖然、豈不日博学而審問之乎、必也学之博問之、審行之篤、然後、乃可為適用之才、不然則終未免井底蛙遼東豕耳、其将奚用焉、須就呉総兵門下、広習諸技尽得、其妙法、則二十年梨花槍之法、豈独在於楊家而高教曹・尉遅恭・王彦障・郭英之輩、当在下風矣、只在勤勤教誨程督而已、更加体奉施行毋忽、

本啓は前年六月、軍丁三千九百九十人を率いて来朝した明国副総兵呉惟忠の軍中から武芸の上手六名を選んで、訓錬都監で王朝の軍士に武芸を教授するとしているが、訓錬都監はこれら唐人のいう用槍の法は「紀効新書」と異なり、

新書所載の花法・正法の殺手の技を聞いても知らない。今まで都監で学習した法は聞愈・陳良璣・乃駱家のそれである。今ここで改学して他技を学ぶことは邯鄲の歩になる。したがって明国陣法の長所に漸次慣熟した方が便益であると都監は主張した。それに対して国王は、とにかく訓錬都監では「須就呉総兵門下、広習諸技、尽得其妙法」と呉惟忠の軍法を学ぶべきと答えた。翌宣祖三十一年（一五九七）四月、国王は陳遊撃と共に銅雀沙場で唐人の方陣の実況をみた。(34)

> 上幸銅雀沙場、与陳遊撃習陣、陣乃方陣、以白布如城堞状、作帳囲抱光景、照日晧晧、四五里眩奪人目、曽東方所未見、上直馳陣中、至将軍壇下下馬、相揖就座、四面組帳遂放偃、遂習陣、一唐人持紅牌跪呼、曰官旗聴令、上曰、此陣法、与訓錬都監略同乎、不同乎、徐渻曰、李元翼曰、初以四千之兵、島山戦亡之後、三千四百余名矣、上曰、観此陣勢軍容、旗色井井堂堂、我国陣法有同児戯、且此兵布満大野見之不少、若以賊兵来、則必不数万云矣、兵之多少、斟酌為難矣、旗鼓官、各就聴令之後、為倭形者、数十謁于前、　上曰、此倭何以現耶、遊撃曰、此乃以唐人作倭形、置於軍中使之体探倭奇、或賊陣相近、則往来相問間諜之人也、遊撃曰、吾軍三六九日、例為習陣、此処兵随吾軍習之、則土兵亦知兵矣、一唐人又持行営遇放牌跪呼、　上曰、此陣法与劉提督同耶、徐渻曰、劉提督一戦九変、此則稍異矣、一唐人又持夜営出奇牌跪呼、唐人整軍成陣、作倭子夜犯之状、　上曰、古有斫営之言、正謂此也、一唐人、又持布衝三畳牌跪呼、　上曰、彼踴躍趁進者、作何状耶、鄭経世曰、倭子形状、若彼矣、一唐人、又持大衝五畳牌跪呼、伏兵一時、並起囲抱倭子状、　上曰、古有魚貫而進正謂是也、一唐人又出圍巣獲功牌跪呼、則唐兵有吹角馳来之状、此乃奏捷之形也、　上曰、不見、　天朝習陣之厳整如此、今得見之井井堂堂、倭賊不足平也、

国王はこの陣法は訓錬都監で教習している現行の陣法と同様か、また陣を編成する兵士の人数はどの位か、そして

この陣法は劉提督のそれと同じか、その他、様々な質問を陳遊撃にしている。国王はこうした整然とした陣法は、いまだかって見たことがないと感心している。唐人の習陣が一段落すると、陳遊撃は明国武技の諸技を披露している。

遊撃、又呈打挙技於前、其法踴躍騰身、以両手自撃其面、或撃其項、或撃其背、或交打其胸腹、或撫其臀股、用挙捷疾神迅人、莫敢当其前、又呈三枝槍技、呈用偃月刀技、呈筤筅及鎲鈀、撜牌於前、遊撃曰、今此諸技各各習之、不見奇妙、若令諸技作一隊、並呈以作相撃相禦之状、則司観矣、遂命諸技一時呈技、隊長在前撜牌居、次砲手、又居、次筤筅・長槍・三枝槍、又次次居之、迭相進退左旋右抽、各臻其妙、遊撃曰、此一隊中一人死、則其余雖生、皆処以軍法故、各致死力矣、　上以我国用剣技呈之、遊撃曰、技則善矣、但教以不畏死、然後用之、又呈我　国馳馬技、或立於馬上、或倒立於鞍上、遊撃曰、善矣、遂撤酒、　大駕先入、

すなわち、実演した諸技は打拳法・三枝法・偃月刀・筤筅・鎲鈀・籐牌などであった。唐人が諸技を終えると、国王は王朝軍の剣技と馳馬の技を披露した。陳遊撃は王朝軍のこの両技は善いと感想を洩したが、剣技については、まず死を畏れさせないことを教えるべきであると意見を述べた。

このように宣祖王は熱心に明国の陣法と武技を観覧して呉惟忠の陣法を訓錬都監で学習すべきと命じている。したがってこの時期になると、「紀効新書」所載の軍法はいうまでもなく、さらに幅広い明国の陣法と諸技を王朝が学習したことは間違いあるまい。ただし宣祖三十一年（一五九七）四月、政院が訓錬都監に出した啓によると、明兵が日々習陣するのに、王朝軍は習陣しないとある。そこで国王は錬兵の必要を強調して王朝諸軍の兵士は、いっそう意欲的に明国の陣法と諸技を習うべきを激励している。明国の陣法が王朝に伝わる経緯を知る上で意義深い啓なので全文をあげたい。(35)

政院以訓錬都監提調言、啓曰、　天兵習陣以日日為之、而我国則全不為之、若　天将聞之為如何哉、習陣数数為

之可也、自　上亦親臨為之、此意、言于訓錬都監事、　伝教矣、錬兵此如錬金金、非百錬難致其精、軍士教閲、亦須常常習之、然後技芸成就而、其於坐作進退之節、自然閑習矣、近日唐将中如許・陳遊撃、尤勤於錬兵、不但合陣操錬、其中軍千惣以下、以其所属之軍、各錬於所居之処、夜以継日、日以為常、其与都監之軍一月、但一二遭、暫時習陣而罷者、甚不同矣、近日、都監軍人料薄役、苦人心、未免解弛、臣等亦甚慨歎、而尚循旧習、伏承下教、極為惶恐、今後、大習陣当次之日、雖有故而次日無故、則退行無妨、至於城内挙動、雖頻数、而侍衛応入軍士外、其余軍人、則或令其司把惣卒其所属、各習技芸、或為行陣節次輪回、不已大習陣之時、察其諸司軍士、能否賞罰加焉、則庶有勧懲之路、此乃紀效新書多操不如少操之意、検飭将官、依此施行為当有時自、　上親臨閲武、則軍心尤必激勧矣、敢啓、伝曰、依啓勤勤為之、而必以誠勧勉可也、

これ以前、たとえば宣祖二十九年（一五九五）十二月の政院の伝の一条に「一、近観殺手所習者、只長槍・筤筅等技、而剣者無幾」とあり、そのほかにも類似した記事が「宣祖実録」に散見されるから、王朝軍が明国の武技を学習しないとするのは誤解である。

その後、宣祖三十一年七月、王朝は訓錬都監の炮殺手十二名を選んで、許遊撃の軍中に派遣して、明国の武技を学習させた。そして同月の訓錬都監の啓は、現今の武技の状況と、なぜ十二名の炮殺手を許遊撃の軍中に派遣したのか、その意図に言及しているのである(36)。

訓錬都監啓曰、我国之事、自前但皆弓矢一技、其於槍刀・筤筅・藤牌・鋭鈀・鳥銃等、長短之技、皆不学習自数年来、幸因天将天兵来聚、京中依放習之、其於精妙手法及花正之弁、猶得其粗、而未得其精、今若中途廃墜、則数年之後、漸至遺忘、　天兵既去、此法終不可伝、誠為可惜、近日、　天将中許遊撃、自謂得妙於諸技、洞暁紀効新書之法、故自都監抄出殺手中、最為精習者十二人名、為教師隊、使加設主簿韓嶠領之、就正於遊撃陣中、頗

有所学芸成之後、当以此輩為教師、編教中外軍人、則其法庶可流行於我　国不至湮廃、而所謂以一教十、以十教百者在此矣、韓嶠自都監設立時、主管教訓及兵書校正等事、頗有其労、若除授実職、以勧前頭、而更加尽心訓誨、則不無有益矣、敢啓伝曰、依啓、此意甚善、予亦当親試其才論賞、但十二人似少矣、

すなわち、この啓は我が国では武技といえば今までは弓矢の一技のみであり、槍刀・筤筅・鋭鈀・藤牌・鳥銃など、長短の技はいずれも学習していなかった。幸いにも数年前より、明国将兵が京中に聚まった好機に王朝軍の諸軍は明国武技を学習したが妙法をえたわけではない。だから中途で武技の学習を止めると忘れてしまう。明兵が去って、武技が伝わらないのは惜しいことである。近日、明将許遊撃が諸技を会得し、紀効新書にも通暁しているという。そこで訓錬都監では精習者十二名を教師隊にして、主簿を設けて韓嶠に領掌させ、十二名が許遊撃の陣中で技芸を取得した後、彼等を教師となして中外の軍人に武技を教授すれば明国の武技が流行すると述べているのである。

日本軍は豊臣秀吉の遺命によって、宣祖三十一年（一五九七）九月、明国軍は翌々年の宣祖三十三年（一五九九）四月には朝鮮半島から撤退した。この間、王朝は北方女直と対立し、日・明両軍の撤退後、女直との対立はいよいよ激化した。したがって王朝では、日本軍撤退後も対女直戦に備えて明国武芸を学習する必要は大いにあった。

宣祖三十二年（一五九八）五月、兵曹は砲手二十人、殺手十人を試取の定額とした。この砲殺手は火炮と刀槍などの武技を取得した武士をいうが、さきに触れた前年七月の訓錬都監の啓に精習の者十二名を選んで明将から砲殺の武技を習ったとあったことと無関係ではない。それは啓が、技芸成才の後、砲殺手は教師となって王朝の中外の軍士に明国武技を教習すると述べていたからである。

そして、翌宣祖三十三年七月の訓錬都監の啓は砲殺手の教習についての意見を述べている。(37)

訓錬都監啓曰、新書所謂砲手・殺手・槍手・藤牌・鋭鈀等手合技成陣、然後、随時応変、各效其能、而近来南北

方赴防、不得全、司下送砲手、則或多益於戦場、而如刀鎗等手、則還為無用之物、而都監砲手元数、不敷循環、防戍不得巳、以殺手充送、臨陣之時、不無生疎之患、大概対敵、稍遠之時、砲手当用而殺手則閑、与敵相搏伝之時、殺手当用、而雖砲手不得不棄砲、而用剣、以此推之則砲手、亦当習剣、而殺手又可兼習放砲、況今制其北胡、莫利於砲前後、　啓請必要砲手、若此不巳、則連続替防将、無以継之、自今以後、都監操錬槍殺手、亦令兼習放火砲手、亦使之習剣、射手中不能者、並令習砲、以備緩急之用、　伝曰、甚当、

すなわち、訓錬都監では「紀効新書」のいう砲手・殺手・槍手・藤牌・鋭鈀などで手合技で陣をなし、随時、変に応じて、各々効果をあげているが、近来、南北方の赴防は全くをえていない。砲手を下送すれば、戦場に多益だが、刀槍などの手では無用である。都監の砲手は定額であるが、殺手を下送しても生疎の患がある。敵対する相手が遠方の時、砲手を用いれば、殺手は閑であり、敵と接近した場合は殺手を用いる。やむなく砲手が砲を棄れば剣を用いるから、これからは砲手も剣を学習すべきであり、殺手も放砲を学習すべきといった意味のことを述べている。

そして現在、北胡を制する武器は火炮であるから、砲手が必要である。砲手が下送できなければ、連続して防将を交替させ、自今以後、訓錬都監の操錬は槍殺手には放砲、砲手には剣を兼習させ、さらに射手の上手でない者は、砲を習わせて、北胡との緩急に備えるべきとしたのである。

北胡の建州女直との戦いで火炮が威力あることは、さきに言及したが、翌宣祖三十四年（一五六〇）二月、咸鏡道観察使申磼が国王に引見したとき、北胡との戦いには火器が必須だから北道（咸鏡道）の砲手は、とくに教訓を加えるように命ぜられた言からもこのことが首肯できる。(38)

上曰、使辺将守令、不得泛濫出去人刷還藩胡撫恤等事、予已言之、制胡非火器難矣、北道砲手、另加教訓、磼曰、前日用百字筒、則胡馬辟易虜人震恐、威胡之具、莫如放砲教訓之事、所当急先李元翼、於関西専意、教錬一月之

内、幾為成材、

この直後、宣祖三十四年五月の「備忘記」は水陸の武士の試才を伝えている。(39)

以備忘記、伝曰、陸陣藝人一次五矢、一中五分、鉄箭五矢二巡辺二分貫四分、片箭三矢二巡辺十五分貫三十分、海陣鉄箭五矢二巡、片箭三矢二巡分数上同砲手鳥銃三柄三巡辺十五分貫三十分、殺手用剣一巡、長槍一巡、鎲鈀一巡、取才入格、以上並書啓、水陸軍武士以下、自願試砲殺之技、則許令試之入格者、分数並啓、

「備忘記」の記事は、水陸武士の試才の規定を説明しているが、「殺手用剣一巡、長槍一巡、鎲鈀一巡」といい、「自願試砲殺之技」とある。砲殺手の確保がはかられ、明国武技の剣・長槍・鎲鈀などが武士の試才に課せられたことに注意したい。なぜならばこうした状況から、壬辰・丁酉倭乱以後においても明国の武技が着実に学習されている様態が理解できるからである。

王朝が学習した明国の武技は火炮・槍剣・鎲鈀・筤筅・藤牌の諸技であったが、宣祖三十三年(一五九九)四月の「備忘記」は木棍と挙法の学習の記事を載せている。(40)

備忘記、伝于政院曰、昨日唐兵結陣処、其一隊皆持木棍、鲁聞 天朝之言、木棍之技勝於長槍用剣云云、此技不可不習、且挙法乃習勇之芸、若使小児学此、則閭巷児童転相效、則習而為戯、他日不為無助、此両芸児童抄出、依前伝習於李中軍事、言于訓錬都監、仍以紀効新書中、木棍・挙法両図付標而下曰、此法、示于訓錬都監、

宣祖三十一年(一五九七)四月、陳遊撃は明国武技の諸技を国王に披露したが、そのなかに打挙法があった。「備忘記」にいう挙法とはそれであろう。この記事によると、すでに李中軍は児童を抄出して、木棍と挙法を伝習させているとある。国王は訓錬都監に「紀効新書」所載の木棍と挙法の両図を付けて下し、この法を訓錬都監で示すように命じているから、やがて訓錬都監でも木棍と挙法が練習されたとみてよい。「紀効新書」所載の武技だが、王朝が幅広

く明国の武技を学習しようとする意欲がうかがえる。

確かに幅広いことは、宣祖三十三年六月、国王が訓錬都監に明兵から学習した噴筒火と毒矢薬の製造を奨め、伝習者には特別に賞を与えるとした事実に明白である。(41)

訓錬都監啓曰、伝曰、前者似是統制使、以噴筒火多在京中、請下送、状啓該司謂已入送中原、而不為之送、我国於如此事、曽不留意、而為此様戦用可佳之器、不為周旋而覓之、即此　天兵在時、可以学得言于訓錬都監事、伝教矣、噴筒火製造事、已於李提督衙門求一人伝習、而但所入材料未備、故買得於唐人処、時方製造矣、且其人又知毒薬製造之法云、故先造小許、塗之於生鶏脚下、則下久而死、欲為加製、並与噴筒火、更試後、具由啓稟、伝曰、然則甚好、毒矢之薬久不伝習、今若伝習之人、依前伝教、各別論賞、

本啓は、さきに統制使が噴筒火の下送を申請してきたことに関連してのべたものだが、王朝では噴筒火の製造に留意していなかったが、戦用に利器なので、明兵滞在中に訓錬都監に学習を命じた。すでに噴筒火の製造は伝習したが、材料がないので、唐人より購入して製造している。そして啓は、毒薬のことにふれ、試しに少量の毒薬を製造して生鶏の脚下に塗布すると、果たして効目が顕れたと記している。

訓錬都監は統制使の申請に、剤薬人孫竜を全羅道監司と統制使の営に派遣した。宣祖三十四年（一六〇〇）五月の訓錬都監の啓は「剤薬人孫竜、曽送於全羅監司処及統制使営、使之伝習薬法及砲、而毒薬噴火等法、尽為伝習」と伝えている。(42) したがって王朝が明国の噴筒火と毒矢薬の製造法を取得したとみて疑いあるまい。この事実が誤りでないことは同年同月の「備忘記」が論賞の記事を載せて明らかである。(43)

以秘密、備忘記、伝曰、毒薬伝習、則各別重賞事、当初有伝教、哨官通事金廿孫東班六品職除授監官加設、主簿曹世鎮陞授実職、匠人良人李真介禁軍除授、噴筒火伝習加設、訓錬院主簿柳元陞授、

さきの孫竜を全羅道に派遣したことを述べた訓錬都監の啓は、その後、つぎのように記している。(44)

訓錬都監啓曰、剤薬人孫竜曽送於全羅道監司処、及統制使営使之伝習薬法、及砲法、而毒薬噴火等法尽為伝習、只地雷砲則火薬甚貴故、不得伝習、且海上焔焇亦将煮取於扶安地、因都監催促未成而来云、地雷則最関於陸戦、海焇亦多利益、皆非我国人之所、能渠欲、更試剤造之法、而不可以此挽留、即当随便入送、但渠是呉惟忠標下人得罪落後、都監適聞、其能解砲硝之法、開諭伝習、至於往来湖南、渠多以為功、仍以入送為寃、不可不厚給賞物、以慰其心而送、敢啓、伝曰、海焇不可不伝習、仍留伝習可也、且厚給賞物、亦当、

すなわち、王朝は毒薬・噴筒火だけではなく、地雷砲の製造をも学んでいたのである。ただし地雷砲は火薬の不足から伝習できていない。焔硝の煮取は扶安の地で都監をして製造させているが、やはり成功していない。地雷砲は陸戦に有効な武器であるが、わが国の人々は火薬や砲の製造に熟練していないから、さらに孫竜に試させている。また呉惟忠の部下で罪をえて落後した者が砲と火薬を解するというから、賞物を厚給して伝習すべきとある。こうした事実は王朝が熱心に明国の兵器を研究している証拠となる。

第四節　「紀効新書」から「錬兵実紀」へ

この後、王朝は、さらに明国の陣法と武技を学習するが、その役目は訓錬都監にあった。宣祖三十三年（一五九九）六月の持平沈悦らの啓によると、当時の訓錬都監の状況を次のように伝えている。(45)

持平沈悦大司憲尹承吉、掌令朴慶先来啓曰、当初訓錬都監之設、雖不無弊端之可論、而八年教訓成才者多、内而宿衛、外而防戍多、頼于此則、亦不無所益、而近来操錬之方、勧奨之規、漸至廃墜、都提調久闕、副提調長在病告、都庁及各

将官多缺、勾管無人、軍心解体、積年操演之功、一朝将棄、誠非細慮、請令備辺司另加申明、都提調及郎庁等官、急速差出、使之察任、答曰、依啓、

持平沈惋らは訓錬都監を設置して八年、教訓成才の者は多く、内には宿衛となり、外には防戍となって、頼るところは多く、益はないことはないが、最近、操錬の方法や勧奨の規則が廃墜し、都提調は久しく闕き、副提調は病苦にあり、都庁各将官も欠ける者が多く、軍心は解体して、積年操錬の功が一朝に棄てさられるのは心許ない。備辺司から都提調・郎庁などの官人を差遣して訓錬都監の事業を円滑に運用するように請うたのである。

そして翌宣祖三十四年（一六〇〇）正月、訓錬都監の実情は国王が「上曰、京中只有訓錬都監、其軍僅数百給保、尚不為之、甚為未便」と述べており(46)、さらに宣祖四十年（一六〇六）四月の兵曹の啓と史臣の注記に明らかである(47)。

兵曹啓曰、用剣武士抄出書啓、遂朔試材、以為勧懲之規事、非偶然而被抄之輩、無意学習及其試才之日、苟冀塞責、凡踴躍進退之際、懶慢無度至、以戯笑為事、昨日試才所見駭愕、把惣・哨官以下、為先推考、以懲後来、何如、伝曰、知、

史臣曰、閲兵講武有国之不可忽也、我　国忘備誨盗敗深塗地、而且不戒乱後十余年度日、以戯玩安禁武士之戯、笑耶、所謂、訓錬都監三手軍士、正如偶人之形、不可以駆遂烏鳶、況用之於緩急乎、騎省之、啓似矣、而原其罪、則実帰於本曹、三軍之勇怯繫乎、主将主将之善悪繫、用捨之当否、用人以賄、而常罰無章、則又何以激砺勇夫哉、

史臣は壬辰・丁酉倭乱が終結して、十余年、王朝軍士の戯は笑うべきである。訓錬都監の三手の軍士は、まるで木偶坊だと酷評しているのである。これではどうして勇夫を激励できようかと意見を結んでいる。

さきの政院の啓は、明兵が日々習陣するのに、我が国では、全く習陣をしないと記していたが、訓錬都監の頽廃が王朝の明国武技の学習に何等かの影響を与えたことは否めない。

既述のとおり、王朝は兵書「紀効新書」を徹底的に活用したが、宣祖三十七年（一六〇三）十二月の訓錬都監の啓は「紀効新書」「錬兵実紀」「操錬図式」「挙譜」などの諸書を印出した時、とくに戚継光が著した「錬兵実紀」と「紀効新書」の活用については次のように説いている。(48)

> 訓錬都監啓曰、前日、　内下紀效新書八冊、錬兵実紀九冊、倭情備覧一冊、合十八冊、倭情備覧伝書、後還入事、伝教矣、凡此十八冊、倶不可留外、故皆巳伝書改装、　上進矣、操錬図式修正一冊、挙譜撰次一冊、亦為　上進、当初操錬図式乃武芸諸譜定時、未有疎漏処、今見　内下紀効新書、則用旗之節、作戦之法、頗完備、又以挙図追入、於巻末故即令韓嶠、凡操錬図式中、未備処、皆依此修正用旗節次、守城操錬其他条目、並添入于其中、而挙譜、亦令拠此撰定矣、前日都監印行紀效新書，則戚継光在江淅時初本也、　内下新書、則最後移師閩中時後本也、当以　内下後本更為印行、而与前本不同者、亦令考校、或為添附、似当錬兵実紀、則実是防胡大法車載火器阻截虜馬又以騎歩蔵在車陣之内、俟其敗北飛追鏖殺、此其大略也、与　我国陣法、亦多符合所謂車、則火車是也、騎歩則騎統歩統是也、誠用是法則、実亦参用、　祖宗之陣法也、自京中行、此両法立其規模、京畿・忠清・全羅・慶尚四道、則教以新書、江原・黄海・平安・咸鏡四道、則教以実紀之法、一如　中朝南北防備之制、亦為宜、当都監方今、韓嶠撰次車騎歩操錬規目矣、錬兵実紀為先印出、紀効新書及操錬図式・挙譜、亦為印出、何如、伝曰、允、都監之事、近末免解弛、更加尽心教錬（訓錬都監提調李恒福・副提調申磼・盧稷）、

本啓は兵書類のことを述べた後、京畿・忠清・全羅・慶尚の四道では「紀効新書」の法を、そして江原・黄海・平安・咸鏡の四道では「錬兵実紀」の法を教習せよとある。南方では、まだ完全に日本の脅威が去ったわけではないから、継続して禦倭の兵書「紀効新書」の法の実行を説いたのだが、ここでとくに注意したいのは「錬兵実紀」を評価して「錬兵実紀則寔是防胡大法、車載火器、阻截虜馬、又以騎歩蔵在車陣之内俟、其敗北飛追鏖殺、此其大略也、与

我国陣法、亦多符合、所謂車則火車也、騎歩則騎統歩是也、誠用是法実亦参用」と強調している点である。いうまでもなくこの時期、王朝は北方女直と係争中であった。

宣祖三十七年（一六〇三）十二月、王朝の軍士は歩兵ばかりで訓練しているが、馬兵、つまり騎兵の訓練も実施すべきと訓錬都監は命ぜられた(49)。

都監、只訓錬歩卒、更無馬兵、古之用兵者騎歩迭用、随其所遇而運用取勝、雖倭賊未嘗無騎馬者、都監只錬歩卒、甚是為欠今宜、為並錬馬兵之計、既有別武士射手等名称未審、此人等皆有其馬乎、狡遇倉卒、可能騎馳而出者乎、若不然馬不可不養於都監也、或百匹、或五十匹、可以場馬捉出分授精勇武士、別為一隊、常習騎射・騎槍・撃刺等技、編於行伍其於戦陣不為無助、議処、言于都監、

女直との戦闘は火炮とともに、騎馬が重要であるというのである。したがって女直との抗争が激化すれば、すなわち「錬兵実紀」の活用が大きくなり、日本の脅威がしだいに薄れると「紀効新書」の活用の場が、少なくなるのは当然の帰結であった。

そのことは翌宣祖三十八年（一六〇四）四月、訓錬都監が明の戚継光の新法によって武士を訓練してはならないと命じている事実に明らかである(50)。

備忘記、乍見都監所進冊、将以戚継光新法、教錬武士、予不知兵又不知古書、然此則知其不可也、兵無定体、亦無定制、蓋山川形勢之有異也、風土技芸之不同也、故有宜於古而不宜、於今者有便、於楚而不便、於斎者膠柱而鼓瑟、未必為峨洋之曲、学歩於邯鄲不免、為匍匐而帰、我国山川、風習、人心、物力、皆与中国不侔、乃欲以支蔓之節目、車乗之制度、教錬武士以為防胡之計、安知他日不致、輿尸之凶為今日都監之咎哉、兵家之書、非如詞人閑漫孟浪之文、一場談笑而止、大而国之成敗、小而人之死生、莫不於此焉、係可不懼哉、我国陣書、其法制号

令、簡而要約、而備合変、奇正如陰陽造化之、不可測教錬之書、無出於此設、使当用戚法、須与知兵宿将廟堂諸宰相議而定之、恐不可委之、於一韓嶠而選出新書、便以為是而印頒於国中也、予見適尓如此故言之、亦不知其、如何也、言于訓錬都監、

そして、宣祖三十九年（一六〇五）九月、兵曹は「錬兵実紀」の活用を明言している。(51)

兵曹啓曰、防胡之法備於錬兵実紀、真兵家之宝訣也、我国古無此書、自唐将出来時、始得見之、訓錬都監只有謄録一本、恐有後日散失、不伝之弊、誠為可惜、本曹、今欲五六十件、活字印出以為分置、伝後之計、敢啓、伝曰、知、

すなわち、兵曹は防胡の法は「錬兵実紀」にある。この書は兵家の宝訣である。古くは我が国にはなく、唐将の来朝によって始めてえた。ただ一本が訓錬都監にあるだけである。散逸して伝わらないのは惜しいから、本曹は五六十件を活字印刷して各所に分置して後代の計をなすというのである。

「紀効新書」から「錬兵実紀」への変化は、王朝の敵対勢力が、南方の日本から北方女直に移った現実を反映したものに他ならない。朝鮮王朝は台頭する女直との戦闘に、引続いて明国の武技と兵器を学習して活用したから、この間とその後において明国の武技と兵器が王朝に浸透定着した。壬辰の倭乱を契機に朝鮮王朝は日・明の兵器と武技を幅広く学習した。王朝ではこれ以前から、日明の兵器と武技を研究してはいたが、壬辰・丁酉倭乱とその後における学習の状況はそれを凌ぐものであった。日明兵器の定着の実態は、倭乱以後に編纂された朝鮮王朝の「神器秘訣」「戎坦必備」「武芸図譜通志」などの兵器や武芸の諸書に一目瞭然である。これらの諸書に記載された兵器と武芸を一覧に示して本章を閉じたい。

表8　兵書記載武器武芸比較一覧表

神器秘訣	戎垣必備	武芸図譜通志
天字銃	火器類　天字銃筒	長槍
地字銃	地字銃筒	竹長槍
玄字銃	玄字銃筒	旗槍
黄字銃	黄字銃筒	鐺把
仏狼機	別大碗口	騎槍
鳥銃	大碗口	狼筅
双眼銃	中碗口	双手刀
百字銃	大将軍箭	鋭刀
大勝銃	将軍箭	倭剣
次勝銃	次大箭	提督剣
小勝銃	皮翎箭	本国剣
宇字銃	童車	双剣
宙字銃	飛震天雷(別大・大・中)	馬上双剣
洪字銃	団石(別大・大・中)	月刀
荒字銃	水鉄鉛衣丸附鉛丸	馬上月刀
日字銃	鳥銃	挾刀
盈字銃	飛礮砲	藤牌腰刀附鏢槍
昃字銃	鑽穴飛砂神霧筒	拳法
	埋火附走火	棍棒
	木筒	鞭棍
	木火獣車	馬上鞭棍
	火車	撃毬
	鋒刃類　梨花鎗	馬上才
	火槍	冠服図説
	小一窩蜂	
	神機　万将火竜刀	
	環刀	
	環子槍	
	棹刀	
	三稜槍	
	武叉	
	竜刀槍	
	蛇矛	
	鴉項槍	
	馬平槍	
	鞭棍	
	間角漆弓	
	長箭附筒児・片箭	
	甲冑・長牌	
	陣類　火車畳図	
	火車方陣図	

注

(1) 「宣祖実録」二三―七八頁。
(2) 「宣祖実録」二三―二八一・二八二頁。
(3) 「宣祖実録」二三―二九〇頁。
(4) 中村栄孝「朝鮮役の投降倭将金忠善」『日鮮関係史の研究―中―』吉川弘文館、昭和四十四年。
(5) 「宣祖実録」二三―四一二頁。
(6) 『朝鮮史』第四編第十巻、朝鮮史編修会編、東京大学出版会、昭和五十年。
(7) 『朝鮮史』第四編第十巻（前掲）。
(8) 『朝鮮史』第四編第十巻（前掲）。
(9) 中村栄孝「朝鮮役の投降倭将金忠善」（前掲）。
(10) 「承政院日記」一―九五九頁。中村栄孝前掲書。
(11) 「宣祖実録」二二―六四九頁。
(12) 「宣祖実録」二二―五一六頁。
(13) 「宣祖実録」二二―五一六頁。
(14) 「宣祖実録」二三―四六七頁。
(15) 「宣祖実録」二三―一二六頁。
(16) 『軍門謄録』朝鮮史料編修会編、朝鮮史料叢刊第三、昭和八年。
(17) 『軍門謄録』（前掲）。
(18) 『軍門謄録』（前掲）。
(19) 「宣祖実録」二三―八頁。
(20) 韓国ソウル大学図書館（奎章閣文庫）所蔵。
(21) 「宣祖実録」二四―四一八頁。

(22)「承政院日記」一―四四九頁。
(23)「仁祖実録」三四―三〇四・三〇五頁。
(24)『朝鮮史』第五編三巻（前掲）。朴泰根「朝鮮軍의黒竜江出兵」国史編纂委員会編『韓国史論』九、一九八三年。
(25)「粛宗実録」三八―二一九頁。
(26)「粛宗実録」三八―二一九頁。
(27)「顕宗実録」三八―六一八頁。
(28)「粛宗実録」三八―二四九頁。
(29)「粛宗実録」三八―二四九頁。
(30)「粛宗実録」三八―二五五頁。
(31)「戎垣必備」朴宗慶編、韓国・国立中央博物館所蔵。
(32)「武芸図譜通志」学文閣、一九七二年。
(33)「宣祖実録」二三―二六一頁。
(34)「宣祖実録」二三―四〇九頁。
(35)「宣祖実録」二三―四二二頁。
(36)「宣祖実録」二三―四七四頁。
(37)「宣祖実録」二四―一〇三頁。
(38)「宣祖実録」二四―二〇四頁。
(39)「宣祖実録」二四―二五四頁。
(40)「宣祖実録」二四―五六頁。
(41)「宣祖実録」二四―五六頁。
(42)「宣祖実録」二四―二五七頁。
(43)「宣祖実録」二四―二五八頁。

(44) 「宣祖実録」二四―二五七頁。
(45) 「宣祖実録」二四―七五頁。
(46) 「宣祖実録」二四―一八四頁。
(47) 「宣祖実録」二五―三二四頁。
(48) 「宣祖実録」二五―一一頁。
(49) 「宣祖実録」二五―一一頁。
(50) 「宣祖実録」二五―五六頁。
(51) 「宣祖実録」二五―二五七頁。

終章

豊臣秀吉の敢行した文禄・慶長の役、王朝では壬辰・丁酉の倭乱と呼称している戦乱における朝鮮王朝の兵器の実相を、とくに日本と中国の兵器の移入を中心に考えてみた。この戦乱が東アジアの歴史におよぼした影響は甚大であったが、兵器の歴史においても、まさにその通りであることが、考察の結果明らかになった。

豊臣秀吉の軍勢は文禄元年（宣祖二十六）四月、朝鮮半島の南端、慶尚道の釜山に上陸して、瞬く間に都まで進撃した。緒戦の勝利やその後の戦いのなかで、日本刀と鉄炮は遺憾なく威力を発揮した。王朝は豊臣秀吉の侵略に対抗できる自主防衛の論議を重ねたが、当時の王朝の兵器の主体は弓矢と大小の銃筒類であった。弓矢と銃筒は王朝の初期から北方女直や南方倭寇の侵攻を防禦するために盛んに使用され、それ相応の開発が進められていた。宣祖王の一代前の明宗王の治世に王朝は明国の兵器を学習して、箭を放っていた銃筒から鉄丸を発射する新製勝字銃筒を、正確な使用時期は不明だが、仏狼機を製造した。つまり新製勝字銃筒と仏狼機は北方女直と南方倭寇の侵攻を防禦するために製造されたのである。鉄丸銃筒と仏狼機は中国火器の影響だが、銃筒の改良と製造には日本人が関与していた。

王朝は豊臣秀吉の朝鮮半島への侵略が明確になると、実施は難行したが、火炮匠に鉄丸銃筒を鋳造させ、王朝の軍士に鉄丸習放をさせて防禦に努めた。ところが、弓矢と銃筒では、豊臣秀吉の軍勢に敵対できなかった。とくに日本の鉄炮は命中精度が高く、射程距離が長く、かつ操作が簡単という長所を備えており、その威力は鉄丸銃筒の比ではなかったのである。また日本刀にしても王朝は弓矢を主要武器としていたため、刀剣の用法が発達していなかったので接近戦になると牛角の勝負にはならなかった。

壬辰倭乱が勃発すると明国は王朝の要請もあって大軍を朝鮮半島に派遣した。前後の戦乱に投入された明兵は十万余に達した。自国の兵器では豊臣秀吉の軍勢に対抗できないため、朝鮮王朝は明国の兵器と武技を学習して戦備とした。王朝の軍士は明国の将兵が着陣するやいなや、明将から剣術・砲術・砲車の戦法、さらに明国の陣営に赴いて起居を共にして、戦陣に関する細かなことまで学習したが、国王は柳成竜の意見を入れて、王朝軍士を組織的に訓練するために訓錬都監を設置した。訓錬都監には身分を越えて胆有の人が集められ、明国の武技である剣・槍・鎲鈀・筤筅・籐牌・火炮などの諸技を教授したが、教習にあたった教師はそれぞれの武技に熟達した明将であった。

また王朝は明将から戚継光所撰の「紀効新書」が禦倭の戦法に、もっとも適していると勧められ、明国から「紀効新書」の善本を取寄せて、郎庁の役人に翻訳させ、訓錬都監の教本として徹底的に活用した。

王朝は火炮の原料を産出する平安・黄海・忠清・全羅の諸道に都会を設けて火炮を製造し、放砲を教えて砲手を育成し、その他の武技を学習させた。豊臣秀吉の軍勢が火器で全勝していることから、火炮を打造し砲手を育成して対抗したのである。その結果、王朝は明国の火器、仏狼機・虎蹲炮・三眼銃（三穴銃）・百字銃・震天雷・子母砲などを製造した。

明国兵器と武技の学習状況は、たとえば我国には弓矢の特技があるから、他国の武技を習う必要はないと説いたり、武夫を軽視する意識が王朝の為政者のなかにいたり、さらに戦乱による国力の疲弊から、必ずしも順調でなかったが、とにかく王朝は豊臣秀吉の軍勢に対抗するために明国兵器と武技を学習し、いちおうの成果をあげている。

王朝は明国兵器と武技を学習して豊臣秀吉の軍勢に対抗したが、倭乱勃発直後から伝統的な降倭懐柔策を実施して威力を発揮する日本刀と鉄炮の製造と用法の取得に着手した。すなわち、国王は捕虜とした倭人はやたらに殺害せず、彼等から鳥銃の製造や炮放と剣術の技を伝習すべきとしたのである。

前後七年に及んだ戦乱のなかで降倭の総数は数千人に達したといわれている。こうした降倭は幅広い活動を示したが、王朝はとくに鳥銃製造の技術をもつ者や剣術に優れた者の投降を歓迎し、降倭を中央の訓錬都監や軍器寺に配属し、また鳥銃を製造する産鉄地に派遣して、ふたつの武器の取得に努めた。

当初、降倭のなかには王朝の懐柔策を知らず自暴自棄になって暴発したり、また王朝軍士のなかには国王の揚言した懐柔策の真意を悟らず、両者に齟齬があって、再三国王が懐柔策を強調しなければならないときもあったが、王朝は一貫して懐柔策を展開した。王朝の鳥銃に対する思い入れは強く、精巧な鳥銃の製造技術の取得に成功していないにも関わらず、中外の軍士に鳥銃の学習を義務づけ、さらに武科試取を弓矢に替えて鳥銃を課すほどであった。王朝の銃筒が鋳造で砲身を造り、差火によって発射する簡単な仕組であるのに対して、鳥銃の砲身は鍛造であり、発射機構は銃筒に比較して複雑であったため、王朝は戦利品の鳥銃を手本にしながら苦心を重ねて製造を試みた。

精巧な鳥銃を多く製造しえない王朝は、各所の陣所で捕獲した戦利品の鳥銃を使用して、訓錬都監における訓練を実施しなければならなかった。戦乱の長期化にともなって王朝の降倭懐柔策を受入れて、王朝に忠節を尽くす降倭が多数現れてきた。彼等は忠節に応じた厚遇をえたが、国王は降倭の集団を豊臣秀吉との戦闘はもちろん、国内の土賊の反乱鎮圧に利用した。この戦乱における降倭の活躍は意義深いが、こうした降倭の手を通じて日本刀と鉄炮の製造法と用法が王朝に伝えられたのである。

王朝は壬辰・丁酉倭乱を終えると、北方女直と武力衝突を起こし、国内では李适の反乱があり、さらに後金（清）の侵略を受けるなど、しばらく内憂外患の状況が続いた。倭乱が契機になって学習した日明の兵器や戦法と降倭は、倭乱のあとのこうした過程で確実に王朝に定着していった。

当初王朝では、降倭の行動に疑念を抱く議論があったが、降倭の忠誠の深さが分かるにつれて、国王は斬賊力戦の降倭を堂上官としたり、賞銀を与えるなどして厚遇した。戦乱末期になると降倭は将来の計を考えて姓を賜わって王朝名に改めた。降倭の賜姓は降倭が王朝に同化定着する過程を明示している。

倭乱のあと、降倭の集団は北辺警備にあたり、仁祖二年の李适の反乱では賊軍を討伐し、さらに清太宗の朝鮮征伐にも大功を立てるなど王朝にとって意義深い活動を展開した。降倭の集団が王朝に同化定着すると、日本の鉄炮や刀剣、武技や陣法は、ますます王朝に定着した。なかでも鉄炮の定着は韓孝純の「神器秘訣」や仁祖朝の鳥銃製造、孝宗朝の黒竜江出兵、顕宗から粛宗にかけて中国南方で呉三桂が清に反乱した三藩の乱、朴宗慶の「戎坦必備」の記述に明白である。

いっぽうこの間、明国の兵器と武技は王朝に定着していた。倭乱のあとも王朝は明国武芸の実技や陣法を見聞し、訓錬都監の炮殺手を明将の陣営に派遣して武技を学習させた。王朝は「紀効新書」が禦倭に役立つと理解して訓練の教本に用いたが、「紀効新書」に止まらず、明国武芸の幅広い学習を強調した。

日本軍は豊臣秀吉の遺命によって、宣祖三十一年、翌々年には明軍がいちおう朝鮮半島から撤退した。日明両軍撤退後、王朝は女直との対立を激化させた。王朝にとって明国兵器の武技の学習は依然として重要課題であった。王朝は女直を防禦する大法は「紀効新書」ではなく、「錬兵実紀」にあるとして本書を活用した。戦う相手が倭から女直に移ったためである。王朝は「錬兵実紀」を参考にして火車を製造しているが、王朝は壬辰・丁酉の倭乱以後も日明の兵器を継続して学習し自国の常用兵器としたのである。

なお、参考のために本文で取扱った時期の朝鮮王朝の系図を次頁に掲げておくことにする。

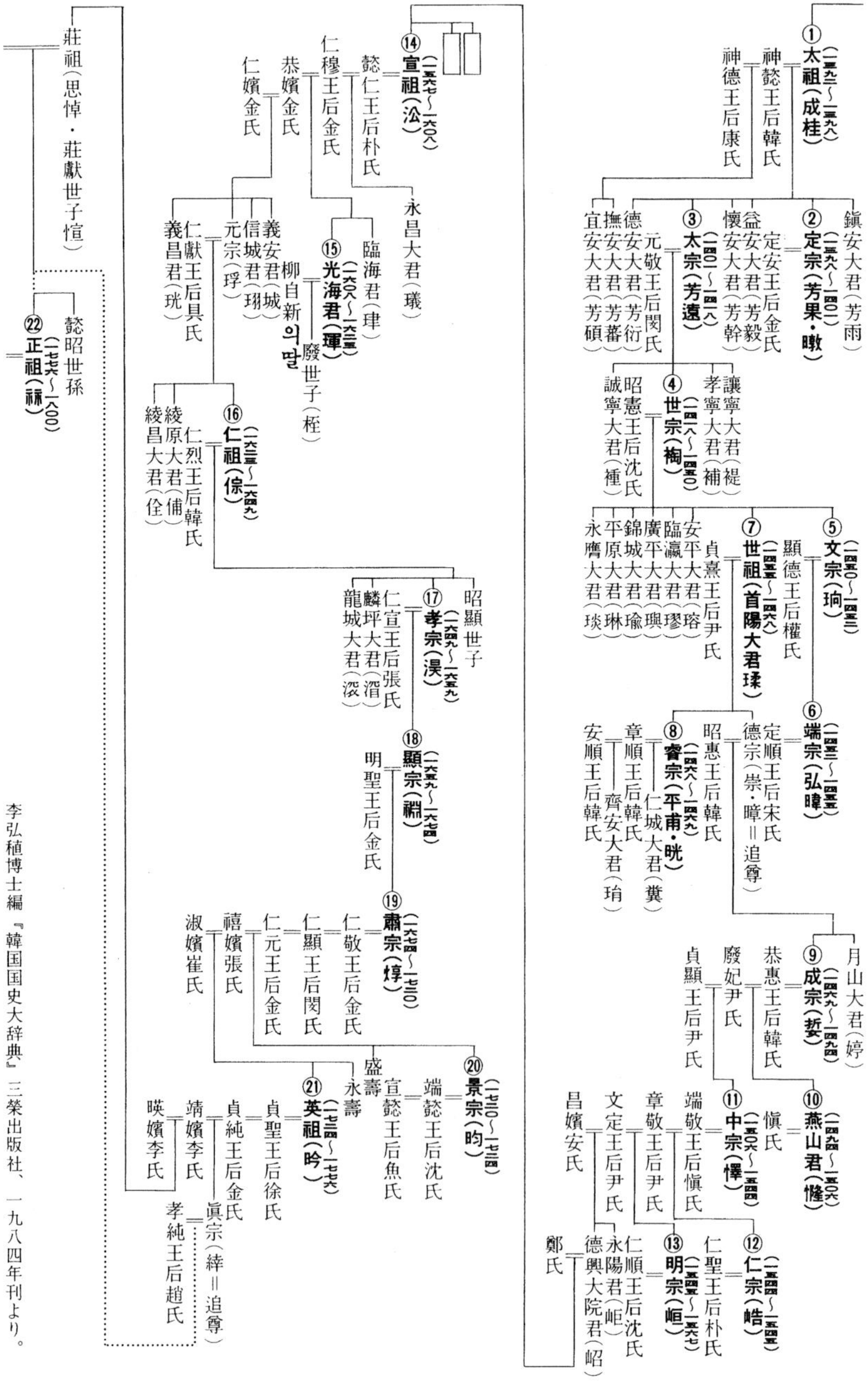

- ① 太祖(成桂)（一三九二～一三九八）＝神懿王后韓氏＝神德王后康氏
  - 鎮安大君(芳雨)
  - ② 定宗(芳果・曔)（一三九八～一四〇〇）＝定安王后金氏
  - 益安大君(芳毅)
  - 懷安大君(芳幹)
  - ③ 太宗(芳遠)（一四〇〇～一四一八）＝元敬王后閔氏
    - 讓寧大君(禔)
    - 孝寧大君(補)
    - ④ 世宗(祹)（一四一八～一四五〇）＝昭憲王后沈氏
      - ⑤ 文宗(珦)（一四五〇～一四五二）＝顯德王后權氏
        - ⑥ 端宗(弘暐)（一四五二～一四五五）＝定順王后宋氏
      - ⑦ 世祖(首陽大君瑈)（一四五五～一四六八）＝貞熹王后尹氏
        - 德宗(崇・暲＝追尊)＝昭惠王后韓氏
          - 月山大君(婷)
          - ⑨ 成宗(娎)（一四六九～一四九四）＝恭惠王后韓氏＝廢妃尹氏＝貞顯王后尹氏
            - ⑩ 燕山君(㦕)（一四九四～一五〇六）＝愼氏
            - ⑪ 中宗(懌)（一五〇六～一五四四）＝端敬王后愼氏＝章敬王后尹氏＝文定王后尹氏＝昌嬪安氏
              - ⑫ 仁宗(峼)（一五四四～一五四五）＝仁聖王后朴氏
              - ⑬ 明宗(峘)（一五四五～一五六七）＝仁順王后沈氏
              - 永陽君(岠)
              - 德興大院君(岹)＝鄭氏
        - ⑧ 睿宗(平甫・晄)（一四六八～一四六九）＝章順王后韓氏＝安順王后韓氏
          - 仁城大君(糞)
          - 齊安大君(琄)
      - 安平大君(瑢)
      - 臨瀛大君(璆)
      - 廣平大君(璵)
      - 錦城大君(瑜)
      - 平原大君(琳)
      - 永膺大君(琰)
    - 誠寧大君(褈)
  - 德安大君(芳衍)
  - 撫安大君(芳蕃)
  - 宜安大君(芳碩)

- ⑭ 宣祖(昖)（一五六七～一六〇八）＝懿仁王后朴氏＝仁穆王后金氏＝恭嬪金氏＝仁嬪金氏
  - 永昌大君(㼁)
  - 臨海君(珒)
  - ⑮ 光海君(琿)（一六〇八～一六二三）＝柳自新의 딸
    - 廢世子(祬)
  - 義安君(珹)
  - 信城君(珝)
  - 元宗(琈)＝仁獻王后具氏
    - ⑯ 仁祖(倧)（一六二三～一六四九）＝仁烈王后韓氏
      - 昭顯世子
      - ⑰ 孝宗(淏)（一六四九～一六五九）＝仁宣王后張氏
        - ⑱ 顯宗(棩)（一六五九～一六七四）＝明聖王后金氏
          - ⑲ 肅宗(焞)（一六七四～一七二〇）＝仁敬王后金氏＝仁顯王后閔氏＝仁元王后金氏＝禧嬪張氏＝淑嬪崔氏
            - ⑳ 景宗(昀)（一七二〇～一七二四）＝端懿王后沈氏＝宣懿王后魚氏
            - 盛壽
            - 永壽
            - ㉑ 英祖(昑)（一七二四～一七七六）＝貞聖王后徐氏＝貞純王后金氏＝靖嬪李氏＝暎嬪李氏
              - 眞宗(緈＝追尊)＝孝純王后趙氏
              - 莊祖(思悼・莊獻世子愃)
                - 懿昭世孫
                - ㉒ 正祖(祘)（一七七六～一八〇〇）
      - 麟坪大君(㴺)
      - 龍城大君(滚)
    - 綾原大君(俌)
    - 綾昌大君(佺)
  - 義昌君(珖)

李弘植博士編『韓国国史大辞典』三榮出版社、一九八四年刊より。

あとがき

本書は全くの書き下ろしではなく、ここ数年来、筆者が勤務する国立歴史民俗博物館の研究報告集などに掲載した十五世紀から十七世紀における東アジア諸国間の兵器交流や日本への鉄炮伝来と普及の実態に関する数編の論文を下敷に再構成したものである。本書に集録するにあたっては、単純な誤植はもとより、旧稿の説の幾つかを訂正し、新発見の史料をくわえ、さらに研究史の一部を補足し、書き改めた部分も少なくない。主題とする時期の東アジアにおける兵器交流の歴史をより体系的に理解するためである。

従来、対外貿易史の分野から日本の武器が日鮮・日明貿易の輸出品であったと指摘されて久しいが、なぜ武器が輸出品となりえたのか、あるいは輸出された武器が外国にどのような影響をあたえたのかなどの検討は皆無に等しい。主題が貿易の実態究明にあるのだから、それでよいわけであるが、やはりこの点は兵器史の研究のなかで明確に位置づける必要があった。

現在、鉄炮は天文十二年にポルトガル人が種子島に伝えたと定説化しているが、この説は大航海時代の文物がヨーロッパから日本に直接移入されたとする前提の上に成立しているきらいがあり、必ずしも詳細な検討の結果とはいえない。すなわち、当時の東アジアの情勢と兵器としての鉄炮を検証すると、鉄炮を日本に持込んだのは倭寇なのであり、伝えられた鉄炮はヨーロッパではなく、倭寇の通商圏内の東南アジアのマラッカ地方で使用されていたものとみなさざるをえない。この筆者の説は鉄炮伝来の最新の説である。

文禄・慶長の役に関する研究は多岐にわたっているが、日本の鉄炮がこの戦乱を契機に彼の地に伝播し、内憂外患に見舞われるその後の朝鮮王朝の防衛体制の確立と清国との対外関係に大いに貢献した史実はあまり知られていなかった。

以上は本書が明らかにした史実の一部に過ぎないが、兵器のこうした歴史的意義は一国範囲の理解では容易に解明できない。本書で問題としたような兵器史に関する国内における研究は低調で、まして東アジア諸国間の兵器交流の歴史的意義にふれた論考は僅少である。いうまでもないことだが研究成果の量の多寡が、そのまま歴史的価値の高さを示しているとは限らない。従来の兵器史研究を一歩でも前進させるために本書では文献史料にくわえて、日本はもとより東アジア各地の博物館などが所蔵する実物資料の積極的な活用に努めた。はたしてこうした試みが、どこまで成功しているか否かは、諸賢の見識に委ねるより致し方ないが、筆者は本書で問題とした日本と東アジア諸国との知られざる兵器交流の歴史は、日本の全時代を通した対外関係史の一分野を形成する重要な課題と考えている。

本書の作成にあたっては内外の諸機関や個人が所蔵する貴重な資料を数多く調査させて頂いた。また広い分野の研究者からは数々の御教示をえた。本来ならば一々御芳名をあげて深謝の意を表すべきだが、繁雑になるので本書の注をもってそれに替えさせて頂いた。御寛恕をお願いしたい。なお、本書は平成四年度文部省科学研究費補助金「研究成果公開促進費」の一般学術図書の助成を受けて出版されたものである。

本書の刊行については恩師鈴木敬三先生と国立歴史民俗博物館長土田直鎮先生の御配慮を煩わした。末尾ながら謹んで謝意を表し、今後の精進を誓いたい。

一九九二年九月

宇田川　武久

著者略歴

一九四三年（昭和十八）、東京都に生まれる

一九七三年、国学院大学大学院文学研究科博士課程単位取得

現職、国立歴史民俗博物館教授

〔主要著書〕

『瀬戸内水軍』（教育社、一九八一）

『日本の海賊』（誠文堂新光社、一九八三）

『鉄炮伝来』（中央公論社、一九九〇）

東アジア兵器交流史の研究
―十五～十七世紀における兵器の受容と伝播―

平成五年一月二十日　第一刷発行

著　者　宇田川武久（うだがわ たけひさ）

発行者　吉川圭三

発行所　株式会社　吉川弘文館
東京都文京区本郷七丁目二番八号
郵便番号一一三　振替東京〇―二四四
電話〇三―三八一三―九一五一（代表）

印刷＝亜細亜印刷・製本＝誠製本

東アジア兵器交流史の研究（オンデマンド版）
―十五～十七世紀における兵器の受容と伝播―

2017年10月1日　発行

著　者　宇田川武久（うだがわたけひさ）
発行者　吉川道郎
発行所　株式会社 吉川弘文館
〒113-0033　東京都文京区本郷7丁目2番8号
TEL　03(3813)9151(代表)
URL　http://www.yoshikawa-k.co.jp/

印刷・製本　株式会社 デジタルパブリッシングサービス
URL　http://www.d-pub.co.jp/

宇田川武久（1941～）
ISBN978-4-642-78137-4